宗教の系譜

宗教の系譜

キリスト教とイスラムにおける
権力の根拠と訓練

タラル・アサド 著
中村圭志 訳

岩波書店

GENEALOGIES OF RELIGION:
Discipline and Reasons of Power in Christianity and Islam

by Talal Asad

This Japanese edition published 2004
by Iwanami Shoten, Publishers, Tokyo
by arrangement with The Johns Hopkins University Press, Baltimore, Maryland.

翻訳についての注記

当邦訳ではとくに特殊な記号は用いていないが、ポイントを落とした（　）は引用文中においてアサドが補った語句を、〔　〕は訳注を示している。引用文に邦訳を使用した場合は、その邦訳のページを（　）で示し、用語の統一などのために語句を改めた場合は、その旨を注記した。

目　次

翻訳

論争

序章

本書には、中世ヨーロッパの修道士の儀礼から現代のアラブ人神学者の説教まで、時間的にも空間的にも多様な歴史的論題を扱った論文が収められている。西洋の歴史は、近代世界の形成に(よくも悪くも)圧倒的な役割を果たしたのだから、人類学は、この歴史の探究に本腰を入れて取り組むべきではないか？――これが本書の論文全体を貫く考えである。時おり指摘されることであるが、非西洋諸国の人間は、西洋の歴史を(非西洋諸国それぞれの歴史を、ではなく)学ばなければならないと感じているのに対し、西洋人のほうでは、非西洋諸国の歴史を学ぶことに対して同様の必要性を感じてはいない。たとえば、西洋近代思想史は、それだけを独立的なものとして書くことができる(そして現にそのように書かれている)が、現代アラブの思想史については、そのように考えられることはない。片方は望み、片方は無関心というこの非対称性が、歴史的に、西洋と非西洋とのひとつの対立の関係を作り上げ、したがってまた、両者を連絡させるときの様式を作り上げている。

私は、キリスト教世界の(ポスト・キリスト教時代に及ぶ)歴史に対して人類学的探究を試みた。キリスト教世界の概念の地層形成《ジオロジー》史が、非西洋世界の諸伝統の今日における成長と変化の可能性を深いところで枠づけているという確信があったのだ。さらに言えば、私は次のように考えている。たとえば、ムスリムの信仰と儀礼を研究したいと思う人類学者は、「宗教」という概念ないし実践形態が近代の西洋においてどういう経緯を経て形成されたものであるのかを理解しておく必要があるだろう。近代西洋史にとって、宗教は緊密な構成要素であるが、イスラムの諸伝統を解釈《トランスレート》するにあたってこの「宗教」を規範的概念として用いることには危険がある。

宗教の系譜。これが私の論文の中心的テーマである。この線に沿って、一章と二章では、近代の歴史的客体として宗教が立ち現れてきた過程を概観している。続く二つの章は、このテーマに間接的な形で取り組んだものである。中世キリスト教にはあったが、近代宗教からは概ね失われている二つの要素――身体的な苦痛というものの生産的な役割、そしてへりくだりの徳性――について、順に論じている。苦痛であれ、へりくだりであれ、近代主義的神学と世俗的道徳意識のどちらの立場から見ても、古代的な(つまり「未開の《アンシビライズド》」)ものである。五章(当邦訳では省略。訳者あとがき参照)と六章(当邦訳の五章)は、西洋の歴史と非西洋の歴史の間にある非対称性の諸相を取り上げたものである。五章は人類学上の翻訳《トランスレーション》にまつわる問題を、六章(五章)はキリスト教以外の宗教的伝統が啓蒙主義的な批判理性の教理と並べ置かれたときに被る制約《リミテーション》を論じている。どちらも翻訳という概念を二重の意味で用いている。ある言語から他の言語への解釈作業というのが一つ、ある聖所から他の聖所への聖遺物の移し替えというのがもう一つである。そして最後の二つの章、七章(省略)と八章(六章)は、いわゆるラシュディ事件(インド生まれのムスリム系英国人サルマン・ラシュディが一九八八年に著した『悪魔の詩』がヨーロッパやイスラム諸国などで論争や暴動を引き起こした事件。翌年イランのホメイニ師はこれをイスラム冒瀆とするファトワー(法学裁定)を出し、著者の「死刑」を宣告した)のさなかに書かれたものである。これは宗教的不寛容に対するリベラリズムの名による憤激の姿勢に対する応答である。以上、いずれの章でも私は、西洋世界の宗教史から要素を拾い上げて論じている。西洋自身が西洋を何だと考えているか――したがってまた非西洋文化に対してどういう態度で臨むか――という問題が、この西洋の宗教史を内に含んでいると私は考えているからである。

今日、「歴史」という概念を軽んじてよしとする人類学者はほとんどいないであろう。むしろ私たちはみなこの語を厳かに尊重している。だが、それはどういう歴史のことを言っているのか? たいがいそれは能動態で語られた歴史である。あらゆる地域民《ローカル・ピープル》が「自分らの歴史を創って」いる——歴史に対して「闘争を挑み」、西洋人の支配者から意味を「借用し」、自らの文化的実存を「再構築し」ながら。[1] 歴史をこのように捉えるとき、創造者である人間の不断の働きかけが強調され、人間の創造物の変動的で混成的な性格もまた強調される。それゆえ、場合によっては、「世界システム」と「従属構造」の決定的な役割を認めることが拒否される。またある場合には、「真正性」「民族の特異性」「文化の単一性」「伝統」等々が退けられる。今日、影響力ある知識人たちは、このような形の、歴史を創るという見方を書き広めることに余念がない。しかし、私は今ひとつ懐疑的なのである。それゆえ私としては、ここがどうもおかしいと思われるところを手短に述べることから稿を起こしたい。同時にまた、いわばレジスタンスという形で、いくつか別の考え方を簡単に記していこうと思う。一章以下でこれらの考え方を正面から取り上げることはほとんどないけれども、それでもそれは本書の方向性を指し示すはずである。

マーシャル・サーリンズは、近年行ったラドクリフ＝ブラウン講座の講義[2](Sahlins 1988, pp. 2, 3)において、早々とこう述べている。「西洋資本主義の地球規模での拡大、すなわちいわゆる世界システムが、植民地化された〝周縁〟の諸民族を自らの歴史の作り手《オーサー》ではなく、その受動的な対象物に変え、彼らの文化を従属的経済関係を通して二級商品に変えてしまったという見方があるが、これに対し、あちこちの人類学者から抗議の声が上がっている」。そして「この抗議に参加すること」が、サーリンズ自身の立場である、と。

彼は続けて、エリック・ウルフ批判を始める。ウルフは非ヨーロッパ人を彼ら自身の歴史の作者にしたいと公言しているが、実際には、彼らそれぞれの歴史を地球規模の資本主義の歴史というふうにしか見ていない。ウルフの問題点は——とサーリンズは言う——彼が経済学者流マルクス主義に染まっていることである。マルクス主義の理解をさらに進めて、生産は文化的な過程であると捉えるならば、「世界的規模における資本主義の拡大は、他のすべての文化の歴史を終息させる」(p. 6)などという考えが過りであることはすぐにも明らかになることだろう――。

サーリンズが書いた清帝国への英国の侵攻、ハワイ王国へのヨーロッパ経済の浸透、クワキウトル族のヨーロッパ商品の獲得についての歴史は、いずれもヨーロッパとの遭遇が現地民《ローカル・ピープル》自身の文化の論理に沿った形でなされたものであることを明らかにしようとしたものである。該博な知識を披露した彼の文は説得力をもっている。とはいえ、厳格なマルクス主義者であれば、サーリンズの提示する例はいずれもヨーロッパが拡張し始めて間もない頃のものだと指摘するかもしれない。それでは、資本主義といっても、生産の変容と権力関係の再編ではなくて、交換と消費の話になって不思議はない。(3)

私は別に経済学者流マルクス主義を擁護したいのではない。ウルフの弁護を買って出ているわけでもない。(4)私が問題にしたいのは、この「あちこちから上がった人類学者たちの声」(今やこれに歴史学者も唱和している)が推し進めようとしている議論は、ひとつ不明瞭なものに留まっているということである。たとえばサーリンズは、地域民は「自らの歴史の受動的な対象物」ではないと訴えているが、これは地域民が歴史の「作り手《オーサー》」だと主張することとは、もちろん別のことである。作者《オーサー》なる語は曖昧である。物語の作り手とも取れるし、(ある種の物語を作り出す権利というものも含めて)特定の権力を権威《オーソライズ》づける人とも取れる。この二つは確かに結びついたものではある。だが、一人の人間を伝記に描く作者と、その伝記に描かれる対象であるところの人生そのものの作者とを別物とする明白な観念がある。もちろん、この人生を生きる者が、一人の個人(すなわち「能動的な主体《サブジェクト》」)として、自己の人生の完全な作者になることはないのであるが。実際、どんな人間も何らかの程度において他者にとっての対象物であり、また他者の物語の対象物であるのだから、自己の人生の完全な作者であるような人間は一人もいない。自己の歴史のただ一人の能動的なエージェントないし主体になることなど誰にもできないことである。いずれにせよ、意味ある問いとは次のようなものとなるはずである。――どの程度において、どのような形において、人は能動者《エージェント》でありまた受動者《ペーシェント》であるのか?

サーリンズは言う。「西洋資本主義は、生産、強制、破壊の強大な力を世界中に解き放った。しかし、それが抗うことのできないものであるからこそ、この大きなシステムに含まれる諸関係と財とが各地域のそれぞれの機構の中で有意味な位置を占めることにもなるのだ」(p. 4)。もしこれが本当なら、地域民は、いちばん肝心なところでは「自らの歴史の作者ではなく、その受動的な対象物」だということになるはずである。彼らはただこれらの力に自覚的に適応し、その適応のあり方に意味を付与することでようやく作者となっているにすぎない。だが、こうした意味では、彼らは、やはり「大きなシステム」に含まれる諸関係と財とが地域の機構の中で有意味な位置を占めているところの、西洋社会内の地域民ととくに異なるところはない。極端な例を挙げるならば、強制収容所の収監者でさえ、この意味では、彼ら自らの文化の論理で生きることができる。だが、彼らはそれゆえ「自らの歴史を創っている」などと言っていいものか、疑うことは許されるだろう。

サーリンズ呼ぶところの大きなシステムが決めてしまった条件の中で、事物がそれぞれに所を得、意味を見出しているというのであれば、どこの住民であれ、自らの歴史の受動的な対象物であって作者ではないと言ってもよさそうなものである。実際、サーリンズ自身そのように考えているふしがある。「近代というもののジャガナート的性格を無視してはいけない。ただ、それの因って来たる過程もやはり文化的過程なのである」〔ジャガナートはヴィシュヌ神の化身クリシュナの称号。祭でジャガナートの山車に轢かれると往生できるとされたことから、近代というものの圧倒的で暴力的な過程を表したもの〕(p. 4)。しかし、どうしてまた文化的過程と言わなければならないのか。このくだりはたとえばこんなふうに読めばいいのか。——資本主義のジャガナートが物語の大枠を決めている。そして地域民はおのおの活動するにあたってこの物語についての自らの解釈を書いていくのだ、と。しかしこれは、世界規模の資本主義が主たるエージェントである、地域民はせいぜい副次的なエージェントであるにすぎぬということではないのか。

シェリー・オートナーは現代の人類学理論に関して論評を書いている(Ortner 1984)。広く読まれている論文であるが、彼女の批評の対象もまた、サーリンズの言うあちこちの人類学者から上がった声に含まれているはずである。彼女はサーリンズのまさしくこのくだりを感情を込めて撥ねつけている。「社会／歴史のエージェントを構造の見えざる手と見るのであれ、資本主義のジャガナートと見るのであれ、結局それは、現実の人間が現実の何かを行うといった話ではない」(p. 144)。彼女が言いたいのは次のようなことであろう。「西洋資本主義」は一つの抽象である。奇妙なメタファー〔ジャガナート〕を添えられたり、皮肉な引用符でくくられたりする単なるフィクションである。だからそれが「現実の人間が現実の何かを行う」という生のあり様を決定することはない――。もっとも、この理屈が彼女の苦情のすべてではないし、別の言い方による苦情とは一致しないところもあるようである。

彼女は言う。「はっきり申し上げれば、私は世界を資本主義中心の視点で見ることには疑問を抱いている。控えめに言っても、とくに人類学の世界に関しては疑問としなければならない」(p. 142)(強調点はアサド)。フィールドにおいて人類学者が出会う一切のものが既に資本主義的な世界システムの影響を受けているとか、一切のものがこのシステムへの応答として解釈するのが至当であるとかと考えるべきではない、と彼女は続ける。ここで、世界各地における資本主義の影響がどの程度のものかということ自体は経験的な問題である。しかし、それは、まず「世界資本主義」なるものが存在しており、その影響の有無が人類学者が調べているそれぞれの土地において確認できるとの仮説に基づくものである。となればまた、世界資本主義を理論的にどう捉えるかという問題が出てくる――資本主義をその地域的影響に先立つものと見るのか、それとも地域的影響を包含するものと見るのか。以上のようなわけであるから、とくに人類学の世界において、世界資本主義の歴史的影響を見分けるには、そもそも世界資本主義とは理論的にどういうものであるのかをはっきりさせなくてはならないだろう。

だが、資本主義を中心に世界を見ていくやり方に対するオートナーの反発には、なおもう一つの意味合いが含まれている。人間を扱う種々の学問の中にあって、フィールドワークとしての人類学が果たせる固有の役割があるだろう——彼女の話はここへ向かう。

> 基底的《グラウンド》レベルに立って他の諸々のシステムを見るようにすること。ここを基本とすることで、人類学は人間科学の世界に対し独自の役割が果たせる。というよりも、ここを基本とする以外に手はないのではないか。私たちの仕事は、諸民族(実地で調べた諸民族)の様子を見取り図に描くという——概ねフィールドワークを通して形をなしていく——仕事であるが、これができてはじめて、私たちは既存の知識を超えて学び知ることができる(私たち自身の文化についてさえ、同じことが言えるのである)。……〝基底的レベル〟に立つことによってはじめて、私たちは、人々を何らかの〝システム〟に対する受動的な反応者あるいは実行者としてではなく、自らの歴史における能動的なエージェントないし主体として見ることができるのである(p. 143)。

民族誌家は、異なるシステム(たとえば先進資本主義国)の出身であるかもしれないが、彼女の行うべきことは、自分が見たものに干渉することではなく、「基底的レベルに立つ」人々の行為を観察し、記述することである。

人類学的なものの見方とは、世界資本主義を研究する諸学問の視点に対し、補完的なものである。なぜなら、人類学にたずさわる者は、他の諸々のシステムの異なるレベルに目を向けるからである——。オートナーにはこういう考えがある。だが、ここでなお判然としないことがある。人類学が独自の役割を果たすためには基底的レベルに立って物事を見なければならないのだとしても、このレベルから一歩も出てはいけないというだけでは、他のレベルがどの程度、どんな風にして関与してくるかを見極めることが容易にできるとも思われない。

こういった話の難点は、そもそもオートナーが異質な二つのイメージを一度に用いているところにある。一方には

「現実の人間」というイメージがある。この言い方からすると、システムは非現実だということになる。他方、「基底的レベル」というイメージもある。これであれば、基底的でない諸々のレベルというのも存在することになるが、それでもそれは基底的レベルに対して従属的である――その逆ではなく――とされる。この二つのイメージがいっしょになって、フィールドワーク本位の人類学なるものの理論的自律性ないし独自的役割の定義に使われているのである。

実のところ、諸々の人間科学はどれもみな現実の人間を扱っている(精神医学にしても非現実の事柄に対する現実の人間の思考／感情を扱っているのである)。知覚的データとして確かめられるときにのみ物事は現実であり、従って人間は現実だが構造やシステムは現実ではないというのは、昔からある経験主義者の先入観である。目に直接見えるわけではなくても、じゅうぶんに現実的な、人間の集団生活のシステム的な局面というものがある。たとえば、平均余命、犯罪率、投票行動、生産率などがそうだ。(これらにしても紙の上あるいはコンピュータの画面上の表、グラフ、地図に表象されれば見ることができる。ここでは見ることと操作することとは密接に関わっている)。様々な社会的行動は、こうした表象なしには認識できない。政府、企業、教会その他、現代社会の種々の社会団体は、表象表象を用いずに存続することはできない。パプア・ニューギニアといった「周縁」世界においてさえそうである。しかし、今問題であるのは、地域の文化が純粋なものか派生的なものか、まとまっているか対立を含んでいるかということではない。また、超越的な作動因(資本主義の歴史的法則)があって、地上のすべての人間の生き方を決定しているという話に向かおうというのでもない。私の関心は、(資本主義と呼ばれるものの本質をなしているものも含めて)システム性というものが現代の世界の中でいかにして捉えられ、表象され、用いられているかというところにある。地域の住民に関して、種々の数量的なデータが集められ、解析され、操作されている。出て来た結果は、その住民を対象とするあれこれのシステム的業務の情報源として用いることができる。データの表象のあり方は、また、そうした実践を正当化あるいは批判する議論のスタイルをも左右する。(5) それゆえ、私がここで論じている意味でのシステムは、人間のエージェンシー(「現実の何かを行っている現実の人間」)の一つの相にも、つまり他者の生を条件づけるような相にも関わりのあるものである。とはいえ、このエージェンシーの直接の目的は、個人の行動のいちいちを決定づけることにあるのではない。むしろそれは、例えば不動産、病気、読み書き能力などをめぐる様々な事柄に関して、人間社会の有利あるいは有益な総合的条件(分配、社会的動向など)を変えることにある。そのシステムとしての性格は、それゆえ、因果的なものではなくて蓋然的なものである(Hacking 1990)。だが、これは、人類学のフィールドワークという形で類型化されているものによってはなかなか捉え難い類のシステム性で(したがってまた権力形態で)ある。というのは、それは、人間とその基底的レベルでの行為を表象するものではあるものの、それを鏡のように見せてくれるものではないからである。

公平を期すために付け加えておけば、オートナーは、言葉遣いはどうであれ、今言ったような経験主義者の先入観を本当に支持しているわけではないだろう。恐らく彼女が言いたかったことは——サーリンズが言いたかったことに似ているようだが——、世界資本主義は、各地の地域民の文化を均質化してはいないということなのだと思う。何度も言うように、いちおうこれはもっともな主張である。とはいえ、各地域民が自らの歴史を創っていると言っていいのかどうか、言っていいのだとすればそれはどのようにしてであるのかが、これで分かったわけではない。

「地域民《ローカル・ピープル》」というのは、従来の「未開人《プリミティブ》」「部族民《トライバル》」「常民《シンプル》」「無文字社会民《プレリテラット》」等々に代わるものとして、近年多くの民族誌家が用いている表現である。これは混乱を招くような表現であり、またその混乱が興味深いのであるが、一度その意味を整理しておく必要がある。文字通りに受け取るならば、どの時代のどの人間であれ、概ねどこかの地域の住民として確認されるであろうから、「地域民」であるには違いない。今日、人類学者は次第に人類学の特色は対象(非ヨーロッパ文化)よりも方法(フィールドワーク)にあると主張するようになってきている。だから、彼らにとってどの住民に対しても使える「地域民」という言葉は好都合なものである。そしてこの地域の住民に対する特権的なアプローチとなるのがフィールドワークなのだ。(6) とはいえ、こうした意味で地域的であるあらゆる人間が、可動性に関して同じ境遇に置かれているわけではないし、実生活上の勢力範囲《リーチ》はそれぞれに異なっている。スーダンの首都に暮らす政治家と地方に暮らす遊牧民あるいは農民。オーストラリアの大都会に暮らす企業の役員とニューギニアの高原で働く鉱山労働者。ペンタゴンの将校とペルシャ湾の前線に立つ兵士……。彼らはいずれもどこかの地域と結びついているが、結びつきのあり方はみな違っている。

「地域《ローカル》」を冠して住民を呼ぶということは、その住民がある場所に結びついている、根ざしている、納まっている、限界づけられているということである。「地域」的でない住民とは、土地を離れている、根を断たれている、行く当てを失っている者であるか、あるいはもっと積極的な意味で、限定を受けない、コスモポリタンである、普遍的である、世界全体に所属している(そして世界が彼らに所属している)者であるか、このどちらかであると考えられる。よって中世のイスラム文献の権威を訴えるサウジアラビアの神学者は地域的だと言われることになり、現代の世俗的文献の権威を訴える西洋の著述家は普遍的だと自ら言うことになる。だが、どちらにしても、包摂と排除のルールをもつ個々の限定的世界の中に暮らす者である。南アジアから英国に移住した人間は根を断たれた者として記述される一方で、英国支配下のインドに暮らした英国人官僚がそのように記述されたことはなかった。両者の明らかな違いは、権力である。前者は英帝国の臣民となるのに対し、後者は英帝国を代表する者である。公認の空間を言説的に定義するものは何であろうか？　あらゆる人間は、多種多様な空間に――物理的にまた概念的に――自らを結びつける(あるいは人から結びつけられる)ことが可能である。空間の範囲は様々でありうるし、境界線は様々に引かれ、越境され、引きなおされる。今日の空間を組織する二大権力は、近代資本主義下の企業と近代化を推進する国民国家であるが、とりわけそれらは、何が地域的であって何が地域的でないかを定義するものである。地域に居場所が確認されうる地域民は、必要ならば観察、注目、操作の対象となりうる者たちである。地域民に関する知識自体は、地域に属する知識ではない——そのように考えている人類学者もいるけれども(Geertz 1983)。それゆえまたそれは、万人に入手可能という意味において単に普遍的なものでもない。

サーリンズやオートナーといった人類学者は、非ヨーロッパ世界におけるエージェンシーと創造性の理論を立てるには、文化的自律性の概念を弁護しなければならないと考えている。しかし、最近になって、この理論に向けたまるで違った観点からの議論が提出された。人類学者としては、ジェームズ・クリフォードがその最も雄弁な論じ手である。

今世紀は、観光旅行、出稼ぎ労働、移民、都市のスプロール等々、様々な形で可動性が劇的に増大した時代であった。ますます多くの人間が自動車、飛行機などの大量輸送機関を利用しながら「居住する」ようになってきている。六大陸の都市にはどこでも外国人が暮らすようになり、特殊的な生活様式を——しばしば部分的にではあるが——見せるようになった。「異国的」なものが無気味なほど身近に存在している。一方また、「近代的な」製品、メディア、権力の存在が感じられない遠い世界など地球上に一箇所も残っていないかのようだ。昔の地図も旅行体験もお払い箱である。よそへ出かけても、まったく新しい何か、新しい時や空間に出会えるなどとは期待できなくなった。異質なものには近所で出会い、地球の裏側では見慣れたものに出会う。……「文化の」差異は、もはや固定された、異国的な他者性ではない。自己と他者との関係は、本質の問題ではなく、権力とレトリックの問題である。文化と芸術の真正性に対する期待の構造は、まるまる疑問に付されるようになった(Clifford 1988, pp. 13, 14)。

世界は断片化され、流動的となった。この見方からすれば、全人類が同じ文化的苦境に立たされていることになる。(7)

現代世界についての特権的な物語など存在しない。それゆえ世界資本主義の歴史などあり得ない。あらゆる人間が土地を追われている《ディスロケイティッド》。みな根無し草である。真正性といったものは存在しないのだから、借用と模倣とは欠落を意味しない。反対に、リビドー的な活力と人間の創造的なエージェンシーを意味するものである。誰にとっても――とクリフォードは言う――文化的アイデンティティは混成的なもの、相関的なもの、創作的なものである。

　現代史を以上のように描いてみせることに――人類学の内部にも外部にもこうした表象は多く見られる――すべての読者が納得するわけではないだろう。だが、ここで目を引くのは、文化の苦境がやってきたというときの朗らかな調子である。たしかに権力上の不均衡は幾度も取り上げられている(この点が追究されるのは、フィールドワークと民族誌という文脈においてのみである)。しかしそれでも、地理的・心理的な可動性が増大したおかげで人間がエージェンシーを発揮する場も広がったのだから、これを喜ばないわけにはいかないということだ。

　ハナ・アーレントは、可動性に対してまるで違った見解を持っていた。一九五〇年代に出版されたヨーロッパ全体主義についての彼女の有名な分析がある。彼女はそこで「産業革命以来現代の大衆の宿業となっていた、そして前世紀末の帝国主義の興隆および現代における政治制度および社会的伝統の崩壊とともに鮮明になった、根を断たれた余計者的な人間の境遇」について語っている(Arendt 1975, p. 475)(邦訳三二〇頁)。

　アーレントの深い悲観主義を彼女のナチズムの恐怖体験に帰すこともできるだろうし、彼女の全体主義の分析には過度の単純化が見られると批判することもできるだろう。だが、彼女の目には、人間のエージェンシーの場が広がって主体《サブジェクト》の脱中心化が進むことを大いに喜ばしいとする者たちが真剣に取り上げようとしないある問題が見えている。可動性の言説の直中より支配的権力が姿を表す過程を把握するという問題である。可動性というのは単にそれだけのものではなく、一つの行為が他の行為の下位に置かれてゆく契機でもあることにアーレントははっきりと気づいていた。物理的・精神的に根を断たれると、移動は容易になる。そして移動が容易になると、ますます余計者とされやすくなる――物理的にも、そして精神的にも。

権力という点から見るならば、可動性は、下位に置かれる行為にとっては利便性、上位に立つ行為にとっては必須の要件である。なぜなら、近代の権力が既存の構造に浸透するのは、地理的・心理的な移動を通じてのことであるからだ。まさにこの過程を通じて、既存のアイデンティティや動機が余計なものとなり、そこに他のアイデンティティ、動機が打ちたてられるのだ。これは意味創出の過程でもあるが、同時にまた意味の方向修正、意味の喪失の過程でもある。植民地の先住民の生活を描いた無数の小説が明らかにしている通りである。

可動性と近代性との積極的な結びつきは、社会学の文献においてはすっかり確立した考えとなっている。一つ例を挙げることにしよう。教えられるところの多い事例である。一九五八年にダニエル・ラーナーは中東の近代化に関する本を書いた。『伝統社会の推移』と題されたこの本は学術書としてベストセラーとなった。この本の論点は、西洋の近代性というのは、基本的に「可動的パーソナリティー」に、つまり、移動、変化、発明工夫に熱心なタイプの性格に依拠するものだというものである。このパーソナリティーの中核には感情移入《エンパシー》・共感能力というものがあるという。ラーナーはそれを「自己を他者の場に置いて見る能力」と定義している(Lerner 1958, p. 50)。この可動的パーソナリティーのみが創造性と近代の状況とを結びつけることができた――と彼は論じる。六〇年代と七〇年代、私たち中東研究者の多くが、この本の未熟な学識と軽率な方法論とを批判した。しかし、この本を取り上げて最も深いところをついたのは、八〇年代に書かれたある一六世紀英文学研究家の分析である。スティーヴン・グリーンブラットは、『ルネサンスの自己成型』の第六章で、すばらしい洞察をもって次のように書いている。「ラーナー教授が〝感情移入〟と呼ぶものをシェイクスピアは〝イアーゴウ〟(『オセロ』に登場する陰謀家)と呼ぶ」(p. 225)(邦訳二九四頁)。ラーナーの「感情移入」とシェイクスピアの「イアーゴウ」とに共通する観念は、「即興演技《インプロビゼーション》」だとグリーンブラットは言う。つまり「予期されなかったものを利用し、また、与えられた素材を自分のシナリオに沿うように変形させる能力」である(二九六頁)。このあたりを完全に引用してみよう。

即興演技といっても、ここで必要なのは、興に応じる当意即妙の才より、固定され確立されているように見えるものを自分の都合に合わせて把握する能力である。実際、カスティリオーネを初め多くのルネサンス人がよく理解していたように、即興演技に見られる咄嗟の機転という性格自体が、往々にして、計算された仮面、周到な準備の所産である。逆に、筋立てというものは、文芸的なものであれ行動上のものであれ、すべて必ず、その起源を、形式の整合に先立つ瞬間――与えられた利用可能な素材が新たなかたちに矯められる、そういった実験的で偶発的な衝動の瞬間――に持っている。どこまでが純粋に意図して用意されたもので、どこからが純粋に偶然の所産なのかなど、特定できるものではないのだ。本質的なのは、繰り返し原住民の既存の政治的ならびに宗教的構造に、さらには心的構造にすら、巧みに入り込んで、そういった構造を自分たちに有利なように変えてしまうヨーロッパ人の能力である。……この能力がとりわけ(といっても、独占的にというわけではないが)西洋的な様式であり、古典ならびに中世世界にさまざまな程度で存在しており、ルネサンス以降飛躍的に強められると力説する点で、ラーナー教授の主張は正しい。彼はただ、さらにそれが想像に富んだ寛大さの行為、他人の状況に対する共感に満ちた理解である、とする点でだけ間違っている。なぜなら、彼が自信たっぷりに「世界中への感情移入の拡がり」を語る時、私たちは彼が語っているのは西洋的な権力の行使のことであると理解しなければならず、この権力は、破壊的であると同時に創造的でもあるが、それが全面的に無私で親切であるということはまずないからである」(pp. 227, 228)(二九六、二九七頁)。

西洋の権力についての鋭い見方であるが、私が問題としたいのは、西洋の意図を道徳的にどう見るかということではなく、世界を変えていくその働きをどう見るかである。いずれにせよ、世界を思うままに変えていこうというヨーロッパ人の願望そのものを卑劣と捉えるべき謂れはない。我こそは救済の源泉なりと信じているのであれば、他の人間は我を見習うべしと願うことが悪意であろうはずがない――たとえこの願望を実現するにあたっての実際の行為がいかにおぞましいものであったとしても。また、苦痛あってはじめて願望は成就されるものとする伝統にあっては、他人に苦しみを科すことそれ自体は忌むべきことではない。非難されて然るべきなのは、ただ苦に報いがないときのみである。すなわち、手段としての苦痛が目的に釣り合わないものであったときだけである。（それゆえ、苦痛に主観的喜びを感じることもまた、非道徳的かつ病理的であると見なされる）。

　だが、ここで私が問いたいのは、次の点である。そうした権力が諸々の他者の動機を正常化《ノーマライズ》しようとしているとき、そこで創られようとしているのは誰の歴史なのだろうか？　個人のエージェンシーがどこまで真正なものかを聞いているのではない。正常《ノーマル》な（統計的な意味でも医学的な意味でも正常な）人間の構造と、その構造を保持する技法について聞いているのである。エージェントが非ヨーロッパ人であるとき、そして彼らが政治的に独立した状態においてヨーロッパ的事業《プロジェクト》を実行しようというとき――つまり、柔軟な戦略をもって、支配できる全住民の肉体的・精神的な改善を継続的に図っていこうというとき――もはや即興演技ということを離れているのかどうかを聞いているのである。こうしたエージェントが打ち建てようとしているのは、いったい誰の即興になる物語なのか？　作者《オーサー》は誰で、主体《サブジェクト》は誰なのであろうか？

　文化の借用が進むことによって、一切が均質になって本物も何もなくなる日が来ると考えるのは明らかに馬鹿げている。だが、事業《プロジェクト》というものには翻訳可能な歴史的構造があると考えるのは、少しも馬鹿げたことではない。ある事業がある所から別の所へと、あるエージェントから別のエージェントへと翻訳されるとき、権力の翻案が次々と作られることになる。文章を翻訳するときと同様、もとのアイデンティティがそのまま複製されるわけではない。近代西洋からの諸々の新たな言語の獲得は——無理やり押しつけられたか、してやられたか、自発的に借用したかは別として——非西洋世界において諸々の新たな行為の可能性を推進していく過程の一環であった。こうした可能性が何をもたらすのかを完全に見通すことはできないけれども、この可能性を定式化する言語についていえば、次第に西洋・非西洋共通のものとなってきている。そして、権力と従属の個々の形態についてもまた、西洋と非西洋の差はなくなってきている。

個人の選択と欲望とが行為を生み出す。しこうしてのち、行為が「歴史」を創れるようになる。しかし、「正常《ノーマル》な」欲望を持ち、「正常な」選択を行うとされうる個人を形成するのは、身体の物質性のみならず、あらかじめ定まった社会関係や言語形態である。それゆえ、エージェントにとって何を行うのが可能かを問うとき、「正常な個人」を構成する過程をも問わなければならない。諸々の意味は、文化の論理だけで生み出されるものではない。習慣化した事業、随時の試み、自然の出来事等々、様々なものが関与して意味がつくられる(Grice 1989 を見よ)。アウグスティヌスやアル・ガザーリといった神学者にとっては、意味はまた、包括的な神慮にも関わるものである。修道院長の意思を自らの意思とすることを学んでいる中世のキリスト教の修道士は、それによって神の意図を自ら欲することを学ぶ。彼の行為が意味をもつのは、いちばん大事なところでは、行為がある超越的な事業に属していることによるのである(そのようにしてまた、あらゆるエージェントの行為は、超越的な時間的構造に属している。行為が結局何をもたらすかは、ある時間経過を待たなくては明らかにならない。自らの研究を行うに際し、歴史学者は民族誌学者以上に、ここに注意を払っている)。

宗教を信じない者であっても、人間というエージェントが至高の存在であると主張する者は少ない。ただ、啓蒙主義以降の道徳理論は、人は自律的であるべきだと主張している。この理論は保守的な論者からも社会主義者からも批判され続けてきた。道徳的な問題はさておくとしても、精緻化の進む分業と近代資本主義の消費文化とは、実際問題として個人の自律性をますます非現実的なものにしてきた。さらに近年、（とくに第三世界を対象とする研究者の間で）ポスト構造主義の立場から啓蒙主義の自律の理念を攻撃するラジカルな批評家も現れている。インド研究家、ロザリンド・オハンロンはその優れた一例である。

「サバルタン・スタディーズ」グループ〔インド史研究者の一グループ。subalternはグラムシの用語に由来する概念で、「指導的（階級）」に対するところの「従属的（階級）」のこと〕と呼ばれる歴史学者たちの研究に対するある論評の中で、彼女は「主体性とエージェンシーについてのリベラル・ヒューマニズムの概念」に対して疑問を投げかけている（O'Hanlon 1988）。サバルタン研究グループの出発点は、インドの「エリート中心的な歴史記述」に対する不満である。そこでは従属的地位にある人々は自らの意識を持つものとはされず、それゆえまた自らの歴史を創る能力もまた認められていない。インドのオリエンタリズム的また機能主義的な人類学もまた、本質主義的だということで非難されている。[8]（「歴史を創る」と言うテーゼが含む第一の仮定に注意されたい。——歴史は何か重大な変化が生じない限り創られるものではない。出来事が次々と起こるだけでは足りない。相当程度の何かが変るのでなければならない——）。

オハンロンは、サバルタン研究グループが抑圧された歴史の回復を目指していることに対して共感を寄せているが、そうした立場は知らず知らずのうちに「本質主義的ヒューマニズム」に陥っていく危険性があることをも指摘している。「自己構築する主体」の神話、「自己の外部に起源をもつ意識ないし存在などそもそも存在に値しない」という「神話」は退けなければならない、と彼女は言う。

これを退けたなら、次にはこう理解できるはずだ。歴史とアイデンティティは、本質的な帰属のしるしを持たない数多くの断片を構成することで描かなければならないが、これで従属者《サバルタン》の歴史が再び見えなくなるわけではない――。というのは、第一に、この同じ脱中心化の戦略は、エリート中心的な歴史記述の一枚岩的な主体＝エージェントにも適用されるからである。第二に、今私たちが注目しているのは他ならぬ従属者の創造的営為だからである。ほとんどあらゆる起源の文化的素材を自らのものとし、他ならぬ自分自身の目的に合わせて鋳なおす、そして御用済みとあれば……打ち捨ててしまう従属者たちの才能に、私たちは焦点を当てているからである(p. 197)(強調点はアサド)。

オハンロンの批判は、的を射たものである。ただ、先に私が触れたような「作者であること《オーサリング》」のいくつかの意味の交錯があり、曖昧さはここでも繰り返されている。エリート中心的な歴史記述の「主体＝エージェント」を脱中心化することとは、行政上の権威を帯びた立場にある人々を転覆させることと同一ではない。自己構築の概念は、ただ歴史の記述者が選んだだけのものではなく、近代国家あるいは近代化途上の国家において道徳的・法的・政治的に広大な影響を及ぼしているリベラル・ヒューマニズムの原理である。そうであるがゆえに、進歩主義者たるオハンロンは、従属的《サバルタン》主体に権威を付与すべくこの原理を再び導入しないではいられなかったように思われる。従属者《サバルタン》の真の目的(「他ならぬ自分自身の目的」)をその主人の目的から切り離すことなど、自己構築の闘いによるのでなければ可能ではないだろう(「歴史を創る」と言うテーゼが含む第二の仮定に注意されたい。――エージェントは自律的でなければ「自分自身の」歴史は創れない。当人が目的をもって行動しているというだけでは不十分である。彼の目的は他者の目的と衝突するのでなければならない――)。

自己構築の原理の本質にあるのは「意識《コンシャスネス》」である。数多くの断片が一つの自己定義的な主体の細部として解釈される過程を説明するのに不可欠なのが、意識というこの形而上学的概念である。だが、ヘーゲルの言う意識(感覚的確実性に始まって理性の高みに至る目的論的な原理)やヘーゲルが意識と読み換えたカントの先見的主観は持ち出さないとしても、日常用いているような心理学的な意味での意識（意識性《アウェアネス》、意思《インテント》、経験に意味を与えるもの）だけではエージェンシーなるものを説明することはできない。ばりばりのフロイト流を展開するまでもなく、本能的反応、従順な身体、無意識といったものが様々なしかたで意識よりも広範かつ持続的に作用していることは明らかである。エージェントの行為が当人が意識している以上（そして以下）のものになるのは、一つにはこのためである。

ここでもう一つ関係するのは、当人の行為が他のエージェントの事業の下位に置かれていることである。ある地点より行為は、その行為の開始者のみに帰属するものではなくなる。この事実が見過ごされているからこそ、合意と抑圧とを政治的支配の二つの基本条件と考える文献において、意識の歴史的役割が誇張されているのである。政治的支配を合意、抑圧、あるいはその組み合わせから説明するというのは、説明をもっぱら意識の観点から行うということである。このため、ある選択はよいが他の選択はよくないというふうにして財を客観的に配分することに関わる、政治的にいっそう重要な条件があることが見えなくなってしまう。包摂あるいは排除される可能的行為の構造は、このように、行為している者の意識とは論理的に独立のものなのである。(9)

言いかえれば、「歴史を創る」ようなやり方で行為しようとするとき、エージェントにとっての拠り所となる体系的知識（例えば統計上の情報）は、いかなる意味においても、主観＝主体的《サブジェクティブ》なものではない。ここに「自己」は関係しない。一方、主体は自己の意識の上に成り立つものである。つまり私は、多くのラジカルな歴史家、人類学者たちとは逆のことを言っているのである。エージェントと主体《サブジェクト》とは——前者が実効性の原理、後者が意識の原理であるとすれば——理論の土俵を同じくするものではない。それゆえ組み合わせて用いるべき概念でもないのである。

サバルタン歴史学者の中にギヤン・プラカシュという優れた研究者がいる。オハンロンの批判をふまえ、これに賛同する立場だと思われる。彼にはインドの「ポスト・オリエンタリズム」の歴史記述についてのすばらしい論文がある（Prakash 1990）。いっそうラジカルなポスト構造主義的立場に立って、民族誌記述・歴史記述の因習を一掃しようとするものである。[10]「自らの歴史を創る現実の人間」という概念に魅力を覚える人類学者は、この挑発的な論文に興味をひかれるであろう。というのも、それは、歴史という物語の中に含まれる形而上学的痕跡を明らかにするものだからである。そうした形而上学は、資本主義中心の世界観を再生産するものだとプラカシュは論じる。

プラカシュが反対するのは、「基礎づけ主義の《ファウンデーショナル》」歴史である。この言葉を彼は次の二つの意味で用いている。(一)還元できぬ主体《サブジェクト》(個人、階級、構造)を立てて歴史を語るもの。(二)目的論的に歴史を語るもの。例えば、資本主義(の失敗、遅滞、歪曲)の歴史を物語るもの。この二種の基礎づけ主義を追い払うことで、「排除された歴史」をいっそうよく見られるようにするのだと彼は言う。

歴史を物語るためには、目的論的である必要はない。[11]しかし、物語の主体となるべき一個のアイデンティティ(たとえば「インド」)は必要である。アイデンティティが互いに異質ないくつかの部分(階級、性、地域など)に分析されることもあるが、それで一体性が解消されるわけではない。むしろアイデンティティの構成《コンスティテューション》が明らかにされる。一体性を唱道する者によって――さらには、自らの生き方を一体性の(時に変更される)要求に合わせようとするすべての者たちによって――一体性は維持される。ラジカルな批判者たちは、権力を握る者は一体性を保つために必ずや差異を抑圧するものだと主張する。しかしこれは間違っている。そうした権力は両義性を嫌うというのもまた誤りである。支配的権力は、一体性を護持するために――つまり自らの固有の歴史を創るために――差異づけ、分類する作業に最大限の努力を傾けてきた。インド植民地支配史をひもとけば、その証拠は豊富に見つかる。この文脈においては、権力は抑圧的ではなくて構築的であった。さらに、権力が自らの目的に適うような差異を選び出す(あるいは構築する)ことができたのは、両義的な状況に含まれる危険や機会をうまく利用していたからである。そして「西洋の権力」が即興演技的な性格をもつことができたのも、一つにはまさにこの両義性が――すでにグリーンブラットの所で見てきたように――あったからである。

「近代化という物語」は目的論的であるとして、プラカシュはこの物語を退けた。なかなか皮肉なことであるが、この拒否は「自らの歴史を創る」という多くの人類学者がやはり採用している言葉の意味についてであることを教えてくれる。この言葉は、ヨーロッパを(歴史の当事者として、あるいは裏にある規範として)あまりにも突出的に描くような非西洋史の物語を拒絶する一方で、この物語に寄生している「歴史を創る」という概念の方は隠匿しているからである。

もし、近代化の事業が、ただインドの過去の集成物語というだけのものではなく、「インド」(という、進歩の原理に基づいて定義された一個の統合体)を構築する、絶えずインドの未来を計算し続けることを必要とする事業であると理解されるのであれば、この事業には目的論的なものがあると言わなければならない(事業とはそもそも目的論的なものである)。インド国民国家の軌跡は、まるごとこの事業に含まれる。これはインドをある特定の方向に向かわせるべく尽力してきた支配者たちにのみ関わる話ではない。その抵抗者たちもまた、この圏内に置かれている。抵抗の闘争は、ヨーロッパ啓蒙主義に始まる新たな言語のもとで遂行されることがしばしばであった。自由、平等、理性、進歩、人権等々がそれである。さらに(いっそう重要なことに)闘争の多くは英国植民地政権が新たに構築した政治＝司法空間において遂行されたのである。インド国民国家の軌跡を物語るとは、近代化の事業がいつ、どこで、なぜ、どのように、成功あるいは失敗したかを理解しようと努力することに他ならない。また、インド国民国家がまさに事業として自らを構築あるいは再定義する過程を見ようとすることに他ならない。この事業に反対しようという者は、推進者たちが拒否するような言語を用いて事業を作り変えようとするだろう。しかし、ここには目的論があると言わなければならない。肝心なところでは、西洋の自由資本主義国家の現状のうちに予め示されている未来を欲しているのであるから。この事業が法則にも似た強制力をもって遂行されているからといって、将来の成功が決まっているものでもないし、方針が変らないとも限らないのである。

さてしかし、本質主義を知の過誤の最たるものと見なすように教えられている者たちに対しては、この事業にはその本質をなすものがあるということを説明する必要がある。実際、国民国家「インド」にもそれがある。とはいえ、この事業(「インド」)は変更不能だというのではない。歴史上の個々の現象はそれぞれにある形で構成され、その構成の規定を受けている。この構成的な要素の中のあるものが、その現象の歴史的アイデンティティの本質をなし、他のものはなさない。――これはつまり、ゲームの本質を定義するのはゲームを構成するルールであると言っているようなものである。ゲームは廃止できないとか変更不能だとかと言いたいのではない。ゲームの本質的な歴史的アイデンティティを決めるものを指摘したまでのことだ。どこかを変更するとゲームは違うゲームになってしまうが、別のどこかではそうはならない。そういう話である。

物質的・精神的進歩の志向を含む近代化(西洋化)の事業は、まさしく「歴史を創る」ということである。だが、その事業に基づいて行動する無数のエージェントは、完全に自律的なわけでも事業を十分に意識しているわけでもない。実際、ある決定的な意味において、二世紀も前のヨーロッパに始まったこの事業が、今日の私たちの、歴史を創る人類という概念を作り出したのである。というのは、この事業には歴史的時間についての新しい経験が絡んでおり、歴史性《ヒストリシティー》＝史的位置づけについての新奇な概念――未決定の未来に向かって速度を増していく(古代・中世・近代という)三つの大きな時代に分割された歴史的時間――と切り離せないからである。西洋自身は、全ての非西洋文化とは異なって、近代という歴史性によって自らを定義する。それゆえ「西洋」は――近代なるものの不整合(伝統との断ち切れ)にもかかわらず――自らの過去を有機的連続体として自らのうちに取りこんでいる。「ギリシャ人とローマ人」「ヘブライ人と初期キリスト教徒」に始まって「ラテン・キリスト教世界」「ルネサンス」「宗教改革」を経たのち近代ヨーロッパの「普遍文明」へと有機的に連続する流れである。「西洋」といっても空間的に不連続であるし、その内容も多様である。だが、この概念は単なるヘーゲル的神話なのではない。一握りの有能な批判者の手によって暴かれるのを待っているただの表象なのではない。良かれ悪しかれ、「西洋」は、無数の意図、実践、言説を体系的な形で特徴づけている。西洋という統合された文化、固定的なアイデンティティ、単一の思考法があるというのではない。ただ、ある一つの集合的アイデンティティが、自らを他の全てとは対照的な、特異な歴史性の中にあるものとして定義しているということが言いたいのである。ギリシャ、ローマ、ラテン・キリスト教世界、南北アメリカへと、世界全体を包含するまで次々と場所を変えて行く歴史性である。

昔のキリスト教徒は歴史的時間を救済の待望の内に捉えていた。これが新たに登場した合理的予想という世俗的な習慣と結合したのは、一八世紀のヨーロッパにおいてである。かくして近代の進歩の概念が生まれることになった(Koselleck 1988, p. 17)。エージェンシーの哲学もまた発展し、個人の行為を集団的傾向に結びつけることを可能にした。啓蒙主義哲学者に始まって、ヴィクトリア朝時代の進化論的思想家を経て、二〇世紀後半の経済・政治的発展のエキスパートに至るまで、一貫して流れているものは、ある一つの仮定である。――歴史を創るために、エージェントは未来を創造しなければならない。改造を成功させる基準が普遍的なものと認められる限りは、自らを改造し、他者の改造を助けなければならない。古い宇宙を覆し、新しい宇宙を創造しなければならない――。そうであるとするなら、普遍的目的論の背に乗らずして歴史を創ることはできないだろう。「地域的な《ローカル》」体制維持を目指すような行為は、また、社会生活の地域的なモデルに従おうとする行為は、歴史を創る行為であるとは認められない。メラネシアのカーゴ・カルトからイランのイスラム革命に至るまで、そこに行われているのはただ「未来を拒絶すること」、「歴史の時計を逆行させること」であるにすぎない。しかも無駄な試みなのである。

かくして、人類学は、二つのやり方で近代史に挿入されることになる。第一に、ヨーロッパの政治的・経済的・科学的権力の成長を通じて。これによって人類学者は職業生活の手段と知的動機を得ることができた。第二に、前進する時という啓蒙主義の図式を通じて。これによって人類学はその概念的な場――近代性――を得ることができた。それはただ、人類学はヨーロッパの非ヨーロッパ人との出会いから生まれた近代の産物だというだけのことではない。人類学が自らの主題(非近代的、地域的、伝統的なるもの)を把握するために採用する主要概念は、近代なるものの裏返しの意味にしばしば拠りかかっているということである。[12]

近代の人類学は人類の多様性に理論的焦点を当てているが、これはルネサンス期におけるヨーロッパの「未開人《サビジ》」との出会いに始まるものである。アフリカおよび新世界における残酷な遭遇は、内省的なキリスト教徒に神学的難問をもたらした。――創造について旧約に書かれていることに照らして見るとき、人類の多様性はどのように説明されるであろうか? 探検家からのエキゾティックな報告を読んだとき、学者たちはまずこのような疑問を抱いた。そして民族によって多様な信仰と儀礼の広がりがあることが、学者たちの関心をひくことになった。[13]

ルネサンスは「人間を発見した」とはよく言われることである。[14] しかし、この発見は、実際にはヨーロッパの個人のあり方を心理学的に再構築したものであった。アフリカや新世界から戻ってきた探検家たちは未開人についての報告をもたらしたが、そこに描かれていたのは全く異質な現象であった。[15] ヨーロッパのキリスト教徒と果たして血のつながりがあるのか疑われるような人間の存在である。そのような者たちは完全には人間ではないと主張する者までが現れた。マーガレット・ホジェンによれば、一七世紀後半から一八世紀始めごろにかけて最終的に採用された解決案は、存在の連鎖および発生の原理という二種の古い考えの総合であった。こうして「形態の空間的配列は、歴史的・発展史的・進化論的系列へと」転換されたのであった(Hodgen 1964, pp. 389, 390)。それによれば、あらゆる人間には人類共通の本性がある。しかし、この本性の成熟と開化の段階は様々なのである。歴史の三つ組に、歴史以前の一つとして「未開《プリミティブ》」人の時代が加えられた。そして同じ時代に生きていても、ある「地域民」は先史時代に属するものとされた。「中世」に割り当てられる民もあった。当初盛んに論じられた、聖書の人類創造と堕罪の物語をどう救うかという問題は、やがて後退する。かわって、ヨーロッパが世界の主導権を握るという、発展史的に語られた世俗の物語に関心が振り向けられるようになる。[16] 高等批評〔文献学的・歴史学的な聖書研究〕の発展の結果、キリスト教神学の問題は実質的に消散してしまった。だが、神学を論じるために生み出された概念のいくつかは、新たな普遍性を探究して形成された世俗の学問のうちに残されることになった。

もちろん、人間の多様性を分類し、説明する歴史的図式は、一八、一九、二〇世紀を通じて大きく変わってきた。だが、いつも変らない部分もまたある。時代区分や歴史の流れの方向づけなどがそれだ。ジョージ・ストッキングが指摘するように、文化的多様性の根底には同じ一つの人間的本性があるという仮定もまた、一貫して変らないものだ(Stocking 1987, p. 313)。だが実際には、人類学と東洋学《オリエンタリズム》とは、共に、近代(ヨーロッパ)「文明」の進化から取り残された現存の「地域民」なるものを概念化し、それに対処してきた。そして「文明」の方は専門別の各種の学問が対処してきた。[17] こうして、人類共通の本性の方は譲歩して、ある者は他の者よりも明らかに「いっそう成熟している」との見方が勝ちを占めているかに思われる。

二〇世紀前半の英米人類学者のほとんどは反進化論者であった――従ってまた文化的相対主義者であった――というのは今では常用句である。第一世界大戦後の西洋に広まった進歩思想への幻滅ムードがこの反進化論と関係していると論じる人類学史家もいる。[18] だが、この見解は必ずしも正しくない。英国人類学に関する限りまったくこれは当てはまらない。マリノフスキーもラドクリフ＝ブラウンも、文化には高低があって、低い方が高い方へ向けて発達するという考えを否定しなかった(Malinowski 1945, pp. 1, 2: 1938／Radcliffe-Brown 1952)。ゴドフリー・ウィルソンとモニカ・ウィルソンは、アフリカにおける親族関係と観念の進化を「未開段階から文明段階へ」と並べることに何の躊躇もなかった(Wilson 1945)。マックス・グラックマンもまた、アフリカ人による「白人文化」の採用を「進歩」として描いている。[19] ルーシー・メアーは、ヨーロッパ人によるアフリカ植民地支配のことを「文明の拡大」であるとはっきり述べているし[20]、メアリー・ダグラスは、進化論的展望の重要性を再確認している[21]。非西洋世界の個々の社会変動の問題を取り上げた人類学者は数多くいるが、どこまで明示的に述べているかは別にして、いずれもやはり進化論的な立場を取っているのである。なるほど彼らは一個の〝人類の文化〟の発展を跡づけることはしていない。また、諸々の社会体系が(今のところ)均衡状態にあるという考え方をとっている。しかし、これは彼らが進化なるものをいっさい拒否したことを意味するものではない。実際、人類共通の本性の原理を示すことよりも、非ヨーロッパ世界の様々な場所における「正常な《ノーマル》」歴史的発展のあり方を記述することにいっそう多くの関心が振り向けられていたとさえ論じることができるかもしれない。

いずれにせよ、重要なのは次の点である。伝統的な思考・習慣に注目するのであれ、現代の社会・文化的変動に注目するのであれ、人類学者は、一般的に言って非近代の生を扱うものであると本人たちも思っていたし、周りからもそう見られていた。政治、経済、宗教、法、医学、詩、歴史の各事象の分析を人類学に求めることもあるが、しかしそれも、近代的な諸学問が扱うようなこうした事象が、非近代的な社会的全体性の中に見出された場合に限られる。非近代世界を取り上げる近代の他の著作家たちとも同様、人類学者は、歴史的時間に関して二重のモードを使い分けてきた。かくして彼らは、今の時代に属すると同時に属さないかのように事象を表象することが可能になったのである(Koselleck 1988, p. 249)。そしてまた、ある状態が他の状態よりもいっそう進歩していると考えることも可能になったのだ。

このように焦点を定めたために、人類学は、近代文明そのものを扱う諸学問に比べて周縁的なものになったと言われている。「自己の属する社会にとっても、民族誌的フィールドワークの主題となる諸集団にとっても、文化的に周縁的な」ものになった、と(Stocking 1987, p. 289)。旧植民地諸国の西洋化しつつあるエリートたちは人類学を拒絶したことはよく知られているし、その理由もまた理解に難くない。だが、人類学が近代ヨーロッパ社会にとって文化的に周縁的なものであったかどうかについては、再検討の余地がある。政治学、経済学その他の社会科学の理論形成に、人類学は微々たる貢献しかなさなかったというのは本当だ。だがそれでも、逆説的な話であるが、非近代に関する人類学の言説の諸側面は――すなわち「未開人」「非合理的な民」「神話的な民」「伝統の民」を語る言説は――いくつかの学問において、中心的な重要性を持ち続けてきたのである。とりわけ精神分析、[22] 近代主義神学、[23] モダニズム文学[24] は、近代性の本質に探りを入れ、適応し、それを称え、あるいは規定しようと試みるときには、絶えず人類学の支援を仰いできたのである。

それゆえ、「西洋」の事業が、民族誌家が代弁しているとされる(無文字社会の、前資本主義社会の、前近代の)民族を変容させつつある一方で、人類学は、「西洋」なるものの定義にたずさわっているように思われる。このどちらの過程も、体系的に研究される必要がある。人類学は、近代性に「移行しつつある」(あるいは「抵抗しようとしている」)地域民を深く理解しようと思うのなら、「西洋」なるものの理解を深め、陳腐なイデオロギー以上のものとするように真の努力を払わなければならない。それを行うためには、西洋の特殊な歴史性を――諸々の構造、諸々の事業、諸々の欲望を構築してきた可動的な諸権力を――理解しなければならないだろう。積極的な意味でも、消極的な意味でも、宗教はこの構造体の本質的な一部であるというのが私の考えである。

以下の章は、西洋史の断片を、系譜、古語、翻訳、論争の四部に分けて扱っている。それらはみな、西洋の文化的覇権を探究の主題とする歴史人類学に貢献することを意図したものである。より正確に言えば、宗教についての西洋的な概念と実践が〝歴史を創る〟あり方をどのように定義づけているかを探究しようとするものである。

系譜

第一章　人類学の範疇としての「宗教」の構築

一九世紀の進化論的思想の多くは、宗教を、のちにそこから近代の法、科学、政治が分かれ出ることになる、人類初期の状況であると考えていた。[1]今世紀になって、ほとんどの人類学者は、ビクトリア朝の進化論思想を放棄した。そして多くの者は、宗教を単に原始的な――それゆえまた、(法、政治、科学など)いっそう正しい仕組みのある今日の近代社会には通用しない――制度的形態であるとする合理主義の宗教観を疑うようになった。彼ら二〇世紀の人類学者にとって、宗教は、科学的思考の原始的様式でもなければ、今日重んじられている他のいかなる世俗的営為の原始的様式なのでもなく、逆に、他のいかなる領域に還元することもできない、人間の行動と信条の独自の領域なのである。これはまた、宗教の本質を、たとえば政治の本質と混同してはいけない、という主張につながるように思われる。多くの社会で、政治と宗教は重なり合い、絡み合っているとしても、やはりこの混同は許されないというのである。

ルイ・デュモンの述べるところでは、中世キリスト教世界はそうした複合的な社会であった。いかにも彼らしく鋭い一節をここに引用しよう。

関係が変われば、何であれ、関係の中にあるものも変わる。これは自明のこととしよう。もし歴史を通して、宗教が――他の要因があるとしても、宗教がとりわけ――社会的価値の革命を推進し、あたかも分裂繁殖のように、独立した政治的制度・思考の領域を生み出してきたのであるとすれば、間違いなく宗教自体も、この過程を経るうちに、自ら変化を被ってきたはずである。私たちはみな、いくつかの重要な目に見える変化があったことに気づいている。しかし私たちは、すべての信者、たとえば個々のカトリック教徒によって生きられるものとしての、宗教の本性そのものに起きた変化については気づいていない。そう私は申し上げたい。宗教は、以前には集団の問題であった。それが個人の問題へと(原則的に、そして実際上も多くの環境・状況下において)変わってきた。これはみなが知っていることだ。だが、これに続けて、この変化が近代国家の誕生と相関的なものであると主張したとすれば、今度の主張はそれほど当たり前のものではない。では、もう少し話を進めてみよう。中世の宗教は、大きなマントであった(私は慈悲の聖母のケープのイメージで考えている)。ひとたび宗教が個人的な事柄になると、それは一切を抱擁する働きを失い、似たり寄ったりの地位にあるあれこれの営みと並ぶ一個にすぎなくなる。このあれこれの中から、まず最初に政治的営みが生まれ出たのだ。もちろん、個々の信者は、宗教を(あるいは哲学を)、かつて社会的にそうであったのと同様の包括的な営みとして認識するかもしれないし、恐らくはそう考えることを望むことであろう。しかし、社会的コンセンサスあるいはイデオロギーのレベルにおいては、同じ個人が立場を変えて、価値をめぐる異なる構図を支持することになるのだ。すなわち、(宗教や政治といった)個々の独立の価値が横並びに並ぶ――あたかも個々人が社会の中で横並びするように――そんな構図である(Louis Dumont 1971, p. 32)(強調点はデュモン)。

この見解によれば、中世の宗教は、他の範疇に浸透するか、他の範疇を包み込むかしていたけれども、なお、分析的には識別可能なものである。それゆえ、たとえその社会的な外延と機能が今日と中世とでは異なっていたとしても、両時代を通じて宗教は同じ本質をもっていると言うことが可能である。だが、宗教には、科学や政治や常識などの本質と混同してはいけない独立の本質があると主張するならば、その先に来るのは、宗教を（他のいかなる本質とも同じく）超歴史的で超文化的な現象として定義することであろう。幸運な偶然というか、宗教を定義しようというこの努力は、宗教を政治、法、科学から――すなわち、様々な権力と理性が近代固有の生を分節化する種々の領域から――きれいに切り離しておきたいという今日のリベラルの要求と、目指すところを同じくしている。この定義は、（世俗的リベラルにとっては）宗教を閉じ込めてしまう戦略に、（キリスト教系リベラルにとっては）宗教のガードを固める戦略に、同時に資するものなのである。

だが、宗教と権力のこうした分離は、近代西洋の規範《ノーム》である。それはポスト宗教改革史という独自の歴史が生み出したものだ。ムスリムの伝統を理解しようとするときに、そこでは宗教と政治（近代社会が概念的にも実践的にも分離し続けようと努めている二つの本質）が結びついていると主張するならば、理解の試みは――私の見るところ――失敗に帰さざるを得ない。このようなアプローチをするならば、政治の世界における宗教的言説をア・プリオリに政治的権力の偽装とする立場を取るようになるかもしれない。これは最も疑わしい考えである。

宗教の本質を理論的に考究するうちに、宗教と権力世界とを概念的に分離するところへと向かっていく――。以下で私は、この流れについて検証しようと思う。やり方としては、ある著名な人類学者が差し出した宗教の普遍主義的定義について検証することから始めたい。それは、クリフォード・ギアツの「文化のシステムとしての宗教」である。(2) ただし、ギアツの宗教論の批判的再検討に主眼があるのではない。それを行うのであれば、インドネシアからモロッコに及ぶ彼の宗教論の全体にわたって検討をしていたはずである。本章の意図は、宗教の概念を超歴史的な本質の概念とする私たちの理解を生み出した歴史的変移のいくつかを明らかにするところにある。ギアツの論文は、そのための出発点として取り上げるにすぎない。

中世キリスト教時代に宗教と認識されていたものと、近代社会において宗教と認識されているものとは、その社会的に特定できる形態、条件、結果がまるで異なっている。このことが、本章における基礎的議論の一部となっている。私は単純な唯名論に陥らないようにして、この周知の事実に取り組みたいと思う。私たちが宗教的権力と呼ぶものは、異なる仕方で配分され、その推力となるものも異なっていた。宗教的権力は、異なる仕方で法制度を創出し、またその中で機能した。異なる自己を形成し、その自己に応え、異なる知的範疇を公認し、供給した。だが、そうではあっても、その結果として人類学者が目にしているものは、たまたま「宗教」と呼ばれているだけの単なる要素やら過程やらの寄せ集めなのではない。キリスト教としては、教義と実践、規定と適用とを一貫したものにしようと努力をしていた(これが完全に実現することはなかったが)。すべての現象は、かなりの程度、この努力という文脈の中にあるものとして、見ていかなければならない。宗教の普遍的定義というものは有り得ないというのが私の議論である。その理由は、宗教を構成する要素や関係が歴史的に個々別々であるからということばかりではなく、そうした定義そのものが言説の過程における歴史的産物だからなのである。

しかしながら、ギアツが目指しているのは、まさしく普遍的(すなわち人類学的)定義に到達することである。彼は次のように提案する。宗教とは「(一)象徴のシステムである。その働きは、(二)人間の中に強力で広範で持続的なムードとモチベーションを打ち立てることであり、それは、(三)存在の一般的秩序についての諸々の概念を定式化することによって、また、(四)それらの概念にある種の事実性のオーラを与えることによって行われる。(五)そうしたムードとモチベーションが独自の実在性を帯びて見えるのはこのオーラによる」(p. 90)(邦訳I一五〇、一五一頁。ただし本書では訳語の調整のため改めて訳出した)。以下で私は、この定義について調べていくことにする。この相互に結びついた主張群について検証するためばかりでなく、宗教の超歴史的定義には望みがないという反対側の立場を肉付けするためでもある。

宗教の本質を捉える手掛かりとされる「象徴」概念

ギアツは、まず象徴の定義を行わなければならないと考える。「概念の媒体として働く事物、行為、出来事、性質、あるいは関係は、いずれも」象徴である。そしてこの「概念は象徴の〝意味〟である」(p. 91)(一五一頁)。象徴(事物、行為、出来事、性質、あるいは関係)と概念(象徴の意味)とは区別された上で結びつけられる。この単純にして明快な言明は、このあと他の言明によって補足されるが、この二つは完全に一致するものではない。というのも、象徴は概念の媒体として働く事物なのではなく、象徴それ自体が概念であるということが明らかになるからだ。「六という数は、書かれたものであれ、頭の中のものであれ、並べた石として配置されたものであれ、さらにはコンピュータのプログラムテープにパンチされたものであれ、象徴である」(p. 91)(一五一、一五二頁)という言明において、これらの多様な表象を同じ象徴のバージョン違いとしている当のもの(「六という数」)は、もちろん概念なのである。さらに、ギアツは、たとえ概念であるとしても、象徴は経験的事象と内在的な関係を有しており、両者はただ「理論的」にのみ分離ができると言おうとしているかに思われることもある。「社会的事象の象徴的次元は、その心理的次元の場合と同様、経験的全体としてのこれらの事象から、それ自体、理論的に抽出することができる」(p. 91)(一五二頁)。しかし、別の箇所では、象徴と経験的事物とをきっぱり切り離しておくことが肝要だとも言っている。「象徴との交渉と事物や人間との交渉とを混同しないように戒めておこう。事物や人間それ自体は象徴ではないのだ――たとえ象徴として働くことがしばしばあるとしても」(p. 92)(一五三頁)。このように、「象徴」は、ときには実在の様相として、ときには実在の表象の様相として扱われているのである。(3)

こうした食い違いが生じるのは、この議論が認識の問題とコミュニケーションの問題とを混同していることの現れである。そうであれば、言説や理解と社会的実践との結びつきの様相について調べるのは難しくなる。そもそもわたしたちは、多くの論者に従って、次のように考えることもできるだろう。――象徴は、意味をもたらす働きのある事物や事象ではなく、観念複合ないし概念[4]として独特に結合した事物や事象の諸関係の組であり、それが知的でも道具的でも感情的でもあるような意味をもつのである、と[5]。もしこの線に沿って象徴を定義するならば[6]、そうした観念複合や概念がどのように形成されるのか、そして特に、この形成過程は種々の実践とどのように関係しているのかを説明する諸条件をめぐって、数多くの問いを立てることができる。半世紀も昔に、ヴィゴツキーは、子供の知性の発達が社会的発話の内面化にどのように依存するものかを明らかにしてくれている[7]。私たちがここで「象徴」と呼んできたもの（観念複合、概念）の形成は、成長中の子供を取り巻く社会関係によって――その子供が行ってもよいと、行ったほうがよいと、あるいは行うべきであるとされる社会的活動によって――条件づけられているが、そこでは他の象徴（言葉や有意味な動作）が決定的な役割を果たす。象徴がどのようにして構築されるのか、また象徴のうちのあるものが自然で権威あるものとなり、他のものはそうならないのはいかにしてであるかを説明する（言説的・非言説的な）諸条件を問うことが、かくして人類学的研究の重要な目的となる。象徴の意味に加えて、象徴の起源と機能を研究すればよいという話をしているのではない。そのような区分は不適切である。今議論しているのはこうである。表象／言説の権威ある地位は、他の表象／言説の適切なる提示に依存している。両者はただ一時的にではなく、内在的に結びついているのである。

　ギアツは言う。象徴のシステムは、文化のパターンでもあり、「情報の外在的源泉」をなすものである（p. 92）（一五三頁）。ここで〝外在的〟というのは、象徴システムは「あらゆる個人がそこに生れ落ちるところの間主観的な共通理解の世界内に、個々の有機体そのものにとってはその境界線の外部に」あるからである（p. 92）（一五三頁）。そして〝情報の源泉〟というのは、象徴システムは「青写真あるいはテンプレートをもたらし、それによって、自らの外部における過程に明確な形態を与えることができる」(p. 92)(一五三頁)という意味においてである。それゆえ、文化のパターンは、「実在についてのモデル」であるばかりでなく、「実在のためのモデル」でもあると言えるだろう――そのように私たちは告げられる。[8]

モデルに話が及ぶギアツの議論のここの部分は、次なる展開の可能性を切り開くものだ。ここから彫琢、修正、テストといった過程をめぐる言説を概念化することもできるかもしれない。しかし、残念なことに、ギアツはすぐにもとの立場に引き返してしまう。「文化のパターンには内在的な二側面がある」と彼は書く。「それは社会的・心理的実在に意味――客観的な概念的な形態――を与えるに際して、自らを実在に合わせることと、実在を自らに合わせることとの両方を行うのである」(p. 93)(一五五頁)。ちなみにこの同型性《アイソモルフィズム》へ向かう弁証法的傾向とやらを持ち出してくると、社会の変化がそもそもどうしたら起こりうるのかを理解することが困難になる。だが、この鏡像関係がどうこうという話はさして問題ではない。根本的問題は、一方には(象徴よりなる)文化的レベル、他方には社会的・心理的レベルと、相互に作用する二つの別々のレベルがあると考えたところにある。このようなパーソンズ的展開のうちに、宗教の本質を定義する論理的空間が生まれる。ギアツは、この立場を採用することで、意味づけと組織化の実践に内在するものとしての象徴理解から遠ざかる。そして、自己(「社会的・心理的実在」)の社会的条件・状態にとって外在的な意味を担う事物としての象徴理解に引き戻ってしまうのだ。

ギアツは象徴が何かを「行う」とは考えていない、と、そう言いたいのではない。昔の人類学の儀礼研究を思わせるやり方で、[9] 彼は宗教的象徴が「信者の内部に、ある弁別可能な一連の性向(傾向、能力、性癖、技能、習慣、性質、くせ)を引き起こし、彼の行為の流れと彼の経験の質に常習的な性格を与える」という形で作用すると述べている(p. 95)(一五八頁)。ここでもまた、象徴は精神的な状態と切り離されている。だが、こうした命題はどこまで当てになるのか？　たとえば、私たちは、近代産業社会に暮らすキリスト教信者の「弁別可能な」一連の性向を予見することなどできるであろうか？　あるいは逆に、何らかの「弁別可能な」一連の性向を有する誰彼について、その人はキリスト教徒であるとかないとかと言えるであろうか？[10]　どちらの問いに対する答えも否であるに違いない。その理由は、もちろん、キリスト教徒の行為の流れとその経験の質に安定した性格を与えるのは、信仰のみの働きではないからだ。個々の人生が生きられる場である、社会的・政治的・経済的諸制度の全般が働かなければならないのだ。[11]

ギアツはさらに議論を進めて、宗教的象徴は、ムードとモチベーションという二種類の性向を生み出すと言う。「モチベーションは、それが導くとされる目的に関して〝意味をなす〟ものであり、ムードは、それの源泉であるとされる条件に関して〝意味をなす〟ものである」(p. 97)(一六一頁)。さて、ここで、次のように考えるキリスト教信者もいるかもしれない。――これは宗教的象徴の本質ではない。なぜならば、宗教的象徴は、たとえムードやモチベーションを生み出さなかったとしても、依然として宗教的な(つまり、真の)象徴であるのだから――。宗教的象徴は、その効果からは独立した真理をもつものである、というのである。だが、確かに、信仰篤きキリスト教徒といえども、近代社会において概ね無力と見える真実の象徴のあることに無関心ではいられないだろう。彼が次のような問いを立てるのは正しい。――宗教的象徴が実際に宗教的性向を生み出すための条件とは何か？　非信者の言い方では、次のように問うこともできる。――(宗教的)権力が(宗教的)真理を生み出すのはどのようにしてであるか？

権力と真理の関係は、古代から続くテーマであるが、キリスト教思想において、聖アウグスティヌスよりも印象的にこの問題を扱った者はいない。アウグスティヌスは、異端ドナトゥス派をめぐる体験から、権力の創造的な宗教的機能についての見解を練り上げた。彼は言う。強制は真理の実現のための条件である。そして訓練《ディシプリン》＝規律はその維持のために不可欠である。

強制に対するアウグスティヌスの姿勢は、ドナトゥス派にとって、キリスト教の教義を真っ向から否定するものであった。――神は人間が善悪を自由に選べるようにした。善悪の選択を強制するやり方は、明らかに非宗教的である――。ドナトゥス派の著作家たちは、のちにペラギウスが引用したのと同じ聖書の箇所を引用して、自由意志を弁護した。彼らに対するアウグスティヌスの返答は、のちにペラギウス派に対して述べたのと同じである。個々人の最終的な選択の行為は自発的なものでなければならない。だが、この選択行為は、長い過程によって用意されてもよい。必ずしも人間自らが選ぶことのできない、むしろしばしば意志に反して神に強いられる過程である。これは〝教育〟*eruditio* と警告 *admonitio* による矯正の過程である。そこには恐れ、拘束、外的な不自由も含まれていてよい。「外部において矯正があるとしよう。内部においては意志が生まれるのだ」。

アウグスティヌスは、人間にはこうした確固とした処遇が必要であると確信するようになった。彼はこの姿勢を *disciplina* の一語で要約した。彼はこの *disciplina* を、同時代のもっと伝統的なローマ人の多くが考えたような、「ローマ式生活」の静的な保存とは考えなかった。彼にとってそれは、矯正的懲罰の本質的に能動的な過程、「軟化させる過程」、「不便による教化」――*per molestias eruditio*――であった。旧約聖書において、神は自らのかたくなな選民をまさしくそうした *disciplina* の過程をもって教化した。神自らが定めた一連の災いの全てを通じて、彼らの悪しき性向を阻止し、罰したのである。ドナトゥス派の迫害は、神が科した――そしてこの場合はキリスト教皇帝の法によって媒介された――「管理された惨事」のさらなる一例である。……

アウグスティヌスの堕罪観は、社会に対する彼の姿勢を決定づけた。堕落した人類は束縛を必要とするようになった。人類の最大の業績といえども、決して緩められることのない「拘束服」があってはじめて成し得たことである。アウグスティヌスは人間理性の達成物を健やかに受け入れる優れた知性の持ち主であった。それでもなお、彼の心を難問が去ることはなかった。そして、自らの恐ろしい学生時代にまで遡る、長い強制の過程を思わないではいられなかった。これが彼の知的活動を可能にしたのである。「一休みしてよい」というのは、人間知性の堕落なのだ。彼は再び子供になるくらいならいっそ死んでしまいたいと言った。それにもかかわらず、子供時代の恐怖は、必要不可欠なのである。なぜならその恐怖は、「教師の鞭より殉教者の苦悶に至るまで」続く畏怖すべき神の訓練の一部をなすものだからだ。この訓練によって人類は甦り、苦悩によって自らの破滅的な性向より立ち直るのだ(Brown 1967, pp. 236-238)。

ギアツの定式化ではあまりに単純すぎて、この宗教的象徴体系の論理に対応することはできないのではないだろうか？　ここで真のキリスト教的性向を教え込むのは象徴の働きばかりではなく、権力の働きでもあることに注意されたい。法(帝国の法と教会の法)や他の制裁(地獄の業火、死、救済、善き評判、平和)に始まって、社会制度(家族、学校、都市、教会)上の訓練から身体の訓練(断食、祈り、服従、贖罪)に至るまで、ありとあらゆる権力である。アウグスティヌスは確信していた。動機づけられた実践のネットワーク全体が織り成す効果である権力は、それが目指す目的のゆえに、宗教的な形態を呈する。なぜなら、人間の営みは神の道具であるからだ。宗教的真理を体験するための条件を創出したのは、その真理へ自発的に向かう精神ではなく、権力だったのである[12]。ある特定の言説や実践は、体系的に排除され、禁止され、糾弾されるべきである。すなわち、考えることも出来ないようにと、可能な限り仕向けられるべきである。別の言説や実践は、包含され、許可され、賞賛され、聖なる真理の物語の中に引き込まれるべきである。この意味における権力の配置構成は、もちろん、アウグスティヌスの時代、中世、そして今日の産業資本主義時代の西洋と、キリスト教史の時代ごとに大きく変化している。宗教的ムードおよびモチベーション、宗教的な知識と真理の可能性は、みな、時代によって異なり、時代によって条件づけられている。アウグスティヌスでさえも、宗教的真理は永遠であるが、人間が宗教的真理に至る道を確保する手段は永遠ではないと主張しているのである。

象徴の読解から実践の分析へ

象徴のシステムを実践から切り離して捉える憶断がもたらす結果として、重要な区別がときに曖昧化され、明白に否定されることとすらある。「私たちが宗教的なものとした性向を惹起して規定する象徴あるいは象徴システムと、そうした性向を宇宙論的枠組の中に位置づける象徴あるいは象徴システムとは、同じものである。このことは何ら驚くに値しない」(Geertz 1973, p. 98)(邦訳I 一六二頁)。だが、これは驚くに値する！ 宗教的性向が何らかの宗教的象徴に決定的に依存していること、また、そうした象徴が宗教的なモチベーションとムードに不可欠な形で機能すること、これらを仮に認めてやってもよい。だが、たとえそうであっても、宗教的モチベーションとムードの概念が「宇宙論的枠組」の中に位置づけられる象徴的過程は、それとはまったく異なる過程であり、それゆえ関与する記号もまったく別のものである。言い方を変えよう。神学的言説は、道徳的態度とも等しくないし、典礼的言説とも等しくない。このことを述べているのは、とりわけ神学である。(13) 思慮深いキリスト教徒であれば、神学には本質的な機能があるとしても、神学的言説は必ずしも宗教的性向を惹起しないし、逆にまた、宗教的性向を有するために、必ずしも宗教的行為者自身が宇宙論的枠組の明快な概念を有する必要はないということを認めるだろう。何かを実践するときの言説は、実践について語るときの言説とは別物である。宗教的に生きるにはどうしたらいいのかを明瞭に語れる実践者でなければ、宗教的に生きることを知ることができないとするのは、近代の考え方である。

ギアツが二種類の言説の過程を混ぜ合わせてしまうのは、宗教的性向と世俗的性向とを一般的に区別したいと彼が考えているからであるらしい。前掲の言明を敷衍して、彼は次のように書いている。「なぜならば、私たちがある特定の畏敬のムードが宗教的であって世俗的ではないと言うとき、それがグランドキャニオンの訪問などによるのではなく、マナのような万物に充満する活力の概念をもつことによって生じるのだと言っているのでないとしたら、何を言おうとしているのだろう？　あるいは、ある特定の苦行の事例が宗教的モチベーションの一例であると言うとき、それが減量のような条件つきの目標ではなく、ニルヴァーナのような無条件の目標の達成に向けたものだと言っているのでないとしたら、何を言おうとしているのだろう？　もし聖なる象徴がまったく同時に人間の中にある性向を惹起し、……一般的な秩序概念を形成するのでなければ、宗教的活動あるいは宗教的体験についての経験的な種差は存在しないことになるだろう」(p. 98)（一六二、一六三頁）。ある特定の性向が宗教的と言えるのは、一つにはそれが宇宙論的枠組の内部に概念的な位置づけを得ているからである――。この議論は妥当であるように思われるが、しかしそれが妥当であるためには、次のような点をはっきり問うておかなければならない。すなわち、権威づけの過程が、実践・発話・性向をどのように提示することで、それらは一般的（宇宙論的）秩序概念に言説的に関われるようになるのか、という問いである。要するにこの問いは、「宗教」を創出する権威づけの過程を問うものである。

権威づけの言説が、宇宙論を前提とし、またその解釈を行いながら、宗教的な空間を体系的にどう再定義するかは、西洋社会の歴史において非常な重要性をもっている。中世において、そうした言説は、膨大な領域にわたって宗教の定義づけと創出を行っていた。「異教」の習慣の拒絶と受容。[14] 特定の奇蹟と聖遺物の公認（両者は互いに真正さを裏付けた）。[15] 聖堂の公認。[16] 真理についてのモデルと真理のためのモデルとを兼ねる聖人伝の編集。[17] 罪ある思考・言葉・行為を聴罪司祭に定期的に告白すべきこと、および悔悛者に対する罪の赦し。[18] 民衆の社会運動を宗規に従う修道会へと組織化すること（たとえばフランシスコ会の場合）、あるいは、それを異端ないし準異端として非難すること（たとえばベギン会の場合）。[19] 中世の教会は、実践の絶対的画一性を確立しようと試みたりはしなかった。逆に、教会の権威的な言説は、いつも差異、段階、例外の特定に関わるものであった。教会が求めたものは、すべての実践を統一的権威に――真理と虚偽を分けることのできる単一の権威的源泉に――従わせることであった。単一の教会のみが言説の真実性を公認する源泉となりうるという原則を確立したのは、初期の教父たちである。[20] 彼らは、自己告白によるキリスト教徒の実践のうちに体現された「象徴」は、必ずしも「唯一の真実の教会」の理論と一致するものではないこと、宗教には権威づけられた実践と権威づける教義とが必要であること、そして制度的権力の創造的役割の根底には、常に両者間の緊張が——ときに異端（真理の破滅）をもたらす緊張が——があることを知っていた。[21]

知識と虚偽とを（宗教と宗教を堕落させるものとを）、そして聖と俗とを（宗教と宗教の外部にあるものとを）常に区別し続けなければならないその理由を、中世の教会が疑ったことはない。この区別の最終判断を行うのは、宗教的行為の実践者の確信ではなく、権威づける言説、教会の教えと習慣である。[22] 宗教改革以前に、幾度も宗教と世俗との境界線の引き直しが行われたが、教会の公式的な権威は優越したままであり続けた。その後の数世紀にわたって、近代科学、近代的生産、近代国家がはなばなしい前進を遂げたときにも、諸教会はなお、宗教と世俗とを区別する必要性を確信し続けた。しかし、同時に、宗教の重心はますます個々の信者のムードとモチベーションの上に移行していった。この時代、（知的・社会的な）訓練は、次第に宗教的な空間を放棄して、「信仰」「良心」「感性」がその場を占めるようになった。[23] だが、宗教を定義する理論がなお求められていたのである。

初期近代のヨーロッパにおける「宗教」の構築

宗教の普遍的定義を求める最初期の体系的な試みがなされたのは、ローマ教会の統一と権威が破られ、それにより宗教戦争が起き、ヨーロッパの諸公国が分断されてから後の、一七世紀のことである。ハーバートの *De veritate* は、定義の歴史の重要な一歩であった。ウィリーはこう書く。

ハーバート卿は、信条を可能な限り減らし、根本原理にまで切り詰めるというだけでは満足しなかった。彼は、キリスト教そのものの裏を探り、万人の普遍的同意を得られるであろう一個の信仰を定式化しようとしたのである。彼がバクスター、クロムウェル、ジェレミー・テイラーなどと異なっているのは、主にこの点である。昔、キリスト教世界は、自らを全世界であると——ただ外部に汚らわしい邪教徒、城門の内部に半ば黙認されたユダヤ人がいるだけだと——考えていた。この単純な状況は永久に消え去ったということを思い起こそう。探検と商業は地平を拡大した。たとえいかに不完全な知識であろうとも、東方の諸宗教がヨーロッパ人の意識にのしかかりつつあることが、同世紀の多くの著作家たちの言葉の内に見て取ることができる。ハーバート卿は、全宗教の公分母を見つけ出し、一七世紀当時の諸々の論争が待ち望んでいた仲裁提案《イレニコン》を提案しようとした。それは、(ルネサンスの学者が習慣的に抱いていた古代神話への関心とともに)まさにこの東方諸宗教に対する先駆的関心がもたらしたものなのである(Willey 1934, p. 114)。

かくしてハーバートは、一つの実質的定義を打ちたてた。のちにそれは、あらゆる社会に存在するという〝自然宗教〟として、信仰・実践・倫理の点から(至高存在《スプリーム・パワー》についての信仰、それが命ずる礼拝としての実践、来世の報酬と罰に基づく行為のコードとしての倫理)定式化されるに至った[24]。ここで力点が置かれているのは信仰である。これ以降、宗教は、信者が同意する命題群と考えることができるようになった。命題群だということは、異なる宗教どうしで、また自然科学に対して比較判定できるということである(Harrison 1990)。

聖典(神が授けた/神的に解釈されたテクスト)の概念は、この宗教の「公分母」にとって必須のものではなかった。一つにはそれは、貿易と植民地化によって、キリスト教徒の間で無文字社会のことがよく知られるようになったことによる。だが、より重要な理由は、一七世紀に起きた神の言葉から神の業への注目点の移行のうちにある。「自然」

は神が書いた現実の空間となり、さらに、人間の言語で書かれているだけの聖典(テクスト(旧・新約聖書)の真理に対する不動の権威となった。一例を挙げれば、

ロックの『キリスト教の合理性』は、キリスト教の教義を最小の公分母——旧約の預言書において降臨が予告されているメシヤ・イエスの信仰——に切り詰めることで、新型のキリスト教を普及させた。この切り詰められた信条さえもが、自然宗教・自然科学宗教の背景をなす何物かとの比較において評価されたのである。啓示には、ロックの規準に適うだけでなく、自然宗教を改めて告げたものであることが求められた。神の言葉が——創造された宇宙の中ですでに説明されたものとして——神の業よりも下位に置かれたこともある。それというのも、神の業については普遍的で遍在的な証言が得られるのに対して、啓示については死んだ言語で書かれた聖書の中にしかその証拠を得ることはできず、しかもその解釈は、キリスト教徒を自認する者の間でも一致をみていないのであり、さらに啓示が語る内容は、はるかな昔に、学問と文明の中心地から遠く離れた場所で起きた縁遠い出来事に関するものでしかないからである(Sykes 1975, pp. 195, 196)。

このようにして、自然宗教は普遍的現象となったばかりでなく、台頭してきた自然科学の領域とは区別されるようになり、さらには自然科学を支持するものともされた。自然宗教の観念は、近代的な宗教的信条・経験・実践の概念が形成される道筋における決定的な一歩である。私はこのことを強調しておこう。そしてこの観念が、ある歴史的転機を迎えたキリスト教神学固有の問題に応ずるものとして形成されたものだということも強調しておきたい。

一七九五年の時点で、カントは、現象形態としての宗教に対置されるものとしての宗教の純本質的な概念を打ち出せるようになっていた。彼はこう書いている。

確かに様々な歴史的宗派があるだろう。しかしそれらは、宗教それ自体と関わるものではなく、宗教を増進させるために用いられる手段の変化に関わるものである。それゆえそれらは、歴史研究が対象とする領域である。また、宗派の数と同じだけの宗教的書物があるだろう(ゼンド＝アヴェスタ、諸ヴェーダ、コーランなどなど)。だが、あらゆる時代のあらゆる人間に有効な宗教は、ただ一つのものがあり得るのみである。種々の宗派が宗教の媒介物以上のものとなることはほとんどあり得ない。それらは偶然的なものであり、時と場所の違いに応じて様々な形を取り得るのである(Kant 1991, p. 114)。

ここを出発点として、一九世紀と二〇世紀の哲学者・神学者・宣教師・人類学者の間で、歴史的宗派を低級な宗教から高級な宗教へと分類することが流行り始める。いかなる形態の宗教も持たない部族が実在したことがあるかどうかがしばしば問題となったが[25]、しかしそれも、宗教それ自体の本質には関わらない経験的な問題であると認識されていた。

このように、今日の人類学者が自明のことのように思っているもの――宗教は本質的に象徴的な意味に関わるものであり、その象徴的な意味は(儀礼と教義のどちらか、あるいはその両方を通じて表現される)一般的秩序の観念に結びついているということ、宗教全般に共通する機能／特徴があるということ、そして宗教をその個々の歴史的あるいは文化的な形態と混同してはいけないということ――は、実のところ、キリスト教固有の歴史を背負った見解なのである。はじめ宗教は、個々の権力ないし知識の働きと結びついた一組の具体的な実践的規則であった。それがいつしか抽象化・普遍化されるようになった[26]。こうした流れの中で、宗教の寛容性が増したが、そればかりではない(科学的な発見があったというだけのことでないことは確かである)。社会的実践の概念と幅に突然変異が生じたのだ。この変異の背後には、さらに大きな、権力と知識の近代的布置における変化がある。この変化は、新たな種類の国家、新たな種類の科学、新たな種類の法的・道徳的主体をもたらした。この突然変異について理解するには、ある区別をはっきり認識しておくことが肝要であるのだが、それは神学が曖昧にしがちな点である。すなわち、事象（発言、実践、性向）の発生と、その事象に意味を与え、諸々の具体的制度の中でこの意味を具体化する権威づけの過程との区別である。

意味としての宗教と宗教的意味

ギアツは、二つのレベルの言説（性向を導き出す象徴と、それらの性向についての観念を宇宙論的枠組に言説的に配置する象徴と）を等しいものとした。彼のこのあたりの議論において疑問に思われる箇所は、そればかりではない。彼はまた、不用意にも神学的な立場を取りかかっているように思われる。意味を構築する過程の如何を問わず、意味には優位性があるとギアツは主張するが、この辺が問題である。「個々の宗教が実在の根本的性質について主張するものは、曖昧なもの、表面的なもの、あるいは（まったくありがちなことであるが）強弁的なものであるかもしれない」と彼は書く。「しかし、それでもそれは、世間に受容された実践的習慣と因習的感情の単なる寄せ集め（いわゆる道徳的生活《モラリズム》）ではないのだとしたら、何事かを確言しているに違いない」（pp. 98, 99）（一六三頁）。

何かを確言しているだろうというこの要請は、一見無害で論理的なものに見える。だが、これによって、ありとあらゆる福音伝道の道が歴史的に開かれたのである。とりわけそれを行ったのに、アジア、アフリカ、ラテンアメリカに広がったヨーロッパ人宣教師である。世間に受容された実践的習慣が実在の根本的性質について何事かを確言していること。それゆえまた、明白なナンセンスではない何らかの意味をいつでも言明できること――。そうした習慣が

「宗教」に属するものであるか否かを決定する第一の条件は、これである。福音を知らない者たちは、典型的には、習慣をもつが何事をも確言していない者たちであるか――この場合、意味は彼らのそうした習慣に帰すことができる（かくして彼らは弱い立場に置かれる）――、あるいは何事かを（恐らくは「曖昧な、表面的な、あるいは強弁的な」何事かを）確言する者たちであるか――この場合、この確言は却下することができる――、そのどちらかと見られることになる。一方のケースにおいては、他者が演ずる儀礼の声なき象形文字を正しく読解するために、すなわち、それらの儀礼をテクストに書き起こすために、宗教理論が必要となる。他方のケースにおいては、彼らの宇宙論的発言の妥当性を判定することが必要となる。だが、常に、観察された実践形態、耳で聞かれた発言、書かれた言葉を超えたところに、何物かが実在しているのでなければならない。そして背景にあるこの何物かを意味づけることによって、それに肉迫し、その真相を明らかにすることが、宗教理論の果たすべき機能なのだ。(27)

ここでギアツが宗教の理論と実践を関係づけたのは正しいが、その関係が本質的に認識的なものであると――身体なき精神がアルキメデスの点から宗教を同定することのできるような手段であると――見ているのは間違っている。宗教の理論と実践との結びつきは、根本的に介入の問題である。真の意味を解釈し、発言と実践のあるものを排除し、あるものを組み入れながら、定義づけの言説を通して、世界内に（精神内にではなく）宗教を構築するという問題である。それゆえ私は、再び先と同様の問いを発しないではいられない。理論的言説は、実際にどのようにして宗教を定義するのであろうか？　理論的言説が、真実の発言と実践の模倣ないし禁止を求めるものとして、あるいはその権威づけを求めるものとして効果的に機能できるためには、どのような歴史的条件が必要なのであろうか？　権力はいかにして宗教を創造するのであろうか？

どのような種類の確言あるいは意味が実践となったとき、それは宗教と呼ばれる資格を得るのであろうか？　すべての人間は存在の一般的秩序に対する深い欲求をもっている、宗教的象徴はそうした欲求を満足させるために機能するのだ、とギアツは言う。さらに続けて、すべての人間は無秩序に対する深い恐れを抱いているとも言っている。「カオス――解釈されていないばかりでなく、解釈の可能性もないような事象の混乱――が人間を脅かすのは、次の三つの状況においてである。人間の分析能力が限界に達したとき、人間の忍耐力が限界に達したとき、そして人間の道徳的洞察が限界に達したときの三つである」(p. 100)（一六五、一六六頁）。（知的・身体的・道徳的な）三つの状況のどれかにおいて認識された秩序への脅威に対処するのが、宗教的象徴の機能である。「様々な中間段階をもつ〝意味の問題〟であるが……いずれも、人間のレベルでは無知、苦痛、不正が避けられないということを確言し（少なくとも認知し）、かつまた、こうした不合理性が世界全般の特徴であることを否定するものである。そしてこの確言と否定の両方がなされるのは、宗教的象徴体系によってである。宗教的象徴体系が、人間的実存の領域を、それを包むとされるいっそう広大な領域に関係させるのである」(p. 108)（一八一頁）。

宗教は（いかに曖昧な、表面的な、あるいは強弁的なものであれ）実在の本性について個別的な何事かを確言するに違いない――最初はこのような議論であった。それが今や、究極的に宗教は無秩序の問題に積極的に対処するものであるという主張に議論の基盤を移しているように思われる。世界全般は何らかの意味で説明可能・正当化可能・忍従可能なものであるとシンプルに確言すること、これが宗教の働きであると、無頓着に言われている。[28] 宗教に対するこの慎ましやかな見解（初期の教父も中世の聖職者もこれを聞いたらぞっとするであろうが[29]）は、啓蒙主義以降の社会においてキリスト教の唯一合法的な居場所として認められた空間、すなわち個人的信仰《ビリーフ》の権利、の産物である。人間の条件は無知、苦痛、不正に満ちているが、宗教的象徴はこうした状況を肯定的に甘受する手段である――そう信仰する権利である。さて、この見解がもたらす結論の一つとして、こうした機能を演ずるいかなる哲学も（一九世紀の合理主義者にとっては困ったことであるが）原理的に宗教と呼べることになる。あるいは逆に、宗教を人間の条件を受け入れるためのいっそう原始的でいっそう未熟な様式であると考えることが可能になる（現代のキリスト教徒にとってゆゆしき問題であろうが)。どちらの場合も、宗教は信仰において普遍的機能を発揮することを暗示している。近代産業社会において、訓練による知識をもたらす場、個人に訓練を施す場として、いかに宗教の地位が凋落したかが、このことからも分かる。かくしてそれは、宗教をイデオロギーと捉えたマルクスの概念に近いものとなる。すなわち、実在についての意識ではないもの、生産関係にとって外部的なもの、何の知識も生み出さないが、しかし抑圧された者たちの苦悩と偽りの慰安とを同時に表出するもの――そのような意識のモードである。

だが、宗教的意味についての捉え所のない問いをめぐって、ギアツの話はなおも続く。宗教的象徴は存在の一般的秩序についての概念を定式化するばかりでなく、そうした概念に事実性のオーラを着せると言うのである。それは「信仰の問題」である、と私たちは告げられる。信仰《レリジャス・ビリーフ》は常に「権威を予め受容すること」を行い、それによって存在は変容する。「挫折、苦痛、道徳的矛盾の存在――〝意味の問題〟の存在――は、人間を神、悪魔、精霊、トーテム原理、あるいは食人の霊的効果についての信仰に駆り立てるものの一つである。……しかし、これを基礎としてそうした信仰が成立しているのではない。むしろそれは、そうした信仰が適用される最も重要な場なのである」(p. 109)(一八二頁)。信仰はまず第一に挫折、苦痛、道徳的矛盾と折り合いをつける道筋であるが、それにもかかわらず、信仰はそうした世俗的条件とは独立に存在するのだ――このような意味合いであろうか。だが、論理的に見ても、歴史的に見ても、これは間違いである。なぜなら、信仰の対象に起こる変化は、その信仰を変化させるからである。そして、世俗世界が変化するにつれて、信仰の対象も、世俗世界の一部である挫折や道徳的矛盾の個々の形態も変化するからである。神、来世、宇宙について今日のキリスト教徒が信じているものは、千年前のキリスト教徒が信じていたものとは異なっている。無知、苦痛、不正に対して今日のキリスト教徒が示す反応は、千年前のキリスト教徒が示した反応とは異なっている。中世には、苦痛はキリストの受難に参与する様式との評価を受けていた。現代のカトリック教徒は、苦痛を悪と捉え、癒し手であるキリストが行ったように闘い、打ち勝つべきものと考えている。ここには甚だしい対照がある。この落差は、明らかに、啓蒙主義以降の西洋社会の世俗化と――そしてこの社会が現在権威づけている道徳的言語と――関わりがある。(30)

ギアツの宗教概念の中核には信仰があるが、彼は、世界内の構築行為としての信仰ではなく、精神の状態としての信仰をとりわけ重視している。それゆえ――またそうである限り――彼の議論は、近代の、私事化したキリスト教徒の議論なのである。「〝宗教的パースペクティブ〟とでも呼ぶべきものを支える公理は、どこでもみな同一である。知ろうとする者は、まず信じなければならない」(p. 110)(一八三頁)。近代社会においては、知識は非キリスト教的な日常生活か、非宗教的な科学かのどちらかに起源をもつものであるが、キリスト教の護教家は、信仰を知識の過程の終結としてではなく、その前提条件と見なす傾向がある。だが、護教家が約束する知識が、社会生活の知識として通用することはないだろう(公正を期して言えば、護教家自身も通用するとは主張していない)。まして自然科学がもたらすような、事象についての体系的知識として通用することはない。護教家の主張は、ある特定の精神の状態――確信の意識――に関わるものであって、実践的知識のコーパスに関わるものではない。だが、護教家が要求するこの信仰と知識の反転関係は、たとえば一二世紀の敬虔な学識あるキリスト教徒にとっての基本的公理ではなかった。彼らにとって、知識と信仰は、それほど明確に対立するものではなかったのである。反対に、当時にあっては、キリスト教の信仰は、知識の上に構築されるものであった。神学的教義の知識、教会法と教会法廷についての知識、聖職者の特権の詳細についての知識、(魂、肉体、財産に対する)聖職の権力についての知識、告解の前提条件と効果についての知識、修道会規則についての知識、聖堂の場所と功能についての知識、聖人の生涯についての知識などなど。そうした(宗教的)知識のすべてに精通することが、正常な社会生活のための前提条件であった。そして(実践と言説のうちに具体化した)信仰は、正常な社会生活における効果的活動を正しく定位するための前提条件であった。これは修道会聖職者にも、教区付き聖職者にも、平信徒にも当てはまることである。それゆえ、彼らの信仰の形態、組織、機能は、現代の信仰の形態、組織、機能とは異なっていたのである。疑念や不信仰についても同様である。

信仰はあらゆる宗教を特徴づける、弁別的な精神の状態である——この想定をめぐって、現代の学者は議論を続けてきた。ニーダムは、信仰が画然たる意識の様式である所などどこにもないし、社会生活の振る舞いにとっての必須の制度でもないという興味深い議論を行っている(Needham 1972)。サウスウォルドの見解はほぼその正反対である。彼は言う。信仰の問題は、画然たる精神状態に関わるものである。それはあらゆる社会においても意味をなすものである。なぜなら、〝信じること〟は常に信者と命題との、また命題を通じて実在へ向けての関係を示すものであるからだ(Southwold 1979)。ハレはニーダムに対する批判の中で、「信仰は精神の状態、教え込まれた性向である。だが、それは特定の社会的な制度と実践を有する人々の間に限られたものである」という、いっそう説得的な主張を行っている(Harré 1981, p. 82)。

いずれにせよ、ギアツの言う「宗教的パースペクティブ」を支える「基本的公理」がどこでも同じではないと主張することは、それほど無分別なことではないだろう。信仰を、真の宗教の言語化可能な内面的状態として、特定し、育成し、テストすることに専念してきたのは、どこよりもまずキリスト教会だったのである。(31)

パースペクティブとしての宗教

ギアツが用いる現象学的用語は、二つの興味深い疑問を引き起こす。それ自体一貫したものであるかというのが一つ、近代の認識主義的な宗教概念にとってそれが妥当なものであるかというのがもう一つである。私としては、この用語は理論的には一貫しないものであるが、社会的に見るならば、それは近代社会の私事化した宗教概念と極めてよく合致したものであると示唆したい。

「宗教的パースペクティブ」は、常識的パースペクティブ、科学的パースペクティブ、美学的パースペクティブなど種々のパースペクティブのうちの一つである、と私たちは告げられる。宗教的パースペクティブが常識的パースペクティブと異なっているのは、「日常生活の現実を越えて進み、それを正し、完全なものにするいっそう広い現実にまで向かう」からであり、また「その決定的な関心は、そうした広い現実に対して働きかけることではなくて、広い現実を受け入れ、信じることである」からである。また、科学的パースペクティブと異なっているのは、「世界の所与性を蓋然論的な仮説の渦へと解体する制度化された懐疑主義からではなく、いっそう広い、仮説ならざる真理とされるものに鑑みることによって、日常生活の現実に疑問を投げかける」からである。さらにそれが美学的パースペクティブと異なっているのは、「見せかけと幻影の雰囲気を精妙に作り出しながら、事実性についてのあらゆる疑問から離脱するように働きかけるかわりに、事実への関心を深め、完全な現実性のオーラを創出することに努める」からである(p. 112)(一八六頁)。言いかえると、宗教的パースペクティブは、厳密に合理的なものではないが、非合理的なものでもないということである。

常識、科学、美学が関わるものについてのこのような要約の仕方には同意できないと述べるのは難しいことではない。[32] だが、私が問題としたいのはむしろ次の点だ。パースペクティブという用語には任意性の雰囲気があるが、この語を近代社会における科学と宗教とに等しく適用するのであれば、そうした感触は間違いなく誤解のもとである。今日、宗教はまさしく任意に選べるものであるが、科学はそのようなものではない。科学的実践、技術、知識は、もはや宗教がなし得ないようなやり方で、社会生活の芯の部分に浸透し、またそれを創出している。[33] この意味において、今日の宗教は、パースペクティブ(ギアツはときにそれを「態度」とも呼んでいる)である。しかし、科学は違う。この意味においてはまた、科学は過去および現在のあらゆる社会に見出されるものではない。ギアツのパースペクティブ主義がどう行き詰まりを見せるかについては、後で論じることにしよう。その前に私たちは、宗教内で作動している現実性保持の力学に関する彼の分析を調べておく必要がある。

宗教的象徴の機能についてのこれまでの立場を堅持しつつ、ギアツは次のように述べる。「宗教的概念が真実であり、宗教的命令が正しいというこの確信がともかくも生まれるのは、儀礼——すなわち聖化された振る舞い——においてである」(p. 112)(一八七頁)。この所見を含む長い一節において、ギアツは、儀礼の遂行者の意識に起きていることを気儘に推測してみたり、儀礼は刷り込みであると根拠もなしに言ってみたりする。一見これは内観主義心理学と行動主義心理学との奇妙な組み合わせに思えるが、しかし、はるか以前にヴィゴツキーが論じたように(Vygotsky 1978, pp. 58, 59)、この二つの心理学は決して相反するものではない。心理学的現象は本質的に様々な環境からの刺激がもたらすものだとしている点では、両者とも変わりはない。

ギアツは、儀礼には宗教的確信を生み出す機能があると主張する(「これらの創造的演劇の中で、人間は自らの演ずるままに自らの信仰を獲得する」(p. 114)(一八九頁)。だが、これがどのようにして、またなぜ起こるのかについてはどこにも説明がない。実のところ、彼は、儀礼によっていつもそうした宗教的状態が達成されるとは限らないとも言っている。「もちろん、文化的演技がすべて宗教的演技だというわけではない。そして実際には、宗教的演技と芸術的演技との間に——政治的演技との間においてさえも——容易に線引きができないことがしばしばある。というのも、社会的形態の場合と同じく、象徴的形態は多様な目的に資することができるからである」(p. 113)(一八八頁)。だが、次のような疑問がなお残る。宗教的パースペクティブと非宗教的パースペクティブとの間に容易に線が引けないのであれば、演技の参加者が象徴的形態を信仰につながるような仕方で受け取ることを保証するものは、いったい何なのであろうか？　宗教的な立場を採用する能力と意志とが、儀礼の遂行に先立って存在していなければならないのではないだろうか？　儀礼がいかに働くかについての単純な刺激＝反応モデルが機能しないというのは、まさにここに理由がある。そして、もしそうであるならば、聖なる演劇としての儀礼は、信仰が獲得される(単なる)場ではなく、信仰が(文字通り)演じ出される様式なのでなければならない。これがどのように起こるのかをもし私たちが理解したいのであれば、私たちは聖なる演技そのものを調べるばかりでなく、そこにある種々の訓練《ディシプリン》活動、知識と実践の制度的諸形態の全体を調べる必要がある。そうした制度の中で性向が形成され、維持されるのであり、また、そうした制度を通じて真理獲得の可能性が切り出されるのである。アウグスティヌスはこのことをはっきり理解していた。

宗教的象徴を普遍的・認識的基準をもって定義しよう、宗教的パースペクティブと非宗教的パースペクティブとを画然と区別しようというギアツのこの関心に、私は幾度も言及した。宗教と科学、常識、美学、政治その他とを分離することによって、彼は宗教を不合理との告発に対して弁護しようとしているようである。もし宗教が他と区別できるパースペクティブ(デュルケムであればそれを宗教自らの真理と呼んだだろう)を持ち、必要不可欠な機能を担うものなのであるとすれば、本質的にそれは他と張り合うようなものではなく、それゆえまた、虚偽の意識を生み出すものとして非難されるべきものでもない。だが、ある意味でこうした弁護の仕方は曖昧なものである。宗教的象徴は独自の現実性をもつように思われる諸々の性向を生み出す、とギアツは言う。これは、妥当な確信をもつ行為者(常に歴史的に与えられた蓋然性の蓄積の中で行動する者でなければならない)から見ての話であろうか？　あるいは懐疑的な観察者(現実性の表象を通して実在そのものを見通せる者)から見ての話なのであろうか？　この点が少しも明らかでない。そしてこれが少しも明らかでないのは、この種の現象学的アプローチを採用するのでは、宗教的経験が信者が暮らす現実世界内部の事象に関係があるのかどうか、あるとすれば、どの程度、またどのような形で関係するのかを検証することが容易ではないからである。一つにはこれは、宗教的象徴を、生活を営むための条件ではなくて(むしろ循環論法的な形で)宗教的経験(あらゆる経験と同様に、定義からして純粋なもの)を得るための前提条件と見なしていることに原因がある。

論文も結末に近くなると、ギアツは、宗教的パースペクティブと常識的パースペクティブとの切り離しではなく、結び付けを試みるようになる。その結果、彼の議論の全体に根ざす曖昧さが明らかになる。まず最初に、ギアツは、シュッツに言及しながら、常識的事物と実践的行為よりなる日常世界は――人間の生存がそれに懸かっている以上――すべての人間に共通のものであると述べる。「人間は、あるいは大きな人間集団の場合でも、美学的に鈍感で、宗教的に無関心で、正式の科学的分析を行う用意ができていなくてもかまわない。だが、常識を完全に欠いていては生存することができない」(p. 119)(一九八頁)。次いで彼は、個人は「宗教的パースペクティブと常識的パースペクティブの間を行き来する」(p. 119)(一九八頁)と告げる。この二つはまるで異なったものであるから、ただ「キエルケゴール的跳躍」(p. 120)(二〇〇頁)を果たすことによってのみ両者を隔てるギャップを埋めることができる、と彼は宣言する。そして現象学的結論が下される。「宗教的概念が定義する意味の枠組の中に、儀礼を通じて〝飛び込み〟……、そして儀礼が終り、常識の世界に戻ってきたとき、人間は変わっている。ときには経験として残らないこともあるが、そうでない限り、変わっている。そして彼が変わるとき、常識の世界もまた変わる。なぜなら、今や常識世界は、それを正し、完成させるいっそう広い現実の単なる一部分として見られるからである」(p. 122)(二〇三頁。強調点はアサド)。

　パースペクティブの転換と世界の変化についての興味深い話であるが、しかしこれは理解に苦しむものである――シュッツ自身の議論も同様であるが。たとえば、個人は宗教的フレームワークと常識的世界の間を移動すると言うが、それらの世界は彼とは独立のものなのだろうか、そうではないのだろうか？　この点が判然としない。論文の初めの方でギアツが行っていた議論のほとんどは、独立だとの考えを支持するもののように思われる(cf. p. 92)(邦訳一五三頁参照)。常識はすべての人間の生存にとって必須のものだとの発言も、この読み方を裏付ける。だが、信者が自らのパースペクティブを変えるにつれて、彼自身も変わる、そして彼が変わるにつれて、彼の常識的世界も変わり、修正される、とも言われている。ということは、いずれにせよ常識的世界は、信者の動きから独立したものではないだろう。だが、彼の話では、宗教的世界は独立したものであるということになりそうである。なぜなら、宗教的世界は信者の(宗教固有の)経験の源泉であり、この経験を通じて、常識的世界の変化の源泉ともなるからである。宗教的世界(あるいは宗教的パースペクティブ)が常識的世界の経験の影響を受けるという話はどこにも出てこない。

この最後の点は、宗教的象徴はそれ独自のもの《スイ・ゲネリス》である、独立した宗教の領域を画するものであるとする現象学的アプローチと一致している。だが、今の文脈においては、これは読者をパラドックスに招き入れる。常識の世界はいつも万人に共通であり、宗教的世界とははっきり区別されるものであるが、宗教的世界の方は、文化ごとの相違に応じて、集団ごとに異なっている。しかるに、宗教的世界の経験は常識的世界に影響を与えるのであるから、この二種の世界の区別のあり方も修正を被り、常識的世界は文化ごとの相違に応じて、集団ごとに異なることになる。このパラドックスは、行為者の社会的パースペクティブと真実との間にある(特権的観察者のみが測定できる)距離と、社会的に構築された世界についての(行為者にも観察者にも入手可能であるが、観察者へは行為者を通じて伝えられるのみである)実質的な知識とを同時に現実(実在)とするような曖昧な現象学に起因するのである。(34)

結論

恐らく私たちは、このパラドックスから何事かを学ぶことができるであろう。これを通じてギアツの自信あふれる結論をどう評価したらよいかが見えてくるからだ。「宗教の人類学的研究は、それゆえ、二段階の作業である。第一に、宗教固有のものを構成する諸々の象徴のうちに具体化された意味のシステムの分析である。第二は、これらの体系を社会構造と心理学的過程へと関係づける作業である」(p. 125)(二〇八頁。強調点はアサド)。いかにもっともらしく聞こえようとも、これは間違いなく誤りである。宗教的象徴を言葉になぞらえて意味の媒体と理解するとしても、そうした意味をその意味が流通している生活のあり方とは独立に確定することはできるであろうか？　宗教的象徴を聖なるテクストの調子記号《シグネチュア》と理解すべきだとしても、その正しい読み方を保証する社会的訓練《ディシプリン》を顧慮することなしに、その意味を知ることはできるであろうか？　宗教的象徴を経験を組織する概念と理解すべきだとしても、それが権威の公認を受ける過程について考えることなしに、そうした概念について多くを語ることができるであろうか？　宗教的象徴を通じて経験されるものは本質的に社会的世界ではなくて精神的世界なのだ[35]と、仮にこう主張したとしても、その種の経験へのアクセスを可能にするのに、社会的世界における諸条件は何ら寄与するところがないと主張することは可能であろうか？　宗教的修練《トレーニング》の思想はまるっきり無意味なものであろうか？

　ギアツが提案する二つの段階は、実は一つであると私は言いたい。宗教的象徴は――コミュニケーションの観点から捉えるのであれ、認識の観点から捉えるのであれ、あるいは行為を導くものと捉えるのであれ、感情を表現するものと捉えるのであれ――それらと非宗教的象徴との歴史的関係と切り離して理解することはできない。あるいは労働と権力が常に決定的な意味をもつ社会生活の中で、そうした社会生活をそれらがどう分節化するかということと切り離して理解することはできない。ここで私が論じているのは、宗教的象徴は社会生活に密接につながっている(それゆえ社会生活とともに変化する)とか、宗教的象徴はふつう支配的な政治的権力を支える(時にはそれに反抗する)ものだとかいうだけのことではない。このことを強調しておきたい。私が言いたいのは、宗教的表象が(いかなる表象もそうであるが)自らの同一性と真実性とを獲得する場には、異なる種類の実践と言説が内在しているということである。しかし、だからといって、宗教的実践と発言の意味は社会的現象の内に探られるべきであるということではない。ただ、それらの可能性と権威的な地位とは、歴史的に弁別可能な訓練と強制力の産物として説明されるべきだというだけである。個々の宗教を研究する人類学者は、それゆえ、この点を自らの出発点としなければならない。そしてある意味で、自らが「宗教」と訳す包括的な概念を、その歴史的性格に従って、混成的な諸要素へと翻訳していくのである。

最後に一言注意しておきたい。性急な読者は、キリスト教についての私の議論は権威主義的・集権的・エリート的パースペクティブに傾いている――それゆえこれは非正統的信者、反抗的な農民、正統派教会による完全な統制を免れている者たちの宗教について考慮しないものである――と結論づけるかもしれない。あるいは、さらに悪くとって、私の議論はヒンドゥー教のような非集権的な宗教の、非規律主義的で自発主義的な、地域に根ざす信仰集団にはおよそ関わるところのないものだと考えるかもしれない。だが、そうした結論には、本章の議論に対する誤解が含まれているのではないだろうか。本章の中に、ギアツの定義よりも優れた人類学的な宗教の定義を提唱せんとする試みを見ようとしたものではないだろうか。私の意図を意図どおりに理解していただきたい。私の試みが、中世から今日に至るキリスト教の変質を略述したもののように読めるとしても、しかしそれは、私が民族誌的事例を勝手に一個の宗教に限定したからなのではない。私の狙いは、宗教の人類学的定義の観念に疑問をつきつけるところにある。そうした定義の努力を[36]、知識と権力のある一つの歴史(私たちの正統的な過去と未来についての、ある一つの理解の仕方を含む歴史)の中に位置づけようと思うのだ。この特定の歴史の中から近代世界が構築されてきたのである。

第二章 「儀礼」概念の系譜を描くために

象徴的行為によって支配しようとしているものは、主に、一組の精神的・道徳的な性向である。

——ゴドフリー・リーンハート『神性と体験』

民族誌学者は恐らくみな、儀礼をすぐにそれと見分けることだろう。なぜなら儀礼とは日常生活の道具的行為に対するものとしての象徴的行為である(ではなかろうか?)からだ。どう説明するかとなると、判然としないところ、意見が分かれるところもあるだろうが、現象自体をそれと認めることに問題はないはずである(Skorupski 1976)。だが、いつもそうであったのだろうか? 私たち人類学者が「儀礼」について語り始めたのはいつの頃であったろうか? そして、私たちはなぜ、それについて今日のような形で語ることを決めたのであろうか? 本章では、こうした疑問に対して何らかの説明の筋道をたててみようと思う。そうすれば、今日の宗教分析の概念的前提となっているものを突き止めるのに役立つのではないかと思うからだ。ここでの主たる関心は、儀礼をめぐる人類学的理論を批判するところにはない、と強調しておかなければならない。ましてや代案の提出や推奨をしようというのではない。どのような歴史的変移があった結果、今日の私たちの儀礼概念がそれらしく思われるようになったのか? 私が知りたいと思うのはここである。

私はまず、昔の百科事典中に見出されるこの主題についての一般的言明を調べるところから始めることにする。調べるに値する歴史的変移の手掛かりがそこに含まれているからである。次いで私は、この調査から明らかになる問題点を試験的に掘り下げるために、中世および近代初期における展開について論ずることにする。最後に私は、近代の人類学の著作に関して簡単にコメントしてみたい。制度的構造が、また自己の組織化のあり方が変化したことによって、良かれ悪しかれ、普遍的カテゴリーとしての儀礼の概念が可能になった。ざっとこのような見通しを私は持っている。

以下の小論は、広大な領域を横断した予備探査にすぎないということを、もう一度強調しておこう。今日の意味における儀礼を目に見えるようにし、近代の人類学によって理論化できるようにした条件とは何か？　ここを歴史的に問うための最初の数歩となることを本論は目指している。

定義の変遷

一七七一年にエジンバラで発行された『大英百科事典』の初版には‘ritual’の項に「ある特定の教会、教区、修道会などにおいて、宗教的儀式《セレモニー》を挙行し、礼拝を挙げるに際して従うべき規定と作法を指示する本《ブック》」という簡潔な記載がある。第三版(一七九七年)では記述が増えて、類推によって、古典世界における宗教的式典に対する言及がなされている。

RITUAL　ある特定の教会、教区などにおいて、礼拝を挙げるに際して従うべき規定と作法を指示する本《ブック》。古代の異教徒もまた自らの ritual をもっていた。それには、都市の建設と神殿・祭壇の奉献、犠牲と神格化、クリア・トリブス・ケントゥリアの分割、および一般にあらゆる宗教的儀式《セレモニー》に際して従うべきriteと儀式《セレモニー》が含まれる。カトーの ***De Re Rustica*** 中の数節は、古代人のritualを理解するのに有効であろう。

初版にはまた'rite'の項がある。「RITE　聖職者らの間では、あれこれの国における礼拝の挙行の特定の作法を意味している」。このように、この二つの語には区別があるが、相補的なものである。

両項目とも、七版（一八五二年）までこのまま変更がない。その後'rite''ritual'とも項目ごと消え、一一版（一九一〇年）になって初めて、後者を見出しとするまったく新しい内容の項目が現れる。それは五段分の長さにわたり、導入部分に続けて「ritualにおける呪術的要素」「ritualの解釈」「ritualにおける変化」「ritualの分類」「消極的ritual」という表題をもって区分けされている。さらにかなりの分量の文献一覧が添えられているが、そこにはタイラー、ラング、フレーザー、ロバートソン・スミス、ユベール、モースの一般的論文と、スペンサーとギレンおよびクッシングによる民族誌的論文が挙げられている。

一九一〇年の記載の長さは、今や文化的現象としての'ritual'に関して、一八世紀に比べてはるかに多くのことが知られるようになったことを示すもののように見える。しかし実のところ、ここにあるのは、まったく新しい何か、初版の項目が扱おうとしなかった何物かについての記事なのである。事例の多くは進化論的仮定に由来する関心と結びついたものであるが、後の人類学者が専心することになる主要な論題もすでにはっきりと現れている。ritualはキリスト教やキリスト教が取って代わった諸宗教ばかりに見出されるものではない、と私たちは教えられる。

ritual——あらゆる宗教の決定的部分——は、今や、何かを象徴あるいは表現する、また、そのようなものとして個人の意識と社会の組織とに別々に関わる、一種の定型的《ルーティーン》な行動であると見なされている。つまり、ritualは、行為を規制する台本《スクリプト》ではなく、一種の行為なのである。さらなる言語的定義が可能であるが、それ自体は語らない何かの事象を表していると解釈される行為だというのである。
ritual の定型的で反復的な性格は、一九一〇年の記述では、心理学的・社会学的機能にしっかりと結びつけられている。

宗教にとって ritual とは、生活における習慣《ハビット》と同じである。ritual の根拠もまた同様である。すなわち、副次的な諸機能を努力を要しない慣例とすることで、肝心な事柄に専心できるようになるということである。……習慣の主たる役割が身体的な平衡を保つことにあるように……宗教における定型行動の主たる役割は、その安定性と社会制度としての持続性に必要な諸活動を組織することにある。

しかし、本質的に象徴的なものだというのであれば、ritual は宗教にのみ限定されるものではなくなる。一九一〇年に現れた概念は、象徴的行為は通常の生活の一部をなすということを容認するものである。なぜなら象徴的行為は社会的役割が連動するいかなるシステムにとっても、それゆえまた社会構造全体にとっても、本質的なものであるからだ――。

信者どうしが間主観的関係を維持するためには、何か一揃いの慣習的な象徴を用いることが絶対的に必要である。たとえば、適切な表現のための明白な語彙や、(おそらくこれは不可欠ではないので)少なくとも音、目に映ずるもの、行動その他である。それらは、慣習的規定によって、宗教共同体の共通の目的を――および目的実現のために共通に用いられる手段を――指し示すようになったものだ。この意味では、'ritual' なる用語は、定められた儀式的な型どおりの手順を意味する限りは、その性格が厳密に宗教的ではないような慣例に対しても用いることができるのである。

ritualについて、それは必ずしも宗教的ではない象徴的行動であると強調するのは――他のいくつかの点とは異なって――まったく近代の考え方である。ここに提出されているritualの概念と、後代の人類学的著作におけるritualの概念との最も重要な違いは、後者の中にはいっそう洗練された解釈理論を採用しているものがあるという一点にかかっているのかもしれない。しかし、どちらの場合も、ritualは基本的に、何かを意味する行動――実践的な(つまり技術的に有効な)行動とは別種のものとして分類されるべき行動――という観点から捉えるべきものであると考えている点では変らない。『大英百科事典』の最初期の版には記載されていない――いずれにせよはっきりとは表現されていない――のは、この考えである。しかしながら、一七七一年版の記述においては重要なものであったが、一九一〇年版では放っておかれるようになったもうひとつの考えがある。それは指示書《マニュアル》としてのritualの概念である。

riteの挙行の仕方を指示する本としてのritualの概念は、一八世紀よりもはるかに古くからあるものだ。ritualが登場するのは九世紀の昔にさかのぼるが、当時は修道院でのみ用いられていた(Sigler 1967)。しかし、オックスフォード英語辞典(OED)によれば、‘ritual’という語が宗教的儀式の挙行に際しての規定あるいはそうした規定を書き記した本のいずれかの意味を担う名詞として英語に採り入れられたのは、ようやく一七世紀の中頃のことである。一六一四年にカトリック教会が公的なローマ典礼儀式書(Roman Ritual)の初版を発行したばかりであったのは、興味深い符合である(Cross 1974, p. 1189)。そしてもちろん、今日においても、‘ritual’という語を祈禱の指示書を意味するものとして用いている集団がある。しかし今日、もっとも非宗教的な人々の通常の語彙においては、この語義は、演じられる象徴という現代的概念に取って代わられている。かくして、‘ritual’は実質的に‘rite’と同義語となる。

大英百科事典の後の方の版では‘rite’と‘ritual’を別の項目として立てなくなったのはこのせいもあるだろう。[1] 最初期の版ではそれらは別立てであった。

‘ritual’の用語法は、文字通り台本(読み上げられるべきテクストと、誰がどのように、どのような動作とともに読み上げるべきかといった指示を含む台本)を指すものから、それ自体がテクストにたとえられるような行動を指すものへと変わったわけだが、これは他の歴史的変化と連動した変化である。一九世紀には、ritualを神話よりも原始的なものとする見解が現れるが、これもそうした歴史的変化の一つである。この見解は、正しい習慣的行為《プラクティス》よりも正しい信念の方をこそ高く評価するべきだとするプロテスタント宗教改革の教義を巧みに歴史化し世俗化するものである。[2] たとえば、一九一〇年版の大英百科事典には、次のように書かれている。

> 故W・ロバートソン・スミスが主張した貴重な真実……は、未開の宗教においては、神話を生み出して保持するのはritualでありその逆ではないということである。もちろん聖なる伝承は必要である。祭司を持つ段階にほとんど達していないオーストラリア社会においてさえ、その「グレート・インストラクター」(*Okniraba ta*)を必要としている。……しかしながら、そうした専門家の機能は、宗教的行為の遂行のための単なる規則を伝えることにある。彼が聖なる歴史についての伝承を持っているとしても、概ねそれは、ritualの中に呪術的制御の手段として神的な人物の行動の描写と脚色が入り込んでいるためではないかと考えることができる。同様にして、中間段階の宗教の聖典はritualに関する詳細な規定に満ちているが、ほとんど教理というものを欠いている。正統性が主たる要件となっており、ritualは教義を象徴するためにのみ行われているような最高度の宗教においてさえ、教義をめぐる著しいこわばりが見られる。それは疑いもなくその多くがもっとも原始的な刻印を帯びたritual的諸形態と結びついているからである。ritualの象徴的解釈に関して言えば、通例それは原始的なものだ

とは考えられていない。反省的思考が欠如している時代の人間は、〝外面的な記号〟と〝内面的な意味〟との違いをほとんど意識していないし、目に見えたままに考えているということも疑いのないところである。

「外面的な記号」と「内面的な意味」との意味論上の区別は、実のところ古代からあるもので、各時代を通じてキリスト教の改革者たちによって線引きがなされてきたものであった(3)。何らかの形式的な外見を通して内側の本質的実在を見通したものという主張の論理的前提条件として、この区分は神学的言説にとって重要なものであった。しかし、神学的言説にとってばかりではない。形式的な行動と言葉における「外面的な記号」を用いる素朴な者たちは、意味づけられているあるいは表現されているところの十全な意味を理解していないという主張は、タイラー以来、人類学的解釈の重要な原則となっているからだ(4)。もっとも、今日の人類学者で、右の引用中の最後の一文に含まれる軽蔑的な判断を支持する者はほんとんどいないだろうけれども。

一九一〇年の記事は、riteにおける正しい振る舞い方の手順を指定する現地民の専門家に言及してはいるが、取るに足らぬと言わんばかりの扱いである。「しかしながら、そうした専門家の機能は、宗教的行為の遂行のための単なる規則を伝えることにある」。かくて‘ritual’の項目の著者は、その象徴的性格、それに付属する意味、そしてそれが普遍的な現象であるという点の考察に心を砕くことになる。後代の人類学者のある者は、こうした意味なるものを追って、自然環境への対処をめざす呪術的試みに辿りつくことになるし(例えばマリノフスキー)、またある者は、社会構造を持続させる作用に辿りつくことになる(例えばラドクリフ＝ブラウン)。さらにまたある者は、メッセージが伝達される文化的カテゴリーにまで(例えばリーチ)、またある者に、文化的カテゴリーと社会構造を超越する宗教体験にまで(例えばターナー)辿るという次第である。だが、彼らはみな、ritualを本質的に表象的な種類の行動とみなしている。あらゆる文化に現在する――典型的には文化の内の「呪術」の一部として、あるいは「宗教」の一部として――ものであり、また、その意味と作用が決定されるに先立って、民族誌学者によってそれと同定されうるものであると、彼らはみなしている。(5)

象徴は解読を必要としているという考えは、もちろん新しいものではない。しかし、この考えは、人類学がキリスト教の聖書釈義学の歴史から借りてきて再編したritual概念の中で、新たな役割を演ずるようになったように思われる。(6) 人類学者は、神学的な独断を、世俗的と公言する知的作業の内に組み入れたのではあるまいか？　すなわち、表象の意味を、出来るだけ権威をつけて確立するという態度である。ここにおいては、現地民の言説より得られる説明は、民族誌学的に不適切あるいは不完全であると見なされることになる。

もちろん、キリスト教の場合、聖書的表象の意味を解釈する権威を体現しているのは、教会である(教会がいっそうエリート主義的であるか、いっそうポピュリスト的であるかによって、その権威の行使の仕方は様々であろうけれども)。しかし、権威ある釈義の概念を欠いている社会集団においては、「象徴的行為」の解釈の問題は、まったく異なったものとなる。もっとも重大な違いは、そうした社会集団においては象徴の解釈の不確実性が高いという点にあるのではない。事物が解釈の対象として候補に挙げられるには、まず、そもそもその事物が象徴的なものであると理解されなければならない。そしてフィールドワークという場においては、象徴をそれと認め、分類するのは民族誌家である(7)――たとえその民族誌家が象徴を解釈するに際して、現地民の釈義家の助けを借りることになろうとも。(8) 重大な違いというのは、むしろこの点にある。

この人類学的なritual観にあっては、近代以前のキリスト教の諸伝統(とくに修道院制度)が有していた概念は消えてしまった。この概念は、台本(読んで演じられるべきテクスト)から行為(観察して銘記されるべき社会的事実)へという意味の移動に関わるものであるが、それは以下のように記述できる。典礼の挙げ方に規定されたやり方があるのだとしたら、典礼の正しい挙げ方に熟達するための要件というものもあると考えることができる。それゆえ、

ritualは、規定されたものを適切に挙行するということを目指しているのであり、それは知的・実践的な訓練に依拠するものであるが、それ自体は解読を要さないものである。言いかえれば、適切な挙行に必要なのは、解釈されるべき象徴ではなく、権威ある者から承認された規則に基づいて習得される能力である。それは不明瞭な意味などではなくて、むしろ身体的・言語的な技能の形成を前提とするものである。(9)

適切な遂行としてのriteの前提となるものは、コード――意味論で言う記号体系《コード》ではなくて、規制するものとしての法体系《コード》――と、それを評価して教える人間なのである。

中世キリスト教の道徳的訓練の概念

中世初期に、聖ベネディクトゥスの『戒律』は、修道の共同体を正しく管理してその成員をキリスト教徒たらしめるための、事実上唯一のプログラムとして、その地位を確立した(Lawrence 1984)。『戒律』の序には、有名な一文がある。「われわれは神に仕えるための学校を今まさに建てるところである。そこでは、厳し過ぎるもの、あるいは過酷なものが指示されることのないようにわれわれは望む」(邦訳一三頁参照)。封建社会におけるほとんどのキリスト教徒は修道院組織の外部で暮らしていたが、キリスト教的自己を形成する訓練は、そうした共同体の中でしか得られないものであった。修道士の規律正しい生活を織り成すものは、労働から祈りまで様々な務めである。中でももっとも重要なのは、聖務日課(*Opus Dei*)の朗唱である。修道士の一日は決められた典礼の遂行を中心として組織されるべきものであったので(Knowles 1963, pp. 448-471)、『戒律』はしばしば、唱えるべき言葉の中身と時とに関して、他の事柄に関してと同じ程度に厳密である。注目すべきことに、『戒律』においては、正しく典礼を行うことが、修徳の生活を構成する要素であるばかりでなく、修道士が実践によって獲得しなければならない「霊的作業のための道具」

の一つであるとも考えられている(邦訳第四章「善いおこないのための道具について」を参照のこと)。典礼は、技術的な活動として定義されるものとは異種のものとしての象徴的行為ではない。それは、とりわけキリスト教の徳を獲得するために必須であるような実践である。言いかえれば、典礼を修道プログラムの全体から切り離すことができるのは、ただ概念的にのみ、教育的理由においてのみである。実践の現場においてではない。

修道のプログラムが特有のイメージ――主に仕えるための学校(*domini schola servitii*)、第二の洗礼(*paenitentia secunda*)――を用いて構想されているというのは本当であるが、そうした比喩によって組織されるべきものは実践なのである。そうした比喩は、個々の身振りそれ自体の意味にとって本質的なものなのではない。それは銘記されたプログラムにとって、規定・勧告・釈義・例証の言語にとって、本質的なものなのである。[10]『戒律』においては、食事、睡眠、労働、祈りの正しいやり方に関わるものであれ、正しい道徳的性向と精神的能力に関わるものであれ、規定された実践はすべて、「神に仕える」ための徳の涵養を目指すものである。

(『戒律』に基づくものではあるが、他のテクスト上および口承の諸伝統を含む)中世の修道のプログラムによる徳の学習は、主として模倣を通じて行われた。モデルに従うという考えは、中世盛期に急増した多くの宗教組織においてとりわけ重要なものになったように思われる(Bynum 1980, pp. 1-17)が、しかしそれは、キリスト教徒の徳の涵養を目指したベネディクトゥスのプログラムにとって、当の最初から重要なものであった。

このように、徳は、聖人の模範に従って行動する能力を育てることによって形成されるものである。こうした能力の獲得は、目的論的な過程である。あれこれの振る舞いをただそれ自体として適切になせばよいというだけではない。それをなすことで、自己が予め決められた美徳のモデルにさらにいっそう近づくようにしなければならない。典礼を含めた規定事項は、キリスト教的自己の訓育の段取り全体の中に場所を占めている。この概念においては、外面における行動と内面における動機との間に、社会的儀礼と個人的感情との間に、表現的行動と技術的行動との間に、いかなる根本的な食い違いもあり得ない。

例を挙げれば、幾世代もの修道士が従事した写本の筆写作業は、公的に認知された修徳《アセティシズム》の一種なのであった。しばしば保存状態のよくない写本を判読しつつ、(教会の歴史家は)しばしば長い金釘流のテクスト(を書いた)。そしてそれを正しく書き写すことは、いかに気高くあろうとも困難な、そして困難なるがゆえに称賛を受けるような仕事なのであった。そして中世の写字生は、この事実をわれわれに伝えるのに懸命である。曰く、全身を指先の動きに集中し、持続的な、正確な注意を払わなければならないのであると。

修道士らは、写本の筆写というこの労働を「祈りと断食のように、己の従順ならざる情念を矯正する手段」であると書いている(Leclercq 1977, pp. 153, 154)(強調点はアサド)。この意味において、能書《カリグラフィー》の技術は、典礼と同様、修道のプログラムの一部をなすものであった。それゆえ、それはまた、聖務日課と同じく表現的であり、あらゆる悔悛の行とも同じくriteなのである。

「外面における行動」と「内面における動機」とは、まさしく訓練のプログラムの概念によって結合する。これがもっとも明白に現れているのは、告白の秘蹟の事例である(告白の秘蹟は、修道の生活にとって極めて重要なものであり、修道士らが開発した形で、後に一般キリスト教徒に広められたものだ)。しかし、この結合は、プログラムが規定するあらゆる事柄において探求されたものである。その顕著な事例として、「天国を願い求める涙」の育成が挙げられる(Leclercq 1977, pp. 72, 73)。修道院文献には、これについての豊富な記載がある。徳への願望は、自己の罪に対する良心の呵責を伴わなければならない。それゆえ、泣く能力は、この良心の呵責の純粋性のしるしとなると同時に、そうした願望によって達成される進歩のしるしともなった[11]。こういう次第であるから、しばしば人類学者が内面的・偶発的な出来事だと考える感情は、型通りの行動を次第に適切に身につけていくことで、漸進的に構成していくことも出来るものなのである。

もちろん、中世の修道士らは、本当は備わってもいないあれこれの徳のしるしを見せかけたり読み取ったりすることがあり得るという、誰でも知っていることを知っていた。しかし、だからといって、彼らは「外面の」行動が「本質的な」自己から分離できると考えていたわけではない。反対に、そこに偽善があるということは、自己欺瞞の場合と同様、学習過程が不完全である——もっと言えば失敗した——ということを意味するものであった。しかしながら、逆に、徳をもっていながらそのしるしを見せないことの方は、すべての徳の中でも最高のもの、謙遜、を獲得するための手段として推奨されたのであった。

修道の共同体は中世の生活のあり方全般を表すものとは言えないが、私は別に作法の社会史を描こうとしているのではない。私の関心は、‘ritual’ がいまだ独立の行動カテゴリー——反復的で非合理的で表現的なものというカテゴリー——になっていない時代における、自己の道徳的構造との関係における適切な話し方と行動についてのいくつかの概念を引き出してくることにある。こうした展望において、本章の題辞にあるリーンハートの言葉よりさらに一歩進めて、いかなる体系的な実践によって、特定の道徳的な性向や能力が生み出され、支配されるのかを問うてみたいと思う。

自己とその表象——ルネサンス期の議論より

「ふさわしい」行動を示すことが、有徳な自己の形成から切り離され、方策という地位を獲得するとき、それは新たな種類の理論化を被ることになる。徳性についてではなく、権力についての熟考である。だが、この場合、記号的行動は、それが実際に表しているものとは概念的に切り離すことができる表象と見られる必要がある。そう見られて初めて、それは権力ゲーム上の読解をもたらすことができる。「真の」自己をその表象で包み隠す《マスク》ゲーム、その包み隠しを適切に行うゲームである。

権力の場における表象行動の役割を概念化する近代初期の試みとしては、ベーコンの「偽装と隠蔽について」が魅力的である。ベーコンの世界は、もちろん、中世の修道院と比べてのみならず、その外部の社会と比べても、いっそう流動的で個人主義的な世界である。それは二重の分裂――個人の役割においても、社会的な舞台においても――を奨励する世界である。こうした分裂は、後世、ブルジョワ社会が発達するにつれて、いっそう明白になっていったものである。

ベーコンの随想集が興味深いのは、個別的な表象行為の分析は可能なことであると当然のように考えているからである。その議論は、まず自己の包み隠しに三段階を区別するところから始まる。秘密(secrecy)〔ひた隠して言わないこと。渡辺義雄の訳文による〕、隠蔽(dissimulation)〔偽り隠すこと〕、そして偽装(simulation)〔偽り見せること〕である。「それゆえ、〝秘密を守る習慣は賢明でもあれば道徳的でもある〟ということを書き留めておくがよい。またこの点で、人の顔つきが話しぶりを裏づけるのは、よいことである。顔の動きによって自分をさらけ出すことは、大きな弱点であって、自分を裏切ることになるからである。そのほうが人の言葉より、しばしば注目され、信じられるからである」。

しかし、秘密は、真実を偽り伝えることで真実を保護するという行動形態なしには維持できない。「それはしばしば秘密にすることから必然的に起こる。したがって、秘密を守ろうとする人は、ある程度、猫かぶりにならなければならない」。さて、隠蔽とは、不実な表象の「消極的な」形態である。すなわち(無知を装って)実際の自分をそうでないように隠すやり方である。これに対して、偽装とは「積極的な」形態である。すなわち(振りをして)実際はそうでないものを装うやり方である。どちらも権力のドラマにおける演技であるが、前者は防御的と、後者は攻撃的と見られている。それゆえテクストは、賢明さという点から、過度に偽装に頼ることを戒めている。「しかし、偽装と虚偽の告白である第三段階について言えば、私はこれは猫かぶりより罪が重く、しかも賢明さも劣ると思う。ただし、めったにない重大な事柄においては別である」(Bacon 1937〔1597〕, pp. 24, 25)（同三六、三七頁。アサドの英文に合わせて強調点を加えた)。表象的行為の理論化は、潜在的な敵と味方に直面している自己をめぐってなされるものである。ベーコンのテクストは、そうした戦術の効用と危険性を列挙し、伝統的道徳が要請するものと不確実な世界が要請するものとを天秤にかけている。ベーコンの議論は宮廷的な世界に向けられたものであるが、この世界においては正確な計算は不可能であるから、伝統的行動を政治的に有効利用するにあたっても、モデルの模倣や規則の遵守ではなくて、戦略を工夫することが必要なのである。こうして戦略的権力を隠蔽しつつ遂行するということになって初めて、象徴的行動が今やイデオロギー的とでも呼ばれるかもしれないものとなるわけである。

ベーコンの見解の根底にある、今や出現中の近代的な区別は、もちろん、精神と身体との区別である。『学問の発達』において、両者の連絡に関する知識が明白に分類されている。すなわち、「一方が他方を、どんなふうに明らかにするか、また、一方が他方に、どんなふうに作用するか」である(Bacon 1973〔1605〕, p. 106)（邦訳三六八、三六九頁)。前者についての知識は、社会的行動を解読するのに有用である。（一八世紀には、それはまた、絵画・言語・演劇における、「姿勢」――身体的な形状――の内に暴かれた主体の「性格」の描写に役立つものとなった)。後者の知識は、医学における、また「宗教あるいは迷信」における身体的操作の精神に対する影響を含むものである。

医師は心の狂乱と鬱症の治療の処方をする。そして、心を明るくし、勇気を確実にし、知性を明晰にし、記憶を確かにする薬を処方するようなことをいう。だが、ピタゴラス派や、マニ教徒の異教や、マホメットの律法の中の、食事その他の身体の養生法の慎重さや迷信は過度である。同様に、モーセの律法の法令は、血と脂を食べることを禁じ、食用のためのきれいな肉と汚い肉の区別などをしており、多く、また厳格である。いや、キリスト教の信仰そのものは、儀式のあらゆる雲もなく、きれいなものであるが、しかも、断食だの、禁欲だの、その他肉体を瘠せさせたり苦しめたりすることを、比喩的なものとしてでなく、現実の利益のあるものとして保存している(pp. 107, 108)(同三七〇頁)。

中世の修道生活における儀礼や訓練は、今や現実的で実践的なものではなく、比喩的で表象的なものと見ることができるようになった。もちろん、中世の修道生活においてもまた、見せかけと現実との区別はなされていた[12]。しかし、そこでは、キリスト教的訓練のプログラムを施すことによって、「可視的な記号」は「不可視的な徳性」と切り離せないものとなっていたのである。ベーコンの区別は、これと違って、現実と比喩的なものとの間にある。現実的なものとは異なり、後者は、その本質的意味を翻訳しなければならない言明をなすものであったが、まさしくそれらが慣習的な言明であるがゆえに、それらはまた修正と再定式化を必要としているのである。なぜなら比喩的なものは(やはりまた現実的なものとは異なって)欺くことができる。つまり、最悪の場合、それは自らを現実のものと捉えるようにと、我々をそそのかす。それゆえ、ベーコンは、先に引用した一九一〇年版の大英百科事典の文中に表明されている近代の人類学者の見解に近いところにいるのである。そこにはこうあった。「ritual の象徴的解釈に関して言えば、通例それは原始的なものだとは考えられていない。反省的思考が欠如している時代の人間は、〝外面的な記号〟と〝内面的な意味〟との違いをほとんど意識していないし、目に見えたままに考えているということも疑いのないところである」。

この近代初期の世界においては、宮廷社会における自己の道徳的経済策は、中世の修道プログラムに規定されているものとはたいへん異なったやり方で構築された。私的でもあれば政治的でもあるような操作的権力のドラマを通じて、自己が作り出され、また作り直される。次いでその自己は、行動の公の形と私的な思考や感情との道徳的距離を維持することで支えられる。(13) ルネサンスの歴史家が描写する権力のドラマは、内部の自己と外部の人格との鋭い緊張によって可能となったものである。しかし、そうしたドラマはまた、適切な行動を表象的なものへと変えた、概念的な根本的組替えの産物でもある。そしてまた、自己形成のための訓練プログラムという考え方から次第に切り離されるようになった、表象を操作する技術の産物でもある。結局、こうした変化は、次第に脱キリスト教化されていく世界におけるキリスト教的儀礼の概念と実践に対し、どのような作用をもたらしたのであろうか？

ところで、ベーコンの時代が、*policy*〔「政策・方針」。「抜け目ない機略」の意味にも使われる〕と*politic*〔political「政治の」と二重語。「当を得た」「抜け目ない」の意味で使われる〕が強いマキアヴェリ的な意味を獲得した時代であったことは偶然ではない。一六世紀後半と一七世紀の演劇において、ポリティックな人間とは、欺瞞に満ちた、策略にふける人間であることはよく知られている。実は*practice*という語(およびその派生語)もまた似たような陰険な意味を持っていたのだが、こちらのほうはあまり知られていない。

この語はエリザベス朝時代にかなりの広がりを見せた。もっとも、*policy*ほどの流行を見たわけではない。例えば、ベーコンは、随想集の第三章「宗教における統一について」の、宗教運動に対する暴力の行使を退けるくだりで、この語を用いている。「ただし、明白な誹謗や不敬の場合、あるいは国家に反する陰謀(practice)が介在する場合は別である」(邦訳二八頁)。……これに対応する動詞は*to practice*であるが、ベーコンはこの語についても悪い意味で用いている。オーバーベリー裁判において、彼は暗号について「君主および君主の使節と大臣が用いるか、あるいは君主に反逆して——少なくとも君主に対して——行動する、あるいは陰謀をたくらむ(practice)者が用いるかする以外は、めったに用いられない」と述べている(Orsini 1946, p. 131)。

欺瞞や陰謀はルネサンス時代の発明ではないことを強調しておく必要があるだろうか？ 要点は、表象(および偽りの表象)の実践(practice)が、今や権力に仕える体系的知識の対象となりつつあるというところにある。

もちろん私は、表象的行動がただ政治的戦略にのみ関わるものだと言いたいのではない。ルネサンス期においては、たとえば仮面劇は、同時に表象的なものでもあれば、道徳的に教育的なものであるとも見なされていた。それゆえ、トーマス・エリオット卿は、『為政者論』(一五三一年)において、舞踊一般について次のように書いている。

> さて、気晴らしと徳性の熟考とが二つともに見出されるような娯楽があるとすれば、それと比肩しうるようなものはない。それゆえ、私は、身体を用いるあらゆるまっとうな娯楽の中でも、舞踊の効用が卓越していると強調してきたのである。舞踊の内には、徳性と高潔な資質のすばらしい姿《フィギュア》(ギリシャ人がイデアと呼ぶもの)が認められるからである。とりわけそこには、トゥリーが〝追うべき事柄と、逃げるべき、そして控えるべき事柄についての知識〟と定義した、賢明さと呼ばれる適切な徳性がある(Meagher 1962, p. 273)。

今や最高の徳性と見積もられているのは、謙遜ではなくて賢明さである。徳性の育成は、次第に、本当の生活の縁辺(つまり娯楽)か、よくてせいぜいその予備的段階(つまり教育)に追い込まれてきている。しかしそれでも、徳を磨くイメージを寓意的に示し、道徳的性向を養うという、こうした公式の舞踊の概念は、旧来の、キリスト教的徳性の育成をめざす共同のプログラムに含まれる典礼の概念に近いものである。ここに挙げたものなど、公式の舞踊に関するエリオットの見解が、紳士の教育(ヴィクトリア時代の言い方では「人格《キャラクター》の形成」)のために書かれた書物に現れるのは、偶然のことではない。しかし、私がここで言いたいのは、型に合わせた行動が本質的に表象的なもの、本質的に自己とは独立のものであると見なされるとき、それを権力ゲームの布石として用いる可能性が開かれるということである。ルネサンスの仮面劇は、まさしく権力に関わるものとして、王とその廷臣が参加する周到なる王権の顕示なのであった(Cooper 1984)。しかし、その顕示は、自己主張的なものであって、偽装的なものではない(14)。ベーコンが論じた表象の場合と異なり、仮面劇は自ら以上のものを提示することはない。そこには権力の称賛はあるかもしれないが、権力を内密に保護することはないのである。

私的な本質と公的な表象

ルネサンスの英国の演劇を研究したエドワーズ・バーンズは、彼の著作の中で、「性格《キャラクター》」なる語にはいつも二重の意味があることを述べている。一方でそれは評判を意味している。当人が世間にどう知られ、どう理解されているかである。他方でそれは精神的ないし道徳的な性向を意味している。当人の世界における位置付けを決定する隠れた本質である。彼の見るところでは、

character は実のところ、やや変則的な歴史を持っている。古典時代、中世、ルネサンスのそれぞれの時代の著作におけるこの語の用法は、その起源の意味に非常に緊密に結びついているからである。この語はしばしば本来のギリシャ文字で書かれ、その意味は比喩を用いて説明されている。もともとのギリシャ語の意味としては、character は、蠟板に刻印された図形(文字あるいは象徴)である。また、その図形を刻印する物体をも意味する。それゆえ、この語は、非常に一般的な意味で、読み取ることのできる記号を意味するようになった。すなわち、

ある物が何物であるかを教えてくれるような印である。それは人間のもつ諸相——たとえば、顔や身体の上の印——にも広げて用いることができる。しかしいつもそれは、記号の読解(意図的な記号でもそうでなくても)という意味を含んでいる。それゆえこの比喩は、書くこと、読むことにおける記号の産出と解釈へと我々を送り戻そうとするところがある。ラテン語の著述家たちが、この語の語源上の意味を注意深く保持することで、繰り返し強調してきた点である(Burns 1990, p. 5)。

古典期より後の時代の修辞学においては、‘character’は、人柄や気質の表現の類型に向けられた語法を表すようになった。ルネサンス期に至るまで、修辞学は、演説者に対して、言説の内に、また言説を通じて、様々な人間類型を認識させる種々の記号を学んで(各々のスタイルに応じて)模倣することを求めた。バーンズは言う。「先に私が述べた対照——認識の過程としての character と個人的な道徳的本質としての character との対照——を用いることにすれば、語法の変化の大まかな定義を述べることができる。前者はこの語を修辞学者が理解するような意味にし、後者は、今やこの語が指し示している人間の概念そのものを分離するのである」(p. 6)。

性格《キャラクター》のこの第二の意味より、個人ごとに異なる私的なものとしての本質的アイデンティティ個人を他の個人から、また、彼らが共有する可視的な意味作用から分離する本質——の概念が生まれる。後者の概念によれば、人間の道徳的アイデンティティは、その公式的な外見と等置されるべきものではない。その重要な帰結として、本質的性格についての際限のない解釈が——そして「性格の鑑定」の技能なるものが——今や可能となったのである。

たとえば、ヘンリー・フィールディングは、「人間の性格を知ることについての小論」と題された小編において、彼の「正直にして未経験なる」読者に、人の顔や習癖から彼の本当の性格を読み取る方法を学ぶ価値について力説している。

さて、人間の中の悪賢く腹黒い部分が、おのれにしか関わらぬ利得をのみ慮って、他人に向けて一つの変らぬ詐術を保持しようと心掛けている。世の中全体は、巨大な仮面舞踏会と化している。ほとんどの者は、偽りの仮面と習慣をもって偽装している。素顔を見せている者はごく稀にしかいない。そのような人間は、他のすべての人間の驚愕と嘲笑の対象となる。

　だが、変装者が身につけている偽装がいかに巧みであろうとも、おのれの年齢・身分・環境といかにかけ離れた偽装であろうとも、注意深く観察されるならば、厳格な観察者に見破られるのを免れる者はほとんどいない。なぜなら、不承不承詐術に服しているだけの本性は、いつでもひょっくり自らを明るみに出そうと心掛けているからである。枢機卿であれ、修道士であれ、判事であれ、大酒飲み、博打、放蕩を長く隠しおおせるものではない(Fielding 1967, p. 283)。

フィールディングのような社会批評家は、偽善者(フィールディングはこれを、枢機卿、修道士、判事等々の「類型」としている)の仮面を貫き通して、彼らの本質的な道徳的本性を見破ることができると信じている。それというのも、「人間の情念が、たいがい、顔つきの上に十分な特徴を刻印している」からである(p. 284)。

　一八世紀後半に、「情念《パッション》」は、その強い力をもって——それゆえまた社会関係に及ぼす重大性をもって——「感情《エモーション》」とは区別されるようになった。今やそれは機械論的心理学の一部となっているが、情念は中世の徳と悪徳に比べられる地位を占めるようになっている。

精神の内的な動きあるいは興奮が欲望を伴わずに終結するならば、それは感情と呼ばれる。欲望が伴うならば、そうした動きや興奮は情念と呼ばれる。たとえば上品な顔は私のうちに快い感覚をもたらす。もしその感覚が何の作用も生み出さずに消えるならば、それは適切な用語法において感情と呼ばれる。しかし、もしその感覚が、その対象を繰り返し見ることで、欲望を引き起こすに足るほど強いものとなるならば、それは感情という名を失い、情念という名を獲得することになる。他のどのような情念についても同じことが言える。(15)

感情と異なり、情念はそれゆえ行動を決定しうる。ただしそれが働くのは、中世の修道生活における教育可能な欲望とはまったく異なり、制御不能な力としてのみである。画家にとっては、外部に現れようとする情念(魂の動き)のこうした傾向ゆえに、観相術が有益な職業的補助具となった。かくして彼らは、それと認められる特徴に留意することで、個々の典型的な情念を細かに描き上げようと試みることができたばかりでなく、(16)読解できるしるしを手掛かりにして、自らの題材の本質的道徳的性格を見通そうと試みるに至ったのである。

人類学における「感情」と「儀礼《リチュアル》」

質料的手段を通じて身体に「徳性」を育むように教えるという思想が、「感情」と呼ばれる内面的な感覚・思考を社会的な形式《フォーム》／方式《フォーミュラ》／形式的手続き《フォーマリティー》から分離する思想に取って代わられたのは、いかにしてであろうか？　同じことをもっと控え目に聞くならばこうなるであろう。近代の人類学が私的で言語化不能な「感情《フィーリング》」と公的で読解可能な「儀礼《リチュアル》」とを区別するようになったのは、いかにしてであろうか？　この二つが対立項であるというのは、近代人類学の儀礼研究における支配的前提であり続けてきた――変化の予兆も見られるとはいえ。(17)

数十年前に、A・M・ホカートは、儀礼と感情《エモーション》とは反りが合わないということを明確かつ詳細に論じた。儀礼は

「知的な構築物であるが、それは感情によって粉砕されやすいものである」(Hocart 1952, p. 61)。彼の事例においては、こうした考えは、「熱狂的宗教」に対するギボン主義的態度にぴったり合致するものであった。「熱狂的宗教」とは、啓蒙主義的な支配者が好む、洗練された、規律正しい、儀式的なキリスト教とは反対の、ときに統治し難い諸階級の感情的キリスト教のことである。ホカートは書く。「感情が噴き出し、(儀礼の)構造を粉砕するのは、主に下層の諸階級においてであることを、我々は確認した。こうした民衆的運動が社会全体に広がり、宗教の全般を簡略化することもあると信じるだけの理由もまた、我々は見出した(18)」。

そのしばらくのち、エヴァンズ＝プリチャードは、続く時代の英国社会人類学者の正統的立場を表明した。「人類学者は、社会的現象をそこに伴うと思われる感情によって分類しようなどとしたら、混乱に陥ってしまうばかりだ。なぜなら、そうした感情の状態があったとしても、それは個人ごとに異なったものであろうし、同一の個人であっても、機会が異なれば、あるいは同じ儀礼の別の瞬間においては、異なったものとなるに違いないからである」(Evans-Pritchard 1965, p. 44)。

ここに見られるような定式化においては、個人的体験の偶発性と言語の体系的性格とがはっきり対照的なものとして捉えられている。私的な事柄を表象可能なものに変え、公的に捉えることが出来るようにする言語。こうした儀礼の概念は、極めてありふれたものだ。もう一人、さらに近年の人類学者からの例を挙げてみよう。

さて、説明の便宜として、〝通常の〟意思伝達行動と〝儀礼的な〟行動との間に大雑把な区別を立てるとしよう(この両者とも文化的慣習に服するものであることは当然である)。(不誠実や嘘の問題はしばらく措くとして)通常の行為は、態度と感覚を直接に〝表現する〟もの(たとえば、我々の社会では泣くことは苦痛を意味する)、また、そうした情報を相互作用下にある個人に〝伝達する〟もの(たとえば、泣く個人は他の個人に自分の苦痛の感覚を伝えようと思う)である。これに対し、儀礼化・慣習化・ステレオタイプ化された行動のほうは、制度化された形に従って進行しつつある交流に適したあれこれの態度を表現ないし伝達するために構築されたものであり、また、そうした態度を表現ないし伝達するものとして公的に解釈されるものである。ステレオタイプ化された慣習は、この意味で、二世代以上離れた縁者として振る舞う。それらは意図をではなくて、意図の〝摸造品《シミュレーション》〟をコード化したものである。……したがって、慣習の遵守というコインの裏面には、異化がある。異化によって、行為者の私的感情は公的な道徳性へのコミットメントから分離される(Tambiah 1979, pp. 113-169, at p. 124)。

もちろん、〝本質的自己〟と、〝その自己が自らの感覚や意図や他者への応答を表象する手段〟とが概念的に分離されている場合にのみ演ずることのできる、文化的レパートリーというものは存在する。しかし、恐らくそうした場合でも、「通常の」コミュニケーション的行為(言葉によるものを含む)と「儀礼」との区別は、我々が思うほど重大なものではないかもしれない。なぜなら、どちらの場合でも、指導的原理は賢明さであろうからである。この賢明さの中には、公的な道徳性へと自らコミットするという賢明さも含まれている。

それでも、先の引用において感情《エモーション》という語に与えられた意味は、明らかに、感覚《センセーション》——すなわち、無意識的な、束の間のものであるけれども、本質的に内面的で、身体ごとに独自であるような感触——に似たものである。そうした見解を取る限りは、感覚《センセーション》が(儀礼的)概念の対象となることなどまったく考えにくいことである。その、本質的に独自的な性格、束の間のものという特質もまた変ろうとは考え難い[19]。

デュルケムの『宗教生活の原初形態』には、一方における(個人の)身体の感覚と欲望と、他方における(集団的)魂の概念と義務との分離に関して、さらに複雑な論述が見られる。

> 霊魂観念を形成するのに役立つ要素と、身体の表象に入る要素とが、互いに独立している異なった二源泉から到来していることはいうまでもない。一方は、有機体のあらゆる点から出てくる印象や心象から作られている。他方は、社会から出、社会を表明する観念や感情から成っている。したがって、霊魂観念の形成にあずかる要素は身体の表象に入る要素から派生するものではない。このように、有機体の因子に直接に依存していないわれわれ自身の一部分が実際に存在する。これこそ、われわれのうちにあって、社会を表象するものである。……社会生活が展開していく表象の世界は、その物質的基体に追加されるもの……である。そこに支配している決定論は、われわれの組織の構造に根を張っているそれよりもはるかに柔軟性に富んでいて、行動者にまさしく最大の自由の印象をとどめる。……情念は個別化するが、同時に奴隷化する。われわれの感官は本質的には個人的である。しかし、われわれは、感覚から脱却し、概念によって思考し、行動しうるようになればなるほど、より人格的になる(Durkheim 1915, pp. 271, 272)(邦訳下巻六八―七〇頁。ただし用語などを微調整してある)。

一人一人の内部において個人的なものと社会的なものとが相反的な関係を作っている。デュルケムのこの見解は、彼の儀礼理論の基盤となった。なぜなら、「自己中心的な情念や日々の個人的関心事は偉大な理想から力を奪う傾向があるが、その力の幾ばくかでも理想へと絶えず返していく」のが「公の祝祭、儀式、そしてあらゆる種類の儀礼の機能」であるからである。デュルケムにとって、人間存在の内部の分裂は、整復不能のものであるが、絶対的なものではない。それは儀礼によって中継されうるが、まさしくそれは儀礼もまた二重の性格をもっているからに他ならない。

集合表象が現れるのは、ただ、(何らかの外観のもとにそれらを象徴し、描写する)物理的な何らかの客体、事物、存在――すなわち図形、動作、音、言葉など――の内に具体化されるときのみである。なぜなら、個々人の意識というものは、本性上互いに閉じた関係にあるものだが、自らの感じるものを表現し、それを記号へと翻訳し、外的に象徴化することによってのみ、互いに意思を伝えあっている、みなが一致しているというふうに感じられるものだからである(Wolff 1960, pp. 335, 336)。

デュルケムの *homo duplex*〔二重の人間〕という概念が彼の儀礼の社会学においてどういう位置を占めているかについては、様々な解釈がなされてきた。しかし、通例デュルケムとペアにして扱われるモースが、彼の「身体の技法」において、この概念からの脱却を図ろうとしていることについて指摘した者があるかどうかは私は知らない。この有名な小論において、モースは、「身体は人間の第一にして最も自然な道具である。より正確に述べるならば、道具であることはもちろんだが、人間の第一にして最も自然な技術的対象物にして、同時にまた技術的手段であるのは、彼の身体である」(Mauss 1979, p. 104)。「身体技法」について論じることで、モースが注意を向けようと試みたのは、次の点である。もし人間の行動が、学習した能力に基づいて概念化されるべきものであるならば、そうした能力が、権威ある標準や規則正しい実践にどのように結びついているかを調べる必要がある。

それゆえ私は何年もの間、'*habitus*' の社会的本性というこうした考えを抱いてきた。ここで '*habitus*' ……というラテン語の単語を用いていることに注意されたい。この語は '*habitude*'(習慣あるいは慣習)よりも、(心理学者であった)アリストテレスの言う 'ἕξις'、すなわち〃獲得された才能〃および〃能力〃をはるかによく翻訳できる。……こうした〃習慣〃は、単に個人ごとに、また個人レベルの模倣ごとに変るものではない。それはとりわけ社会ごとに、教育ごとに、作法ごと慣習ごとに、威信のあり方ごとに変るものである。こうした習慣の内に、よくやるように魂やその反復的な能力ばかりを見出すのではなく、むしろ、集合的および個人的な実践理性の技法と働きとを見出すべきである(Mauss 1979, p. 101)。

habitus の概念[20]は、身体を象徴的意味の媒体としてではなく、身についた能力の集合体として分析する道を開いてくれる。それゆえモースは、「目標に向けて調和のとれた身のこなしができる人、熟練した人、〃何ができるか分かっている〃人」について語ろうとしたのである(Mauss 1979, p. 108)。モースの関心は、何かに対する身体的能力を特定し、分析するというところにあるわけだが、彼はそれを指し示すのにラテン語の habilis という語を用いている。フランス語の habile は、彼の言いたい意味をぴたりと言い表してくれないからだ。モースの論じたい点は、喩えて言えば、プロのピアニストの熟練した手が、演奏中の音楽をどのように覚え、演奏しているのかというところにある。象徴化を行う精神が、文化的な意味をもって「自然的な身体的傾向を覆う」様子などを論じたいわけではないのだ。

モースは実践理性の人類学を打ち建てようとしたのだと言うこともできるかもしれない。実践理性と言っても、普遍化可能な倫理的規則というカント的な意味においてではなく、個人の熟練による能力を分節化する、歴史的に構築された実践的知識という意味においてである。モースによれば、人間の身体は、単に「文化的印影」の受動的な受け手と見るべきものではない。まして「地域的な歴史と文化を身にまとった……自然的な表現[21]」の能動的源泉などと見るべきではない。それではまるで、読解可能な記号の中に内面的性格が表現されており、この記号を手段として用いれば内面的性格も解読できるとでも言うかのようである。身体は、多様な人間的努力目標——身のこなし方(例えば歩き方)に始まって、感情の置き方(例えば落ちつき)を経て、精神的体験のあり方(例えば神秘的状態)に至るまでの種々の目標——を達成するための、成長可能な媒体というふうに見るべきものである。こうした議論は、精神と精神の知覚の対象物とのデカルト的二元論を逃れるもののように思われる[22]。

儀礼をめぐる人類学の理解に対し、おそらくもっとも影響するところの大きいと思われる主張が、モースの小論の最後の節にある。彼はまず、道教の身体技法に関するグラネのすばらしい研究に言及してから、次のように続ける。「我々のあらゆる神秘的状態の根底には、我々がまだ研究していない、だが、中国やインドにおいて、たとえ隔絶した時代においてであれ、十全に研究されている身体技法があると、まさしくこのように私は信じている。この社会・心理・生物学的研究がなされるべきである。〃神との霊交〃に入るための必然的に生物学的な手段があると私は考えている」(1979, p. 122)。かくして、(言語の使用も含めて)習慣的実践の身体化が様々な宗教的体験の前提条件となる、その種々のあり方を調査する可能性が開かれることになる。神との霊交に入ることについての無能力は、教育を受けない身体の機能となる。「意識」は従属的な概念となる。

身体の現象学が知的に訴えるものが何であれ、モースの研究法はまた、原初的な身体的経験という仮定にも逆らうものがあるように私には思われる。それは、衝動が自己生成していくような経験についてではなく、身体の感覚と身体の学習とが互いに互いを構築しあうような経験について考えるように私たちを促す。彼の立場は、身体の痛さのような基礎的で普遍的なものについてさえ、私たちの知識とよく合致するところがある。というのは、人類学や心理学の研究によって、痛みの閾の知覚が身体的訓練の伝統の差によって──また個々の身体の痛みの経歴の差によって──かなり異なることが分かっているからである(Melzack and Wall 1982; Brihaye, Loew, and Pia 1987)。このように、モースの視点からするならば、身体の経験とは、経験される(教え込まれる)身体の一契機ということになる。中世の修道プログラムの事例におけるように、言説と身振りとは、能力を育てるための学習の社会的過程の一部をなすものと捉えられる。個々別々の主観的世界に宿る偶然的な感覚や経験とは反対の、客観的世界における整然とした象徴体系というふうに捉えられるのではなく。

なぜ「身体の技法」がこのように読まれずに、通例、象徴人類学の基礎文献ということになっていたのであろうか(23)？「儀礼」がすでに象徴的行為——解読を必要とする可視的な行動形式——という枠にしっかり納まってしまっていたからであろうか？

結　論

中世の共同体的なキリスト教のプログラムが徳性の育成のために規定する儀礼の概念がある。他方、訓練がもはや道徳的構造の形成に不可欠のものとは見なされず、フォーマルなマナーが賢明なる「公共的道徳性へのコミットメント」の伝達にとって本質的なものであると見なされている社会における、象徴的行動という概念がある。この二つの概念の間にどういう違いがあるのか、以上述べたところによって、部分的にでも浮かび上がらせることができたのではないかと思う。それというのも、後者のコンテクストにおいてこそ——すなわち、観察された行動のばらばらの断片を拾い上げることで、それが何を意味しうるのか説明しなければならなくなる、あるいは何かを意味する行為の背後に、外面的なコミットメントとは別に隠されている真実を発見しようという気にさせる、そんなコンテクストにおいてこそ——そうした断片を表象的と呼ぶことが可能であるからだ。明らかに、修道の自己の十全なる成長を目指して実践形態を組織する「儀礼」と、社会制度の読解を請け合う「儀礼」との間には根本的な違いがある。産業資本主義社会において宗教的訓練が次第に周縁的なものになってきたために、この後者の概念が強化されてきた——そんな道筋について思索することもできるだろう。

いずれにせよ、現代のキリスト教徒の一部では、儀礼に対するこの象徴的な概念が賛同を得ているように思われる。たとえば、ある神学者が最近書いた『呪術から隠喩へ——キリスト教の秘跡の一つの正当化』と題された著作は、近代人類学の研究にたいへん多くのものを負っている。その主張によれば、キリスト教の儀礼は本質的に言って道具的なものではなく、象徴的なものである。

我々の神学的主張に対するあらゆる反論は、我々の神学的確信を支持する心理学、社会学、人類学の見出したものに対する批判ともなる。儀礼の働きと意味についての行動科学的理解と神学的理解とは強力な収斂に向かっており、一方のみを払いのけることはできない。……

儀礼は、特定の文化の根源の隠喩を伝達ないし支持する媒体である。その世界観の焦点であり、また透過する底流である。儀礼の働きを通じて、生の二項対立は、文化の隠喩の内にコンテクストを得、文化の個々の成員と一個の全体としての社会のための積極的な意味へと〝転換され〟る。……人々の儀礼は彼らが生をどう解釈しているかを理解するコードである。

キリスト教の秘蹟は、儀礼一般の特徴のすべてを示している。秘蹟はキリスト教文化にとって正規のものであり、必然的なものである。秘蹟は、キリストの死と復活というキリスト教の根本的な隠喩が表現され、生の二項対立を〝積極的に〟解消するために動員される媒体ないし伝達手段である(Worgul 1980, p. 224)。

この、隠喩的表象としての秘蹟という概念は、サン・ヴィクトルのフーゴーの神学が意味をなす世界とはまるで異なる世界に棲息するものである。フーゴーは言う。「秘蹟は、三つの理由のために制度化されたことが知られている。辱めのため、教示のため、修練のためである」。フーゴーの概念によれば、秘蹟は文化の隠喩の表象ではない。秘蹟は、その実践者の内に、規定された実践を通じて、キリスト教徒にふさわしい「精神的・道徳的性向」を作り出すためのキリスト教のプログラムの一部をなすものなのだ。キリスト教徒が様々に異なる道徳的立場を取り、非キリスト教徒の暮らし振りとあまり違いが定かではない近代社会においては、また、訓練が戦略的な介入と統計的な計算の問題となっている近代社会においては、儀礼が象徴的な舞台となっていたとしても、理解できないことではないだろう。

　そしてまた、啓蒙主義以降のヨーロッパ人が追究し、理解せんとした彼方の世界においても、同様のことが言える。ある現代イスラム研究者はこう書く。「儀礼は、その参加者にとって深遠な真理の再演である。ギアツが述べるように、宗教が世界についてのモデルでありかつ世界のためのモデルであることを現実化している。イスラムの儀礼の本質を捉えるために、イスラム教徒となる必要はあるだろうか？」(Denny 1985, p. 66) この修辞的疑問に対する答えは、この論者の述べるところでは、否である。必要なのはただ、イスラムの儀礼が「描写し、象徴化する」ものについて、「その源泉に対する共感と敬意と開かれた姿勢と」をもって理解しようと試みることだけである。

　すでに述べたように、象徴は解釈を必要とする。解釈の規準が拡大するだけ、解釈もまた多様化する。他方、実践的訓練はそう簡単に変わるものではない。なぜなら、道徳的能力を育てることを学ぶのは、表象を創作することを学ぶのとは同じではないからである。というわけで、私はあえて究極の問いを立ててみようと思う。それは次のような問いである。〝訓練〟から〝象徴〟へ、〝特有の徳性(情念)を実践すること〟から〝実践によって表象すること〟への変質は、より大きな変質、すなわち、〝異種混成の生(何かをなし、何かをなされる生)〟から〝読解されるべきテクスト〟への概念上の変質が起きるための前提条件の一つであったということはありうるだろうか？

古語

第三章　中世キリスト教の儀礼における苦痛と真理

ほとんどの社会人類学者は、宗教を分析するにあたって、象徴的意味か社会的機能を(時にはその両方を)探ろうとする傾向がある。しかし、本論における私の関心は、象徴的意味にも社会的機能にもない。中世のキリスト教には、身体的苦痛を科すことに依拠するいくつかの儀礼があったが、私の関心は、それら個々の儀礼がどのようにして存立していたかを見ていくことにある。そして、それらの儀礼が変容することによって、規律=訓練《ディシプリン》が様々な効果を現すようになった様子を見ていきたいと思う。今日では、宗教の信者であるとないとにかかわらず、ほとんどの人は、身体的苦痛を科す習慣など、疑わしいもの、是認できないものと考えている。

本章は、まず、司法的拷問を概観するところから始めようと思う。西欧では、司法手続きの多種多様な形態が、一二世紀中に拷問に取って代わられた。この司法的拷問がとりわけ興味深いのは、中世半ばにおけるその出現が、ある特定の種類の政治、ある特定の種類の宗教儀礼、ある特定の種類の知識生産、ある特定の種類の主体性の形成過程と関わりがあるように思われる点である。何といってもそれは、教会が権威づけ、採用した手法なのであった。

本章の後半で取り上げるのは、中世キリスト教の訓練《ディシプリン》の主要形態(秘蹟としての悔悛=贖罪《ペナンス》の儀礼)の発展である。これもまた一二世紀に決定的な時期を迎えている。これが知識生産と主体性にどのような意味を有していたかについても触れてみたいが、ここでそれを体系的に論じることはしない。

司法的拷問と宗教的苦痛。両者に見出されるのは、権力――権力のもっとも直接的な、身体的な作用――が正しい言説をもたらし、その受容主体《サブジェクト》が権威に応じるようになるという過程である。それゆえ、このようにして中世ラテン世界のキリスト教における苦痛について調べることで、権力の歴史的諸形態が、単に強制と服従の手段となったばかりでなく、(いっそう興味深いことに)特定の――個人的・社会的・文化的な――潜在的可能性を生み出す条件ともなった、その過程を見ていきたいと思うのである。キリスト教儀礼と権力、ではなく、キリスト教儀礼の権力、が、私の関心の対象である。

司法的拷問と合理性の発達

西洋刑法史をひもとくならば、司法的拷問(すなわち、供述を得るために被疑者あるいは証人の身体に苦痛を加えること)は、常に、糾問主義的手続き(*inquisitorial procedure*)〔裁判官と検事が同一人・同一集団であるような裁判過程。なお、この言葉は *Inquisition*「宗教裁判、異端審問」という言葉と関係がある〕の初期の段階のものとして扱われており、告発主義的手続き(*accusatorial procedure*)〔裁判官と検事が別々であるような裁判過程〕の原始的形態である決闘、神判、聖なる宣誓(雪冤宣誓〔被告の信頼性について友人・隣人などが証言し、無罪・免責を立証すること〕)と対照をなすものとされている。法制史家によれば、司法手続きのこの二つの形態の違いは、いくつかの側面から考えることができる。例えば、公判を開始し維持する者、有罪を決定する者、刑罰を指定し執行する者は「個々の市民」であるのか、「社会」であるのか、といった違いである。だが、恐らく最も大きく違っているのは、有罪決定の際の両者の様式であろう。エスマンによれば、中世初期の告発主義的手続きにおいては、

> 起訴に際して主たる努力が振り向けられるのは、行為そのものの立証である。原始的な司法手続きにおいては、

まさしく現行犯逮捕が、抑制の一般的前提となっているように思われる。この場合、行刑制度を鼓吹する復讐の念は強いものとなる。立証されるべき有罪性もまた、現行犯であれば疑義が少ない。現行犯逮捕による裁判でない場合、被疑者が自白しないとすれば、反証するのは被疑者自身である。彼は、無罪の宣誓を行い、慣行が要求するだけの人数の援助者の宣誓によって立場を補強し、自らの無実を明らかにしなければならない。これが立証の標準的方法である。それは被疑者の権利となっている。しかし、裁判によってはこの手続きを取らず、神判が採用される。この場合、訴えは神の審判に向けてなされる。神判には二種ある。ある場合には、被告・原告の一方のみが――通例は被告側が――行動を起こす。最も一般的なものとしては、熱鉄によるもの〔熱せられた鉄をつかむ、あるいは熱せられた鋤の上を歩く。三日たって火傷が悪化していたら有罪。赤阪俊一『神に問う』（嵯峨野書院、一九九九）による〕、沸騰した湯によるもの〔湯に手を入れ、三日たって火傷が悪化していたら有罪〕、冷水によるもの〔手を縛られて川や桶に放りこまれ、浮かんだら有罪〕がある。他方、被告・原告ともに行動を起こす場合もある。司法的決闘〔本人あるいは籤で決めた代闘士が盾と棍棒で闘い、倒れたら負け〕や十字架審〔被告・原告ともに十字形に手を広げる、あるいは十字架のもとに立つ。先に耐えられなくなった者が負け〕などがそれである。この制度は決してゲルマン的習慣に固有のものではない。これは特定の民族のものではなく、文明のある段階に認められるものである。人間の知性の神話的段階においては、神に問うことで有罪か無罪かが決められる。神に問うことで戦闘の勝敗を占うのと同様である。この点で、信仰と法制度とは関係がある。卜占や魔術師を認める同じ心的態度が、神判と司法的決闘による刑事審理の習慣をもたらし、普及させたのである（Esmein 1914, pp. 6, 7）。

他方、糾問主義的手続きにおいては、有罪確定は、取り調べを行う裁判官によって、超自然者に訴えることなしに行われる。すなわち、新たな審理の手法が——それは神判よりも残酷かもしれないが、いっそう論理的なものだ——上級法廷において導入され、下級の法廷にも広がっていった。すなわち拷問である。被疑者の自白が重きをなすようになり、その証明を引き出す「卓越した」手法が、拷問——木馬、足締め具、水攻めなど——であると考えられるようになった。拷問はローマに起源をもつ制度である。共和制下ではもちろん、帝政初期においても、ローマ市民がこれを科せられることはなかった。この時代、拷問を科せられたのは、告発された(あるいは単に法廷に召喚された)奴隷か、あるいは属州民であった。だが、帝政初期の時代に、反逆罪で訴えられたローマ市民にもこの審理法を適用する慣行が始まった。次いで拷問は幅広く適用されるようになり、裁判官のための手引書に、審理は拷問から始めることなく、まずは証拠を集めよと書かれるまでになった。それゆえ、近代になって、半ば忘れられたローマ法をボローニャ学派の刑法学者たち(ボローニャ大学法学部を創設したイルネリウス(一〇五五年頃—一一二五年頃)など)が再生したときに、これと符合して拷問が広まり始めたのも驚くべきことではない。神判から拷問へという司法手続きの変更は、実際、一一〇〇年代の末ごろより見られることである。この時以来、拷問の伝染を免れたヨーロッパの国は一つもない。一三〇〇年代の末には、拷問は一般的慣行となっていた。それは——ある程度は——かつての刑事手続きの根幹をなす制度の一つだったのである(Esmein 1914, p. 9)。

(「神話的メンタリティー」にふさわしい)神判からいっそう「論理的」な審理へという、ヨーロッパ中世史におけるこの司法手続き上の大遷移は、真理探究の方向を変えたいっそう広範でいっそう本源的な遷移の一環であったと、学者たちは考えてきた。神の審判に代わって、人間は純粋に人間的な証明を重んじるようになった。私たちはこのように教えられている。たとえば、中世学者のR・W・サザンは次のように考える。

この時代の初期においては、超自然的存在への訴えかけは、あらゆる統治手段の中でも最も普通のものであった。九世紀以来、犯罪であれ、所有権争いであれ、決着のつかないあらゆる種類の事件に、神の審判を問う無数の典礼的文言が用意されているのを見る。教会は、熱湯を入れるための大釜、鉄を熱するための火鉢など、神の裁きを伝達する種々の道具の収納庫であった。そして司祭の最も普通の役割の一つが、これらの道具を各々の目的に合わせて祝福することであったに違いない。……

一二世紀中に、この思考習慣は急速に変化することになる。この変化は世俗の統治に対する態度の変化と同時に起こった。原因のいくつかは両者に共通のものであった。ローマ法の研究は、純粋に人間的な立証の手法が精緻な体系として存在することを人々に教えた。そして、ローマ法の方法を適用した統一的な教会法の成長によって、法律家が対処すべき領域は広範囲のものとなった。……中でも重要なことは、神判に基づく判断の効果に対してますます疑念が寄せられるようになったことである。……一二一五年のラテラノ公会議が司祭に神判の執行に関与することを禁じたとき、それは、他の多くの事柄と同様、この問題においても、長きにわたって成長してきた態度の変化を表明しているのである。その効果は、裁判の通常の執行に関する限り、直ちに現れた。人々は、神の裁きの確実性よりも、人間の力で到達できる蓋然性のほうを選ぶように強いられたのである(R. W. Southern 1959, pp. 101, 102)。

糾問主義的手続きに属する技術としての拷問は、人間の力のみによる真実の確定を目指すものであったので、中世におけるその組織的な使用は、ヨーロッパの法の合理的発達における進歩的段階であると解釈することができる。拷問の使用がもたらした新たな方向づけはその後も保持されたが、その残酷さと行き過ぎとは最終的には排除されることなった。一九世紀のアメリカの人類学者ジェームズ・C・ウェリングはこの点について簡潔にこう表現している。

推論の力が増してくるにつれて、また、真実の合理的発見のための道具を司法の領域において用いることがますます容易になるにつれて、人類は、こうした形式的な種類の立証法(決闘、神判、雪冤宣誓)を離れ、事実的な種類の立証法へと向かって行った。祭式的・形式的な種類の消極的立証から合理的・実質的種類の積極的立証へという人類の道行きにおいて、拷問が介入する立証法の占める位置は、司法手続きのこの典型的で弁別的な二形態のあいだの「中間宿泊所《ハーフウエー・ハウス》」のようなものとして描くことができるかもしれない(Peters 1973, viii に引用)。

この問題について論じている歴史家のほとんどは、神判に対する中世の批判者たちの合理精神を称える。私たちはこう教えられる。批判者たちは、神判が真犯人の判定に明らかに失敗した事例に注目している。それゆえ、彼らは神判を信じるのは単なる迷信であると気づいており、もっと健全で合理的な真実探究法を要求していたのだ、と。[1] だが、今や神判システムの欠陥を示すものと考えられるようになった出来事は、なぜ単に規則の適用を誤ったものだとは考えられなくなったのだろうか? かつてはそう考えられていたはずであるのに。サザンなどの歴史家は、合理的なローマ法の影響をもちだすが、しかしこれは説明として明らかに不適切である。なぜなら、ローマ法の諸側面を「合理的」なものと認める能力と意志とは、ローマ法との出会いに先立って存在していなければならないからである。むしろこの辺りをめぐる人類学の分析に知悉している中世学者であれば、彼らが大勝利をのみ見て取っているまさにその場に、ある歴史的問題があることを認めるはずである。エヴァンズ＝プリチャードの『アザンデ人の世界――妖術・託宣・呪術』(一九三七年)以来、託宣、神判などが下した明らかに間違った判断であっても、システムの内部で対処可能であり、システム自体を傷つけることはないということが明らかとなっているからである。[2] 真実を定義する習慣が変ってはじめて、はっきりとした迷信の認定へと至るのであって、その逆ではない。歴史家の多くはここを見誤っている。(3) 言いかえれば、教会改革は合理性を再発見したのではなく、再定義したのである。合理的習慣の新たな規則によって、それまでの習慣を迷信と——すなわち、自らの時を越えて生き延びてしまった習慣と(4)——改めて認識するようになるのだ。

合理性についてのこうした勝利主義的見解に疑問を投げかけることに、近年のほとんど誰よりも多くの貢献を行ってきた者はフーコーである。彼の実り多い著作、『監獄の誕生』は、古典時代における公的拷問と国王殺害者の死刑執行についての恐るべき物語より始まって、身体に関する権力の戦略の変化、従ってまた刑罰＝処罰の概念とその実施面の変化について論を進めていく。犯罪者の身体を拷問にかけ、刻印し、曝しものにする主権者の権力の途方もない誇示は、身体と霊魂とを注意深く、入念といっていいほどの仕方で陶冶せんとする、権力による訓育の経済策《エコノミー》に席を譲った。刑罰は、政治的コミュニケーションの儀礼より、何か社会的生産の儀礼とでも呼べそうなものへと変質した。かつて真実が見世物、すなわち権力と正義の陳列であった場において、刑罰は、最終製品、すなわち改心した、社会的に有用な、健全なる精神をもった前科者なるものの生産過程となった。

もちろん、拷問は、正義の陳列だったばかりではなく、それ自体が真実を生み出すものであった。単に刑罰として行われる拷問とは区別される司法的拷問に関しても、フーコーは第一部第二章において、簡潔ではあるが示唆に富む議論を行っている。

司法上の拷問、あるいは拷問下での尋問の機能を、真実を探究する拷問と見ることができるかもしれない。まず、司法的拷問は、何が何でも真実を獲得する方法などではなかった。それは近代の尋問における無制限の拷問ではない。それは確かに残酷ではあるが、野蛮ではなかった。それは明確に規定された手続きに従う規則正しい執行

> であった。様々な段階、その継続時間、用いる器具の種類、用いる綱の長さと重りの重量、尋問する司法官の介入の回数、これらのすべてがそれぞれの地域の慣行に従って、注意深くコード化されていた。……拷問は、厳格な司法的ゲームであった。まさにこの点において、それはかつて行われていた試罪法と、すなわち、宗教裁判所での技術よりもはるか以前に告発主義的手続きにおいて用いられていた神判、司法的決闘、神の裁きと、結びついていたのである。司法的拷問を命ずる裁判官と拷問を受ける容疑者とのあいだには、幾分かの合戦《ジャウスト》の要素が残っていた。「受苦者《ペーシェント》」——拷問の犠牲者はこう呼ばれていた——は、段階的に過酷さを増す一連の試罪法に服した。「黙り通せたら」彼の勝ち、自白したら彼の負けなのである。……
>
> 断固たる、そして性急なる真実の探究。その装いの陰に、古典的拷問の中には、神判の統制された機構があることが見てとれる。すなわち、真実を決定するはずの身体への挑戦である。もし受苦者が有罪であれば、彼に科された苦痛は不当なものではない。しかし、もし彼が無罪であるとしても、苦痛は無罪を明らかにする印なのである。拷問の執行においては、苦痛、対決、真実は互いに結合している。それらは受苦者の身体に共同で働きかける。司法的拷問による真実の探究は、なるほど、証拠を獲得するための——すなわちもっとも重大なもの、罪人の自白を獲得するための——手段である。だが、この闘いがまた、そして敵対者の一方の他方に対する勝利がまた、儀礼に従って「真実」を生み出すのである。自白を引き出すために採用される拷問の中には、証拠調べの要素がある。そしてまた、決闘の要素がある(Foucault 1979 pp. 40, 41)(邦訳四五、四六頁。ただしここでは訳語の調整のため改めて英訳文より訳出した)。

拷問(そして神判)を儀礼と捉えるこの洞察より、私たちは、司法的拷問を、神話から論理へ、祭式的なものから合理的なものへ向かう人間精神の成長の途上にある「中間宿泊所《ハーフウエー・ハウス》」とは別の何かとして捉える手掛かりを得ることができるだろう。儀礼であるところの拷問には、自らに固有の条件、規則、効力がある。神判の条件、規則、効力とは別のものであって、それらに単純に勝っているとは言えない。これがまさに『監獄の誕生』のテーゼの基底にある考え方であることは、もちろん間違いない。とはいえ、同時にまた、司法的拷問を決闘や神判と一つにして考えるフーコーのこのあたりの捉え方には難点がある。それが彼の洞察を曖昧なものにしてしまう恐れがある。主たる問題は、やがて分るように、一方が生み出す真実は他方が生み出す真実とまったく同一というわけではないという点にある。要するに、ある行為を儀礼と認定するだけでは不十分なのだ。西洋文化の卓越した民族誌家であるフーコーは、このことをよくわきまえている。二種の儀礼の相違点を描き出すことができてはじめて、それぞれの儀礼が何を可能にしたのか、またどのような仕方で可能にしたのかを理解する手掛かりを得ることができるのである。それゆえ、司法的拷問についての私たちの理解が、それを儀礼の一種と見ることによって拡大されるというばかりでなく、儀礼についての私たちの理解もまた、それを拷問の一種——すなわち、真実の諸側面と主体性が痛みとともに構築される一つの実践——として分析することによって拡大されるのである。

『監獄の誕生』の最後の方で、フーコーは、神判と糾問主義的司法システムとをはっきりと対照させている。「ある真実の確証ないし立証の権威的な探求としての証拠調べは、したがって、宣誓、神判、司法的決闘、神の裁き、さらには私人どうしの和解という古い手続きとは対立的なものである。証拠調べとは、一連の規則的技法によって真実を確定する権利を僭取する君主の権力だったのである」(p. 225)(二二五頁参照)。神判と糾問システムとでは、権威にこのような違いがある。やがて分るように、これは決定的な違いである。だが、真実のために苦痛を適用するという観念には、なおまだ探究するものがある。そしてまさにこの観念を介して、司法上の拷問は、宗教的禁欲《アセティシズム》をめぐる物語の一部となるのだ。

たのだ。

司法的拷問と神判との違い

神判から拷問へという中世のこの推移は、単に逸脱をめぐる真実の探究の方向性が変ったというだけのことではない。この真実に達するための実践形態が変ったのである。そして身体的苦痛が極めて異なる役割を演じるようになったのだ。

神判と司法的決闘は、本質的に、社会的に対等な二者どうしの争いを統御する儀礼であった。エスマンが次のように書くのはこのことを表している。「拷問は、純粋に告発主義的な手続きには、そして自由な国にはそぐわない。告発者(原告)と被告発者(被告)とは、白昼堂々対等な武器をもって闘う二人の闘士なのである」(p. 107)。この点については、いわゆる国家なき社会における紛争(feuding)の原理を分析している人類学者から、さらに突っ込んだ議論を聞くことができる。ただし、必ずしも彼らは、この対等性が観念上のものであって実質的なものではないということを理解していない。それは、相手方に屈服する形式上の義務がないという意味での対等性であって、両者が対等な手段をもっているという意味での対等性ではないのだ。それにもかかわらず、以下の点は強調されなければならない。人類学者が紛争(feud)と呼ぶものは、司法的決闘や神判と同様に、何よりもまず原告と被告が——司法当局がではなく——公認された規則に則って中心的役割を演じるような、争いの統御の様式である。それゆえ、それは本質的に疑惑の解決とは関係がない。原告も被告も当該の犯罪に関する疑惑を受けているわけではない。神判や決闘の結果は、それゆえ、両者のために疑惑を晴らすものだとは言えない。紛争が行うのは、社会関係に関するはっきりとした決定が行えるようにする明確な結果を生み出すための規則を提供することなのである。

例えば、トゥルネーのステファンの事例について考えてみよう。それは、旧来の決闘と神判による争議決着の習慣に対し、教会側から重ねて批判が寄せられていた時代に起きたものである。

一一七九年に、パリのサント・ジュヌヴィエーヴの大修院長であるステファンと、ロズニー・スー・ヴァンセンヌにおける彼の領民たちとのあいだに、彼らの人的奉仕の性格をめぐる争議がもちあがった。ステファンは訴訟を国王ルイ七世の法廷へともちこんだ。真正な勅許状がなかったので、王は「フランク族の慣習に従って」司法的決闘を行うことを命じた。ロズニーの者たちの代闘士《チャンピオン》らがサント・ジュヌヴィエーヴの代闘士らに恐れをなして決闘場より退いたとき、王は神判に負けた者たちが隷属的奉仕を行うことを確認した。この決闘はサン・ジェルマン・デ・プレおよびサン・ドニの大修院長、ノートルダムの司教代理と司教座聖堂助祭を含むパリの聖職者らの居並ぶ前で行われ、決定事項は教皇ルキウス三世およびクレメンス三世の勅許によって再確認された。一二世紀および一三世紀のパリでは、このような事件は決して稀ではなかった(Baldwin 1961, p. 621)。

こうした行事を通じてもたらされたものは、司法的判断に達するための証拠ではなく、一つの法的判断そのものの定義である。もっと適切な言い方をするならば、不明確な社会関係の再定義である。もちろん、様々に行われた神判には様々な相違がある――ほとんどの場合は、多かれ少なかれ身体を危険に曝すものではあったが(Lea 1866, pts. 1-3を見よ)。そして、神判をめぐっては真実を探究するという言葉が普通に用いられていたけれども、神判はいずれも同様に、決定と切り離せないものとしての「真実」を生み出していたのである。サント・ジュヌヴィエーヴの大修院長と仮の領民との争議の事例がそうであるように、そこには事実上裁判官が臨席することがあった。だが、裁判官の役割は、厳密には余計なものだ。神判においては、判定を下すべき何ものもなかった。裁判官はただ、すでに原告およびノまたは被告の身体に印されてある、そして万人にすでに明らかである真実を宣告するだけなのである。諸々の事実は、すでに知られているか取るに足らないかであった。決定されなければならないのは、有罪か無罪かのみだったのである。[5]

このシステムによれば、有罪に関する真実とは、正義を公に刻銘するための第一歩に他ならない。この正義の方は、採用された神判あるいは決闘の正しい適用を通じて構築される。大事なのは結果であり、その結果を導くためには、代理人の身体であっても原告・被告の身体と働きの差はない。[6] 紛争をめぐる制度を分析した人類学者たちは、規則が正しく適用されている限り、正義の刻銘が原理的に無限に継続しない理由はないことを明らかにしている。対立する二つの親族間の紛争において、敵対者を首尾よく傷つけた、あるいは殺害したということは、正義が成就したということでもあり、賠償が必要になったということでもある。紛争《フュード》は永続的な過程であり、一回の出来事ではない。[7] 言いかえれば、厳格な告発システムによる有罪の確定は、真実の勝利なのではなく、対等な勢力間における休戦なのである。

糾問主義的なシステムにおける拷問は、これとは非常に異なるやり方で真実を生み出した。[8] まず第一に、それは情報を、行われた事柄、言われた事柄についての事実を生み出した。どこで、何が、誰に対して行われたのか、また言われたのか？　この事実は、事実から引き出される結論とはまったく別個のものである。審問の戦略として、事実に関する多様な尋問と返答が繰り広げられた(司法的拷問自体が *quaestio* として知られるようになった。そして「尋問にかける」という表現は拷問にかけることを意味した)。この過程は、これとはまったく別個の、身体の苦痛に関する真実の分節化のあり方に依存していた。神判においては、敗北した身体は自らの有罪をその位置や印によって直接に示した。(神託や宣誓による有罪・無罪の確定が本来の神判と異なっているのは、それが直接には係争当事者や被告の身体に関わるものではないという点である)。苦痛、あるいは少なくとも苦痛の直接の原因は、過去にある。他方、司法的拷問のシステムにおいては、声が、苦痛の恐怖を前にして真実を語らなければならないのである。それゆえ苦痛はいつも未来に置かれている。

もちろん、神判システムにおいても、被告は恐怖によって試罪法を拒否し、自らの有罪を認めるということがあり得る。実際、神判に先立つ宗教的儀式を取り仕切る司祭が、被告に自白を促すことさえあったかもしれない。だが、たとえ個々の事例において自白が得られる場合があったとしても、厳密な意味では、自白は不必要であった。他方、拷問を用いる糾問主義的システムにおいては、有罪を確定する方法が他にない場合、すなわち、十分な数の適格な証人が得られなかった場合は、自白は必須の要件であった(Langbein 1977を見よ)。言葉の伝達が真実の不可欠の媒体だったのである。秘匿された思考は、発話の形で得られなければならなかった。内面の記号が有意味な音声として引き出されたものとしての言葉とならなければならなかった。言葉は、真実と等価ではなかった。一方、神判に服した者の身体に現れた印は、真実と等価であった。なぜなら、神判の規則が正しく適用されている限りは、それが生み出す印は偽りではあり得なかったからである(9)。実際、厳密な意味では、この文脈において偽りの概念は――(特に神判が迷信として盛んに糾弾を受けた一二世紀において)システム全体が攻撃に曝されるまでは――生じることはなかったのである。

ここから、拷問を用いた糾問主義的システムが真実を生み出すやり方と、神判が真実を生み出すやり方との、第二の重要な相違点が明らかになる。糾問主義的システムにおける身体的苦痛の適用は、有罪を確定するための真実の究明を促進した。この過程においては自動的なものは何もない。なぜなら、自白があれば有罪が確定するとしても、自白の拒否はそれだけであらゆる嫌疑を晴らしはしなかったからである。追跡というものの常として、回避の可能性はいつもある。獲物を捕えるまでは、成功が保証されることはない。他方、追撃者《ハンター》は、自分が追跡しているのは自分のヤマであって、偶発の鉱脈ではないと確信していたに違いない(10)(これは狩猟者と漁師との決定的な差である)。それゆえ、中世の理論家たちは、被告に容疑を知らせてはならないと主張したのである。さもなくば、被告はさらなる苦痛を恐れるあまり、行ってもいないことを簡単に告白してしまうかもしれない。求められているのは、(紛争《フェード》の場合と違って)復讐の対象を見出すことではなく、真実を見出すことである。かくして、有罪か否かという真実を確定するための戦略において、秘密保持が必須の要素となった。それは神判にはまったく無縁のものであった。司法当局が情報を隠すことは、それ自体、獲物をおびき寄せるための、獲物が自分の存在を教えてしまうよう仕向けるための、計略であった(糾問主義的な枠組の内に告発主義的な手続きを残していたアングロサクソンの制度においては、秘密保持の仕掛けは被告側の権利となった。追撃者は獲物を手軽に見出してはならなかったのだ!)。

それゆえ自白は、それとは独立に法廷に知られていたものを確証し、精密化することを――あるいはむしろ、容疑を知識に変形することを――目指すものであった。この変形を行って主観的状態から客観的事実へと向かうことができるようにするために、法廷は始めの時点よりも多くの情報を獲得する必要があった。情報なら何でも、ということではなく、適切なもののみが必要なのである。それゆえまた、適切なものとは何かを決める規則を開発し、確立する必要があった。真実を捕獲するための規則、最終的に正しい審判に行きつくための規則である。最終の審判は、公の知識を確立するものでなければならない。もちろん、神判もまた、それ自身の規則をもっていた。(故意にせよ故意でないにせよ)その規則が侵害されたときには、個々の結果が無効であることの理由となり得た。だが、そうした規則は、有罪あるいは無罪についての真実を構築するものであった(ちょうど賽ころ賭博における勝ち負けと同様である)。神判の規則は(狩りの戦略とは異なって)真実の規定と捕獲を目指すものではなかった。

第三に、拷問室で行われた自白そのものは、有罪判決の基礎となることはできなかった。法廷において自発的に同じ自白が繰り返されるのでなければならなかった。もし被告がこれを拒んだならば、彼は再び拷問を受けに連れ戻されることになる。それゆえ、次の教理が得られることになる。――真実は暴力の産物であってはならない。良心と誠実な主体による、自由な告白なのでなければならない――。身体に加えられた暴力は、真実の出現と捕獲を促進する一個の条件として行われるものであった。これと異なり、神判や決闘の場合には、暴力は真実のあり方そのものを決める条件なのであった。どちらの場合も、身体は真実のための闘技場であるが、そのあり方は非常に異なる。(やがて分るように、この教理は、何世紀もかけてキリスト教の修道院体制によって組織化され、実行されてきたものであり、中世全盛期に至ってその規範が世俗の、都市世界へと拡張され、再編成され始めたのであった)。

　要約すると、拷問と神判との主要な相違点は次のようになる。拷問は情報の生産を促すものであった。拷問は真実を捕獲する狩猟の一部であった。そして拷問が身体に加える暴力は審判に至るための条件であって、審判が刻銘される、あるいは読み取られる形式ではなかった。それゆえに、拷問の適用には、身体の苦痛を、そしてその発言を、言語的な真実の追及に正しく結びつける専門的技法と専門家を必要としたのである。拷問の形態、利点、限界を、従ってまたその正しい用法を論じた相当数の学問的文献が徐々に蓄積されていった。ここで大事なのは、この正しい用法という点である。当該の犯罪をめぐる全真実は、拷問を受けている当人にさえ、必ずしも知られる必要はなかった。とりわけ証人から自白を引き出そうとしている場合にはそうであった(この場合にのみ、ということではない)。厳密に言うと、真実は、究極には審判における言葉の中にのみ現れたのである。

　糾問主義的システムは、被告の身体に現れた印から審判における発言へと、真実の権威を移す。これによって裁判官の重要性が増すことになる。だが、こうした変化はまた、一つの審判を他の審判が覆す、権威の位階性《ヒエラルキー》の構築をも促す。身体上の印には、これと平行するものはない。そしてそれは、神判が依拠するものよりもはるかに形而上学的な、はるかに曖昧な原理に基づいて行うのである。すなわち、真実は言葉の作者《オーサー》であり、かつまた権威づけられた《オーソライズド》言葉であるという原理である。この原理に、今日の私たちが宗教的と呼ぶであろうようなものである。

　すべての刑事審問が拷問を用いたわけではもちろんない。事実この点における規則は極めて明確なものであった。拷問を用いることができるのは、その犯罪に対する刑罰が死刑か切断刑《ミューチレーション》である場合にのみであった。しかも、その場合であっても、犯罪が犯されたという明白な証拠があるのでない限りは、拷問の適用はあり得なかった。

しかしながら、中世においては、一つの重要な例外があった。すなわち、異端である。異端説の支持という犯罪は、被告の自白とは独立に確証できるものではなかったので、被告は審問を受けなければならなかった。犯罪の実在が確かなものとなるのを待たずに、必要に応じて被告に拷問を科すことができた。犯罪そのものは巧妙に隠されているので、真実の狩猟は、徹底的な秘密と有益な恐怖という、自らに固有なゲームを採用しなければならなかったのである。

司法的拷問の社会政治学的文脈

一二一五年の第四回ラテラノ公会議は、神判を禁止するとともに、全キリスト教徒に対して、毎年（復活節において）私的告解を行うことを義務づけた。異端との闘争に対する教会の関心を表明し、世俗の権威当局が異端根絶の義務を果たすべきことを明記する教令を公布したのもまた、この公会議であった。（秘蹟としての）告白《コンフェッション》（告解）が、今や、真実に従う良心の創造のための普遍的訓練《ディシプリン》として出現したのであるから、（司法上の）告白《コンフェッション》（自白）が、異端を検認する具体的技法として認知されたとしても驚くには当らない。教会は、告白が他と無関係に行われる行為ではないことをよく知っていた。――罪を人に帰するという側面においてばかりでなく、創造的な側面においても、告白は、権力が形成する対話の特殊的な様式である。それは（この世の、またあの世の）身体的苦痛についての観念を、真実の追撃における尋問と返答の交換へと結びつける特異な過程である――。教会はこのことを知悉していた。

ローマ法が司法的拷問を採用したのは、特定の階級の人間（普通には奴隷）から、特定の範疇の犯罪（とりわけ反逆罪）に関して自白を引き出す方法としてであったが、ローマの法制度の大半がゲルマン諸部族の慣行に取って代わられたいわゆる暗黒時代になっても、拷問がヨーロッパから完全に消え去ることはなかった。とはいえ、一三世紀以来の刑法上の手続きにおける拷問の隆盛は、司法的立証法としての神判の衰退ばかりでなく、ローマ法の重要性の再認識と、明らかに結びついている。神判の衰退とローマ法の再浮上に影響のあった教会であるが、もちろんこの教会は(順調に統治している君主国と同様に)、聖俗両界における地域的・慣習的・封建的利害集団からの反対に抗して、法的権威と法制度の階層化と集権化を推し進めようとしていた。一二一五年のラテラノ公会議が、一連のかくも目覚しき訓練の手段(Schroeder 1937を見よ)を公布した背景には、こうした大きな流れがあったのである。

ここで、司法上の糾問主義的システムが盛期中世の発展途上の政治・法制上の諸制度や社会経済的条件にかくも適合的であったと仮定した上で、このシステムが確立されるに至った経緯について問うてみることができるだろう。成長中の商人階級は、合理的で、標準化された普遍的な法形態を必要としていた。これは、教皇と君主の政治的野望と合致する要求であった。なぜか?・(Tigar and Levy 1977を見よ)　なぜなら、決闘は無政府的であり、神判は予測不能であったが、糾問主義的システムは、古い司法手続きには不可能であったような形で、いっそう持続的でいっそう広範な集権的統制の実践を可能にしたからである。かくして、拷問は、この優勢を誇る、合理化を進める権力の無情な拡大と強化の現れというふうに捉えることが可能になる(こうした見解は、自白を引き出すための広範で無制限的な拷問の使用は、中世よりも、政治的野心が大きくなった近代の国家——全体主義国家、植民地国家、ポスト植民地国家——にこそ見合っているとの主張とも符合するものであろう)。この流れに沿って、中世の刑事上の手続きにおいて、司法的拷問の使用を促進した、あるいは抑制した政治的・イデオロギー的な諸条件を調べることもできるだろう(かくして、イングランドのコモンローに拷問が存在しないことが注目されることになる(Heath 1981を見よ)。なぜコモンローには拷問が欠けていたのか?)——以上のような研究は、もちろん、興味深く、有用なものである。

しかし、これとはまるで異なった筋に沿って探究していくこともできるであろう。真実、身体的苦痛、告白《コンフェッション》(すなわち自白——司法的拷問のまさしく中心的要素)が織りなす悔悛＝贖罪の宗教史を、主な段階ごとに跡づけていくのである。これを行うことによって、国家の強制機構の成長というおなじみの物語から離れ、いっそう捉え難い脈絡に焦点を当てることができる。ラテン・キリスト教文化の規律＝訓練の実践形態はどのように移り変わっていったのか？——（道徳的・政治的・知的な）潜在可能性の特徴的な様式を分節化した、この変遷を見ていくのである。本章の以下の部分は、この後者のルートを辿ることに費やそうと思う。

悔悛＝贖罪《ペナンス》と初期教会

自発的なものであり、また霊的なものである秘蹟としての告白《コンフェッション》は、司法的拷問の対象者《サブジェクト》から強制的に引き出されたものとしての自白《コンフェッション》とは、一見したところまったく異なるもののように見えるかもしれない。この二種の告白のあいだには——とくに私たち現代人の目には——たいへん大きな違いがあることは確かである。しかし、恐らく、一方は自発的だが他方は自発的ではないというのは、両者の相違点の把握のしかたとしては最良のものではない。どちらの種類の告白にせよ、結局のところ、真実を確立する様式として、また、違反の危険に対処する技法として、権威によって始動されたものであり、また権威によって統御されているものである。

悔悛＝贖罪というキリスト教の制度においては、身体的苦痛と真実の追跡とは、最も初期の時代より結びついていた。もっとも、いつも同じ形で結びついていたわけではない。以下では、この結びつきを三段階に分けて追跡してみようと思う。第一。教会が逸脱した者を排除し、次いで再び受け入れたやり方。教会はその者に種々の身体的不快・剝奪を科し、死後の生における苦痛の恐れと引き換えに、自らについての真実を告白することを要求した。第二。世俗の共同体におけるこうした権力行使と平行して行われた、宗教共同体（修道院）特有の禁欲的《アセティック》訓練《ディシプリン》の実践。そこでは、修道院の規則のうちに、また院長自身にあるとされる神の権威に自らを服従させることによって、身体の性向を組織的に観察・試験することになる。第三。一二、一三世紀におけるこの二つの伝統の合流と調整。この段階においては、言葉による伝達が次第に権力の主要な様式として立ち現れるようになった。これを媒体として、支配者と被支配者とが協力関係を結ぶ可能性が出てきたのである。

キリスト教史の最初から、信者の共同体は、宗教的訓練の問題を抱えていた。「真理」より逸脱した仲間たちの訓練をどう行うか、という問題である。過ちを犯した者は、集まった信者たちを前に、自らの罪を告白することを求められた。そして、自分が真理と和解できるように、祈り、執り成すことを、彼らに慎んで請わなければならなかった。日々の暮らしのなかで犯してしまった小さな過失(もちろん誰にでもあることだ)に対しては、この人前での告白によって事は終りとなる。公の醜聞を含めて、罪がいっそう重大であった場合には、一定期間世間との交わりを(そしてまた聖体拝領への参加を)禁止される。罪を犯した者は、厳しい悔悛の儀礼を公式の和解の時まで続けなければならない。これが終ってはじめて彼女は再び教会に復することができる。米国の中世学者H・C・リーは、初期教会における悔悛者の様子を次のように詳しく描写している。

悔悛(贖罪行為)を命じられた期間の長きにわたって、頭は剃ったまま、女性であればベールで覆ったままに保ち、衣服は灰を撒かれた粗布製のものを用いた。入浴は禁じられ、酒と肉を断つことを厳しく命じられた。聖ヒエロニムス(三四二年頃–四二〇年)の述べるところでは、悔悛者は汚れているほどに美しい。やつれ、食を断ち、徹夜し、祈り、涙を流すうちに時を経る。悔悛者は——聖アンブロシウス(三三九年頃–三九七年)の述べるところでは——死んだ者のごとくであらねばならず、生活のあれこれを気遣うことがあってはならない。実際彼は世俗の事に従事することを禁じられた。彼が悔悛衣を脱ぎ捨て、俗界に戻るようなことがあっても、信者と交わることは一切かなわない。この隔離の厳格なること、彼と食事をともにした者までが聖体拝領より締め出されるほどである。信者が教会に集まるときは必ず、悔悛者は恐ろしく不潔な一群として分けて置かれ、秘蹟の行われる前に教会を去らねばならないか、居続けることを許された場合でも、聖体にはあずかれず、前に出て祈禱ないし按手を授かるかのどちらかであった。要するに彼らの辱めは、見世物かつ会衆がための警告として最大限に活用されたのである。若年者の弱きことに鑑みて、成年前の者に悔悛を科することは避けるべきであるとされていた。また、夫婦は完全に分離させられたので、連れ合いの罪ある一方が悔悛に入るに先立ち、罪なき一方の同意が必要とされた。家業は、よし絶対禁止を免れたとしても不承不承許されたにすぎない。悔悛者は訴訟を行ってはいけない。ただし急を要する事態に際しては、彼は教会裁判所に訴えることができる。いくつかの点では、悔悛の効果はいつまでも続くものであった。一度悔悛を行った者は軍人となることはできない。また、魚と野菜がある限りは酒と肉の相伴にあずかることはできない。教皇聖シリキウス〔四世紀末〕は、悔悛を終えた者の結婚を完全に禁じた。また、四四三年のアルルの教会会議は、この規則に違反があれば、違反者のみならずその新婚の相手をも放逐することを決めた。聖レオ一世〔五世紀中頃〕はしかし、悔悛者が若く禁欲は難しいと見られる場合には、結婚は軽い罪と認めることに吝かではなかった。ただし原則的には許されるべきではなく、二悪中の小として認められるべきとの旨である。悔悛ののちには生涯にわたる貞潔こそが然るべきあり方だからである。ニコラウス一世によって結婚が完全に認められたのは、ようやく九世紀になってからのことであった。悔悛者の人生はまことに苦しいものであった。六九三年のトレドの教会会議において、絶望のあまり時に自殺によって脱出を図ろうとする者があるとの主張があったのも頷けるところである(H. C. Lea 1896, vol. 1, pp. 28-30)。

犯された罪が公的なものであれ、私的なものであれ、罪の告白と悔悛と和解とは公に遂行することを求められていた。そして実にこれらは、まとめて一つと見なされる連続儀礼をなしていた。最初期にはギリシャ語でエクソモロゲーシス〔ἐξομολόγησις. フーコーによれば、この語は「事実の認知」という意味から信仰の告白、また、自己を罪深き者と認知する儀式（悔悛）を意味するようになった。『自己のテクノロジー』五二、五三頁〕と呼ばれていたものである。和解のための諸儀礼は、罪人の教会に対する段階的な再統合を、すなわち真理との和解を印すものであった。それらは、洗礼を求める改宗者に対して行われる儀礼に似ており、形式的に段階を踏んで行われるものであった。

第一段階。フレートゥス（*fletus*）すなわち嘆き。彼は教会の外に立つ。自らの罪を嘆き、教会に入る信者に祈りを請う。第二段階。アウディーティオー（*auditio*）すなわち聴くこと。洗礼志願者とともに教会の入口に入ることを許される。そこで説教を聴く。だが、祈りが始まる前に外へ出る。第三段階。スプストラーティオー（*substratio*）。下にあること、すなわち彼のための祈りが発せられているあいだ跪いていること。第四段階。コンシステンティア（*consistentia*）あるいはコングレガーティオー（*congregatio*）。秘蹟のあいだ信者たちのあいだに留まること。ただし秘蹟にはあずかれない。そしてこの段階を正しく勤めたのち、司教による按手による和解の儀式を経た上で、彼は最終的に聖体拝領を許されることになる（H. C. Lea 1896, vol. 1, p. 24）。

洗礼のときと同様、和解の儀礼は罪人の生涯にただ一回だけ行われるものである。

これら初期の和解の儀礼は「罪の赦し《アブソルーション》」に当るのか、あるいは単に、その外にあっては救いなきところの教会共同体へ悔悛者を再び入れるだけなのかという問題をめぐって、歴史家のあいだには議論があった。カトリックの歴史家とプロテスタントの歴史家に互いに逆の見解をもつ傾向があったが、なぜそうなるかは理解するに難くない。とはいえ、次の点では両者の意見は一致している。それは、（司教の按手をもって頂点に達する）和解の諸儀礼を歴史的回顧の視点からどのように解釈すべきであろうとも、それらは罪人が悔悛に入るより先に行われることはなかったということである。言いかえれば、悔悛において必要とされる身体的苦痛ないし不快は、和解(すなわち真理と正義の回復)に先立つ――いずれにせよ随伴する――ものだったのである。これは、中世後期に確立された近代の習慣とは対照をなすものである。近代においては、悔悛(それはもはや身体的苦痛を必須の要素とはしないものである)は罪の赦しの後に行われる。

歴史家は通例、初期の数世紀中に公開の悔悛が衰退したことを述べて、原因をその厳しさと一回性に求めている。罪人たちは告白と和解を臨終のときにまで引き伸ばそうと思うようになったのだという。だが、ヨーロッパのキリスト教の古い中心地における公開の悔悛の衰退の原因が何であるにせよ、新たに改宗したばかりの北西地域におけるケルト系ないしゲルマン系諸部族のあいだでは、事は違ったふうに進んでいた。そこでは、六世紀の終り頃より、贖罪規定書《ペニテンシャル》に基づく新たな私的な告白のシステムが次第に確立しつつあった。贖罪規定書とは、ケルトの修道院に起源をもつ手引き書である。それは罪を分類し、各々の事例に対して行われるべき悔悛＝贖罪行為を――しばしば詳細にわたって――特定している。(ちなみにこの悔悛の割り振りにはどこかきわめて機械的なところがあり、神判を思わせるものがある)(11)。そうした罪の中には、後の時代であれば民事犯罪として俗界の裁判所で処理されるような逸脱も含まれている。それゆえ、贖罪規定書には「無法で野蛮《バーバリアン》な民を開化する」社会的機能があったと歴史学者は論じてきた(Oakley 1923;1932 を見よ)。この未熟な社会学的テーゼに含まれる目的論的思考形式もさることながら、教会にとって関心があったのは何よりもまずキリスト教徒をつくることであって、野蛮人を統治することではなかったということを忘れてはならないだろう(Frantzen 1983 を見よ)。とはいえ、キリスト教道徳の原則のもとで改宗者を教育するのが目的だったのだと述べるだけでは、なおまだ不十分なものがある。なぜなら、キリスト教徒を教育するにあたっては――ここで悔悛者が果たした役割は大きい――法的な義務の観念のまわりに自己の行動原則《モラリティー》を構築していくような、主体の形成が必要となるからである(Anscombe 1957, p. 78 を参照のこと)。

悔悛を固定的に規定した一覧表は、このシステムの特徴を集約的に示している。贖罪規定書の歴史家たちは、これを「タリフ」〔関税率表、料金表〕と呼んでいる。（ここに現れた形式性は、明らかに、近代のシステムにおける告白と赦しの戦略的性格とは対照的なものである）。たとえば、『キュメアンの贖罪規定書』〔六五〇年頃のアイルランドの贖罪規定書〕として知られる手引書には、姦淫《フォーニケーション》〔淫欲〕の罪に対する悔悛〔贖罪行為〕として、次のようなものが挙げられている。


六。獣と罪を犯す者は、一年間の悔悛を行うこと。一人で罪を犯すなら四〇日間の三倍、聖職者の身分であれば一年間、一五歳の少年であれば四〇日間とする。

七。自らの母を辱める者は、永久追放とし、三年間の悔悛を行うこと。

八。唇を汚す者たちは、四年間の悔悛を行うこと。習慣的にこれを行うなら七年間の悔悛を行うこと。

九。それゆえ、肛門性交する者たちは、七年間の悔悛を行うこと。

一〇。股間性交に対しては、二年間。

一一。姦淫を心で欲するのみで、行い得ない者は、とくに四〇日間の三倍のうちに、一年間の悔悛を始めること。

一二。邪悪な言葉あるいは一瞥によって遺精するが、からだの姦淫を犯すことを望まなかった者は、その罪の本性にしたがって二〇日間ないし四〇日間の悔悛を行うこと。

一三。しかし、考えに激しく襲われて遺精するのであれば、七日間の悔悛を行うこと。

一四。長いあいだ姦淫しようという考えの誘惑を受けるが、この考えに抗する気持ちがあまりに半端なものである者は、その考えの長さに応じて一日、二日、あるいはより多くの日数の悔悛を行うこと。

一五。就寝中に望んで遺精する者は、起きて跪き、九つの詩篇歌を順に歌うこと。翌日はパンと水で精進すること。あるいは三〇の詩篇歌を歌い、一つ終るごとに跪くこと。

一六。就寝中に罪を犯すことを欲する者、あるいは意図せずに遺精する者は、一五の詩篇歌を。罪を犯すが遺精しない者は二四の詩篇歌を。(Bieler 1963, p. 115)

要するに、こうした手引書を使用することで、悔悛の訓練の新たな方法の制度化が、また、聴罪師を指導する新たな手段の制度化が始まったのである。まず第一に、今や司教のみならず、地域の司祭もまた、悔悛を施すことができるようになった。告白は司祭に対して私的になされる。司祭が科する悔悛は——それにはパンと水による精進、鞭打ち、徹夜の苦行が含まれる——かつての公的な悔悛に比べて通例穏やかなものとなっていた。そして最後に、和解(あるいは「赦し」)の儀礼は、繰り返し行うことができた。すなわち、罪を告白し、命じられた悔悛に服するたびに、罪人は和解を許されたのである。

(こうした手引書は、九世紀の初めには平信徒のあいだで広く用いられるようになっていたが、聖職者たちは次第にそれらを非難するようになってきた。その理由を「贖罪規定書をもつことによって、司祭たちが悔悛の施しに関して司教からの独立性を強めた」ことに求める歴史家もいるし、「司教らが求めていたのはそうした手引きがなくなることではなく、むしろその正統性であった」と考える歴史家もいる(McNeil and Gamer 1938, p. 27)。それはともかく、贖罪規定書が次第に破棄されるようになったものの、聴罪師としての教区司祭の自律性が消えることはなかった。集権化した教会が一二一五年に確立した、毎年の私的な告白の制度のなかで、むしろこの自律性は強化されることになった)。

上に引用した『キュメアンの贖罪規定書』の罪の一覧を見て気づくことは、それが行為のみならず思考をも含んでいることである。ときに思考は行為として扱われ、行為と同様に、相応の日数あるいは年数の懲罰期間を振り当てられる。また、ときに思考は状態《コンディション》として、すなわち不完全な自己の徴候として扱われる。感覚的欲望ないしリビドーによってキリスト教的義務が惑乱させられるような自己の徴候である。この場合には、状態の継続する限りの懲罰期間を振り当てられる。

さて、ここで私たちは、罪ある行為と罪ある状態という重要な対照を得たことになる。罪ある行為は、（神判の場合と同じように）悔悛の苦痛が有罪性についての真実をじかに身体に刻み込むことを要求する。一方、罪ある状態は、より複雑な関係をもたらす。苦痛や不快が続く期間の長さ、内的な真実の分節のしかた、身体と対決する意志の成長のぐあい――これらが複雑な関係をつくるのである。この後者の点に関しては、のちにフーコーの論文「貞潔の闘い」を論じるなかで再び取り上げたいと思う。今はただ、次の点を注意しておくだけにしたい。贖罪規定書のなかにある罪ある行為《アクト》と罪ある状態との対照は、「罪ある振る舞い《ビヘービア》」と「罪ある思考」との対照と混同してはならない。むしろそれは、「出来事《イベント》」（身体的と精神的とを問わない）と「潜在可能性《ポテンシャリティー》」（一時的と永続的とを問わない）との差異に近いのである。逸脱を構成する出来事に対しては、それが害悪をもたらす作用を相殺するものが必要となる。他方、逸脱の潜在可能性に対しては、自己の行為能力を分類し、細分化して、その危険性が認識できるようにすることが必要となる。一つの宗教的な状態としてのこの潜在可能性は、それゆえ、歴史的に定義されると同時に文化的に構築されるものである。

悔悛を行うことで罪人は煉獄でいっそう大きな苦痛を科されることを免れることができる――これが悔悛の正当化の主なものである。それゆえ、『バルトロマエウス・イスカヌスの贖罪規定書』によれば、司祭は悔悛者に次のように言う必要があった。「兄弟よ、あなたはこの世か煉獄において罰を受ける必要があります。しかし、煉獄における罰は、この世におけるものとは比べものにならないくらい厳しいものとなるでしょう。見よ、あなたの魂はあなたの手にかかっています。それゆえ、この世において教会法によるすなわち正統的な悔悛に従ってじゅうぶんな罰を受けるか、煉獄を待つか、あなた自身で選びなさい」(McNeil and Gamer 1938, p. 354)。強調しておかなければならないのは、悔悛は自動的に科せられる単純な罰に留まるものではない、それは秩序を乱す個人を抑圧するだけのものではない、ということである。いずれにせよ、ほとんどの場合、悔悛は自発的で私的な告白の結果として科せられる。悔悛は、それゆえ、どのみち自己は真実に向き合わなければならないと前提した上での、自己の魂の状態に関する選択の産物である。煉獄における苦痛がいっそう大きなものであるとしたら、それはまさしく彼が悔悛を通じてこの世においておのれの罪深い魂を真実へと回復する機会を拒絶し、聖体の霊的恩恵——これなくしては万人の知るごとく魂は完全に堕落してしまう——を自らに閉ざしてしまったからなのである。想像のなかのあの世における身体的苦痛について司祭が脅すことが重要だったのではない。罪を認める主体の意志が重要だったのである。この意志によってこそ、この世における彼の苦痛への服従が積極的なものとなる。悔悛者による聴罪師に対する罪の告白は、自己についての真実を認めることである。それはまた同時に、自己を助けを必要とする病める魂として提示することでもある。この協働的な働きが、司祭と悔悛者との権威関係を維持したのである。

魂の医療としての悔悛という概念は、決して気まぐれな隠喩ではなかった。それは、悔悛の営みを組織する様式である。これによって身体的苦痛(あるいは著しい不快)は——字義どおりにも形而上学的にも——真実の追求に結びつけられる。悔悛者はあれこれに該当する自らの状態に関する真実を医者に報告することを求められた。医者にとってそれは、病気を的確に診断し、適切な治療へ向けて処方するためになくてはならないものであった。悔悛について論じた六世紀の本、『悔悛論(*Liber de Penitentia*)』は、このあたりの論理を以下のように見事に表現している。

それゆえ医師はあなたに求める。自らの疾患を彼にはっきりと述べ、彼があなたに必要な解毒剤を処方できるように、自らのなかで何が起きているのかをいっそうよく知ることを。なぜなら、もしあなたが自らの良心の傷を医者に隠すことがないならば、あなたは彼の治療(*medicinae*)の完全な恩恵を得るであろうから。反対に、あなたが自らのうちに隠されているものを明らかにしないならば、どのようにしてあなたは治癒することがあろうか？　というのも、私は、医師を呼ぶことなしに病人が治癒することはないと考えているからである。彼はそれゆえ、あなたが治癒によって彼の治療に感謝できるように、あなたの障害を示されることを待ち受けている。なぜなら、もしあなたが自らの疾患をまず自ら知るならば、医師に帰すべき事柄をあなたは正しく評価できるであろうから。さて、多くの言葉を費やすことはよそう。あなたの悔悛の告白はあなたの医療である。それはあなたを治療し、あなたに命を与える。それはあなたの傷を膿むままに置くことはせず、あなたがしばらくうめき声を上げたのち、傷をこぶだらけの傷跡に置き換えるのだ(Watkins 1920, vol. 2, p. 565 に引用)。

このように、病人は、病気が治療されるように、真実を医者に対してのみならず自らに対して認めなければならない。この真実の否定自体が、いくぶんかは当の病気の状態そのものなのである。しかし、『悔悛論』のこの文がはっきりと述べていないことがある。キリスト教徒にとって、人間の状態は永続的な病気である。人間はすべての真実を認めることはできないからである。それゆえ、この世には完全な治癒はあり得ない。ただ症状の治癒の永続的な過程があるのみである。逸脱の絶えざる可能性に対する終りのない闘争の必要性が、キリスト教的禁欲《アセティシズム》の基本的性格を定義づけている。

医療の隠喩は、キリスト教史を通じて――いつも同じ形においてではないが――悔悛の言説と実践を分節化してきたものである。古代の公的悔悛システムにおける身体的苦痛は、贖罪規定書の規制下にある私的告白のシステムにおける身体的苦痛とは占める位置が異なる。だが、この両者とも異なって、中世後期に確立された「近代のシステム」

においては、身体的苦痛は悔悛の実践から徐々に失われ、ついにまったく姿を消してしまった。とはいえ、医療の隠喩は——そこでは健康と真実の概念がともに病気と誤謬の概念と対置される——それ自体がなお説明を要するものである。というのは、次のような疑問がまだ残っているからである。魂の病気における身体的苦痛の役割とは何であるのか？　真実を獲得する過程において、なぜ身体が痛めつけられなければならなかったのか？

悔悛の訓練においては、少なくとも二つの概念が採用されたように思われる。第一に、煉獄との関係においては、逸脱の物差しである罰としての身体的苦痛の概念がある。これを行うことによって、死後におけるいっそう大きな懲罰は回避され、罪人は神の正義へと引き戻される。第二に、医療の隠喩との関係においては、苦痛は浄化であると、すなわち(危険な状態にある)罪人を霊的な健康へと引き戻すための治療の健康増進効果であると考えられる。この二つの概念は、浄罪の概念によって結びつくかもしれない。しかし、自己についての真実を言語化する必要性がもっとも明らかに読み取れるのは、後者の文脈である。それゆえまた、ある特定の種類の情報を蓄積し、知識に基づくある種の専門技能を実地に適用し、(裁判官、医者、司祭という)権威特有の形式性を発揮し、罪・病気・誤謬に対する苦痛の適用——あるいは脅し——を特徴的なしかたで正当化することを可能にするのは、この後者の過程である。

しかし、魂の病気における身体的苦痛の役割についての、今のこの疑問に答えることを試みる前に、私はキリスト教の伝統についてより詳細に検討しようと思う。修道院における規律＝訓練の生活のなかに体現された伝統である。

修道士の禁欲《アセティシズム》〔修道生活においてはふつう「修徳」と訳される〕

西欧教会史家は、六世紀の終りから一二世紀の初めにかけての時期を「ベネディクトゥスの世紀」と呼んでいる。この時代、「当該の国々において可能であった宗教生活の唯一の形態は修道生活であった。そして唯一の修道規則がベネディクトゥスの戒律であった」(Knowles 1963, p. 3)。この宗教生活なるものは、初期教父がその基本原理を定めた禁欲的規律＝訓練に基づくものであった。教父時代の歴史家の一人は、この原理を次のようにまとめている。

キリスト教徒の生活は、自己との闘いである。その武器は、身体に苦痛を与えて徳の実践を示すようにと強いるものである。シュトラートマンが「キリスト教修道主義の先駆者」と呼ぶオリゲネス〔一八五年頃－二五四年頃〕は、この外的苦行生活の文献で辿れるかぎり最初の実践者であった。……オリゲネスは、自らを懲らしめた。激情のあらゆる素材を取り除き、昼は厳しい労苦で満たし、夜の多くは聖書の研究に捧げ、食を断つこともしばしば行い、ついには何も敷かない床の上で短い睡眠を取るだけとなった(Musurillo 1956, p. 51)。

オリゲネスはこうした身体の懲らしめを実践した最初の教父の一人であったかもしれないが、[12] ここでは次の点をだけ押さえておきたい。自己懲罰は中世における修道の訓練の決定的特徴であり、その手順は修道院で常に研究されていた初期ギリシャ・ラテン教父の書物の内容に従うものであった。身体は懲らしめられるべきである、と私たちは教えられる。なぜなら、それは完全な真実を獲得するための障害であるからである——。

「肉体を弱くする」という概念が成立するや、後期教父の著作中の常套句となったことがわかる。『悔悛論(*De Poenitentia*)』の詭弁的な著者は……悔悛およびとりわけ断食の動機を数え上げている。つまるところそれは、個人的な過失を償い、罪の習慣を断つことである。私たちが罪を犯すとき、あたかも私たちは蠟版に印を刻むかのようだ。その印は罪を繰り返すことで深くなる。そうした印を消す唯一の方法は、悔悛を行うことである。罪に対する魂の「武器」は断食である。なぜなら、貪欲の炎を養い、激情の燃料となるものは食物だからである。

それゆえ、断食は「修道士の馬勒」である。これを根本の柱として、その上に禁欲(修徳)生活を建築するのだ(Musurillo 1956, p. 54)。

罪の印は魂の上に、そして身体の上に刻まれる。これらの印を悔悛が抹消し、規則的な儀礼的反復によって、罪の印の代わりに真実の印を刻み込む。この理論によれば、これが禁欲の実践の意味の一つなのである。

だが、象徴的意味の解読よりも先へ進むことが重要である。キリスト教的禁欲によって達成された主体化の複雑な過程と、それが依拠する協働関係を可能な限り調べなければならない。

修道院の禁欲についてのもっとも印象的な分析といえば、疑いもなくカッシアヌス(三六〇年頃―四三五年)〔ヨハネス・カッシアヌス。東西両教会に影響を与えた修道院長・司祭〕のテクストに関するフーコーの議論である(Foucault 1982)。カッシアヌスの主著『修道院制度』――聖ベネディクトゥスのいっそうよく知られた『戒律』の基礎となったもの――と『教父との談話』とは、中世の修道院における必読の書であった。だが、カッシアヌスのテクストの重要性は、フーコーによれば、それらが行った自己のテクノロジーの分節化にある。真実を独自のしかたで生み出すのに決定的な役割を果たしているのが、この分節化である。なお、この点については、フーコー自身が慎重に述べているように、カッシアヌスは導入者ではなく証言者と言うべきである。

カッシアヌスは悪徳を八つに分類している。中世の宗教的言説はこれを取り入れ、改変した(結局、悪徳は七大罪というところに落ちついた)。悪徳どうしの連関についての特徴的な見方もまた、取り入れられた。[13] カッシアヌスの教えはこうである。八つの悪徳のうち、最初の六つは因果的連鎖によって次々とつながっている。すなわち貪食は淫欲(姦淫《フォーニケーション》)を呼び覚まし、淫欲は強欲と怒りを生み、ここからまた悲痛と無精が生まれる。残りの二つ(虚栄と高慢)は同様の形で連結しあっているが、両者と他の六つとの関係は非常に異なっている。この二つは、単に他のものの存在によって生まれるのではなく、その排除によって生まれるものである。私たちを高慢——すべての罪のうちでもっとも危険なもの——から救い出す唯一の力は、神の恩恵である。

フーコーは次の点を指摘する。すべての悪徳のうち、姦淫(淫欲)を動かす衝動は(貪食の場合と同じく)自然的・身体的・生得的なものでもあるが、それにもかかわらず姦淫は完全に排除されなければならない(この点は貪食と異なる。食の必要は完全に否定することはできない)。姦淫がかくも制圧困難であるのは、まさしくこの理由による。だが、姦淫に対する勝利が重要であるのは、この勝利あってこそキリスト教徒は、身体のうちに生きながら、独特なしかたで肉の性向から自由でいることができるからである。それゆえこれは、禁欲の実践のまさしく焦点なのである。

カッシアヌスは貞潔を護るために闘う。だが、この闘いの本質は、性行為とは——ましてや二人の人間の性的関係とは——無関係のものである、とフーコーは言う。カッシアヌスが描く貞潔を推進する六つの段階について、彼はこう書く。

> ここでは、姦淫の悪霊の種々の特徴が記述されているが、貞潔が増進するにつれて各々の特徴は消去されてゆく。それゆえここには、他者とのいかなる関係も、いかなる行為も、姦淫を犯そうという意図も存在しない。言葉の厳密な意味において、ここには姦淫がないのである。この孤独の小宇宙には、古代の哲学者のみならず、アレクサンドリアのクレメンスのようなキリスト教徒もまた——少なくとも『教育者』の第二書簡において——性倫理の焦点としている重要な要素が欠けている。二人の個人の交わり(*συνουσία*)とその行為の快楽(*ἀφροδίσια*)である。代わりにここに関与している要素は、身体の動きと魂の動き、心像、知覚、記憶、夢のなかの像、思考の自発的な流れ、意志の承認、覚醒状態、そして眠りである。そしてここには二つの極が描かれる。注目すべきことに、それは身体と魂とではない。一方の極は、意志的でないもの、すなわち身体的な動きないし知覚の極である。

それらは、残存した記憶と心像により喚起され、精神のなかで複製されて、意志を包囲し、呼び起こし、引きつける。もう一方の極は、意志それ自身である。それはあるいは受け入れ、あるいは撥ねつける。あるいは離れ、あるいは身を委ねる、ぐずぐずする、従う。それゆえ、一方には、魂を取り巻く身体と思考の機構があって、不純なもので満ちながら、遺精へと続いており、そして他方には、思考の独り勝負があるのである(Foucault 1982, pp. 19, 20)(「純潔の闘い」四一頁。ただしここでは訳語の調整上、英訳文から新たに訳出した)。

フーコーが指摘するように、姦淫の悪霊との闘いにおける基本的問題は、遺精——とくに夜間遺精(夢精)——の問題であるとカッシアヌスは見ていた。遺精の完全な欠如が貞潔の究極的段階であるとされているのである。このように遺精に関心が振り向けられるのは、単に儀礼的純潔に対する伝統的関心によるものではない、とフーコーは言う。カッシアヌスにとって遺精とは、ただ禁じられているというだけのものではない。それは、貞潔の闘いにおいてどれだけ前進したか、修道士本人に決定的証拠を提示するものであるからこそ重要なのである。それゆえに、遺精がいかに生じるかを怠りなく調べていくことが肝要である。かくして、最後から二番目の段階——そこでは意志は一瞬といえども肉欲から完全に解放されてあり、遺精は起こるとしてもいかなる共謀のあとも、かすかな夢の表象をもとどめることがない——においては、遺精はまさしくただの自然現象、傷口から流れ出る血液のような残余となるのである。そして自然現象であるがゆえに、遺精を除去できるものは、自然よりも大きな力、神の恩恵のみである。それゆえにこそカッシアヌスは——とフーコーは言う——夢精の完全な欠如をもって、聖性の印、完全な貞潔の現れ、神の賜れる恩恵と見なしたのである。このような状態は人間が自ら達成できるものではない。彼にできることは、絶えず自らに対し警戒を怠らないことである。

フーコーはこう結論する。カッシアヌスにおいては、貞潔の闘いも、それを構成する諸々の実践・評価・目標も、個々の行為や意図に関する禁止事項の内面化とは何も関係するところがない。むしろ、それは、──ある領域が開かれるということなのである（その重要性は、すでにニュッサのグレゴリオスや、とりわけアンキラのバシレイオスのテクストにおいて強調されている）。それは、不規則的で自発的な道筋を、心像を、記憶を、知覚を、身体から魂へ、魂から身体へと伝達される運動と印象を備えた思考の領域である。ここで働いているのは、許されるあるいは禁じられる行為のコードではない。それは、思考を、その起源を、その性質を、その危険性を、その誘惑の力を、そしてそれが提示する様相の陰に潜んでいるやもしれぬ諸々の不分明な作用を分析し、診断する全技法である。その終局の目標は、もちろん、あらゆる不浄なもの、不浄へとつながるものを駆逐することであるが、それはただ、警戒すること、決して気をゆるめないこと、いつでもどこでも自らを疑うことによってのみ到達可能なのである。魂の深いひだのなかに隠されているかもしれないすべての「姦淫」を追い払うべく、いつも問いが立てられなければならない。

貞潔をめざすこの禁欲のなかに、行為の経済策を旨とする性倫理を含まない「主体化」の過程を見ることもできるかもしれない。だが、なお留意すべき点が二つある。この主体化は、自らについて探究し、その真実を述べる義務を、この倫理の恒久的で不可欠の条件とするような理解の過程と切り離せない。主体化があるとしても、それは自己による自己の無限の客体化を含むものである。ここで無限というのは、すべてを押さえたという時が来ない以上、その過程に終りはないということである。また、いかに些細で無垢な外観を呈していようとも、思考の動きに対する取り調べに可能なかぎり推進されなければならないということでもある。一方また、自らについての真実の探究という形態をとったこの主体化の過程は、他者との複雑な関係を通して成し遂げられるものである。しかもこの他者との関係はいろいろある。──それは自己のなかから自己を装って隠れている「他者」の力を、「敵」の力を追い払うことであるから。またそれは自らより強力な「全能者」の助けなくして征服不可能であるような「他者」との絶え間ない闘いを進めることであるから。そしてまた、他者への告白、彼らの忠告への帰順、指導者への永続的な恭順がこの闘いには不可欠であるから(Foucault 1982, p. 23)(「純潔の闘い」四五頁。ただしここでは英訳文に合わせて新たに訳出)。

もしフーコーの分析が正しいとすれば、身体に科される苦痛は、修道士の自己のテクノロジーの決定的要素であったと考えてよいかもしれない。単に身体は蔑視すべきものであったということではない。身体が殺すべきものであったわけでは、確かにない(キリストの受難を模すことは、歴史的にキリスト教徒の苦行による意味探究の有力な象徴であったことは間違いないのであるが)[14]。苦痛が不可欠であるのは、自己が感覚、感情、欲望と無意識に結びついているので、魂が騙されることのないように、絶えず身体を精査し、試験するよう努めなければならないからである。フーコーの論文は直接苦痛を扱ったものではないが、彼の分析によって、禁欲の文脈において苦痛を科すことが、身体の欲望と、疑い深い意志の側の真理への欲望とを対決させるための訓練の一部となるようすが、いっそうよく見えてくる。

さきに私は、霊的な病における身体的苦痛の役割を問うた。その答えとして、私はこう考えてみたい。身体は、ムスリーリョが告げるように、単に真理への障害だったのではなく、何よりもまず媒体であったのだ。この媒体を通じて、自己が逸脱の本質的可能性をもつという真実が明るみのもとに出され、形而上学的な真理の照明を受けることが可能になる。苦痛と不快は、この過程における不可欠の要素である。フーコーが教えてくれるところに鑑みれば、結局、私たちが目を向けなければならないのは、禁欲の苦痛に帰される伝統的な象徴体系(身体の懲らしめあるいは克服)ではなく、真理の経済策において身体的苦痛が占める位置である。この位置をつきとめるために、もちろん私たちは修道士のプログラムを真剣に受け取らなければならない。だが、象徴的意味の探究というのは、私の取り組みの名前ではない。

貞潔の闘いについてのフーコーの分析――ここではただその概略を記したのみである――は、極めて豊かで示唆に富むものである。(15) しかしそれでも、彼の分析においては、ある決定的に重要な事実が忘れられている。あるいは少なくとも、じゅうぶんに強調されていない。キリスト教の修道士にとって、謙遜は霊的な前進のための基本的手段である。聖ベネディクトゥスの『戒律』には、謙遜についての有名な章がある。「私たちは〔主へと至る〕梯子〔ヤコブが「天使が上り下り」するのを見たという夢のなかの梯子。創世記二八・一二〕の両側を身体と魂であると、横木を私たちの神の召命において私たちが登るべき謙遜と規律の諸段階であると考えることができる」〔ラテン語からの訳は『聖ベネディクトの戒律』五一頁にある。ここでは英訳文に合わせて訳してある〕。修道士としての召命が彼に培うことを求める意志は、彼自身のものではなく、主のものである。主は、その助けなくして修道士が内面の敵に打ち勝つことかなわざるところの力の源泉であるばかりでなく、人間が自らの堕落の状態においてそこより引き離されてきたところの権威でもある。

> 謙遜の第一段階は、神の命じられたすべてのことに従うとき、すなわち、これをないがしろにせず、心で神を畏れるときに達せられる。……謙遜の第二段階は、人が自らの意志を愛することなく、自らを喜ばせようと思うことなく、主の命令に従うときに達せられる。……謙遜の第三段階は、神への愛によって、主に見倣って〔「フィリピの信徒への手紙」二・八の「〔十字架の〕死に至るまで従順であった」による〕、長上に従順に従うときに達せられる。……謙遜の第四段階は、従順において、自らに誤せられるあらゆるものに忍耐強く静かに耐えるときに達せられる。……謙遜の第五段階は、謙遜な告白において、自らの心のなかの悪い考えと自らがなしてきた悪い行いを修道院長に対して明らかにするときに達せられる。……謙遜の第六段階は、卑しく最低なあらゆるものを受け入れ

て満足し、作業を命じられたとき、自らを悪い、役立たずな働き手と見なすときに達せられる。……謙遜の第七段階は、自らは劣ったつまらぬ者、浅ましき者であると告白するのみならず、心の底よりそれを信じるときに達せられる。……謙遜の第八段階は、修道院の共通の戒律〔福音まで遡る伝統としての戒律〕と、自らの長上の模範が勧めることのみを行うときに達せられる。……謙遜の第九段階は、修道士が沈黙を守り、問われたときにのみ話すときに達せられる。……謙遜の第十段階は、軽率な笑いを抑えるときに達せられる。……謙遜の第一一段階は、修道士が穏やかに、笑わず、単純に、真剣に、簡潔に、理にかなうように、そして大声を上げずに話すときに達せられる。……謙遜の第一二段階は、修道士が謙遜を心において、また外見と行為において示すときに達せられる。……修道士が一二のすべての段階を登りつめたとき、彼は、恐れを締め出す完全な神の愛〔「ヨハネの手紙一」四・一〕を見出すであろう。この愛によって、以前彼が恐怖から遵守していたすべてのことが、今や単純で自然なことに思えるようになるであろう（Meisel and Del Mastro 1975, pp. 57-61）（邦訳五一―六七頁参照）。

前進する謙遜の一二の段階のほとんどは、それが達成できたかどうか、他者との関係のなかでのみ、他者との関係を通してのみ確認できるような性格のものであることは明らかであろう。それゆえ、私は次のように考える。フーコーの注意はすべて「孤独の小宇宙」に集中しているように思われるが、この有名な「謙遜の段階」は、まさしく社会関係、背景であるばかりでなく手段でもあるような関係の網のなかに置かれている。中世の修道院制度の主要な形態（隠者的ではなく共住的な形態）においては、貞潔の闘いの核心にある自己のテクノロジーは、それ自体が、組織された共同体生活の制度的手段に依存しているのである。フーコーが記述する意志の精査と撤退は、修道院長の指導下にある修道生活の実質のなかで起こることである。確かにフーコー自身、最後には「他者との複雑な関係を横断して成し遂げられる」ところの「自らについての真実の探究という形態」について述べている。しかし彼は、自らの見解のなかで、それは必然的な事実であるのか、ただ偶然的なものにすぎないのか、もしそれが必然的なものであれば、それはなぜであるのか、ここのところを明らかには語っていない。

自己のテクノロジーを中核部分にもつ貞潔の闘いは、キリスト教の禁欲的儀礼において独特な位置を占めるものであるが、他の徳の闘いと無関係ではない。とりわけ従順の徳を求める闘いと関係がある。(「福音的勧告」の三つの重要な放棄、修道士が行う三つの誓願は、清貧、従順、貞潔の誓願であることは思い出されてよい。Butler 1924, p. 39 を見よ)。従順を通じてこそ、禁欲を行う者は謙遜を身につけ、あらゆる罪のなかで最も危険なもの、高慢から離れていることを期待できるようになる。そして謙遜を通じてこそ、彼は神を愛することを学び、肉の欲を神への欲に置き換えることができるようになる。[16] しかし、従順を学ぶことができるのは、修道院長の権威と規律＝訓練に服する組織的共同体においてのみである(聖ベネディクトゥスの『戒律』は、修道士の共同体を「主に仕えるための学校」と呼んでいる〔序四五〕)。この共同体において、新帰依者は自分自身の霊的完成のため、神の栄光をいや増すために、自己のテクノロジーを実践することを学ぶことができるのである。もちろん、ひとりで生活する禁欲行者は常に存在した。だが、『戒律』がそのうち一つのタイプの者のみを認めていることは重要である。それは、「修道院における試練の期間を経て、サタンとの闘いをすでに学んだ」隠修士である。「彼らは、修友たちの戦線にあって隠修士の単独の闘いを闘う用意ができている。彼らは、神の助けのもとで自らの身体と精神の悪徳と闘うための基礎ができている」(Meisel and Del Mastro 1975, p. 47)(強調点はアサド。邦訳一五、一六頁参照)。

修道士どうしの関係は、各人の義務と行いの様式を定義する。それゆえそれは、自己の禁欲的テクノロジーの成長にとって、またその正確さと効果にとって本来的なものである。この条件より、重大なもう一つの条件が現れる。フーコーが絶えず精査し、試験する闘技場であるとした身体《ボディー》は、今や修道士の共同体の全体《ボディー》と見ることができるということである。この世界にあっては、自己が自らを取り調べる監視の一点などもはやどこにもない。そこにあるのは、注視し、調べ、学び、教えることが行われる諸機能のネットワークの全体である。すなわち、順を追って生起する諸々の活動(日常の業務、教会の奉仕)、そして公式の地位と役割(大修院長、修道院長、正規の修道士、修練者など、また聖歌隊修道士と修道院内各部門係、また各修道士の個人的地位、その他いろいろ)である。

互いを監視することは全員の義務であったが、これは重大な問題であるから、一般的命令のままにしておくわけにはいかなかった。監視の主たる責を負う者たちは、特に監視されるべき者、また模倣されるべき者であった。次に挙げる一一世紀の慣習書の一節は、このことを明らかにしてくれる。

circa と呼ばれる修道院の巡視者は、聖ベネディクトゥスの命令にしたがって、決められた回数だけ修道院の各部屋を回り、修友たちの不注意と怠慢、そして定まった規律に対する違反とに留意すること。彼らは、修道院全体でもっとも徳が高く、もっとも懸命な者より、すなわち、いかなる者をも悪意や私的な反感から責めることなく、また、いかなる怠慢をも友情から見逃すことのない者より選ばれるべきである。その数は、共同体の大きさと必要に応じて変えられてよい。巡視にあたっては、彼らは、もっとも宗教的に、規律正しく振る舞い、注視する者たちすべてに対して宗教的規律の模範を示すべきである。彼らは、いかなる名目においてであろうとも、誰にも合図を送ったり、言葉をかけたりしてはならず、怠慢と過失のみを厳しく見届け、沈黙のうちに通りすぎ、のちに会議において公に非難するべきである(Knowles 1951, p. 78)。

このように、修道士の共同体《ボディ》は自らを監視し、試験した。そしてその成員は、苦痛を通じて従順を学んだ。従順は、各々の規律ある意志を形成した。自己の意志ではなく、主の意志としてである。宗教的共同体は、自己を抑圧したのではない。反対にそれは、ある特定の種類の人格を構築するのに必要な規律=訓練を供給した。「神の前に彼とともにに罪人として並ぶ者たちの共同体」のなかに生きる罪深い自己という人格である(Dörries 1962, p. 292)。自らの有罪性を、自分よりも逸脱の扱いに熟練した者の前に分節化して示す実践は、この構築の主要部分であった。会議《チャプター》として知られる毎日の集会には、聖ベネディクトゥスの『戒律』か福音書の一節を朗唱したのち、修道士たちがじゅうぶんな謙遜をもって真実を告白し、悔悛(鞭打ち)に服することを学ぶ公の行事があった。一〇世紀のイングランドの修道会契約は、これをどのように行うべきであるかを規定している。

それから、みなが再び着席したのち、『戒律』を――祝日においてはその日の聖福音を――読むこと。修道院長は、主が霊感を授けるままに、その内容を説明すること。このあと、自らが過失を犯したことに気づいている修友は、へりくだって赦しと免償とを請うこと。しかし、いかなる理由からであれ、修道院長あるいは上級職の者より告発を受けた修友は、話す前に平伏すること。そして、修道院長よりその理由を質されたならば、彼は自らの過失を認め、*Mea culpa domine*(主よ、我が過失なり)と答えること。それから、命じて、彼を起たせること。もし彼がこれと異なる行動をしたならば、彼は有罪とされるべきである。このように、いかなる過失についてであれ、作業場におけるいかなる失敗についてであれ、譴責を受けて、『戒律』が定めるように、ただちに平伏することを行わなかった者は、誰であれ、より大きな罰(鞭打ち)に服さなければならない。まことに修道士は、へりくだり、非難を受け入れることが多いほどに、修道院長はいっそう慈悲深く寛大に処するべきである。なぜなら、我らは思考、言葉、行為のいずれにおいても怠慢を犯す者であるから、この生を終えたのち、キリストの審判の庭にて諸々の罪が我らの有罪を宣告することのなきよう、この世において、誠実な告白と謙虚な悔悛によって裁かれるべきことは当然であるからである。この霊的な浄化の義務を終えたのち、以下の五つの詩篇歌を死せる修友たちのために唱えること。……たとえ*schola*〔聖歌隊〕であっても、若いがゆえにこの義務を免除してはならない。彼らがいまだ誘惑に心乱されていないとしても、年長の修友が行う通例の方法で、自らの告白をさせることである。さらにもし、修友の一人が魂あるいは身体の何らかの誘惑に駆り立てられ、告白をする必要が生じたならば、いかなる時であれ、彼が告白の治療薬を求めるのを遅らせてはならない (Symons 1953, pp. 17, 18)。

フーコーの「孤独の小宇宙」は、もはや明らかであるように、初めから社会的服従の小宇宙であった。孤独な自己の探究が始まるのは、まだ先の時代のことである。自らの感覚と欲望とをしまい込んだ個人の身体は、いまだ真実の物差しとはなっていなかった。身体的欲望の苦悶より自己についての「真の真実」が引き出されるのは、さらに後のこととなる。ベネディクト会修道士の真実に忠実な自己は、構造化された共同体の継続的な作用だったのである。

近代の悔悛——糾問主義の手法

告白と悔悛は、修道院の内部でのみ行われていた中世初期には、修道の訓練の基礎をなすものであった。贖罪規定書は、平信徒の間に私的な悔悛の習慣を広めていたが、一二一五年のラテラノ公会議の教令以前には、それは強制的義務ではなかったし、ましてや規則化された義務などではなかった。公会議以前には、平信徒の悔悛者が秘密の罪を告白したのは、ただ自分でその必要を感じたときだけだったのである。中世の告白の歴史を扱った近年の研究は、近代の私的悔悛のシステムの出現について、次のように描いている。

九世紀と一三世紀のあいだに、この秘蹟の神学と実践には、四つの変更があった。(1)悔悛=贖罪行為《ペナンス》は軽減され、随意のものとなった。(2)痛悔《コントリション》が悔悛者にとっての本質的要素となり、悔悛の苦行を副次的な位置に追いやった。(3)私的告白は、罪の赦しに不可欠のものとしてすでに受容されていたが、一二一五年の第四ラテラノ公会議によって普遍的義務であると宣言された。(4)司祭の役割がいっそう注意深く意味づけられるようになり、赦しの過程におけるその重要性が根本的に高められた(Tentler 1977, p. 16)。

グラティアヌス、リールのアラン、フランバラのロバートといった同時代人が、一二世紀における悔悛の軽減化について書きとめている。彼らはそれを、過去の厳しい悔悛を人々が容認しなくなったためであるとしているが、右に引用した歴史家もこれと同意見であるように思われる。しかしながら、真実のために苦痛に耐える気持ちが徐々に弱くなっていったというのは、必ずしも明らかなことではない。一一世紀以来、中世を通じて、苦行を含めた禁欲の復興運動が何度も起こっている。[17] まして、真実のために他者に苦痛を科す気持ちが弱くなったという徴候はない。この時期こそ、まさしく教会裁判所においても、俗界の裁判所においても、司法的拷問が確立した時期なのである。[18] 問題はそういうことではないのだ。質疑が中心的役割を演じる新たな真実の儀礼が成熟したこと、そこでは有罪性についての真実はもはや身体には刻銘されず、(訓練された言葉と身振りにおいて)身体より引き出して身体へと振り向けられたということ——ここを理解することが問題なのである。

悔悛の新体制は、フーコーが描く自己のテクノロジーの作用の場を、修道院(とその監禁された者たち)から全住民へと、とりわけ(無信仰も異端も栄えていたと思われる)拡大中の都市の可動的な市民へと、実質的に拡大する。この成長の世紀について、中世教会史家の一人は次のように書く。

実際、中世の組織された教会は、これまで都市社会の問題をほとんど考慮してこなかった。いかに田園地域が自然の災害と崩壊に苦しめられようと、村落共同体は、組織化と統制の容易な動きの乏しい一個のまとまりとして扱うことが可能であった。だが、都市は無秩序である。教会法に抵触すれすれの職を擁し、富と赤貧の両極を宿し、過剰雇用と失業とを免れない。村落共同体とはまったく異なるこの世界を、いったいどうしたらよいものか?(Southern 1970, pp. 274, 275)

こうした都市住民に対して教会の規律=訓練を広めるのに力あったのは、新たに創設された托鉢修道会、すなわちフランシスコ会とドミニコ会(両者とも一三世紀初頭に成立)であった(どちらも集権的な教皇の権威に直接に服した)。説教と討論とは、この仕事を遂行する上で両会がもっとも必要とした、そしてまさしく両会が――新興の大学で神学と論理学を学んで――開発した技術であった。(19)

托鉢修道士が来るまでは、大学は主として統治者の養成機関であった。法制度、裁判所、政府機関を開発する人間を養成していたのである。必要が要請した目的ではあるが、次第にそれは不十分なものとなっていった。これとは対照的に、修道士たちは、研究を通じて世界の回心を図った。彼らは異端者を回心させ、サラセン人を論駁し、ギリシャ人に打ち勝ち、説教師と聴罪師を育て、これまでの宗教的革新家たちの計画から概ね漏れ落ちていた西欧の民衆を教化しようと考えていた。神学研究は、こうした多様な活動のための基礎であった。知的に洗練の度を増し、高度化されるにつれて、神学の実際的意義も高まった(Southern 1970, p. 298)。

新たな告白(告解)のシステム(その実践と理論化において、托鉢修道士ははるかに重要な役割を演じることになる)では、男女の平信徒は、自らのうちの真実を――とくにもっとも言い表しにくい、明るみに出すのがもっともつらい真実を――話すことを学ばなければならなかった。そればかりではない。彼らは、真実を問い、聴き、正しく認識することをも学ばなければならなかった。自分で自分に関してこれを行うのは、生涯を規律＝訓練に服しているのでなければ極めて難しいことである。(悪魔はいともたやすく真実を隠してしまう)。それゆえ、質問者は誰か他の人、悔悛者のことを知っていようといまいと質問を続けられるように養成された人でなければならない。一二世紀のある著者不明の書物によると、彼は次のように言うことを学ばなければならなかった。

それゆえ、あなたは自分が行ったことを告白しなさい。行ったままに、行った時についても、どの程度に行ったかについても、行ったあなた自身が誰であるかについても、行った相手が誰であり、どのような人間であるかについても。もし相手のないことであるならば、それは何であるのかについても。安心を得たいなら、付随する事柄のすべてを、事の回数を、満足の度合いを、そのときのあなたの年齢を、すべて告白しなさい(Watkins 1920, vol. 2, p. 746 に引用)。

取り調べに伴う精神的な苦痛(苦悩)は、通例、悔悛者が自らの罪をめぐる全真実を認め、正しく痛悔していることのしるしである(一二世紀初期、ドミニコ会士ペニャフォルトの聖ライムンドゥス〔告解の秘蹟に関する書物(*Summa Casum*)を著す〕は、効果的な告白とは、にがく(*amara*)、速く、完全で、頻繁なものであると書いている。Lea 1896, vol. 1, p. 347 を見よ)。そして痛悔は、罪の赦しの必須の条件であった[20]。他方、罪を意識的に心に隠し、その存在を認めることをかたくなに拒み続ける場合には、ときには(異端の主張のときなど)身体的な苦痛を科されることになる[21]。身体的な苦痛に、それに服する者が同時に捕虜であり、また抗争者である場合にのみ、真実を捉える戦略として有効となると言えるかもしれない。もし(捕虜のみならず)すべての者が今や逸脱の定期的告白によって教練されなければならないのであれば、身体的拷問は実行不能であり、またその必要もないということになる。この苦痛を用いる訓練の形態と手段は、本質的に言語的なものでなければならないだろう。

中世後期には、困難で危険な業務につく聴罪師を指導するために、膨大な量の文献が書かれた。どのように問うべきか、どのように聴くべきか、悔悛者の言葉に暗示された(あるいは言葉の上でなされた)有罪性をどのように認定するべきか、を書いたものである。一二一五年の教令は、それに先立つ様々な地域的慣例・規則とともに、キリスト教徒に対し、精密に決められた行為を行うことを要求した。そのような行為が可能であるためには、司祭は、自らの個人的な道徳的性向とは関係のない、数多くの実践的・理論的技術を身につける必要があった。悔悛者を迎え入れ、彼との間に、偶然の出会いによる表面的な接触とはまったく異なる親密な関係を築くためにはどうしたらよいか?　悔悛者が自らの良心を精査し、自らが犯した過ちとその重大性の度合い——それはその罪の行為自体によって決まるものであるが、悔悛者自身の気質など、状況により軽減されたり増大され得るものでもある——をはっきりとさせることができるように、どう手伝うのがよいのか?　司祭はこうした問題を知っていなければならない。個々の状況を評価するのに必要なこうした技術の修得とは別に、聴罪師は、将来の過ちを避ける方法をどう教示したらよいか、適切な悔悛を科すには——その回数と程度とを決めるには——どうしたらよいかを知っていなければならない(Michaud-Quantin 1962, p. 8を見よ)。ここで要求される諸々の技術は、明らかに、贖罪規定書の「タリフ」(関税率表、料金表)の運用に必要な技術——もっとも、文字が読めるということ以外に後者が技術を必要としているとしてだが——とは異なっている。したがって、新しいシステムは、聴罪師の専門的養成技法と、神学者、論理学者、文法学者が開発した一連の専門知識とに依存している。この点に関して中世に生み出された特徴的な文献の一群は、告解のシステムとそれが可能にした権力の行使にとって決定的なものであった。

ある重要な一節において、リーは次のように論じている。

人間の活動のあらゆる領域における、正しさからのあらゆる逸脱の可能性が、かつて道徳の専門家が試みたことのないほどの精密さをもって研究され、評価され、分類された。そして、いくつもの浩瀚な書物が編纂され、司祭の聴罪の助けとなる必要資料を提供した。十戒、七つの大罪、五感、一二の信仰箇条、七つの秘蹟、七つの世俗的慈善業、七つの霊的慈善業のあいだに、聴罪の対象が探索された。それから人間のあらゆる階級と職業の上に次々と検討が加えられ、各々の誘惑事項と常習的な罪とに合わせた質問のリストが書き上げられた。……バルトロマエウス・デ・カイミス(一五世紀末)〔ミラノの聴罪師・説教者〕は、罪の一般的形態を論じ尽くした上で、子供と既婚者、君主と執政官、法律家、内科医、外科医、廷臣、市民、商人、貿易商人、銀行家、共同事業者、周旋人、職人、薬剤師、金細工師、宿屋の経営者、肉屋、仕立て屋、靴職人、貸し手と借り手、パン職人、俳優、音楽家、農夫、小作人、徴税人、病院と修道院の院長と管理者、聖職者、一般の司祭、教会参事会員と受給聖職者、司教、教区付き高位聖職者、大修院長、修道会高位聖職者、そして修道士と托鉢修道士の取り調べのための教示を与えている。これらは職業を類別しただけであるが、その増殖ぶりから潜在する需要がはかられるのである(Lea 1896, vol. 1, p. 371)。

この罪の言説は、キリスト教徒の意識の個々の類型を精査し、それによってまた定義づけ、形成するのに役だった。罪は、ただ単に悪徳一般(高慢、姦淫など)なのではなく、個々の社会的地位に根ざす――そして、その否定によって他者の徳を示唆する――思考、言論、行動の類型なのであった。「悔悛者には、その地位に典型的な罪を問わなければならない。騎士に修道士の罪を問うてはならない。逆もまた然り。……あなたが問う相手が何であり、事柄が何であるのかをよく理解するために、君主には正義について、騎士には略奪について、商人、役人、職人、労働者には破約、詐欺、虚言、窃盗などなどについて問うべきであることに留意しなさい」(*Summa Astesana* 一三一七年頃)(Le Goff

1980, p. 119に引用)。かくして、規律ある宗教意識の構成は、種々の社会階層の特権と責任、権利と義務に根ざすものとなったのである。

業務遂行に際しては、聴罪師は、油断なくあらねばならない。悔悛者の告白のうちに具体化されている真実に関してのみならず、聴罪師の義務として悔悛者に語らせる罪ある言葉のうちに快楽を覚えるようなことのないように、自分自身に関してもまた、警戒を怠ってはいけない。この感情の切断は、(フーコーの分析にあるように)彼自身の霊的利益のためというよりも、彼の審問官および裁判官としての役割にとって決定的なものであった。(いずれにせよ、あとで彼は自分の聴罪師に自分の罪を告白することになるが、その罪のなかには、悔悛者の話を聞きながら抱いた不浄な考えなども含まれる。もちろんその際、告白の秘密《シール》(聴罪師の守秘義務)を犯すことのないようにしなければならない)。それゆえ、感情切断の状態を聴罪師が培わなければならない第一の理由は、彼自身の霊的完全性とは何も関係がない。罪人の魂の奥深くに隠されている真実を追跡し、特定し、捕獲する作業に関して、可能な限り有能であること。ここが大事なのだ。そしてここで私たちは、霊的完全性(伝統的禁欲の目標)に関してのみならず、取り調べと教育の権力としての言説の完全性に関して、注目すべき問題に到達する。この社会的に構築された道具は、のちに、心理的そして政治的な主体についての「真の真実」の探究と養成のための必須の条件となったのである。

告白の儀礼の歴史は、すべてのキリスト教徒が——司祭と信徒、夫と妻、教師と生徒、聴罪師と悔悛者、裁判官と被告、さらには拷問を科す者と科される者が——確定的な形で主体化されていった道筋の一つを描くものである。これこれの徳を身につけようと心がけつつ、その修練によって互いに相互的な義務と欲望へと縛られながら、すべての者が権力の(能動的かつ受動的な)主体となる。ただしもちろん、みなが同じ形の主体となるのではない。

結　論

私の第一の目的は予備調査的なものであるから、今後のさらなる考察に向けていくつかの点を指摘するだけに留めよう。

私はまず、一部の歴史家の勝利主義的なテーゼに批判的な目を向けるところから書き起こした。このテーゼによれば、中世における司法的拷問の公的制度化は、合理性へ向けての――そして神話と宗教から離れる――前進的な一段階を画するものであった。これを私は疑問とした。次いで私は、苦痛を身体に科して有罪性を決定するという神判の手続きをさらに詳しく検討し、それを司法的拷問を取り入れたシステムと対照してみた。結局問題は、真実に到達する方法としてよくないものをよいものに取り換えたというだけのことではなかったのである。両者とも、有罪性についての真実を決定する固有の方法である(この有罪性自体が社会的に決定されるものである)。まずここを認めなければならない。一方は、身体に加えられた暴力から直接に真実を決定する。他方は、自白を引き出すための説得的な要素として暴力を用いることによって、真実を決定する。後者が「いっそう合理的」と言えるとしても、それはただ、身体＝記号に対して、話された言葉が本質的媒体となっているという点においてのみである。質問と返答の過程によってだけ、記号を評価し、疑念を消散し、有罪判決を確保することができた。身体に苦痛を加えることで、この過程を促進することができた場合に――そのように中世の法学者は論じたのだが――苦痛は正当とされた。

勝利主義的テーゼとは反対に、糾問主義的システムにおける拷問の合理性は、宗教的諸力への依存状態からの退却のうちにあったのでは<u>ない</u>。盛期中世における(司法的拷問を含む)糾問主義的システムの顕著な拡大は、教会の制度と実践に深く根ざすものであった。拷問は、最初に中世の教会法学者により理論化され、中世の教皇によって権威づけられ、中世の宗教裁判において用いられた。異端の告白を引き出すためである。だが、司法的拷問と教会との(「宗教」との)この制度的結びつきよりも重要なことがある。中世における糾問主義的手続きの開花は、悔悛の秘蹟の全キリスト教徒への大規模な拡大とまさしく同時期に起きた(そして密接に結びついていた)のである。この事実をもって宗教的諸力からの退却と見ることができるだろうか?

中世後期の悔悛の秘蹟の実践が徹底して合理的なものであったことはまったく疑いがない。なぜなら、そこでは言語的証拠を批判的に評価し、重要な概念的区別を行って、普遍的結論を導くということが行われていたからである。そして、この悔悛の実践は、知的、道徳的、政治的な規律＝訓練のネットワークの中心にあった。身体に苦痛を科すことは、もはや信徒一般に関する限り、この実践の本質的要素ではなかった。とはいえ、それは、司教と教皇の審問官が行う異端審問における戦略的要素として、また、禁欲行者による霊的真実の養成における戦略的要素として保持された。

近代になると、苦痛を科すことは、道徳にかなう宗教とはまるで相容れないものと見なされるに至った。今では、苦痛は「宗教的態度」の助けによって克服しうる悪の一つとさえ見られている。[22] しかしなお、戦争、犯罪学、医学的動物実験において合理的に正当化できるものとして、苦痛の配備と理論化は続いている。痛みや苦しみを科すことは、所与の目的に対するその道具的な適切性の点から正当化されなければならない、という形で、この文脈における合理性の性格が現れている。実際、現代における暴力の定義の一つは、痛みと苦しみを与えることの誤った手段というものである(Cotta 1985, pp. 49-67 を見よ)。

中世のキリスト教において、神判システムを迷信として退け、司法的拷問を合理化するイデオロギー的前提条件を形成したのは、悔悛の秘蹟(とその特徴的な苦痛と真実の経済策)の中核にある「合理的」実践の徹底的発達であった。[23] 新たなシステムの制度化の歴史的推進力となった政治経済的諸条件については、ここでは論じていない。それはまた別個の物語に属するものだからである。

苦痛と真実の客体化との結びつきは、キリスト教史において興味深い形態と作用をもたらした。つねに苦痛は——はじめは身体的苦痛、のちにはこれに加えて精神的苦痛も——罪、過ち、病気と——その状態それ自体と、その決定と、あるいはその処置と——結びついていたように見える。だが、この結びつきは幾度か変更されている。そしてそのたびに、社会的・心理的に大きな——そして大きく異なる——影響をもたらした。啓蒙主義以降、顕著な形で変更が訪れたのは、いずれも世俗世界の歴史においてであった。なぜなら、歴史は実体化され、単数化されるにつれ、過ちと欠陥を罰しつつ人類を進歩の道筋にそって追い立ててゆく普遍的な力という形態を装うようになったからである。それはあたかも旧約聖書の神がなすがごとくである。[24]

権力と合理性とは、中世の宗教にとって明らかに内在的なものであった。この主張はただ真の宗教の非正統的な外延にのみ当っている、宗教は本質的に言って私が書いてきたような法的・医療的・政治的実践を伴わずにやっていけるものである——そう反駁するのは、間違いなく、時代錯誤的な理由づけによるものである。私の意見では、ここで私が述べようと努めてきた物語は、「宗教」とは何であったか、その一部を理解するための基盤をもたらすものである——「宗教」のどの部分が「真の宗教」であるかを特定するための基盤を、ではなく。

第四章　中世キリスト教の修道生活における訓練《ディシプリン》と謙遜

イデオロギーと社会構造というなじみの二元論で議論を進めるよりも、私は、宗教的言説が宗教的自己を統制し、教え込み、構築する多様なやり方を含む訓練（disciplinary practices）について調べていきたい。こうした研究方法をとるためには、自己の形成と他者の操作（あるいは他者への抵抗）という二種類の権力過程を見ていく必要があるように思われる。ウェーバーの有名な権力の定義――「或る社会的関係の内部で抵抗を排してまで自己の意志を貫徹するすべての可能性」(Weber 1947, p. 152)（邦訳八六頁）――は、権力の抑圧的あるいは操作的な過程に焦点を当てるには有効であろう。しかしこれでは、私が本章で調べようとしている服従者の意志が創られる条件がはっきりと見えてこない。修道の訓練《ディシプリン》の顕著な特徴は、共同生活のプログラムを通じて服従の意志を創り出すことを明確な目標としている点にある。自発的な服従《オベディエンス》＝従順を学ぶキリスト教の修道士は、単に、議論に服して、あるいは強制力で脅されて――あるいは何も考えずにただの慣れから――他者の意志に服しているだけの存在ではない。彼は「自らの意志を失った」人間ではない（この言い方ではまるで、意志はただそれが他の誰かの意志と対立しているときにのみ真に自分のものとなるかのようである）。服従的な修道士とは、服従＝従順が、（彼自身の才能、潜在可能性、権力であるという意味で）自らの徳――訓練を通じて育成されるキリスト教徒の徳――であるような人間である。これは確かに、中世キリスト教の修道院(1)と、時に修道院をそのうちに含めることもある刑務所や病院といった他の「全制施設《トータル・インスティテューション》」(Goffman 1961)との重要な違いである。修道院には強制力がなくてもよいということではない。

強制力はもちろん必要である。しかし、強制力が決定的要素として働くのは、収容者どうしの秩序維持のためばかりでなく、収容者の性向を特殊的な形で変容させるためなのである。

修道儀礼は、欲望の経済《エコノミー》を支配した。強制力(懲罰)とキリスト教のレトリックとが協働して、徳にかなう欲望を身につけるための修練を導いた。徳にかなう選択ができるようになるためには、まず徳にかなう欲望が出来ていなければならない。これが修道儀礼の中心原理であった。これは、選択はただそれ自体のもの《スイ・ゲネリス》であり、自らによって正当化されるものであるという私たち近代人の考えとは対照的なものである。

修道儀礼に対する私の研究法は、人類学の主流をなす儀礼観とは、いくつかの点で異なっている。それゆえ、本題に入る前に、研究法をめぐる問題を概観しておくのは有益であろう。

現代の儀礼分析

儀礼を論じる近代の人類学者は、それを道具的なものとは対照的な、象徴的なものの世界として見る傾向がある。英国社会人類学において、この対照を広めるのに力あったのはラドクリフ＝ブラウンである。次はその典型的な一節である。

> 儀礼的行為をその目的から説明しようというのは、極めて一般的な傾向である。だがそれは、儀礼的行為を、技術的行為とでもいうべきもののなかにあやまって含めてしまうところからくる発想である。技術的行為であれば、個々の行為や行為の連なりの目的を的確に述べれば、それだけでじゅうぶんな説明となる。だが、儀礼的行為は、どのような例を見ても、何らかの表現的ないし象徴的な要素を含んでいる。この点でこれは、技術的行為と異な

っている(Radcliffe-Brown 1939, p. 143)。

つまり、行為のなかのあるものは意味という観点から、別のものは原因という観点から説明する必要があるということである。しかし、一方は「表現的ないし象徴的な」行為、他方は「技術的」行為というこの鋭い区分(旧来の「聖・俗」二分法とオーバーラップするものだ)は、リーチによって連続体として捉え直されることになった。

> 儀礼は「社会的個人としての個人の地位を、彼が現にそのなかにいる構造体系のうちに表現するに役だつ」というのが私の説である。……一方私はデュルケームの強調する聖と俗の絶対的二分法を支持できないと考えている。むしろ行動というものは連続的尺度で測るのが妥当である。一端には、完全に世俗的で完全に機能的な、純粋にして単純な技術である行動が存在する。他方の端には、完全に神聖で、厳密に審美的な、技術的には非機能的な行動がある。この両極の中間に大多数の社会的行動が位置し、それらはある点では聖の領域に、またある点では俗の領域に属する。
>
> 　こうした立場から見ると技術と儀礼、俗と聖は行動の異なった類型を示すものというより、ほとんどあらゆる種類の行動についてその異なる相を示すものである(Leach 1954, pp. 10-13)(邦訳一二―一五頁)。

行為の相としての儀礼は、社会的地位を表す。リーチはこの考えを、より古い考えと結びつけた。すなわち、構造化された行事としての儀礼は、参与者の意識に、あるものを――理想的な社会構造を――喚起する働きがあるという考えである。

> ……もし無政府状態をさけようとするなら、社会を構成する個人が彼らの社会活動を導くはずの背後の秩序を、時おり、少なくとも象徴的形式のなかに、思い起こさねばならない。儀礼の遂行は参与する集団の総体に対してこの機能を果たす。それは、その時以外には虚構であるものを瞬間的に明示するのである(p. 16)(同一八頁)。

(構造化された行事としての儀礼と、行為の相としての儀礼という)この二つの考えに共通するものは、もちろん次のような仮定である。——儀礼は本質的に象徴的な形態である。それは参与者に対して何かを表すものであり、それゆえ解釈を必要とするものである——。

ダグラスは、象徴的行動について独自の分析を行っている(Douglas 1966, 1970, 1978)。彼女が強調したのは、「儀礼とは、何よりもまずコミュニケーションの形態である」(Douglas 1970, p. 20)ということ、すなわち、儀礼は「精密《エラボレーテッド》コード」に対する「限定《レストリクテッド》コード」を用いる形態であるということである。この対照の導入者と認められているバーンステイン(文法構造が複雑な、言語外コンテクストから独立した、認知的意味を多く含む発話形態である「精密コード」と、その逆にコンテクストや共通経験への依存度が高く、型にはまった表現の多い「限定コード」とを区別した)に似たやり方で、ダグラスは、コミュニケーションの形態を社会的機能と個人の類型に関係づけることを試みた。すなわち、儀礼主義(限定コード)は共通体験と社会的連帯を維持し、世俗主義(精密コード)は個々人それぞれの理解をはっきりとさせ、また相互に橋渡しする、というものである。限定コードと精密コードとの対比は、多くのシンボリック相互作用論者の研究に見られる(たとえばKapferer 1976の掲載論文を見よ)。彼らが強調するのは、象徴的意味は所与の規範的秩序の産物というよりも相互作用する行為者どうしの交渉の産物だということである。

このテーマに関してターナーは多くの著作を行っているが、それらは主に儀礼の意味論を釈義したものである。深層心理学の助けを借りながら、ターナーは、儀礼の象徴は「強力な情念を、喚び起こし、それに方向を与え、そして、手なずける喚起装置の一セット」としても解釈されるべきであることを強調する(Turner 1969, pp. 42, 43)(邦訳六〇頁)。そうした解釈によって、たとえば、ある種の儀礼的象徴が「有機体の次元を社会倫理の次元に結びつけ」る仕組みが明らかになる。すなわち、これらの象徴は、

> 有機体の次元を社会倫理の次元に結びつけ、この二つの次元のあいだにある、また、それらの内部にある葛藤のうえやそれを超えたところに、それらの究極的で宗教的な統一があることを示している。人間の生理機能、とくに生殖の生理機能に結びついている強力な衝動や情念は、儀礼の進行につれて、その反社会的な性質を剝奪され、規範の次元の諸構成要素に結びつけられて、借用された活力で後者を活気づけ、かくしてデュルケム学派のいう〝義務的なもの〟を願わしいものにする。象徴は、この過程の合成者であり、また、煽動者でもあり、そして、その諸特性をカプセルに包むものでもある(Turner 1969, pp. 52, 53)(邦訳七四、七五頁)。

フロイトよりもユングに近い宗教的楽観主義にたつターナーであるが、彼は深層心理学の概念と人類学の概念の統合を試みた最初の人間というわけではない。だが、ここでそれよりも重要なことは、他の人類学者と同様、彼もまた、儀礼をその象徴的な様相において捉えようとしていることである。つまり儀礼とは「技術的な日常的雑務に向けられたのではない、規定された形式的行動」(Turner 1976, p. 504)であると考えている。この概念を受け入れたならば、その先に来るものは「象徴コード」解読への専念であろう。

儀礼の過程は本質的に象徴的なものであり、それゆえ本質的にメッセージの伝達に関わる事柄であるという考えは、英国および米国の人類学の中心的教理となった。ワグナーは次のように論じる。

儀礼が、その一般的定義において、メアリー・ダグラスが「限定コード」と呼ぶものであるとすれば……、それを解読するのが人類学者の仕事である。だが、何が何のためにコード化されているのか？ また、そのコードの本性は何であり、なぜそれはそうした形で定式化されているのか？ こうした疑問は、当該の文化における儀礼の関係的役割を問うものであり、儀礼がコミュニケーションとして、統制機構として、あるいは他の何かとして何を行うのかを問うものである(Wagner 1984, p. 143)。

ここにはオースティンの発話分析(Austin 1962)における「発語的《ロキューショナリー》」「発語内的《イロキューショナリー》」「発語媒介的《パーロキューショナリー》」という概念の反映が見られる(もっともここにはオースティンについての言及はない)。そして、オースティンが慣習的発話の意味と機能を分析したときと同様に、こうした研究法は、儀礼の(公的な)意味と遂行者の(私的な)感情や意図とを注意深く分離する。たとえば次のように論じられることになる。

慣習的行動としての儀礼は、個人の意図・感情・精神状態を、直接的・自発的で「自然な」形で表現するようにつくられた、あるいは意図されたものではない。そうした自発的で意図的な表現からの異化を経ることで、文化はコードを作り上げる。なぜなら、自発的で意図的であるとは、偶発的で不安定で状況に依存するもの、さらには一貫性を欠いた無秩序なものですらあるからだ(Tambiah 1979, p. 124)。

一見、こうした人類学的言明は、ターナーの考えとは逆のもののように思われるかもしれない。だが、そうではない。これらの言明は、儀礼が参与者の個人的な意図や感情に影響を及ぼすという可能性を否定しているわけではない。だが、儀礼の文化的意味は後者の影響を受けないと考えているのである。(2) すでにエヴァンズ＝プリチャードはこう言っている。「人類学者は、社会的現象をそこに伴うと思われる感情によって分類しようなどとしたら、混乱に陥ってしまうばかりだ。なぜなら、そうした感情の状態があったとしても、それは個人ごとに異なったものであろうし、同一の個人であっても、儀礼が異なれば、あるいは同じ儀礼の別の瞬間においては、異なったものとなるに違いないからである」(Evans-Pritchard 1965, p. 44)。

この種の見解においては、儀礼は主に読解の対象ということになる。あたかもそれは、開業医や人類学者といったイニシエーション修了者のみが解読し得る真の意味を具えたテクストのようなものである。ギアツにとって、儀礼的な催しのみならず、すべての文化的・社会的産物は、読まれるべき象徴である。「議論や旋律や公式や地図や絵画は、凝視すべき観念性ではなく、読みとるべきテクストである。儀礼や宮殿や技術や社会形態も、同様である」(Geertz 1980, p. 135)(邦訳一六二頁)。こうした異種の世界のテクスト性への還元は、動機を文学的比喩へと変換する。

フランスの人類学者の多くもまた、コミュニケーションの独特なモードとしての儀礼に関心を寄せてきた。ただし、構造主義者は、儀礼は何をコミュニケートするのかということよりも、どのようにコミュニケートするのかということのほうに関心を振り向けるのが普通である。たとえば、レヴィ＝ストロースはこう書いている。「では、私たちはどのように儀礼を定義すべきであろうか。私たちに言えることはこうだ。儀礼は、発せられた言葉、演じられた身振り、操作された物体より構成されている。これら行為の三形態が権威づけたり促したりする解釈や注釈とは独立にそうあるのだ」(Lévi-Strauss 1981, p. 671)。このように定義されるとき、儀礼は「区分けと反復という二つの手続きを絶えず利用する」コミュニケーションのモードということになる(p. 672)[3]。スミスは、レヴィ＝ストロースに基づいて、儀礼の特徴をさらに詳しく論じた(P. Smith 1982)。(過去数世紀間の西欧の劇場におけるように)現実のものとして信じることのできる幻影を創り出す要素を使用することや、宇宙論的意味をもつ期間と機会とを画することなどがそれである。[4]スペルベルは、象徴的な実践形態としての儀礼よりも、思考のモードとしての象徴体系のほうに注目してい

る(Sperber 1975, 1980)。(5)

以上、人類学者たちの議論を眺めてきたが、私はべつに人類学の儀礼理論について包括的に論じようとしているわけではない。私が彼らを引用したのは、儀礼に関する私の研究法と彼らの研究法とのいくつかの相違点を明らかにしたいと思うからである。相違点のうちでいちばん重要なものは、おそらく、儀礼を一般理論の対象にすることに対して私が懐疑的であるということであろう。コミュニケーション的な言説が儀礼の学習、その遂行、またそれに対する評言に含まれていることは、私も疑っていない。しかし、儀礼それ自体が何か特殊な意味をコード化しているとか伝達しているとかという考えには、私は反対である。以下で私は、訓練の実践形態としての修道儀礼に対する具体的な歴史的分析を行おうと思う。修道儀礼を、道徳的性向を形成あるいは再形成するためのプログラム(つまり、徳にかなうキリスト教的自己を構成する、身体的・言語的な実践形態を組織するためのプログラム)との関係において分析するのである。とくに私が取り上げるのは、真の服従に向かう性向を形成・再形成するプログラムである。こうしたプログラムにおいては、儀礼を慣習として遂行することの意味と、儀礼を遂行する者の感情や意図とを泰然と分かつことができないことは明らかであろう。反対に、こうしたプログラムにおいては、この両者の相互関係こそが重要なのである。(6)儀礼は道徳を形成するものであると考える人類学者にしても、この相互関係をとくに問題視せずに済ますことが多かった。(7)このじゅうぶん注意されてこなかった問題は、私の考えによれば、次のように言明できる。道徳意識《センティメンツ》の形成は、意味作用を行う媒体に依拠しているものの、この形成の過程を、独自の記号論的現象として権威をもって認定され、分離されるような意味作用のシステムから読みとることはできない。読みとりは、社会的訓練の産物である。そして、テクスト、象徴、儀礼は、歴史的に決定されたやり方で言説を取り交わす、様々に訓練された種々の遂行者が生み出すものなのである。(8)

儀礼の行い方を規定する修道のプログラムは、キリスト教的性向の形成と再形成をめざすものである。性向のうちでもっとも重要なものは、真理とされるものに、したがってまたその真理の管理者に従う意志である。この性向によって達成されるものが、キリスト教的徳としての謙遜《ヒューミリティー》である。このように、私は権力の過程との関係において儀礼を論じようと思うのであるが、これもまた、権力の問題に直接取り組んできたほとんどの人類学者とはやり方が異なっている。

たとえば、グラックマンの有名な論文では、「反抗の儀礼」は、カタルシスの一形態であると、すなわち、位階制的政治秩序にとって危険な感情を、喚起し、表出することを通じて緊張を解放する、祭式的手段であると考えられている(Gluckman 1954)[9]。

その二〇年後、ブロックは、儀礼を限定的コミュニケーションとして、すなわち、参与者を上位／下位の地位に閉じ込めるレトリックの形態として記述した(Bloch 1974, 1975)[10]。「政治的弁論の場合、伝統的権威のしるしと道具は形式化されたコミュニケーションであることが見て取られたが、宗教儀礼においては、この形式化がさらに推し進められている」とブロックは書いている(Bloch 1974, 1977)。一九八一年に、ペインはより微妙な言い方で次のように論じた。

> 政治それ自体は、(その強力な契約的側面のゆえに)一般に事実確認的なものであると考えられている。一般的理論から言うならば……いかなる企てのなかにも、象徴的行為と実用的行為とが相補的に存在している。そして行為遂行的発言(performatory speech)と命題的発言(propositional speech)との関係は、象徴的行為と実用的行為との関係に相当する。さて、レトリックは、政治の象徴的側面に属している。象徴的行為システムは、知られているように、可能な選択肢についての人々の認識を減じるものである。とはいえ、政治家と公衆との「対話」関係を拘束するものに注意を向けるならば、行為遂行モードの支配は現実にいったいどのようにして現れるのかを、

しっかりと説明できるようになるであろう(Paine 1981, pp. 9, 10)(強調点はアサド)。

政治家は彼の公衆を説得しなければならない、とペインは言う。政治家は自らの権力を当然視することはできない。この説得は、(平明な発言や誠実な行為とは反対の)象徴的発言や象徴的行為によって達成できるかもしれない。これが、レトリックと儀礼との類縁性を説明するものであり、ペインが「政治の儀礼化」と見なすもののうちにあるレトリックの役割を説明するものである。「私たちが儀礼が象徴的行為であると同時に、既に行われた、またこれから行うべき行動を正当化するものでもあることを認める」のは、すでに価値観が共有されている特殊な政治的機会においてなのである(Paine 1981, pp. 21, 22)。このように、ブロックが言説の権力についての権威主義的な概念を提出するのに対し、ペインは明らかにポピュリスト的見解に与している。(11)

ギアツは、説得の媒体としての象徴よりも、見世物の形態としての象徴のほうに関心を寄せている(Geertz 1980)。バリの王宮儀礼は、「形而上学的演劇なのであった。その演劇は、現実の究極的性質についてのひとつの見方を表現すると同時に、現存する生の状況をそうした現実と調和的に形どるように仕組まれていた。すなわち、ひとつの存在論《オントロジー》を提示し、そしてその提示によってその存在論が実際に起こるようにする——それを現実のものとする——ような演劇だったのである」(Geertz 1980, p. 104)(邦訳一二二頁)。ギアツの考えにおいては、位階制に立つ権力を儀式として上演することは、そうした権力の社会的現実化と等しいものとなっている。(12)

模範的中央のまた模範的中央として、王という偶像が外に向け臣下に対して描いたものは、内に向け彼自身に対して描いたものであった。すなわち神性の持つ静心の美である。このように言えば、すべてはまやかしに過ぎず、あのスタインバーグの、自らが自らを描く手のように聞こえるかもしれない。しかしバリの人々にとって、想い描くとは幻想を抱くことや偽りの観念に導かれることではなく、それは知覚し表現し現実化することだったのであるから、この人々にはそうは映らなかった。視覚化するとは理解することであり、理解するとは模倣することであり、模倣するとは具現することであった(Geertz 1980, p. 130)(邦訳一五六頁)。

修道儀礼の分析を通じて、私は次のことを明らかにしたいと思う。観察と模倣は、たしかに重要なものではあるが、それだけで権力が効果的に作動できるわけではない。道徳的性向(キリスト教の徳)の形成／転換が行われるためには、想像・知覚・模倣といった能力以上のものが必要であった(こうした能力は、結局、程度の差こそあれ、誰しもが持っているものだ)。それは、ある特定の訓練プログラムを必要とするものであった。このプログラムが規定した儀礼は、単に普遍的な感情を喚起したり、解き放ったりするだけのものではなかった。それらは、神への服従というキリスト教の中心的な徳を成り立たせる特定の感情――欲望(*cupiditas*/*caritas*〔感覚的欲望と神への愛〕)、謙遜(*humilitas*〔謙遜〕)、自責の念(*contritio*〔痛悔〕)――を構築し、再編成することを目指すものであった。ここが大事なところである。なぜなら、これらの感情は、普遍的な人間的感情――先のターナーの引用にあるような「人間の生理機能……に結びついている強力な衝動や情念」――ではないからである。それらは、歴史的に限定された形で内的に構造化され、相互に関係づけられた歴史的に特殊な感情である。そしてそれらは、単に象徴を読みとることで生み出されるものではなく、権力の過程によって生み出されるものなのだ。

形式化された発話と行動とは、定義上、儀礼の――ブロックも他の人類学者も述べているところの儀礼の――もつ性格である。だが、修道のプログラムに関してはっきり分かることは、適切な形式の学習が大事だということである。それは訓練を通じての自己の育成にとって不可欠のものだからである。形式化が進むからといって、それだけ従属的になるというわけではない。反対に、規定された形式に従って行動することに慣れていない者ほど、それに熟達した者の権威に服することになる。実際、中世キリスト教社会においては、儀礼的訓練から実質的に排除された者――小作人や助修士――こそが、継続的な物質的搾取に服したのは明らかであろう。

それからもうひとつ、修道院長は、説教において修道士に語りかけるとき、強制もしなかったし、取り引きもしなかった。彼の儀礼的言説は、諸々の相容れない宗教的主体性の自己再編の過程において、複合的な役割を演じた。この転換過程が主に目指していたのは、自発的服従というキリスト教の徳を育むことである。これが「可能な選択肢についての人々の認識を減じる」(ペイン)ことはない。むしろそれは、選択のための基盤を理想的に再編成した。

以上、いろいろと留保をつけはしたが、個々の文化のいわゆる「儀礼」に対する人類学の研究からは、やはり多くの洞察が得られる。キリスト教儀礼を理解しようと思う歴史家は、人類学の知見を無視することはできない。本章で試みたのは、試験的で部分的な分析にすぎない。しかし、私を動機づけたものは、宗教的イデオロギーと政治的権力の関係の理解を深めたいのであれば、人類学のテクストと歴史学のテクストを絶えず照合していく作業が不可欠だ、という確信である。

中世における規律《ディシプリン》=訓練の概念

まず私は、中世における *disciplina* の概念について、歴史的に簡単にふり返ってみたい。修道院で行使された権力の基本的特徴を押さえるために、これは有効な作業であろう。中世キリスト教の規律《ディシプリン》=訓練の概念は、古代世界(キリスト教以前とキリスト教古代)から受け継がれた様々な概念を含む、複合的なものである(Leclercq 1957)。修道院のなかで日々に読む初期教父の著作を通じて、修道士たちはこの遺産に接していた。

古典ラテン語の *disciplina* の意味は、戦争、政治、家族生活の領域におよんでいる。第一にそれは、戦争の技術に必要なあらゆる規則と手段を、それゆえまた敵を破るための戦略の構成要素を意味するものであった。第二にそれは、公共生活の秩序を、それゆえまた良き統治を意味していた。共和制においては監察官が、後には皇帝が、この秩序を護った。第三にそれは、家族の集団的利益のために成員の一人一人が守るべきあらゆる徳や義務に関わるものであった。この義務のなかには *patria potestas*〔父権〕なる法的権能をもつ父への絶対的服従の他、家族一人一人の役割を決める慎み、忠節、経済上の健全な習慣などが含まれていた。

聖書に現れる *disciplina* は、ギリシャ語 *παιδεία* の標準的訳語である。ギリシャ世界においては、*παιδεία* は、個人の身体的、知的、道徳的な育成を意味していた。旧約聖書の文脈では、この語は、かなり異なる教育の概念を表すのに用いられている。すなわち、個人ではなく、全国民を対象とする神の教育である。それは、神の法に、神より課せられた試練に、また神の預言者の戒告に服することで達成されるものであった。それゆえ、*παιδεία*――あるいは *disciplina*――は、懲らしめ、矯正、過失に対する罰といった意味合いを強く帯びることとなった。典礼書や教父の著作においては、この語はしばしば複数形で用いられ、人を教える過程と、教えられる内容とを意味していた。それは、究極的には神より、神の代理をする者たちを通して伝えられるものである。軍事方面における古典的用語法もまた、悪魔と闘うキリスト教徒を語る文のなかに明らかに認められる。だが、それは、古典古代の世界が知っていた闘いとは極めて異なる闘いである。なぜなら、原則として闘いの結果はいつも決まっているからである。勝利を収めるのは、いつも変らず徳、神の恩恵によって達成される徳である。それゆえ、このキリスト教的文脈においては、規律＝訓練の概念は、戦略の概念とそれほど緊密な関係はもっていない。というのも、戦略というものは、徳の確実な報酬ではなく、蓋然的な結論の算出に関わるものだからである。一般的に言って、*disciplina* は、司教が神の名において信者たちを支配するために行う一切の事柄をカバーする概念なのであった(Brown 1967, pp. 233-243 を見よ)。

中世初期、聖ベネディクトゥスの『戒律』が、修道院の管理とその成員の育成のための唯一の権威あるテクストと認められた。ほとんどのキリスト教徒は修道院の壁の外で暮していたが、訓練を通じてのキリスト教的自己の形成は、こうした共同体の内部でのみ可能なことであった。隠遁者でさえ、『戒律』によって、修道院生活からの卒業者（隠修士（*anachorita*））と、この規律＝訓練を経験したことのない者（独修者（*sarabaita*）および放浪者（*girovagus*））とに分けられた（前者は認められ、後者は認められない）。修道士の生活の秩序は、種々の日課によって決められた。日課のなかでもっとも重要なものは「神の業（*Opus Dei*）」（聖務日課。詩篇などの朗唱や祈り）を唱えることである。修道士の生活は典礼の繰り返しを中心に組織されるため、『戒律』は、他の事柄よりも聖務日課の内容と時間割に関して厳密であることが多いようである。典礼を正しく執り行うことは、修道の業務の主な目的ということに留まらない。ここに『戒律』の顕著な特徴がある。典礼の正しい挙行は、修道士の「霊的作業」のための「道具」（神・隣人への愛に始まり、姦淫・偽証・報復・怠慢などを避け、施し・愛・希望・審判への恐れなどを心がける種々の徳行。『戒律』第四章）の一つにも数えられており、したがってまた、それは、規律＝訓練の概念にとって不可欠のものなのである。

『戒律』は、*disciplina* という語を種々の意味で用いている。それは、『戒律』が修道院内に創り出すべき善き秩序のことでもあり、『戒律』それ自体のことでもあり、内的・外的な態度を含むふさわしい振る舞いの形態のことでもある。しかし、もっとも一般的には、この語は、個々の罰や矯正を意味している（Fry 1981 を見よ）。それゆえ、『戒律』においては、規律＝訓練は、次のような意味合いを伴っていると言える。㈠神に由来し、神を志向する知。㈡それを具現する身体的・精神的な実践。㈢その実践の場となる組織された共同体。㈣その実践を司る修道院長の絶対的権威。㈤修道院長が義務として課する、キリスト教的徳（人間の行為のうちに具現された神の知）の達成に必要な手段。

これらの互いに異なる、しかし緊密に関連しあう意味合いは、中世の修道士の著作においても繰り返されている。たとえば、一二世紀にツェレのペトルスは、*De disciplina claustrali*（『修道院の規律について』）という論文を著し、修道士と修道参事会員に共通の、隔絶されたキリスト教生活について論じた。このテクストによれば、*apostolica disciplina*（使徒の規律）とは、使徒が自らを範として信徒に教えたもののことであり、*obseruantiae disciplinae claustralis*（修道院の規律の遵守）とは、キリストが教えた生き方を模倣することである。シトー会士にとっても、規律＝訓練は、修道士の文書一般におけるのと同様の意味を持っていたが、さらに、ベネディクトゥスに基づく会固有のプログラムを意味するものでもあった。たとえば、クレルヴォーのベルナール（ベルナルドゥス）〔一〇九〇年頃－一一五三年。シトー会士〕は、この語をときにはキリスト自らが人間に示した教理を指すのに用い、ときには服従的な修道士の振る舞いを指して用いている。しかし、*disciplina* はまた、修道士のよき振る舞いを確保するためのあらゆる規定を意味するものでもあった。とくに、それは、シトー会のプログラム（*ordo cisterciensis*）が決めた諸規則を意味しており、また、会の最高司法・行政組織である年次総会の決定を含むものであった（Knowles 1963, pp. 654-661 を見よ）。こうした幅広い意味合いのすべてが、サン・ヴィクトルのフーゴー〔一〇九六年－一一四一年。アウグスティノ修道参事会士〕の著作のなかに見出されるが、しかし彼の場合は、その教理的な意味合いをはっきりと強調している。たとえば ***Eruditio didascalica***〔『学習論』〕は、学修《ディシプリン》とは「謙遜を原理とする善き生活の実践知」であると書いている（Leclercq 1957, p. 1300）。

ここでの目的にとっていっそう興味深いのは、フーゴーが修練者《ノヴィス》〔修道誓願を立てる前の試験期間にある修道士志願者〕の教育用に書いた論文である。そこで彼は、規律＝訓練の概念に密接に関連した、身振り《ジェスチャー》に関する最初の一貫した理論を打ち出した。彼によると、

> 修練期は、至福への道である。徳は至福に通じているが、徳を形成するのは身体に課せられる訓練である。身体と霊とは一つである。身体の無秩序な動きは、魂の内面の（*intus*）混乱を外面へと（*foris*）暴き出す。だが、反対に、「訓練《ディシプリン》」は、身体を通して魂に作用することができる――衣服の着用のしかたにおいて（*in habitu*）、姿勢

と動作において(*in gestu*)、話し方において(*in locutione*)、食事の作法において(*in mensa*)。身振り《ジェスチャー》は、あらゆる行為と態度に適合した身体の動きと形状である。……*Gestus* とは、単独の身振りというよりも、すべての部分からなる身体全体の活気なのである。それは外面において姿を描き出し、それを他者の眼差しに提示する。……まさにそれは、内側の魂が神の眼差しに曝されているのと同じである(Schmitt 1978, pp. 9, 10)。

この意味における身振りは、それ自体の目的をもっているが――とフーゴーは言う――それは、訓練が課する基準に従わなければならない。このように、訓練された身振りは、文化ごとに、歴史の時代ごとに変化する、単なる身体の技術に留まるものではない。それはまた、魂の――理解と感情、欲望と意志の――正しい組織化でもあるのだ。徳の手段でもあり、徴候でもあるこの規律＝訓練の概念を得ることによって、フーゴーは、身体と共同体とを等価におくことができた。等価というのは、修道院の集団生活のためにのみ提唱されたものではない。他の中世の著作家――特にソールズベリーのジョン(ヨアンネス)〔一一一五年頃―一一八〇年。司教。政治哲学を論じた『支配者の書(*Polycraticus*)』を著す〕(Ullman 1975, pp. 121-124 および Struve 1984 を見よ)――に見られるように、政治的秩序についても、同じことが言われるのである。

修道の規律＝訓練を、有機的全体を連繋させるのに必要な強制力と考えるこのキリスト教的概念は、義務の語彙に属する。つまりここで前提とされているのは、皆が自らの所を得て、法の権威のもとで徳にかなう生活を送ることを学ぶプログラムである。プログラムは、誰が、何を、どのように、どういう順序で行うべきかを、弟子たちに割り振る。キリスト教以前の、軍事的戦略の一環としての訓練の概念は、これとは異なっている。なぜなら、その全体的目標は、正確な計算が不可能であるような不確実性のもとで、敵の力を奪う――恒久的勝利ではないとしても――ことであるからである。[13] どちらの場合にも、徳の概念が存在しているが、しかし、中世のキリスト教徒の思考と実践においては、それは、神の法が要求する規律＝訓練に従属するものである。[14] 謙遜がキリスト教の中心的な徳とされているのは、ひとつにはこのためである。謙遜というのは、従属的な社会的地位に伴う振る舞い上の特徴というだけのものではない。それは、禁欲的訓練によって漸進的に育成されるべき、内面的な状態なのである（ベネディクトゥスの『戒律』の有名な「謙遜」の章を参照のこと）。

魂の再組織化

サン・ヴィクトルのフーゴーは、儀礼的な身振りと語り方を、魂の適切な秩序化をめざす身体の訓練と考えていた。ここに、修道のプログラムの中核にある目的が極めて明瞭に表現されている。

中世キリスト教徒の教理と実践においては、罪は魂にとっての絶えざる危険であり、それゆえ永続的な闘いを要するものである。キリスト教徒は、全生活を挙げて、原罪による堕落の作用に対処しなければならない。原初の逸脱によって汚され、乱された魂を神の恩恵によって立て直すためにである。キリスト教徒の関心は、原罪のみならず、「自罪《アクチュアル・シン》」にも向けられる。自罪とは、肉に根ざす現世的な目的に対する無節操な欲望を満たそうとする試みである。中世の神学者は、この欲望を欲情《コンキューピセンス》と呼んでいる。罪にある人間は死の危険にさらされている。だが、無限に慈悲深い神は、人間の救済の可能性に対しても手を打っていた。修道のプログラムが制度化されたのは、これのためである。このプログラムが具体化する個々の儀礼を遂行することは、結局、魂の立て直し（改心）のための試みなのである。

改心の働きには、罪深い欲望の除去も含まれるが、しかしこれは、必ずしも機械的な拒否の行為と見るべきものではない。プログラムは常に、訓練を通じて徳にかなう欲望を構築することを求めている。しかし、このことが背徳的な欲望に対して何を意味するかは――つまり、背徳的欲望をどう処理すべきかは――弟子の個人的条件次第なのである。フーコーは、死の直前に書いたウェーバー的な文章において、キリスト教の禁欲《アセティシズム》について書いているが、そこにあるのは自己の犠牲という型どおりの言葉である。「キリスト教においては、修行生活《アセティシズム》は自己ならびに現実の何らかの放棄とつねにかかわっている。なぜならば、多くの場合、われわれの自己とは、われわれが別の次元に近づくために放棄しなければならないあの現実の一部分だからである。自己の放棄に達するためのこの動きが、キリスト教の修行生活の特徴となっている」(Foucault 1988, p. 35)(邦訳四四頁)。私は、以下の議論において、これとは異なる見解を述べようと思う。放棄のレトリックは、自己規制の機能を構築する過程の一部であり、それゆえそれは、社会化される以前の(真の)自己の拒絶というふうに捉えるべきではない。このことを私は示していこうと思う。

修道のプログラムの中核にあるのは、コンテクストも権威も様々に異なる数多くのテクストである。そのなかには、聖ベネディクトゥスの『戒律』、『戒律』を捕捉する慣習法集、聖書、教父の著作物、聖務日課書などがある。これらのテクストは、キリスト教徒の生活の本性と目的に関する一般的言明を行うと同時に、何を、いかに、いつ、どこで、誰がなすべきかを極めて厳格に規定している。かくして、プログラムのテクストとその実行形態《パフォーマンス》とは、鼓吹、勧告、命令、権威づけ、正当化と、様々な形でつながっている。とはいえ、厳密に言えば、プログラムと実行形態とは別々に成り立つものではない。両者を媒介する、そのどちらにとっても肝要な、諸々の実践がある。すなわち、プログラムとなるテクストを解釈し、そこにある原理と規則とを修道院の運営に応用し、実行形態の判定と評価を行う――そして、全体として、修練者にプログラムの実行のしかたを教える――諸々の媒介的行為である。さらに、プログラムのテクストは、あたかもその実行形態に先行し、その外部にあるかのように、ただ実行形態を統制するだけのものではない。テクストもまた、文字通り実行形態の一部なのである。書いてある文言を、修道士は色々なやり方で朗唱し、朗読し、読み、傾聴しなければならない。以上の簡単な観察から、次の二つのことが言えるだろう。第一に、プログラムと実行形態との区別は、実際には、判然と分離した二元をなすものではない。第二に、私が描き出そうとしている現象は、演劇的なもの——今日の私たちがすぐに思い浮かべる、芸術的に何らかの役になりきるといった意味での演劇のようなもの——ではない。プログラムは、第一に、観客のためにではなく、演者自身のために実演《パフォーム》される。この演者は、キリスト教の徳を行い、育むことを学び、背徳的な欲望を徳にかなう欲望に置き換えることを学び、美学的な表象《リプリゼンテーション》＝演技を鑑賞しないことを学ぶのだ。

徳にかなう欲望を形成するという修道の試みは、クレルヴォーのベルナールが開発した儀礼のテクニックのうちに、恐らくもっとも明瞭に見て取ることができるであろう。これについては、近年、ルクレールが行った詳細な説明がある(Leclercq 1979)。本節では、主として彼の説明に基づいて、訓練の権力のもつ創造的な側面を論じていこうと思う。ルクレールの研究の出発点は、一二世紀における新たな修道会の出現による、修道士の入会パターンの変化である。この時期、新規の修道士の大多数は、成人——通例は貴族階級あるいは騎士階級の出身者——であった。(15) 彼らはそれゆえ、世俗社会での活動経験のある者たちである。これと異なって(有名なクリュニー会を含む)古い修道会の場合は、新規の修道士の大多数は、実質的に生涯を修道院のなかで暮した者たち、子供のときからそこで育てられた者たちであった。(16) ということは、新興の修道士は、宗教生活に入る前に、快楽的な性愛および騎士的暴力の直接の経験をもっていたということである。こうした経験のために、子供を修道生活へ向けて教育するのとは異なる形の宗教教育上の問題が生じた、とルクレールは言う。ベルナールがこの問題にどう対処したかを、彼の副次的な著作を注意深く分析することによって知ることができる。それによれば、ベルナールはこうした危険な世俗的体験を、抑圧するよりも利用しようと考えていた。このあたりの議論を理解するために、まずはルクレールの性的欲望に関する議論に目を通すことにしよう。

伝統的なキリスト教徒にとって、感覚的な欲望(*cupiditas*)は、*caritas*(神への愛)へと置き換えられるべきものであった。だが、それはどうしたら達成できるのか?

注目すべきことは、ベルナールが、神との結合に向かう愛が人間どうしの結合に向かう随伴的な愛を排除するものだとは決して言わない、考えていないということである。人間どうしを結ぶ愛は、彼の言う愛徳《チャリティー》の秩序、あるいは「秩序ある愛徳」の内側に留まる。修道の愛と他の形のキリスト教徒の愛とは質的に異なるが、後者はこの神への愛へと統合できるし、統合されなければならない。そして神に対する修道の愛は、人間的な愛の言葉によって表現できるし、表現されなければならない。それは人間的な愛の心像、表象を、さらにはその達成の記憶をさえも引き受け、取り返し、統合することができる。修道士になった若い男性の場合に、まさにそうした例があったように思われる(Leclercq 1979, p. 23)。

ルクレールは、ベルナールのプログラムの基底にある「神への愛」と「人間的な愛」との両立可能性を強調する。だが、両立できると言うだけでは、いくつかの重要な違いが曖昧になる。

ラテン語の*libido*は、「快楽、欲望、渇望」という原義をもつ。ここから初期キリスト教徒は、ストア派の伝統を介して「背徳的な欲望」と「雄弁と栄光に対する熱望」——すなわち卓越性に対する熱望(テルトゥリアヌス)——の両方の意味を引き出した(キケロが*laetitia*すなわち現在の善きものを楽しむことと対比して、未来の善きものを求めることである*libido*について語っているのは、この後者の意味においてである)。このようにして、*libido*の意味の一つが神の法の規範的概念と結びつき、他の一つがそれよりも古い目的論的な徳の概念と結びついた。前者は、今や欲望を、キリスト教徒を逸脱へと駆り立てる欲情《コンキュ－ピセンス》に由来する力と定義する。法を護るべく、この力は抑制されなければならない。他方の意味においては、欲望は抑圧されるべきものではなくて、卓越性の達成のための本質的手段、徳にかなう自己を鍛えるための前提条件として現れる。それゆえ、決定的な区別は、単に「神への愛」と「人間的な愛」とのあいだに置かれるのではなくて、権威ある法によって規制される欲望と、徳を実行する動機としての欲望とのあいだに置かれるのである。前者はもちろん、あらゆるキリスト教的定位の中核をなすものである。これについては、最後の節で論じようと思う。だが、今私が焦点を当てたいのは、とりわけ後者の概念である。若い修道士に対する訓練プログラムにおいて、ベルナールが採用したのは、こちらの概念である。それまでの修道の伝統が行ってきたように、ベルナールは、修練者の前に権威ある徳の模範を置き、彼らがそれを望むようにと導く。他方、彼はまた、徳の実行のための質料——中世の神学者の言う *materia exercendae virtutis* ——として欲情を用いることを考えるのである。

この転換の作業が、聖書的言語の巧みな布陣を要するものであることは明らかである。つまり、聖書的言語が、かつての世俗的生活を通じて出来あがった快楽的な記憶や欲望に共振し、それらを再統合できるようにしなければならない。そのためには、聖書的表象を物語り、解釈し、それに動機づけられる寓意のモードが必要である。中世キリスト教に特徴的なモードである。(17) この言語的なイメージへの主たる道筋、権威に適うその受容のあり方は、典礼の規則的挙行、聖書の私的読書、それからベルナールが文体を開発した説教に、本質的に結びついていた。(18)

かくして、日々の典礼の挙行、聖なるテクストを朗読し、それに耳を傾け、そして憶えることが——まさしく修道の実践の全過程が——、ベルナールの説教による転換の業のための質料的な前提条件および質料的な媒体のうちに含まれていた。修道院の説教は、ルクレールが他の箇所で示しているように(Leclercq 1977, pp. 206-220)、それ自体が儀礼であった。

クレルヴォーのプログラムにおける修道儀礼は、したがって、社会的に危険な心理的力を抑圧する手段と見るべきものではない。初期ベネディクト会修道士の儀礼を引き合いに出しながら、こうした見方をする現代の歴史家もいるけれども(たとえば Rosenwein 1971)。とはいえ、この修道儀礼が、単に参与者に新しい価値を教え込むだけのものと考えてもいけない。こちらの見方は、通過儀礼を取り上げた人類学の論文が何度も繰り返してきたものである(その最新のものは La Fontaine 1985)。ルクレールの修道儀礼論は、受け身の対象者が新しい内容で満たされるという類の教え込み式の説明をやすやすと受け入れるようなものではない。修道儀礼は、発話によるもの——あるいは(サン・ヴィクトルのフーゴーの考えでは)発話と身振りによるもの——であるから、言語の役割は明らかに儀礼の挙行にとって不可欠のものであった。この文脈においては、発話は単なるコミュニケーションや慣習的表現の様式ではない。それは「社会統制」の道具ではない。この文脈における発話は、自己が規律あるやり方で自らを作る(あるいは作り損なう)対話的な過程である。儀礼が、先在する観念、感情、記憶を転換していく過程の中核をなしているとき、こうした過程を条件づけ《コンディショニング》の観点から解釈するのは適切なやり方ではない。これはすでに半世紀以上も前にヴィゴツキーが指摘している点である(Vygotsky〔1934〕1962)。

注意しなければならないのは、理論上、ベルナールは欲望を(それに何が起こっているのかを修道士たちに気づかせないというようにして)操作してはいないということである。ベルナールが行っているのは、ある特定の動機を作動させるための道徳的空間を創り出すことである。これを行うために、彼は、新たな生き方を促進し、管理するための言説の儀礼——儀礼的対話——を開発した。説教は、権威をもって聖書の本文を釈義する。それがもたらす新たな語彙を使って、修道士たちは、自ら、自己の記憶を新たな生活様式からの要求に関係づけて描き直し、かくしてまた、実質的に記憶を組み上げる。[19] こうした記憶の書き直しは、長い、複雑な過程を必要とする。ここには、㈠権威をもつ説教者と説教を聴く修道士、㈡互いに影響し合う修道士同士、㈢聴罪師と告白する修道士、㈣記憶する宗教的自己と記憶される世俗的自己という要素がある。これらのすべてが協働して、修道士の欲望と感情を再構築する道徳的記述が生み出されるのである。

このように、修道士自らが、権威者とのやり取りを通じて、自己の記憶の形成のみならず、宗教生活の学習を行わなければならない。この構築的な過程への取り組みを動機づける欲望は、何かの儀礼によって（あたかも自己が空虚な容器でもあるかのように）「内面化《インターナライズ》」できるようなものではない。それゆえに、ベルナールと彼のもとにある修道士たちとの教育的関係は、原則的に言って、支配の関係ではなく、権威の関係だと言うこともできるかもしれない。

ところで、支配の関係ではなく、権威の関係であるという、今のこの教師と生徒の話とはまた別の問題がある。権威ある模範に従って自己を変えようとしているとき、生徒が学ぶ当の内容に関する問題である。プログラムは、感覚的欲望（ある人間がある人間に感じる欲望）を神への欲望へと転換することを目指しているが、その際、修道士の愛人としての地位もまた、変更を余儀なくされる。（男性・女性の）人間の愛人に対する主人ないし対等者という地位から、今や彼らは、天なる愛人の謙遜な服従者となることを学ばなければならない。この転換が頂点を迎えるとき、法に対する無条件の服従、神に従う意志となろうという欲望——すなわちキリスト教の最高の徳——が現れる。これはまた、根本的な反対物に能動的に働きかけることで道を繋ごうとする転換である。

このようなプログラムには失敗の可能性があることを、中世の著作家たちも明確に認識していた。サン・ヴィクトルのフーゴーが言わなければならなかったことを調べてみるならば、そのことは明らかだ。ルクレールにしても、事がプログラム通りに運ばない可能性を認めている。ただし、彼の捉え方はどこか近代的である。「しかしながら、そうした手法を用いて、攻撃と性愛の言語を率直に表現することは、それ相応の危険を伴うということを認めなければならない。ベルナールの教育法が、そうしたリスクやあらゆる両義性からいつも自由であったかどうか、疑うことができるのである」(Leclercq 1979, p. 105)。だが、彼は、この両義性とリスクが、危険に打ち勝つために危険を誘い出すという、ベルナールの計算済みの決断に由来するものであることに気づいていないように思われる。修練者は、曖昧性と矛盾のなかに投げ込まれる。自己はばらばらとなり、これが徳に向けた再形成を行うための前提条件となる。ベルナールがこうした決断を行ったのは、一つには、成人してからの入会の場合、単なる拒絶によって感覚的欲望の危険をすぐに処理できるものではなかったからである。快楽の記憶を権威のもとで書きなおすことが必要だったのである。

精神分析家のドナルド・スペンスは、実験から分かったことを総括して、「記憶についての語りかた、記憶についての質問のしかたは、たやすくもとの記憶の一部となってしまう」と述べている(Spence 1982, p. 89)。ベルナールの技法は、まさしくこの過程を取り込んでいるように思われる。彼の話し方と問い方は、ある特定の内容(比喩的な聖書的言説)をある特定のジャンル(権威をもった説教)で形づけたものである。これに基づいて、過去の記憶を現在のプログラムの要求に合うように変えていく共同作業が進められるのだ。

ルクレールは、成人の新加入者のみが「性愛の実際の知識」をもっていたと考えているようだが(Leclerq 1979, p. 14)、それは事実ではない。初期のベネディクト派修道院で育てられた子供たちも、この知識をもっていた。だが、彼らの場合、性愛の危険は、忌避のルールと、それを援護する厳しい罰の助けを借りて、体験の条件を管理するように努めることで対処できたのである。たとえば、一一世紀において、「聖職者や修道士が子供や若者を誘惑した場合、罰として勧告されたのは、公開での鞭打ち、剃髪の取り消し、六ヵ月の鎖と手錠による拘束、そして週に三日の晩課までの大斎であった。このあと、さらに六ヵ月を厳しい監禁のもとで独居房に隔離されて過ごすことになる。中世のより古い時代の贖罪規定書においては、若年の性行為の罰ははるかに軽かった」(McLaughlin 1975, p. 171)(また、Payer 1984を見よ)。体験の条件を管理するこうした試みは、記憶の構造を転換させようというベルナールの試みとは対照的なのものである。

(性的逸脱を含めて)危険を文化が定義し、それを忌避する規則を未開社会は護っている――。一九世紀以来、このように定義された忌避について、様々な理論化が行われてきた。これに関してはシュタイナーの重要な、しかし顧みられることのなかった、死後に出版された研究がある(Steiner 1956)。彼が批判的分析を施したのは、まず、一八世紀のヨーロッパにおける「タブー」(超自然的な危険の恐怖に基づく儀礼的忌避)の発見、次に、これに対するビクトリア時代の人類学者と心理学者の解釈である。タブーは単一の制度をなすものでも、単一の種類の問題を提起するものでもないと彼は論じた。しかし、この批判の成果として、一つの積極的結論が下された。彼は、危険の社会学なるものの開発を提唱した。(タブー破りによって生じるものばかりでなく)あらゆる危険の状況について、それが文化的に定義され、対処されるやり方を調査する。これがシュタイナーの言う危険の社会学である。原理的に言って、これは転換の可能性を視野に含むものであった。

ダグラスは、シュタイナーから危険の社会学の考え方を引き継いだ(Douglas 1966)。しかし、シュタイナーが信用失墜を図ったタブーの概念については、その名誉を回復させた。シュタイナーのものよりも広く読まれたダグラスの本は、危険の社会学の考え方を、シュタイナーが意図していたものよりも狭めた。儀礼的危険は、今や本質的に汚穢(「場違いのもの」)の危険となった。そして危険に対する儀礼的処置は、いずれも変わらず既存の社会的・心理的・宇宙論的境界線を補強するものとなった。[20] 性愛の霊的危険に対する修道士の対処のしかたが、探究的な、生産的な含みをもつものであったことは明らかである。それゆえ、それは、いわゆる儀礼的忌避についての紋切り型の分析に——危険への恐れと範疇の境界線の補強を強調したがる分析に——簡単に当て嵌まることはないのである。

古いベネディクト会修道院(とくにクリュニー会)の儀礼のプログラムは、クレルヴォー(ベルナールが一一一五年に設立したシトー会修道院)のものとは異なっている。そしてルクレールが描いた再学習の過程は、まさしく後者を前者から分かつものの一つであった。すべての修道院が、性向の形成のためのプログラムをもっていた。どこにおいても典礼は、この形成のための不可欠の要素であった。そして秘蹟としての告白は、この形成過程を試験し、管理する基本的手段であった。シトー会士が典礼（*Opus Dei*）に充てる時間を思いきって切り詰め、管理された手労働《マニュアル・レイバー》（*labor manuum* なお、英語 *manual labor* は通例「肉体労働」と訳される）にいっそうの重点を置いたことはよく知られている。しかし、こうした編成替えを通じて、シトー会のプログラムは、様々な種類の労働を敬虔な訓練として再構成し、典礼に近いものに変えたのであった。労働――経済的な生産労働も含めて――は、儀礼となった。つまり、道徳的転換を目指すプログラムの適切な一部となった。シトー会士は、クリュニー会の豊かな典礼をキリスト教の徳の形成にとって――とりわけ謙遜の徳の形成にとって――不適切なものであると評するようになった（Knowles 1955 を見よ）。

こうした歴史的再編を見て分かるのは、プログラムを構成するテクストは様々に読むことができるということである。だが、大事なことは、読み替えは勝手になされたわけではないということである。それを決める制度的条件があった。実際、新たな訓練法が確立されたからこそ、新たな読み方が権威あるものとされた――その逆ではなく――と論じることもできるのである。

手労働《マニュアル・レイバー》と謙遜の徳

シトー会を出現させた一二世紀の「修道院の信仰復興《リバイバル》」については、歴史家が多くのことを書いている。修道の規律＝訓練を再組織化するこの運動の際立った特徴は、それが清貧と手労働の観念を重視したことである。多くの学者は、手労働に対する新たな考え方のうちにあるイデオロギー上の変更を見てとっている。私たち近代世界の人間になじみ深い合理的組織の発展にとって、極めて重要な変更である。ある歴史家はこう主張している。「万人に、金持ちにさえも、労働の義務のあることを宣告し、手労働の地位を復権し、修道院の実例をもって愛徳の、無私の、労働の多様性と交替の便益を証明することで、聖ベルナールは、理想の組織の見取り図を、合理的な生活のプログラムを描いた」(Vigne 1928, p. 585)。最近ではデュビが、彼の封建イデオロギーの衰退に関する研究のなかで、クリュニー会士など古いベネディクト会士と違って「シトー会士は、他人の労働に頼らずに生きることを選び、領主的生産様式から抜け出した」と書いている(Duby 1980, p. 222)。シトー会のプログラムのなかで、労働の占める位置は、正確なところどうあったのか？　本節では、とくに規律=訓練に目を向けながら、しばしこの疑問に取り組んでみようと思う。

古いベネディクト修道会のプログラムも、シトー修道会のプログラムも、修道院長の絶対的権威に服する修道共同体のために書かれた聖ベネディクトゥスの『戒律』を中心に構成されたものである。『戒律』の第四八章、「日課の手作業」の章の冒頭にはこうある。「怠慢は霊魂の敵である。それゆえ、修友は、時間割に従って、手作業か聖なる読書に就くものとする」(邦訳一八八頁参照)。次いでそれは、聖務(*Opus Dei*)の時課のあいだに労働と読書とを割り振っている。『戒律』が、霊的な視点から、手労働を怠慢の危険を避けるための手段と見ていることは明らかである。労働が聖なる読書と同じところに分類されるのはそのためである。クリュニー会士は、典礼(*Opus Dei*)に力を注ぐことで、この危険に対処しようとした。改革派のシトー会士が清貧と謙遜の名において糾弾したクリュニーの華麗な典礼は、本質的に封建的な性格をもつ生産システムに依存するものであった(21)。

クリュニー会が獲得した農地は、直接寄贈されたものであれ、交換によって得たものであれ、通例、すでに農民が隷属している土地であった。隷属農民は、それゆえ、修道院の絶対的財産となった。未墾の土地に一定期間小作人を住まわせ、開墾させることもあったが、この場合、合意の期間が過ぎれば、修道院と借地人とでこれを分割することが了解されていた(Evans 1931, pp. 14, 15)。他の封建的財産と同じく、クリュニー修道院の財産は、一部は(隷属農民が耕す)直属地より、また一部は(農地の、あるいは教会などの)地代より成り立っていた。こうした制度により、修道士は、自分たちと使用人の食糧や馬の飼料、そしてまた様々な日用品(衣服、薬味、書籍などなど)を買うための、また普請のための貨幣を直接得ることができた。

シトー会士は清貧と俗世からの分離を強調したが、よく知られているように、これはクリュニー会の贅沢な、儀式重視の生活とは対照的なものである。そして、生産に関わる財産のあり方もまた異なっている。シトー会の財産は、「付属農場《グレンジ》」と呼ばれる耕作単位よりなっていた。各付属農場は、実質的に直属地として管理されていたが、農業労働は、修道会の内部からの調達によるものであった。ここに重要な相違点がある。古いベネディクト修道院と異なり、また、典型的な世俗の荘園と異なり、シトー会士は借地人の労働を搾取することも、地代を取ることも――少なくとも初めの数世代は――なかったのである(Postan 1975, p. 102)。

シトー会の創設者らの狙いは、彼らが『戒律』の純粋性と考えたものを再建することにあった。しかし、清貧に、また世俗からの分離に徹することによって、彼らは、特殊な農地保有と手仕事の概念を生み出した。消費を減らし、聖職者の法的特権を放棄するという意図から典礼の簡素化と短縮が行われたが、これらはすべて清貧と謙遜のためであった。「司祭職に伴う十分の一税などの貢租、聖職者の権利と特権、(隷属農民)階級の労働からの収益」はみな、「教会の正統的伝統が打ち建てた法に反する横領」である――シトー会の創設者らはそう考えた。「この立場からすると、教会財産でさえ〝この世の富〟をなすものであり、それと同様に放棄されなければならないものなのである」(Leclercq 1966, p. 27)。

しかし、この十分の一税、地代、奉仕の放棄は、(22)生計の安定確保のために生産労働をどう組織化するかという問題を引き起こした。この問題は、修道会に平信徒を招き入れることで解決された。この制度のもとで、修道士は、修道士とは異なるものの「あたかも修道士のように遇された」ところの「信徒修道士《レイ・ブラザー》(助修士)に助けられた」(Leclercq 1966, p. 27)というのは、決して正しい言い方ではない。助修士は、修道禁域(修道院中の修道士のみが使用する生活区域)ではなく、そこから離れた耕作地で生活した。彼らは、修道士と同じ時間割に従うことはなく、同じ規律＝訓練に服することもなかった。禁域の修道士からの定期的援助を受けつつ、基本的な農業労働に携ったのは助修士である

(Lekai 1977, p. 367)。ロールが述べているように(Roehl 1972, p. 87)、助修士が守るべき休養と大斎の日数は修道士よりも少なく、逆に食糧の割当は多かった。いざ自らの修道院を建ててみると、シトー会修道士自身が畑に出て過ごす時間の量は、自らの生計のためにさえ不足していた。ましてそれは、後代彼らが貯め込んだ莫大な富を生み出すようなものではなかった。

とはいえ、シトー会の修道士が行った生産労働の(あまり高くない)割合ばかりが興味深いのではない。修道院における労働概念の変化が関心を引くのである。先に見たように、この問題に対する歴史家の典型的な議論は、一二世紀中に手労働に付与された新たな価値をめぐって展開されたものであった。ここでまた、この同じテーマに関して、別の歴史家から少し詳しく引用してみたい。

この時代のいくつもの重要問題をめぐって、参事会員《キャノン》と修道士《モンク》とが論争を繰り広げるなか、活動生活と観想生活の対立が再び明らかになってきた。理論的平面においては、マルタ(観想生活に対して活動生活を代表する聖書の人物)の復権があった。実践的平面においては、手労働が、カルトゥジオ修道会や、とくにシトー修道会とプレモントレ修道参事会において、栄誉ある地位を回復した。もちろん、伝統は影響を及ぼし続けたし、変化に対する強力な抵抗も現れた。それでも、諸々の新たな修道会の創設は、何かが変わったことを明らかに告げている。ベネディクト会の精神に何か変化が起こったのだ。さもなくば、こうした新しい規則などどうして必要であったろうか？　もちろん、手労働の流行にいらだちを見せるドイツのルペルトや、聖ベルナールの攻撃に困惑気味のペトルス・ヴェネラビリスのことを指摘することもできる。両者とも、聖ベネディクトゥスを引いて、推奨されるのが義務ではない手労働は、霊的生活のただの手段であって目的ではないと指摘した。だが、労働に対するこの新しい精神的態度が、実践を通じて決定的な発展を遂げつつあったことについては、どの方面からも豊富な証拠が得られる。……贖罪のための労働という概念は、救済の積極的手段としての労働という概念に取って代られたのである(Le Goff 1980, pp. 114, 115)。

「清教徒倫理」の先駆？　近代資本主義の特徴である「合理性」の起源？　それが何であれ(そしてすでに幾人かの歴史家はこれらの問いに肯定形で答えている)[23]、私がはっきりさせたいのは、手労働に帰せられるイデオロギー的な価値ではなく、修道の規律＝訓練の経済策における手労働の役割である。かつて労働が贖罪行為と考えられていたとしても、だからといって贖罪行為が救済の手段でなかったと考えるのは誤りであろう。贖罪行為はいつも救済の手段であった。変化はむしろ、手労働の概念が、キリスト教的徳を――とくに謙遜の徳を――育成するシトー会のプログラムにおいて重要な位置を占めるようになったことのほうにあったように思われる。しかし、ここから、何か手労働一般が他の種類の活動よりも高い価値を置かれるようになった、という結論は出てこない。クリュニー会では、衣類の繕いと洗濯、パン焼き、料理、写本の筆写のすべてが手労働と見なされていた。しかし、これらのうち最初のものは、とりわけ低級なこととされていたので、通例は使用人の賃金労働に任されていた(Evans 1931, p. 87)。シトー会士にあっては、手労働の効用はまさしく屈辱にあるのであって、経済的道具性にあるのではない。

たとえば、一二世紀の末にあるシトー会士〔プリュフェニングのイドゥング〕によって書かれた*Dialogus duorum monachorum*『二人の修道士の対話』なる書では、クリュニー会士とシトー会士が手仕事をめぐって議論する。前者が、クリュニーの修道士は自分の手で仕事をする(とくに写本の筆写のことを指している)と主張したのに対し、シトー会士は侮蔑の調子をもってこう答える。「金を砕いて粉にする。巨大な大文字を金粉で飾る。無用な徒仕事にあらずして何であろうか。あなたたちの仕事は、必要なものであってさえ、〝戒律〟の定めるところに反している。〝戒律〟が仕事に割り振った時間に対し、あなたたちは何の顧慮も払っていないからである」(Idung 1977, p. 93)。なるほど手労働といっても様々である。そしてシトー会のプログラムの場合、事の要点は、手を使う仕事がそれ自体として心で行う仕事よりも立派だということではなかった。修道の実践の目的は、『戒律』が規定する規律＝訓練を通じて謙遜を現実化することにある。大事なのはここであった。この尺度からするならば、豪華な写本を拵えることは、こうしたプログラムのなかに納まるべき場所を持っていない。それは有用な、実入りのよい仕事ではあったし（写本は売買された）、手を使ってなされる仕事ではあったけれども、だからといってそれの価値が高まるわけではなかった。

どの社会においても、当然、様々な種類の仕事が様々な評価を受けている。しかし、古代、中世、近代を問わず、あらゆる階級社会において、生産の基本的手段を支配する者たちは、いつも、他者の仕事を監督することのほうが自らの手で働くことよりも優れていると考えてきた。平信徒の労働を利用する権力をもつ教会領主として、このことはクリュニー会士に劣らずシトー会士にも言えることである。どちらの会も、従属者の労働を支配していたし、よしシトー会の創設者が労働している村人から賃料を受け取らなかったとしても、彼らが手作業労働者を高く評価していたからでは決してない。反対に、近代の植民者と同様に、彼らはすでにいる耕作者を邪魔者扱いしたのである。

隷属民であれ自由民であれ、小作人に用のない彼らは、ときおり、付属農場《グレンジ》をつくるために既存の村落を破壊した。住んでいた農民は、立ち退いて他の場所に移り住んだ。一二世紀の風刺家ウォルター・マップは「彼らは村と教会を破壊し、土地から貧しい者たちを追い払う」と告発したが、イングランド北部のシトー会領の村落の調査は、この言葉の正しさを証明した。自ら働ける（管理できる）地所を求めることで、彼らは多くの処女地を手に入れることができた。しかし、それがかなわないときには、何のためらいもなく住民を追いやって、自分たちの求めるような地所の創出を図った。農民がどう申し立てようと、荒野の探求は頑として実行された（Lawrence 1984, p. 162）。

修道士(ほとんどが上流階級の出身者である)と小作農民との精神的距離は、シトー会士においてもなお画然たるものであった。修道会の外部では、農民は居てはならなかった。必要とあれば、追い立てさえ行われた。修道会の内部では、農民は助修士(*conversi*)の地位を獲得し、修道院全体の物理的存続に必要な労働を遂行した。修道院は有機的全体と考えられていたので、『戒律』の形をとった法は、有機体の全体に適用された。手労働の規定は、明らかに、共同体の全体がそれに従ってはじめて満足できるような規則であった。

だが、謙遜は本質的に徳である。それゆえそれは、共同体の能力ではなく、個人の魂の能力である。ここに難点がある。手労働という訓練によって、謙遜の徳を育み、遂行するべきだとしても、この徳は、シトー会士の全員に入手可能なものではなかった。[24] 手労働をもっとも多く行った者は、謙遜をもっとも多く身につけたはずである。だが、逆説的に、謙遜な(卑しい)仕事をもっとも多く行った者たち(*conversi*)は、もっともしばしば反抗した者たちであった(Southern 1970, p. 259)。その理由の一つは、恐らく、隷属民出身者として知られている者たちを、隷属的な労働によって謙遜にすることは出来なかったためであろう。なぜなら、当の初めから実質的にそれが彼らの定義であったからである。しかし、そうした労働を通じて彼らをいっそう搾取することならば出来たのであった。

それが望ましい効果を上げることをもって手労働を高く評価するというだけでは明らかに不十分である。それゆえ、共同体の個々の成員が謙遜の徳を学び、実践することができる訓練の十全なプログラムが必要なのである。日々の農業労働に追われる助修士は、こうしたプログラムの対象からは外されていた。

儀礼と服従《オベディエンス》の訓練

修道共同体における訓練のプログラムの一貫した必要条項とは何であったろうか。この問いに答えるために、まず、二つのプログラム的言明に目を通すことにしよう。一つはサン・ヴィクトルのフーゴーによるもので、そこでは秘蹟に関する教理が展開されている。それによれば、秘蹟の儀礼は、キリスト教徒が謙遜の徳を学ぶための基礎的実践と見なされるべきものである。もう一つはクレルヴォーのベルナールによるもので、『戒律』における法を説明したものである。それによると、修道士は修道院長に対する継続的服従を課せられている。ここで注意しておきたいのは、この二つの文書が、「実生活」に対立する単なるイデオロギー的言明ではないということである。それは、修道プログラムの実行方法を決定ないし改革しようと試みている実践的宗教家からの言説的介入である[25]。こうした言説化の作業を通じて、はじめてプログラムの意図は統一的なものとなり、(一時的にも)一貫した方策が立てられることになる。このような権威をもった解釈がなくては、一貫したプログラムは成り立ち得ない。

フーゴーは、修道参事会員[26]であったのみならず、一二世紀におけるもっとも影響力ある神学者でもあった。彼は同時代人の教理を活用しているが、そのなかにはクレルヴォーのベルナールも含まれている。次に私は、*De sacramentis christianae fidei*(『キリスト教信仰の秘蹟について』)として知られる彼の主著を取り上げて、そのいくつかの側面を少し詳しく調べることにしたい。私が取り上げるのは、とくに第一巻の第九部である。

秘蹟とは何か？　フーゴーは、この問いに対する彼の解答を、「秘蹟とは聖なるものの記号である」という伝統的な定義を考察するところから始める(Hugh of St. Victor p. 154)。この定義では不十分であると彼は論じる。なぜなら、聖書の言葉や彫像や画像は、みな秘蹟ではないが、聖なるものの記号であるからだ。彼が提出するよりよい定義はこうである。「秘蹟とは、ある不可視の霊的な恩恵を、類比によって表象し、制度によって表明し、聖化によって内に含む、外的に感覚作用へと差し出された身体的あるいは質料的な要素(言葉、身振り、道具)である」(p. 155)。たとえば、洗礼の水は、身体から不浄物を洗い流すことで魂からの罪の洗い流しを類比的に表象し、このことを、キリストが実際にそれを創始したことによって信者に表明し、洗礼を執り行う司祭の言葉によって聖化される。この三つの機能は――とくに表象の機能は――自明のことではないから、真の意味を管理する者によって認定され、説明されなければならない(27)。

したがって、フーゴーによると、秘蹟とは、権威によるその基礎づけの瞬間より、類像《イコン》のように想起的に作用するシニフィアンとシニフィエの複合的なネットワークなのである。この類像が意味するものは、すでに参与者の心に現在している。それは過去の方向では彼らの記憶を指し示し、未来の方向では正しく訓練されたキリスト教徒としての彼らの期待を指し示す(28)。「それゆえに」と、彼は他の箇所で書いている。「ただ可視のもののみを見る不信仰者の目は、救済の秘蹟をあがめることを軽蔑する。なぜなら、彼らは、これのうちに外部の可視的形象の内にある軽蔑すべきもの(つまり、教化されていない感覚機能にも感知できるもの)のみを見て、内部の不可視の徳と服従の成果とを認知しないからである」(p. 156)。秘蹟が成り立つためには、それが主に喚起と認知の働きを実現できるような、心の枠組が必要である。一方、この枠組が働くためには、認知的パターンと欲望のパターン――概念が構造化する感情のパターン――が先に存在していなければならない。こうしたパターンは、キリスト教徒の規律＝訓練を通じて時間をかけて作り上げられるものである(29)。

したがって、フーゴーにとって、儀礼が表象するものと、参与者の経験とのあいだには、いかなる直接的対応関係もない。彼が、儀礼は内的状態の表現あるいは表象であるとは考えていなかったことは明らかである。しかしまた、彼は単にそれを文化的意味を担う「限定コード」だと見ているわけでもない。やがて分かるように、彼は儀礼を、(過去と未来の両方向において指向する)記号と性向との動的な関係というふうに考えている。すなわち、その正統的な意味を確保するために権威ある言説によって規制され形成されなければならない構造というふうに見ているのである。

秘蹟の儀礼を定義したのち、フーゴーは、彼の説明の次の部分に進む。「秘蹟は、三つの理由のために制度化されたことが知られている。辱めのため、教示のため、修練のためである」(p. 156)。フーゴーの説明は、これらは三つの別々の機能ではなく、単一の実践的過程の三つの相であることを明らかにする。では、順を追って見ていくことにしよう。

なぜ辱めなのか？　高慢によって神に従わなかった人間は、今や生命のないもの、秘蹟の質料的要素に自らを委ねなければならない。本性上それは、創造の体系において人間の下にあるものである。「実に、理性ある人間が、話せず感覚をもたぬ要素より、基礎において優位にあることを知らぬ者はいない。だがなお、この同じ人間が、自らの服従の徳を試みるために、これらのなかに自らの救いを求めるように命じられているのであれば、これは上に立つ者が下にある者に服すること以外の何ものであろうか」(p. 156)。

自らの服従の徳を試みるため――。このように、フーゴーによれば、学ばれるべき、そして学ばれることにおいて実証されるべきものがある。では、この教示とはどういうものなのか？　人間は、自らの感覚の証拠を、この証拠を理解するための方法へと連絡することで、権威ある者から、自らが触れかつ見るものの価値を認知することを学ぶ。「そしてこれによって、彼が失った不可視の善きものが彼に返されるあいだ、その同じものの意味が、外部において、可視的形象を通して与えられる。彼がその外部において刺激を受け、その内部において回復できるようにである。また、彼が、自らが触れかつ見るもののなかに、自らが受け取ったが見ないものの本性が何であるかを認知できるようにである」(p. 157)。

なぜ修練なのか？　なぜなら、とフーゴーは言う。盲目の欲望の原理そのものである人間の罪ある肉体は、一瞬には、あるいは一つの継続的な活動を行うとしても、知覚可能な物のなかにある徳を把握することはできないからである。それゆえ、人生の全体を差異化し、人生の出来事を分割する必要がある。かくして、識別力の修練と規律ある実践的作業を行うことによって、真実を認知し、徳を実現する正しい性向を段階的に形成するのである。構造化された差異の世界は、天地創造以来、摂理によって獲得可能である。

時間は分割され、場所は区分され、物の形象は提示され、務めと業とが実践されるように命じられた。外なる人が内なる人に薬を調合し、彼に従い、彼の役に立つことを学ぶためにである。なぜならば、人生がまず二種類の修練――ひとつは利益へ向かう修練、もうひとつは悪徳へ向かう修練、すなわち本性の利益へ向かう修練と罪悪徳へ向かう修練、すなわち一方は持続へ向かう修練、他方は破滅へ向かう修練――を経てきたのであれば、第三の種類の修練もまたここに加えられるのは適切なことであったからである。第三の種類の修練によって、先の二つのうちの一つをその有害性ゆえに取り除き、他方をその不十分性ゆえに完全化するのである。したがって、徳の業が、内なる教化を遂行するために、外なる人に対して提示された。かくして彼は、それらの業に専念することによって、非道な業を決して自由にはできなくなり、必要な業のためにも常に自由ではなくなるのである(p. 158)。

彼の差異の世界が記号の抽象的構造でもなく、シニフィアンの無際限な働きでもないことに注意すべきである。それは、実践作業によって育成される諸々の能力――人間の一般的能力ではなく、特殊的にキリスト教徒的な能力――の集合である。それらのうちでもっとも重要なものは、服従を志す能力である。

フーゴーにとって、辱め、教示、修練が秘蹟の定義にとってどれも本質的なものであることは、極めて明白なことである。「それゆえ、これは――人間の辱め、教示、修練は――あらゆる秘蹟の制度の三重の原因である。もしこれらの原因がなければ、秘蹟の(質料的)要素は、秘蹟では――すなわち聖なるものの道具の記号では――少しもあり得ないだろう」(p. 159)。ここで再び、フーゴーが、辱め、教示、修練の過程に影響する秘蹟の記号の建設的な役割を強調していることに注目されたい。

この問題に関するフーゴーの見解は、次のようにまとめられる。㈠純正さの回復をめざすキリスト教の儀礼にとって、意志の行いとしての服従は、その前提条件でもあり、それが常に伴う付属物でもあり、その究極目標でもある。ここを確保するものが辱めである。㈡権威に服することによって、感覚的証拠の組織のしかた、教化されざる目が見ないものを見る方法、そして欲望の形成のしかたを学び、徳(および真実)と悪徳(および誤謬)との区別がつくようになる。ここを確保するものが教示である。㈢キリスト教徒の意志を形成するには、差異化の実践が必要である。つまり、神の法に合わせて、従うべきものと避けるべきものとを学ぶのである(神の法は代理人によって伝えられるが、修道院では、院長がその代理人である)。ここを確保するものが修練である。

この学習は、つねに欲情《コンキユーピセンス》に由来する抵抗の要素に出会う。それゆえ、この過程がうまく機能するという機械的保証はない。成長する自己が社会的なものでもあり、また非単一的なものでもあるのは、このためである。自己は容赦なく分割される。学習が進行するためには、自らの本質的部分であり続けるものからいつまでも分離し続けなければならない。それゆえ、キリスト教徒にとって、服従の徳とは、単に権威的人物との同一化を図ることによって構築されるものではなく、断片化した自己の内部における不安定な異化によって構築されるものである。移行の過程としての社会化の概念を用いても、徳の獲得の過程を適切に記述できないのは、ひとつにはこのせいである。

この学習の過程において、秘蹟は単独で存立するのではない。「キリスト到来以前であれ、以後であれ、当初より救済の獲得に必要であったものが、まさしく三つある。すなわち、信仰、信仰の秘蹟、善業である。これらは互いに密着しているので、同時に作用するのでなければ、救済の効果は得られない」(pp. 164, 165)。フーゴーにとって、儀礼とは、服従的な意志の構築のためのプログラムの相なのであった。そして、このプログラムの中心にあるものは、キリスト教徒の意志を試し、彼の業を裁き、義とする告白の秘蹟である(これについては次の節で確かめる)。

秘蹟についてのフーゴーの議論は、もちろんただ修道院の生活のことだけを考えて展開されたものではないが、修道院の生活にとくに当てはまるものである。なぜなら、服従的な意志を構築することを目指すこの修道院のプログラムは、秘蹟の儀礼の遂行を通して、またそれを中心にして組織されたものであり、また、修道院の閉鎖空間において、また修道院長の絶対的権威下において、もっとも効果を上げるものであったからである。

フーゴーのこれらの著作は、規律＝訓練を総じて過程と捉える考え方をはっきりと示している。しかし、他のどの修道のプログラムとも同じく、ここには一つの緊張関係が認められる。すなわち、徳の学習ないし修練という概念と、法の尊重ないし遵守という概念との緊張関係である。両概念とも、中世キリスト教の規律＝訓練の概念に含まれるものである。徳との関係では、何か欠陥があるとき、それを本人に内在する何らかの無能力として記述することができる。たとえば、狭量な行為とは、自己の社会的役割に見合うだけの寛大の徳性を遂行しそこなった者の行為であるというふうに。しかし、法の文脈からするならば、欠陥とは、外的な(つまり超越的な)規則を参照することによってそれと決められるものである。逸脱が逸脱となるのは、何かを命じたり禁じたりする法に従わないがゆえにこそなのである。法が要求するものと、徳を修めるための条件が要求するものとは、必ずしも両立しない。だが、クレルヴォーのベルナールは、一一四二年にまとめられたプログラムのテクストにおいて、まさにこの両立を目指している。

De praecepto et dispensatione と題された修道士の服従に関するベルナールの論文は、速やかに、この論題に関する権威ある説となった(Leclercq and Gärtner 1965)。彼は、聖ベネディクトゥスを修道士とキリストとの特別な媒介者とする伝統的な考え方に立って、議論を進めている。聖ベネディクトゥスは、修道士にとっての父のような模範であり、彼の『戒律』は修道院の共同生活の原型的《マスター》プログラムであった(*regulae* ... *magistra vitae*)。修道士にとって、聖ベネディクトゥスに従うとは、『戒律』に忠実に従うということである。だが、修道院長には、『戒律』の完全性を

護り、修道士たちに遵守させるという役割もまた課せられている。この役割に関しては、院長はまた、修道士からの絶対的服従を受ける資格がある。修道院においては、彼はキリストの代理なのである。したがって、『戒律』は、徳の修練を積むための生活のプログラムの中心的テクストでもあり、修道士の全員が無条件に従わなければならない法的共同体の基本法でもある。そして修道院長は、慎重な教師であると同時に、厳格な法の擁護者でもある。この矛盾を解決するために、ベルナールは、服従の規範を定めるのは『戒律』であるということ、そして修道院長に服従を要求する権利を与えるのは『戒律』のみであるということを強調する。修道院長は、『戒律』が禁じることを命じることはできないし、『戒律』が命じることを禁じることもできない。それゆえ、規定に従う修道士は、命令を発する院長の意志と同じ意志を——神の法に従うという意志を——表明することになる。このように、徳にかなう服従は、「共通の意志」を前提とするものであり、また、それをもたらすものでもある(Leclercq and Gärtner 1965, p. 51)。

いずれにせよ、これは一つの定式化である。別の形で定式化されたものによれば、修道院長は歴とした主導権を握っている。すなわち、『戒律』の要請と禁止が判然としない問題に関して、解釈の主導権をもつのは院長である。『戒律』それ自体、修道院長と争おうとする修道士のいかなる徴候も罰されるべきことを極めて明瞭に書いている(第三章)。解釈をめぐって不一致があるとき、修道士の服従の義務は、「共通の意志」を構築しない。争おうとする意志をそれは抑制する。修道士の服従の本性に関するベルナールのこの判断は(この論文自体は、他の修道院の修道士たちより慎重に問い合わせがあった係争中の疑問点に対する返答であった)、自発的服従を創り出す条件ではなく、それを正当化する条件を述べたものである。だが、厳密に言って、自発的服従の実践者は、正当性の根拠を求めたりはしない。疑われた正当性の根拠を求めるのは、法の擁護者の方である。そして不服従な行為をもって疑いが発せられたときには、彼は法の権力を擁護するために、逸脱への復讐を求めなければならない。

ところで、不服従を罰することと、自発的服従を創り出すこととを同時に行う場がある。悔悛《ペナンス》の秘蹟である。そこで次に、この儀礼の構造を詳しく見てみることにしよう。

修道士の服従の構造と悔悛《ペナンス》の儀礼

規律＝訓練《ディシプリン》とは、他動詞的(修道院内外の権威による正しい秩序の維持)でもあれば、自動詞的(修道士による正しい行動の学習と徳の修練)でもあるような過程である。この訓練の過程の各相は、それぞれ二つの機能に依存している。㈠継続的な監視と㈡断続的な矯正である。すでに見てきたように、修道院生活の全儀礼は、キリスト教徒の徳に適う変容をもたらす手段であった。そうした儀礼のなかで、中世の修道院を舞台として開発された悔悛の秘蹟は、独特の位置を占めている。なぜなら、悔悛の秘蹟は、監督と矯正という訓練の二つの機能をともに受け持つからである。それゆえ、修道士の生活に目を向けるならば、悔悛《ペナンス》(告白《コンフェッション》)の秘蹟は最重要の儀礼である。そして、修道士の服従に関して言うならば、それは主要な技術《テクニック》である。

シトー会は、若年者および成人に対して入会に限定を設けた。すでに注意したように、これはクリュニー会との顕著な違いの一つである。この規則の一つの帰結は、修練期が従来のベネディクト系修道会におけるよりもはるかに重要な意味をもつようになったことである(Knowles 1963, pp. 634, 635)。この見習期間中に、修練者(*novice*)は、振る舞い方と性向とを注意深く訓練される。これが終ってはじめて、正式の修道士としての地位を与えられるのである。限定された区画への監禁(区画の内部でも、時間ごとに特定の場所に留め置かれる)は、規律＝訓練のための最良の条件となった。監禁状態が監督と矯正の機能を促進したことは明らかである。それゆえ、修道院におけるこの監禁は、服従を成立させるための前提条件、宗教生活の実践のための意図的条件だったのである。

互いに緊密な関係のある *carcer*〔閉じられた場所、囲い、牢獄〕、*claustrum*〔閉じるもの、錠、遮断物〕、*clausura*〔錠、城塞〕という語は、古典古代より強制的監禁という概念を担っていたが、中世の文献においては修道院の宗教生活を指すのに用いられた〔*carcer* は隠修士の独居房、*claustrum* は修道院の僧房、*clausura* は修道院の禁域〕(Leclercq 1971)。それゆえ、修道士の生活と聖職者の生活のそれぞれの長所をめぐる一二世紀の論争においては、「監獄用語」がはっきりと用いられている。だが、監獄としての修道院生活という概念が喚起されたのは、論争的な著作においてのみではない。クレルヴォーのベルナールは、自らの修道士に向けて行った説教において、熱烈にこう断じている。

かくも多くの若き者たち、かくも多くの青年たち、かくも多くの高貴な者たち、つまりここ、扉の開かれた監獄にいるすべての者たちを見るのは、何という奇跡であろうか？　彼らはいかなる綱で引きとめられているわけでもない。彼らはただ神への恐れによってのみここに繋がれているのだ。ここで彼らは、人間の本性と徳とを越えるほど、自らの性癖に逆らうほどの厳格さをもって、悔悛を護り抜く。……これは聖霊があなたたちとともに生きていることの明白な証拠以外の何ものであろうか？(Leclercq 1971, pp. 413, 414 に引用)

キリストを模倣するために、自分自身を監禁する(キリスト自らが「人のからだに拘留された」者であった)。そして、修道院長への服従の誓いをもって、この閉じられた生活を始める――。だが、これだけでは、自発的服従が厳密に言ってどこまで及ぶのか、いつも判然というわけにはいかない。不満を抱く修道士は、ときに修道院から修道院へと逃げ移った。修道士と修道院長が争うことも、決して見出せないことではない。それは暴力沙汰や殺人にまで及ぶこともあった(Dimier 1972 を見よ)。だが、意見の食い違いが公然たる反抗となって噴き出さなかったとしても、「真の服従」を何と捉えるかは、やはり微妙で重要な問題であった。関心の焦点は、ここでも、単なる法的義務の遵守ではなく、罪に陥るのを避ける方法を知ることにあった。それゆえ、ただ修道院長に言われたことを行うだけでは不十分であった。服従が徳であり、不服従が罪であるがゆえに、修道院長に言われたことを行おうと欲するのでなければならなかった。ベルナールも知っていたように、それは、主体《サブジェクト》たらんとする欲望の構築という問題だったのである。

この創造的な業を成り立たせる不可欠の条件の一つが、「扉の開かれた監獄」内における継続的な監視であった。すべての修道士が修道院長――キリストの代理であり法の代理である修道院長――の権威に服したが、監視の一点というものがあったわけではない。修道院に存在したのは、注視、試み、学習、教授を可能にする諸機能の全体的ネットワークである。相互監視は全員が行うべきことであったが、これは重大な問題であるから、一般的命令のままにしておくわけにはいかなかった。監視と模倣は相互に結びついた機能であるとされていたので、個々の役割を浮き立たせることが必要となった。

監視と模倣の機能より、さらにもう一つの機能がもたらされる。過失の認定と矯正である。これが服従的な意志を構築するための第二の必須条件である。この過程においては、懲罰が中心的な役割を演じた。このことは、*disci-pline* という語の〝合法的に命じられた折檻〟という用法にも反映されている。だが、罰、すなわち必要な苦痛の受容は、法の擁護を目指すものでもあり、徳への道の矯正を目指すものでもある。中世修道院で行われた悔悛の秘蹟には、この二つの方向づけがともに認められる。

公に過失を告知し、逸脱者を公式に辱め、公開で折檻する。この全過程が毎朝のミサのあとの修道士会議《チャプター》で行われた。(30) こうした演劇的な形で罪を宣告し、罰を与えたのであれば、罪人もそれを見る者たちも恐怖と恥を覚えて当然であると思われるかもしれない。そして、総じてこうした感情ゆえにほとんどの修道士は服従を守ったのだと推察することができるかもしれない。だが、実情はもっと複雑である。公開の懲罰が恐怖と恥の感情を生み出すと考え、恐怖と恥が修道士の服従を維持すると考える――こうした単純な因果関係の主張は間違いのもとである。修道士が閉じられた生活を送ったのは、徳を修練するためであって、屈服を叩きこまれるためではない。このことを強調する必要がある。いずれにせよ、後者が行われたという事例をもって前者の説明とすることはできない。

　私たち近代人が感情《エモーション》について述べるときの語彙は、悪名高き異種混合ぶりである。歴史的に様々な自己の構造の言説より受け継いできたものだからである。感情は、通例自己に降りかかってくるもの（情念《パッション》）であるが、自己が自らの目的を表出する道筋（性向《ディスポジション》）でもある。知的認識とは独立した、知的認識に干渉しうるもの（感じ《フィーリング》）でもあるが、ある種の理解に欠かせぬもの（気分《ムード》）でもある。普遍的な本能的要素でもあるが、文化によって変わるゲシュタルトでもある。[31] ともあれ、私たちが感情と呼ぶもの（たとえば恐怖、怒り、高慢、屈辱、罪悪感）は、修道士の性向に含まれているものであるから、またそれに含まれている限り、いつも修道の訓練の中心的関心事であった。有徳な感情に支配された性向は、悪徳の情動に根ざす性向とは対極に置かれるものであった。[32] 感情が処理される道筋のどこかが、悔悛の構造――性向が監視され、永続化され、あるいは変容させられる儀礼――に反映されている。

　この文脈における決定的な感情は、自責の念《リモース》である。悔悛の文献では、痛悔《コントリション》がこれに当る。自責は情緒でもあるが、また知的認識の過程でもある。認識が情緒を構造化するのである。自分は罪を犯したとの概念をもつことで、感情は特定の形態を与えられる。それゆえ、この感情は、性向の変化の原因ではなく、その状態である。逸脱者の抱く自責の念は、修道共同体への復帰（和解）の十分な理由となるとしばしば考えられてきた。修道士が自分は罪を犯したと理解した瞬間に、つまり自らの情緒を罪の知覚へと言語化した瞬間に、自責の念が形成される。かくして自己矯正の欲望が発動できるようになる。悔悛（苦行などの贖罪行為）が機能的に狙っていたものは、自責の感情が現れ、罪を繰り返さないという決意が現れるのを促進することである。だが、自責の念はときに悔悛に先立って現れる。この場合、自責は、思考、言葉、行為のいかなる秘密の過失であろうとも修道院長に私的に告白する動機となる。公の罪の公開の告発とは異なって、告白（すなわち自己告発）は、会議の席上ではなくて、別枠の時間において行われた。この場合はもちろん、悔悛の機能は先の場合とは異なるものであっただろう。それは、逸脱者に今後罪をもたらす不幸を避けるよう決意させることとは別のものであっただろう。悔悛の儀礼における二つの対照的な構造は、上の表によってはっきりとする。

一　過失	一　過失
二　公開の告発	二　自責の念
三　悔悛	三　自己告発（私的な告白）
四　自責の念	四　悔悛
五　和解	五　和解

どちらの場合も、過失に始まり、和解に終っている。しかし、二つめの場合の自己告発に続く悔悛は、本質的に、破られた法の償いの役を演じるものである。逆説的なことに、悔悛を含む段取りが歴然と懲罰的法廷に似ているほうが、悔悛は「霊的な療法」の概念（性向を正すための適切な心理的状態の創出の概念）に近くなる。なぜなら、正しい性向は、個人的な徳の学習にも、秩序ある共同体生活にも必要なものであると考えられているからである。法の要求と徳の形成というこの対照は、悔悛の秘蹟の歴史から分かるように、一二世紀の根深い神学論争の淵源であった。

この表に示されていないことがある。過失が罪であるとき、それはまず第一に、神の法に対する違反である。それゆえ、逸脱のために法によって引き離された罪人が修道共同体に復帰できるためには、その前にまず、法との和解が行われなければならない。悔悛の行為がまず先で、それによって正しい性向が生み出される場合には、和解は両者と同時になされるものと考えることができる。自己告発のときのように、悔悛が自責の念のあとになされる場合には、和解の二重の機能は分解されることになる。つまり、徳にかなう性向を構築することと、罪を許す神の法の力とは、まったく別の事柄であると考えることができるようになる。後者はまず第一に、法的権利の問題である。すなわち、どのようにして神の力は罪を許す特権を得るのかという問題である。地上における神の法的代理として、聴罪師は、罪の償いが正しくなされたときに悔悛者を許す（罪を赦す（*absolve*））権能を持っている。聴罪師の権能は、二つの鍵（*claves ecclesiae*）〔キリストが聖ペテロ（の後継者である教会）に霊的な権能を与えた象徴としての鍵〕に対する教会の伝統的な要求に由来するものである。それは、締める／開ける権能、悔悛の義務を課す／解除する権能、あの世における神の罰より悔悛者を赦す／赦しを拒否する権能である。

聖ベルナールの同時代人であるピエール・アベラール（アベラルドゥス）は、連続する㈠痛悔の状態、㈡告白と罪の償いを行う意志、㈢正当な刑罰の遂行に続く告白の行為のうちに、かなり性急なやり方で、赦しを認めた。慈悲深い神が悔悛者の意志の誠実さをよしとするときには、当然のように赦しが与えられる、とアベラールは考えた。かくして、謙遜な自己を創り出すことが――なお法尊重主義の枠組に収まるものではあったが――アベラールの悔悛論の中心的論点となった。だが、彼の教理によるならば、「鍵の権能」に基づいて赦しを与える教会の役割は否定されることになる。聴罪師は悔悛の正しい処置（罪の償い）を行うべきことを告げる単なる忠告者である。そう彼は論じた(Luscombe 1971)。この見解――および他の件――によって、アベラールは、クレルヴォーのベルナールの取り調べにおいて異端宣告を受けた。

それにもかかわらず、「鍵の権能」の問題は別として、アベラールの教説は、悔悛についての中世の理論に極めて広範な影響を及ぼすこととなった。それらのなかには、サン・ヴィクトルのフーゴーの理論も含まれている。それは『キリスト教信仰の秘蹟について』の第二巻第一四部にある。フーゴーは、罪の行為がもたらす二重の拘束を識別した最初の理論家である。内的には、強情という拘束がある（意志の状態）。外的には、やがて永遠の断罪を受けることを免れないという拘束がある（法的地位）。自責の念（痛悔）は、背徳的な意志を徳にかなう欲望に変えることによって、内的拘束を自動的に解除する。しかし外的拘束は、聴罪師の罪の赦し《アブソリューション》によってしか解除されない(Poschmann 1964, p. 161)。

これらの理論は、悔悛行為とどのような関係にあるのだろうか？　それらは、聴罪師としてまた悔悛者として悔悛の儀礼を実践したことのある人間が書いたものである。それゆえ、これらの著作は、実践より現れた問題に次々と応答し、実践のあり方に影響を与えたものとして読まれるべきである。それらは、今日で言うならば、社会心理学の範疇を一貫した効果的なものへと鋳直していくために行う、その実践に対する言説の介入のようなものである。悔悛儀礼の正統的形態として定義されるようになったものは、「真の悔恨《レペンタンス》」——概念でも感情でも精神状態でもある——を求め、それに対処するというものであった。それはまた、服従する意志の——それゆえまたその意志をめぐる構造体の——本質的一部をなすものである。

悔悛の顕著な特徴は、単にその矯正の機能にあるのではなく、その自己矯正の技術にある。それゆえ、この儀礼を「社会統制」の観点から記述するのは——少なくともこの言葉を操作的な意味で使うのであれば——、おそらく理解のしかたとして完全に正確なものとは言えないであろう(こうしたやり方を取る学者としては、たとえば Tentler 1974 を見よ)。中世修道院のプログラムの文脈において、法に服従する欲望を創り出したのは、自己に対する訓練の技術であった。しかしそれは当の自己にとって本質的なことだったのである。すでに構築済みの自己を秩序立てるために権威が用いる道具だったのではない。もちろん、悔悛の儀礼がいつもこの目的を達したという保証はない。この儀礼は、修道院の他の儀礼と同じく、(『キリスト教信仰の秘蹟について』においてフーゴーが主張しているように)孤立して存立しているようなものではなかった。それは、多くの偶然的要因によって効果の度合いが変わる一貫した訓練プログラムの一部をなすものであった。だが、少なくとも、世俗社会全体よりも失敗の可能性は少なかったはずである。修道院の外部では、訓練の条件は内部よりもままならぬものであった。

結　論

本章では、中世ラテン世界のキリスト教における宗教的訓練を探究した。私が焦点を当てたのは、修道共同体という枠組内における、権威に対する自発的服従の形成過程であった。章を結ぶ前に、ここで私が明らかにしようとした基本的論点を振り返ってみるのは有益なことであろう。

まず私は、*disciplina*とはどういう概念であるかを概観した。そして権力の二つの形態を区別した。一つは徳の形成に関わるもの、もう一つは法の執行に関わるものである。修道儀礼は、この両者の調和を試みるものであった。次いで私は、クレルヴォーのベルナールの教育技法について論じた。そして、修道儀礼を、神の法の支配下にあるキリスト教の徳を学ぶためのプログラムという観点から分析しうることを示唆した。ベルナールの技法の顕著な特徴は、危険な欲望を(抑圧するのではなく、反対に)キリスト教の徳のために取り込んでしまう点にあった。この修道の企図が全体として狙っていたのは、俗界での自由の経験を抑圧することではなく、そこから宗教的欲望を形成することであった。

よく知られているように、シトー会士は、清貧と謙遜とを重視する修道院運動に携った。そこで私は、手仕事についての彼らの考え方が、キリスト教的服従を身につけるのに必要な謙遜の徳を組織していく上でどのような影響をもったのかを調べてみた。本章のこの部分で私が論じたことは、修道のプログラムにおける労働のもつ訓練としての意味合いであって、シトー会士の土地所有・土地管理のもつ経済的意味合いではない。ましてそれは、西欧の経済的合理性の文明論的起源を論じたものではない(これについてはすでに多くのことが書かれている)。この節において私が出した結論は、手労働を通じて謙遜を確保するためには、その精神的再評価とは別の何かが必要であったということである。つまり、労働から真の謙遜が身につくようにするための訓練プログラムである。それゆえ、次に私が行ったのは、プログラム的言明を二つほど取り上げて、それを詳しく見ていくことであった。それは、一二世紀の修道共同体生活における二人の指導的人物が、謙遜と服従についての理論化を行ったものである。ここでも私は、徳の形成と法への服従という二つの要求のあいだにある緊張関係を強調した。最後に私は、監視と矯正と懲罰の過程を――とくに悔悛の儀礼において構造化されたものを――分析した。この悔悛の儀礼においても、ときに徳の形成と法の擁護との綱引きのあることが指摘できるのであった。

私は、権力とは常に(制度的に対するものとして)対人的なものであると考えているのではない。私はただ、キリスト教の修道の企図によって構築された、意志作用の力の諸相に関心を集中させただけである。私が修道生活に注目したのは、それが中世における宗教の最高の形態であるとされていたことによる。私は別に、修道士の服従があらゆる宗教的権威のまさしく模範であると考えているわけではない。

修道儀礼はある特定のタイプの訓練に属するものであった。そうした訓練を構成していた要素のうちいくつかのものは、のちの時代の世俗的プロジェクトに受け継がれ、変容させられた。中世と近代の社会ごとに規律＝訓練の様式は異なるが、それによってキリスト教儀礼のあり方も時代と場所によって様々なものとなった。キリスト教儀礼が支配する社会生活の領域も、それが関与する自己の構造も、それと結びついた権威ある知のあり方も、それぞれに異なるものとなったのである。[33] かくして、自己卑下の形をとった謙遜を、「正常な」キリスト教が賞賛することはなくなった。近代の世俗の思考と実践は、そのような謙遜を標準的人格障害の一つに分類して、治療を施している。辱めと卑下の儀礼は、今日では患者《ペーシェント》＝受動者の症状であって、能動者《エージェント》の訓練ではないのである。

要するに、儀礼的行動が通常の——すなわち実際的な——行動といつも普遍的に対立する関係にあると考えるのは、宗教が理性や(社会)科学とは反対のものだと考えるのと同様に、理にかなったことではないように私には思われるのだ。時代ごと、社会ごとに、生の領域は様々に分節化されている。そしてその各領域が、それぞれにふさわしい努力のあり方を分節化している。そうした分節は、どのように構築され、管理されているのか。それらが(強制的に、あるいは別のしかたで)変化させられるときに、いったい何が起きるのか——。これらはみな、人類学が研究すべき問いである。しかし、様々な企てや動機を作り上げる様々な歴史的条件というものをまず詳しく復元しようと心掛けるのでない限り、私たちはエージェンシーとは何かを理解しようとしても、それほど先に進むことはできないであろう。

翻訳

第五章　中東における宗教的批判の制約《リミッツ》
——イスラムの公共的議論について——

啓蒙主義における批判理性、国家、宗教

非西洋世界の人間が自らの地域の歴史を理解しようとすると、ヨーロッパの過去のことも調べなければならない。なぜなら、ヨーロッパの歴史に基づいて、世界史《ユニバーサル・ヒストリー》が構築されているからである。この世界史は、非西洋世界の歴史を単に「地域的な《ローカル》」ものと——つまり制約《リミッツ》をもつ歴史と——捉える。現代の政治的イスラムの歴史も、まさしくこのような形で定義されている。

西洋人が非西洋社会の諸伝統に取り組む際にふつう拠り所としているのは、ヨーロッパの啓蒙主義が構成する歴史の場である。彼らは、自らが研究対象とする伝統を、それが啓蒙主義やリベラリズムのモデルからどのくらいの距離にあるかという観点から評価する傾向がある。たとえば、イスラム諸国家は、絶対主義的で、公共的批判の習慣とは縁のないものと見なされるのが普通である。だが、近代初期、絶対主義的な支配者のもとにあったヨーロッパ人は、公共的批判の言説と宗教とをどのような形で結びつけていたのであろうか？

説法よりも記述を心掛ける人類学者は、ある伝統を他の伝統と比較して違いを明らかにするために、個々の伝統を——たとえそれが近代の影響を受けて再構築されるようになっていたとしても——それ固有の観点から考察しようと

するだろう。これが私の考えである。厳密な言い方をすれば、そうした人類学者は、所与の伝統に特徴的な推論《リーズニング》の仕方を理解しようと努めるだろう。彼はまた、個々の伝統を理解しようと心掛けるのであれば、それらに対する個人的嫌悪感を抑える必要があるだろう。さらに彼は、自らが仮定している啓蒙主義的な考えのうちのあるものが、ある特定の種類の――現代世界は概ねこれによって形成されてきたのであるが――推論に属していることを認識するように心掛けなければならない。自らの啓蒙主義的な仮定を、非啓蒙主義的な諸伝統に対する一切の理解のための出発点と考えるべきではない。

この節では、啓蒙主義の推論のいくつかの側面を概観する。主にそれがカントの有名な論文「啓蒙主義とは何か」の中にどう現れているかを見ていこうと思う。近代初期の国家が宗教に課した制約《リミッツ》を明らかにするというのも、この作業の一部である。次節以降は、現代の宗教国家、サウジアラビアで行われている公共的批判についての詳細な解説を行う。結論に至る前に、西洋社会と西洋化しつつある社会との政治的関係に関する批判の営みに関して、いくつか一般的な問いを立ててみたい。

手掛かりとしてカントを取り上げはしたが、私は彼を、啓蒙主義全体を代表する思想家と見なしているわけではない。(1) そのあとで取り上げるサウジアラビアの神学者たちをイスラムの代表者と見なしているわけでもない。ただしこう申し述べるのも、私は次の点を認めているだけである。すなわち、いかなる一片のテクストも、いかなる公認された一組のテクストも――さらにはいかなる一世代の著作家も――、複雑な、発展し続ける討論と議論の伝統を十分に代表することはできない。(2) 伝統を構成する他の諸々のテクストに対し、個々のテクストは利用、抵抗、再定式化、反駁を行う(MacIntyre 1988 を見よ)。あらゆるテクストは一時的なものである(つまり、継時的・共時的な結びつきの中にある)。それゆえいかなる抽出も、部分的・暫定的なものでしか有り得ず、また、特定の目的にしか資することができない。人類学者であれ、歴史家であれ、伝統を調べるにあたっては、一つの特定の方向から迫ることになる。

そして、それぞれの提唱者がとった立場を、出来得る限り彼ら自身の観点において記述するように心掛ける。その伝統にとって歴史的に決定的であったと考えられるもの、あるいはとりわけ今日に関係すると考えられるもの、あるいはその両方であると考えられるもの——このいずれかの記述を心掛けるのである。

だが、以上の点を考慮してなお、カントのテクストが、「市民社会」のある重要な特徴——開かれた、合理的な批判の可能性に関わるもの——の理論化に際して、主導的役割を果したことを認めなければならない。(3) 例えばハーバーマスは、「公共性《パブリック・スフィア》」を歴史的に展望する議論の中で、「啓蒙主義とは何か」を含むカントのいくつかのテクストを論評したとき、これらがのちのリベラルの理論にとって重要な役割を果たしたことを強調している。彼は書く。カントにおいては「〝人間たち〟の論議する公衆は、〝公共体〟(gemeines Wesen)の問題に関して意見を交換するときには、〝市民〟の公衆として成立してくる。この政治的機能を帯びた公共性は、〝共和制〟のもとでは自由主義的法治国家の組織原理となる」(Habermas 1989, pp. 106, 107)(邦訳一四八頁)。それゆえ、カントの公衆、公表、批判理性の概念は、世俗的ブルジョワ社会の進歩的解放性についてのハーバーマス派の説明の一部となっている。(4)

同様に——だがこれとは異なった展望のもとに——フーコーもまた、啓蒙主義に関するカントのテクストを取り上げ、近代性の概念について考察を始めるための手掛かりとしている(Foucault 1984)。フーコーは、近代性の概念の中核に、カントの「成熟」概念(すなわち、他者の権威の代わりに自己の理性を頼りとすること)があると考え、次いでそれをボードレールの「自己彫琢」の美学に結びつける。(5) この知的・道徳的自律の概念がカントの批判哲学にとって根本的なものであることは間違いない。ただし、彼の場合、この概念は、フーコーにはない理性の形而上学を基礎としている。

カントは言う。知的および道徳的な成熟は、「他人の指導がなくても自分自身の悟性を敢えて使用しようとする」ことの内にある(p. 54)(邦訳七頁)。悟性についてのこの個人主義的な概念は、成熟した個人が、他者の理性に対するものとしての自己の理性を用いることのできる自由な空間の存在を前提とする。理性を公共的に使用することは――とカントは続ける――学者である聴衆に対して書き物を通じて議論を差し向けることに等しい(6)。それゆえカントにとって、この過程が行われる場にいるのは、自己決定のできる個人(市民のうちごく少数の者)である。この個人が自由を行使するのであるが、その自由は「およそ自由と称せられる限りのもののうちで最も無害な自由」であるとされる。というのは、この自由は必ずしも何らかの行動に帰着するものではないからである。実際、カントは次のように言っている。「自分自身がすでに啓蒙されているからこそ徒らに影におびえる必要のないような君主、しかしまたそれと同時に、訓練の行き届いた多数の将兵から成る軍を擁して、国家の安寧を保証できるような君主にして初めて、〝君達はいくらでも、また何ごとについても意のままに論議せよ、ただし服従せよ!〟と言明し得るのである、――実際かかる大胆な発言は、共和国といえども敢てし得ないであろう」(p. 59)(邦訳一八、一九頁。強調点はアサド)。こうした見解をもっていたのは彼だけではない。同じころジェレミー・ベンサムは、明らかに絶対主義国家ではないものについて書いた文章の中で(7)、こう宣言している。「法の統治のもとでは、何が善き市民のモットーであろうか? 几帳面に従え。自由に非難せよ」。

ここでは、公共の議論は、君主が(法の源泉として)公認《オーソライズ》する法律と規則に対する服従と結びついている。さらに見ていくならば、個人が社会から委託された機能を遂行する際に――カントによれば――彼あるいは彼女が、その機能を定義する規則に従って行動することが求められる。この文脈においてカントが語っているのは、理性の私的使用である。なぜなら、ここで理性は、互いに批判を交わす公開の過程に根ざすものではなく、公認された社会的役割の限定的作用に根ざすものであるからである。一例を挙げれば、

〔聖職者は〕自分のところで教理問答を学ぶ人達や、また自分の教区に属する信者たちに対しては、彼の勤務する

教会の信条書通りに講義し或いは説教する義務がある、彼はこのような条件で聖職者に叙せられているからである。しかし彼が学者として、信条書の欠点に関し、周到な検討を経た好意ある意見を述べ、また宗教に関する事項や教会制度などを改善するための提案を公衆一般にも知らしめることについては、完全な自由を――それどころか、そうする使命をすらもつのである。実際この場合には、彼の良心を苦しめるものは、なに一つ存しないのである。彼が職掌上、すなわち教会の代行者として会衆に説くところのものは、自分自身の是とする見解に従い自由に説く権能をもつような対象ではなくて、他者の名において講説することを委任せられたところのものだからである(p. 56)(邦訳一二頁。強調点はアサド)。

カントが行った理性の公共的使用と私的使用との区別は、基本的に、判断の原理と行為の原理という第一次の区別を反映するものである(Arendt 1982, p. 48 ff.)。それゆえそれは、政治的自由ばかりではなく、個人的思考の合理的制約《リミッツ》および社会的制約にも関わるものである。

以上をまとめるとこうなる。カントがその構築に寄与したリベラルの伝統の枢要は、概念上の二つの領域をはっきりと切り離すことである。一つは疑問の余地なくもっぱら権威に従うべき領域(国家が擁護する法的定義)、もう一つは権威不在の中で行われる合理的な議論と討論の領域(批判の全権支配)である。それゆえカントは、社会学的な制約《リミット》(公共的批判の特権を有する学識ある学究的な少数者)と政治学的な制約《リミット》(公開の批判を慎むべき諸条件)の二つの制約をともに提案していることになる。

ここでお断りしておかなければならないが、私は、リベラルの立場に立つ者がみなこの件に関してカントと同じ見解をもっていると言いたいのではない。リベラルたちの意見はカントとは違っている。ただ、一方には法の権威を置き、他方には公共的な意見表明と批判の自由を置いて、この二つを切り分ける正しい境界線をめぐって議論を続けているというまさしくこの点においては、リベラルの伝統はカントと議論を共有している。また、批判に従事する資格をもつ者たちのうちで、誰がとくに注目されるかを論じている点でも、両者は同じである。カントはただ、この問題に関して早い時期に有名な言明を行ったにすぎない。

　カントによれば、批判を合理的なものとするのは、批判に参加する者の地位や情念が、議論の真理の判断に一切の関係をもたないことである。いかなる判断であれ、それが妥当であるためには、判断を行う者があらゆる経験的利害から自らを切り離す必要がある。だが、真理への到達は社会的条件によらない公共的議論に——自由な開かれた検討の過程に——かかっているというこの考えが、啓蒙主義の思想家の間でいつも受け入れられていたわけではない。この点は重要である。カントは、宗教の問題に関して再び著作しないことを国王に約束したが、このことに関する未刊の弁明書の中で、次のように述べている。「自己の内面の信念を否認し否定するのは悪しきことである。だが、今の場合のような沈黙は、臣下としての義務である。語るものはすべて真理でなければならないが、しかしこれは、あらゆる真理を公共の場で公言する義務を意味するものではない」(Reiss 1991, p. 2 に引用されている)。この場合、(宗教的)真理は、公共的議論とは独立にあるものであるらしい。なぜならば、そうした真理は(知識と異なって私的体験に基づくものとしての)信仰《ビリーフ》であると解釈されてきたからである。そして私的信仰の公的表明は(信仰そのものではないけれども)、国家として知られる公的権威に常に従わなければならないものであるらしい。それというのも、結局、信仰は「客観的知識」(科学)ではなく、単なる「意見」であるからである。意見が公共の場に顔を出すことを拒まれたところで、真理は何の害を受けることもない。

　この立場は、カントが受けた敬虔主義の薫陶と足並みの揃うものであった。カッシーラーによれば、敬虔主義は、その信者に「いかなる情念によっても掻き乱されることのない平静さ、快活さ、内的平和」をもたらした(Gay 1973, p. 328 に引用されている)。「その結果、カントさえもが——最も抽象的なものを除き、すべての宗教を退けた、また、熱狂を非難し、いかなる宗教的儀礼への参加をも拒否した、あのカントさえもが――その教えのいくつかを自らの研究に組み入れることで、敬虔主義に対して無意識の賛辞を送ったのである。すなわち……宗教は教義、儀礼、祈りのどれに依拠するのでもなく、ただ体験にのみ依拠するという確信である（と、ある啓蒙主義の歴史家が書いている）」(Gay 1973, pp. 28, 29)。もちろん敬虔主義は、当時も、これに続く時代においても、プロテスタントの宗教の主要形態であったわけではない。しかし、初期のドイツ敬虔主義のもつ非政治的・非制度的性格は、一八世紀ヨーロッパの宗教性の展開の中で例外的なものではなかった[8]。

近代国家の政体は、宗教を信仰へと、そして宗教の信仰・感情・アイデンティティを私的な事柄――新たに出現しつつある（公共生活と対立する）私生活の空間に属するもの――へと強引に再定義する必要に迫られていた。一七世紀、一八世紀のヨーロッパ史の専門家は、このいきさつを明らかにしつつある。強力な集権国家を求める者たちの考えによれば、信仰が個人の心に制御不能な情念を掻き立て、共和国に危険な闘争をもたらすものであることは、宗教改革がもたらした無秩序を見れば明らかである。そのため、信仰が公共の道徳性の制度的基盤となることはできない。まして合理的批判のための公共的言語となることなど有り得ないことである。ホッブズはさらに攻撃的な議論をしている。制度化された宗教は、既得の利権であり（君主はそうではない）、従って君主に従属せしめらるべきものである[9]。このように論じるとき、ホッブズは、近代国家の統一性と主権とを自明のものと見なしているのである。

宗教的寛容は、多元性を擁護する善意の賜物というよりも、むしろ、一六、一七世紀の宗派の闘争で出現した、強力な国家権力の形成のための政治的手段であった。歴史家たちは次第にこう考えるようになってきている。同時代人が気づいていたように、不寛容の所在地点は移動してきた。この時代のあるフランスの法学者は「今日、異端はもはや宗教の中にはない。それは国家の中にある」と主張している（Koselleck 1985, p. 8 に引用がある）。

一六世紀末に著作を行った、影響力ある宗教的懐疑論者であるリプシウスによれば（Oestreich 1982）、君主は、道徳や法律に遠慮することなく、市民の平和を保証すると思われるいかなる政策にも従うべきである。宗教的多様性が強制的に除去できるならば、なおよい。もしそれが不可能であれば、国家は宗教的寛容を強要するべきである。[10] 一世紀のちにロックが行った宗教的寛容についての議論もまた、同様に、国家の保全と権力に対する関心に動機づけられたものである。カトリックと無神論者の信念を市民の平和にとって危険なものと見なしたからこそ、彼は、国家がそれらを容認すべきではないと考えたのである(Mendus 1989, pp. 22-43)。

今や宗教の信仰が法制上国家に従属するようになったばかりか、これ以降、道徳の原理もまた、政治の領域と切り離して理論化されるようになった。[11] もちろん、実際の歴史は常にいっそう複雑であった。歴史家の中には、啓蒙主義はまさしくこの時点で絶対主義と縁を切り、新たな伝統を開始したと論じる者もある。たとえばコセレックは、(カントを含む)哲学者らの働きによって、超越的な世俗的道徳主義からの要請が政治的実践の世界に入り込むようになったと論じている(Koselleck 1988)。[12]

カントの時代までに、心情的な社交性をもつ私的宗教が、情念的な確信をもつ公共的宗教に取って代わるようになった。その経緯を私たちは見ることができる。徐々に宗教は、公共的権力の領分を法治国家に、公共的真理の領分を自然科学に譲らざるを得なくなった――これは、近代西洋史家たちの間でほとんど常套句となっている。[13] だが、恐らく次のように捉えることも可能である。すなわち、この運動を通じて、宗教が新たな歴史的事物として――私的体験に繋ぎとめられ、信仰の言明という形で表現され、私的な諸制度に依拠し、個人の余暇において実践されるような事象として――構築されるようになった、と。[14] このように宗教を構築するとき、宗教が、私たちが共有する政治・経済・科学・道徳にとって非本質的なものに属することが確実になる。もっと強い言い方をしよう。宗教は、現実的また潜在的に、私たちを分離するものである。情念をもって宗教を信ずるとき、私たちは狭量になって互いに反目しだすであろう。――このように考えられるのである。

もちろん、宗教と国家をめぐる概念と実践が、カント以来修正を受けていないわけではない。だが、リベラルの論者は(たとえカントのすべての哲学的見解を受け入れているわけではないとしても)、真の知識の裁定者として理性を公共的に使用するというカントの原則を引用し続けている。また、啓蒙主義が(キリスト教とキリスト教以外の伝統について)論じたような宗教の破壊的可能性に対しても、彼らが警戒をゆるめることはない。

現代の中東における強力な国家権力の形成は、これとは非常に異なる系譜をもつものである。ほとんどの場合、強力な国家は、植民地的形態を受け継いでいる。二、三の国家は、その形成をイスラム運動に負っている。そうした国家においては、理性をカントの用いる意味で公共的に使用することはない。また、典型的な場合、その公的代弁者が、宗教的真理や宗教的批判を本来私的領域に留まるべきものと見なすことはない。非啓蒙主義的な社会は、理性に基づく批判の何たるかを知らないとか、非リベラルの政府は、政治的異議を公共的に表明することを決して許さないとかと言うのではない。反対である。無名の読者や聴衆にもアクセス可能な批判の制度的形態を、多くの非啓蒙主義的国家もまた、仕組みとして持っているのである。現代のサウジアラビアは、そうした国家の一つである。

イスラムにおける宗教的正統性――それは変化への非合理的抵抗であろうか？

サウジアラビア王国は、シャイフ家(一八世紀のナジュド地方の宗教改革者ムハンマド・イブン・アブドゥルワッハーブの後裔)とサウード家(ナジュドの部族長の後裔で現在の王族)という二つの家が交わした歴史的盟約を礎とする国家である。こうした起源に、(宗教的)理性＝根拠《リーズン》と(政治的)権力《パワー》という二つの支配原理の巧みな相補関係に対応するもののように見える。だが、実際にはそう整然と整理できるものではない。

もはやシャイフ家は宗教的人員の主たる供給源ではないが、現代のサウジアラビア王国においては、依然として宗教体制が構造的根幹をなしている。サウジアラビア王国は、ナジュドの首長アブドゥルアジーズがヒジャーズ地方(第一次世界大戦後の帝国崩壊までオスマン帝国に帰属した地域)を編入することで、一九三二年に公式に創設された。ここ二、三〇年の莫大な石油の富の湧出は、サウジアラビアに多くの社会的変化をもたらした——実質的な中産階級の形成がその一つである——が、イスラムの権威に対する国家の依存が減じることはなかった。イスラム法とイスラムに基づく教育、そして政府が用いるイスラムの修辞が依然として重要なものであるので、西洋の無数の著述家は、サウジアラビアを好んで原理主義国家と見なそうとする。[15] 原理主義国家とは、そのエリートたちが、近代化へ向かう環境の中で「理解と行動の伝統的様式」を再確認するような国家である(Humphreys 1979, p. 3)。

急速に近代化を遂げる社会において「伝統的イスラム」を公式に支持することは、西洋の論者の見るところでは、深刻な緊張の源泉である。一九七九年に起きたマフディー主義の(すなわち終末時の救世主支配を信奉する《ミレナリアン》)反乱者集団によるメッカの聖モスクの占拠と、彼らの社会的・宗教的な体制批判は、こうした緊張が劇的に姿を現したものであると考えられている。西洋のある論者は次のように述べている。「反対意見の自由な表明がほとんど不可能であるような厳しく統制された国家にも、重要な反対勢力があることが、すなわち宗教的立場から死をも辞さない者たちがいることが、突如明らかになった」(Ochsenwald 1981, p. 284)(強調点はアサド)。

「厳しく統制された国家」という言葉を聞くと、宗教の問題について著述してはならぬとの王の命令に国民が従わなければならなかった、カントが暮らしていたような国を思い出すであろう。この過激な事件のような異論の表明が、サウジアラビアには類例を見ないものであったことは確かであるが、しかし、もちろん、政府に対する批判は、この事件の以前にも存在していたし、以後にも存在している。国内へのラジオとテレビの導入にウラマー(宗教的知識人、複数形ʻulamā、単数形ʻālim)が反対した——そして失敗した——話がよく引き合いに出される。これに対する西洋の歴史家の典型的な論評はこうである。「これらのエピソードは、王国の近代化に対してウラマーからの伝統的抵抗があることの例証となるかもしれない。宗教的価値観に与えるダメージもさることながら、このような革新は、宗教的出自をもたない新たな指導者階級の創出につながり、結局ウラマーに対する直接の脅威となり得るのだ」(Bligh 1985, p. 42)。こうした説明の興味深い点は、個々の異論のエピソードが自明の一般的テーゼの例証として語られるところにある。伝統主義的なサウジアラビアのウラマーは、現状のいかなる変化をも拒否する。なぜなら、変化の拒否が伝統の本質であるからだ。そしてこの論法には、これは理性ある=推論《リーズンド》を経た批判ではなく、あらゆる「近代的な」ものに対する単に不合理な拒絶であるにすぎないとの含みがある。(16)

実際には、七〇年代の石油ブーム以前においてさえ、舗装道路を含む新たな運送形態、建築と印刷の新たな様式、電気、新たな医薬品と種々の医療技術などなど、無数の外国の技術がサウジアラビアに導入されている。ウラマーはそれに対してほとんどあるいは全く反対しなかった。明らかにここには、ウラマーによる近代化への「伝統的抵抗」というよりももっと複雑なものがある。(17)手始めに私は、ウラマーが行っているのは正統性の定義の試みであると提示してみたい。すなわち、イスラムの慣習の「正しい」形を決定する知識に対する(再)調整である。実際、今日私たちが目にしているのは、アラビアのワッハーブ派の改革者たちが(聖者の廟の崇敬のような)古くから定着している土着の慣行を非イスラム的と判断して('Abdul-Wahhāb A. H. 1376, pp. 124-135 を見よ)、強制的に排除した過程と、本質的に同様の過程に属するのである。すなわち、あらゆる実践的批判と同様、正統的批判は、言説的支配の関係を構築しようとするものである。

サウジアラビアのウラマーの批判的言説は(彼らよりも昔のムハンマド・アブドゥルワッハーブの言説と同様に)正統的イスラムの概念を前提としているというのが私の議論である。(他の地域のムスリムと同じく)サウジアラビアのムスリムの間には、正統的イスラムとは何かをめぐって大きな意見の相違がある。だが、ムスリムとして、彼らは、正統的イスラムの概念に基づきつつ、この相違の解決を目指しているのである。変化と抗争の状況のもとで正統性を決定していく際には、言説の一貫性もまた追求される。また、(過去の出来事と人物を積極的に評価することを含む)権威ある物語のうちに現在を表象することも試みられる。このことは、あまりにもしばしば忘れられている。そうした権威は、語り手と聴衆とが共同で達成するものである。それゆえ語り手は、完全な自由において語ることは出来ない。言説が説得的なものであるためには、概念的・制度的な条件もまたそこにあるはずである。それゆえ、そうした言説を、地域の指導者たちが自らの社会的権力を正統とする《レジティマイズ》ために宗教的象徴を操作している事例であるとする社会科学者の試みを、私たちは懐疑的に見る必要がある。「操作《マニピュレーション》」という言葉には、シニカルな動機を(その証拠が得られないときも)強く思わせるものがある。さらに一般的に、この言葉が実情を無視して社会関係の記述に合理主義的協議の概念を持ち込むことも問題である。同様の理由から、「交渉《ネゴシエーション》」という——打算のニュアンスを含む——メタファーも、「操作」と同じくらい疑わしいもののように私には思われる。こうした馴染みのメタファーが、世界中の市場取引において、またリベラルな社会の政治において、重要なものであることは確かだが、だからといって、それがあらゆる社会のあらゆる種類の営みを説明するのにふさわしいということにはならない[18]。

急激な変化が起きているときに「正統性《オーソドクシー》」を守るのは容易なことではない。正統的な言説が必ずやあらゆる変化に反対するからではない。そうではなくて、正統的な言説が自ら権威あるものとなることを目指すからである。実のところ、イスラムの歴史においては、ヨーロッパ人が中東に直接介入するようになる以前においてさえ、シャリーア(宗教法)の再定義の事例が豊富に見出される[19]。そのような変更を行う際に、単純にその場しのぎ的に新しい取り決めを受け入れていくわけではない。伝統に基づく推論《リーズニング》の助けを借りて、規範と概念の書き直しを図るのである。そうした伝統を熟知し、またそれにコミットメントをもっている者たちにとって、そうした書き直しのための権威は、歴史的に見るならば、その基礎にある推論がどの程度成功したものと判断されるかに基づくものであった。ただしこれは、そうした変化を起こす手段がこの権威に完全に依拠しているという意味ではない。

イスラムの正統性を代弁しようとする者たちは、権威を志向する。しかしこれは、外国の行動様式や消費財に対する単純な非難を意味するものではない。実際には、イスラムの法＝道徳の伝統は、行動を段階別に分類する体系をもっている。ワージブ(wājib)(義務行為)、マンドゥーブ(mandūb)(推奨行為)、ムバーフ(mubāḥ)(許容行為)、マクルーフ(makrūh)(忌避行為)、ハラーム(ḥarām)(禁止行為)というのがそれである。この分類は、この伝統に帰属する人々に対して、ある特定の問いを立てることを強いる。新たに現れた行動はどの範疇に帰属するものであるか？ それは真に新しいものであるか、それとも分類に異論のない行動に類似するものであるか？ 同朋のムスリムが行った行動に対して、こうした範疇を適用するにあたっては、しばしば、コンテクストそれ自体を再概念化し、ムスリムの聴衆が妥当と思えるところまでもっていく入念な作業が行われる。極端な例を挙げよう。イスラムが禁ずるところを敢えて行い、イスラムが命ずるところを怠ることで、絶えず罪を犯し続ける者を、ムスリムと――たとえ罪あるムスリム(ʿāṣī)であるとしても――見なすべきであろうか？ それとも不信仰者(kāfir)と見なすべきであろうか？ そうした人間の社会全体(たとえばエジプト)は、それでもなおムスリムの社会であるのか？ それともそれは(エジプトのサイイド・クトゥブとその支持者が言うように[20])現代における異教徒の社会、すなわちジャーヒリーヤ(jāhiliyya)であるのか？ そしてもし後者であるとすれば、真のムスリムはその中にあってどのようにして自らの「宗教《ディーン》(dīn)」を保持することができるのであろうか？ 社会からの撤退によってであろうか？ 政治権力の暴力的奪取によってであろうか？ 今日のエジプトでは、これらは現実的な問いなのである[21]。

だが、サウジアラビアでは、自らの政府を批判するウラマーは、こうした極端な選択を行うことを退ける(彼らもまた、自らの伝統に含まれる概念に対して権威をもとうとしているのであるが)。彼らが彼らなりのやり方で批判を行っているのは――彼らの言によれば――まさしく彼らが自らの政府を正統《レジティミット》(ḥukūma sharʿiyya)と見なし、自らの社会をイスラム的と見なしているからである。だが、このシャルイーヤ(sharʿiyya)という形容詞には、興味深い二重の意味がある。それは一般的な近代の「正統(legitimate)」という意味を持つ一方で、「神的に裁可される法=道徳性」(シャリーア ash-sharīʻa)〔イスラム法〕というイスラム固有の概念に由来するものでもある。この概念は、支配者を正統とするばかりではなく、彼を拘束しもする。サウジアラビア政府は、シャリーアに基礎を置く政府であることを自ら公言している。ここで、批判者が申し述べるものは、敵対的な含みをもつ「批判」(naqd)ではなく、「忠告《ナシーハ》」(naṣīḥa)である。シャリーアが道徳的な公正(istiqāma)の前提条件として求めているのが、この「忠告」なのだ。(22)

イスラムにおける公共的批判の伝統

このように、サウジアラビアのような非リベラルの(反リベラリズムの)国家においてさえ、制度化された公開の社会的批判の伝統がある。この伝統が自らを表明する最も重要な形態は、大きなモスクで行われる金曜礼拝の説教《フトバ》(khutba)である。これはまた、イスラム大学の神学の講義の形でも行われている。

一九七九年の聖モスク占拠事件の後、寄進財省《ワクフ》(wazārat ul-awqāf)は、すべてのモスクを直接管理下に置き、金曜礼拝の際の説教の論題を限定しようとさえした。八〇年代半ばには、政府の統制も(説教が主に敬虔な訓戒より成る場合はとくに)緩和された。同じころ、有名な説教師《ハティーブ》(khaṭīb)の説法を(大学の講義であっても)録音してそのカセットを一般に売り出す習慣が確立した。この近代テクノロジーの採用が、聴衆の無限の拡大を可能にした。繰り返し聞き直すこともまた可能になった。

一九九〇年の夏、湾岸危機が勃発した。それは、イラクのクウェート侵攻に端を発し、サウジアラビア東部における駐留米軍の大幅な増強をもって頂点に達した。説教における道徳的訓戒が全国民の直面したこの共通の危難に向けられるのは、不可避的なことであった。それは、神の信仰の強化の重要性を訴え、サウジアラビア社会の全体が正しいイスラムの習慣をいっそう抜かりなく守るように求めた。この組み合わせはいつものことである。過去においては、後者の原則は、国内への「非イスラム的」文献の侵入を許してしまう行政の手ぬるさに対する批判という形で現れていた。今やそれは、非イスラム国家の軍隊のアラビア駐留という、いっそう大きな危険に対して振り向けられるようになった。カセットテープは未曾有の規模で普及し、説教と講義の内容は広範な聴衆の耳に届いた。そうした聴衆の中には西洋で教育を受けた者もいたが、彼らの多くは、それまで概ね説教に関心を向けることのなかった者たちである。

大胆な説教師は、さらに一歩踏み込んで、ムスリムの侵略者に立ち向かうために非信者の軍隊の助けを借りるという、この神学的にゆゆしき事態について論じた。ちなみに彼らのほとんどは三〇代で、サウジアラビアの新設のイスラム大学の卒業生であった。最も雄弁で率直な者の一人であるサファル・アル＝ハワーリ（ウンム・アル＝クラー大学イスラム基礎学科長）は、イラクのバース党体制を、クウェートに対する侵略のゆえのみならず、その無神論とアラブ民族主義的イデオロギーのゆえに非難した。彼はまた、ムスリムを防衛するために非信者の軍事的援助に頼ろうとするサウジアラビア政府の政策を批判した。この批判は、政治的には不明確なものであった。というのは、それは、非ムスリムの軍事力に頼ってはいけない、神をいっそう頼みとせよと説く一方で、政治的な代案を一切出さなかったからである。だが、こうした特徴のおかげで、この批判はいっそう論駁し難いものとなった。この説教の論旨は、道徳的訓戒として表現できるものであって、それゆえ、近代的な意味で「政治的」なものではなかったのだ。政府がその政策（siyāsa）のゆえに明白に攻撃されるということはなかった。サウジアラビアの国民全体が、今ムスリムが直面している危険に関して忠告を受けただけであった。この主題をめぐって多くの説教師が行ったのは、軍事的同盟者として非ムスリムを頼ることに警告を発する、中世の歴史や法律文書からの引用であった[23]。

政府と国民の両者の油断に対するこの批判は、ナシーハ(naṣīḥa)を通じて行われた。ナシーハはイスラムの道徳神学にとって極めて重要な概念である。ある人のためを思って率直かつ誠実に与える忠告というのがその意味である。それはまた、正直、誠実さ、そして状況に応じて正義を行うことをも意味する。ナシーハはまた、忠告者(nāṣiḥ)の善意の表現以上のものでもある。この文脈においては、過ちを犯した同朋ムスリム(manṣūḥ)に対する道徳的忠告という意味になる。それは遵守すべき義務であると同時に、すべてのムスリムによって養われるべき徳性でもある。結局、ここで論じている説教と宗教的講義の文脈においてナシーハが意味しているのは、とくに道徳的矯正を行う批判なのである。

神学的テクスト——道徳的・政治的批判としてのナシーハ

この種の実践的批判の前提条件と様式については、著名な説教師《ハティーブ》にして講師であるアール・ザアイルの説教の中に解説がある。それは、「宗教とは誠実さである(ad-dīnu an-naṣīḥatu)」と題された有名なハディースを中心的テクストとする説教である[24]。このハディースの全体は、次のように訳すことができるかもしれない。「宗教とは誠実さである。我らは言った。誰に対する誠実さか?(預言者は)言った。神に対する、神の書に対する、神の預言者に対する、ムスリムの指導者たちに対する、彼らの民一般に対する誠実さである」[25](邦訳上三七頁参照)。

ザアイルの講義の注目すべきところは、神学概念の形式的解説として行ったものでありながら、同時に、ムスリムに対し、政治的権威を批判する義務を説いている点である。これは、批判を権利と——従ってその行使を任意的なものと——捉える啓蒙主義の見解とは、著しい対照をなすものである[26]。

ザアイルは、宗教《ディーン》(dīn)と道徳的忠告《ナシーハ》(naṣīḥa)との結びつきを三つの公理の形で説明している。

第一。あらゆる業務に際して人々が行うあらゆる事柄は、神の権威への服従を通じてのみ、正しさに到達できる。宗教《ディーン》の何たるかはここにある。第二。神の権威は生のありとあらゆる局面に広がっている。第三。生のどの局面においてであれ、神の権威に服従しないならば、生は誤った、乱れたものとならざるを得ない。この三つの真理の元にある原理は、人々の営みの健全さは完全に宗教に拘束されているというものである。もし人々の宗教が健全な基礎をもつのであれば、彼らの営みも健全に基礎づけられるだろう。もし彼らの宗教が誤ったものであれば、彼らの生の全てが誤ったものとなるだろう。それゆえ、我々はこう言う。宗教は人々のための正しい条件であり、ナシーハは宗教の基礎であると。

それゆえナシーハは、それを受ける者にとっての利益である。ザアイルの言い方では「ナシーハは、忠告される者(manṣūḥ)にとって善であるものの獲得を意味する包括的な言葉である」となる。

この演説の主要テーマは、支配者であると臣下であるとを問わず、すべてのムスリムが負うべき義務——ナシーハを引き受ける義務——である。ザアイルは、一三世紀の有名な法学者、イブン・タイミーヤの言葉を引用する。その趣旨はこうである。——神の権威に従って諸制度を確立し、臣下がこの権威を嘲ることのないようにはからい、彼らを弾圧や不正から護ることが、支配者の義務である。この限りにおいて、支配者には特別な責務がある。「善であるものを命じ、悪であるものを禁ずること(al-amr bi-l-maʻrūf wa-nnahy ʻan al-munkar」に献身する者たちより成る監督機関を設立するというのも、この責任の一つである。サウジアラビアにおいては、この機関はムターウィア(muṭāwiʻa)として知られている。これを外国人は「浄化警察《ピュリティー・ポリス》」と呼ぶ。

過去においてしばしば、この後者の形をとったナシーハが、ムスリムの支配者の権威を強化するのに用いられた。[27]

だが、現代のサウジアラビアの文脈において、ザアイルは、支配者や彼の代理人のみにナシーハの実行を任せておくことはできないと主張する。

どの個人も、まず我が身を見張って、自らの生の内に神の権威を打ち立てるようにしなければならない。いかなる団体が監督したとしても、あらゆる個人が自分自身のためにこれを行うように差し向けることはできない。それゆえ、各個人が、何よりもまず自分自身を見張らなければならない。次いで社会の他の個人を見張って、彼らが神の権威を打ち立てるのを助けなければならない。これが、信者の共同体《ウンマ》が栄えるための唯一可能な道なのである。

このようにナシーハは、みなが責務を負う営みとして、(28) 支配者の権威から独立している。さらに、一般のムスリムが批判の役を務めるとき、彼には罪を政治的権威に報告する義務があるわけではない。必要なのは、罪を犯した人に直接会ってやり取りすることだけである。確かに、結果として権威の強制力に訴えるような事態が生ずることもあるだろう。しかしそれは、ナシーハの完遂のためにそうすることが必要である場合に限られる。政治的権威が、介入のための上級の権限を有しているわけではない。さらに重要なことがある。支配者もその官吏も、高潔なるムスリムからの批判を免れることはない。なぜなら、もし支配者の役割の中に臣民を不正から護る義務が含まれるのだとすれば、ムスリムの臣民は不正な支配者を批判する権利を有するだけでなく、その義務をも負うことになるからである。(29) この結論は、現代のサウジアラビアの文脈においては、広範な影響力をもつものである。

それにもかかわらず、ザアイルは、この支配者に対する批判の概念を、不服従を煽りたてる所にまで推し進めることはない。反対に、彼はそのような結論をはっきりと退けている。

さて、説教者のある者について、彼らは革命主義者（thuwwār）であるとか、反逆者（khawārij）であるとか、国家に敵対する者であるとかと言う者がある。なぜこのようなことを言うのか？　彼ら説教者は、講義の中で、自らが有罪（harām）と見なす〝現状〟の変革を求めているとも言われている。また、もし国家が彼らの要求に賛同しないならば、彼らは暴力によって事態を変えようとするだろうとも言われている。いったい誰がそう言っているのか？　この憶測は何であるのか？　この錯誤は何であるのか？　……説教者に敵意を向けるこの種の言葉、この種の非難をあなたたちが聞くのは、これが初めてではない。これを語ることで利権が護られる者たちがいるのだ。……我が説教者たちを他の国家のあるイスラム集団になぞらえることで、彼らは利益を得る。この二つの間にどこにも似たところがないことを知りつつ、彼らはこのなぞらえをしているのである。我が説教者たちは、そうした集団が行っているように、我が政府を不信仰と見なすことをしない。我が政府は、シャリーアに基づいて統治している。ウラマーとの協力や、その他のことも行っている。それゆえ政府には正統性があると、そう我が説教者たちは考えている。だが、我が説教者たちは、いくつかの誤りの修正を求めているがゆえに、「革命主義者」などと呼ばれているのだ！[30]

反抗の意志を否認するザアイルのこのやり方は、二方向的な働きをもつ。シャリーア遵守の公言の内に政府の支配権の根拠を認めることによって、政府の実際の行動がシャリーアの基準を満たさない場合には、それを批判することができるのである。

ザアイルは、ナシーハを達成するための多数の条件ないし要件を列挙している。それらは全体として、ナシーハを成功させるための個人的責務の基準を定義している。ここで再び、ナシーハという義務は、啓蒙されたカント的政体における公共的批判の権利と異なる姿を見せる。

ザアイルは聴衆にこう説く。ナシーハを成功させるための一般的要件は次の二つである。(一)有徳な生活の規則と模範についての知識。また、これらを他者に伝えるもっとも有効な方法についての知識。(二)ナシーハの行為を遂行する際の思いやりと穏やかさ。(31) 行動のための知識と、適切な折衝の様態との両方を満たすことが肝要なのである。とりわけナシーハを行うに際しては、これが肝要なのだ。(一)について言えば、いっそう適格な者(たとえばウラマー)からそうした知識を獲得すべきであろう。しかし、ナシーハを最初から最後までやり通す責務を負うのは、当事者自身である。(二)の折衝の際の振る舞い方について言えば、避けなければならないのは、暴力(ʻunf)であって、感情ではない。(32)

ここで次の点に注意しておく必要がある。罪が法的に確認された場合、究極的には法的な懲罰を受ける恐れがあるが、しかし、ザアイルがこのことに触れた箇所はどこにもない。(33) なぜ彼はこれに触れなかったのか? ザアイルの主な目的は、権威に向けられた批判を正当化するところにあるのであって、その場合、ふつう暴力が選択肢に上ることはない、というふうに説明することも可能であろう。あるいは次のように考えることもできる。暴力の使用は偶然的なものである。それはナシーハの本質ではない。だが、説得はナシーハの本質の一つで**あ**る。従ってこの説得がザアイルの解説において強調されているのである、と。

ナシーハを行う際の二つの一般原則——適切な知識と適切な方法——から、ザアイルはいくつかの行動原則を展開している。

神の命令に反するものに直面したとき、人はどう行動すべきか? ……(一)それが本当に神の命令に反するものであるかどうか、慎重に判断せよ。あなた自身の判断を疑ってみよ。必要であれば、あなたよりも詳しい人に相談せよ。(二)もしそれが罪であったならば、それが個人、小さな集団、ウンマ全体のどれに影響を及ぼすものであるかを慎重に考えよ。ウンマ全体であるときにはとくに注意せよ。たとえ時間がかかるとしても、他の人、ウラマーなどに相談せよ。(三)あなたのナシーハを伝え、過ちを正すための最善の方法を慎重に考えよ。もしそれがウンマ全体に関わるときには、さらに緊密にウラマーに相談せよ。急いではならない。神に助けと教示を願え。神に祈れ。とくに夜に祈れ。(四)適切に相談し、最善のやり方を選んだのち、神を信じて先へ進め。あなたの責務をじゅうぶんに弁えよ。なぜならあなたは神を崇めているのであるから。あなたには自分勝手に行動する自由はない。あなたは神を崇める者、預言者に従う者なのだ。それゆえナシーハに努め励め。何度もそれを行え。知恵を使ってそれを行え。(五)挑発、暴力、軽率、性急さをいっさい避けよ。(六)あなたの努力と使命の成否を、すぐに生じた結果によって判断するな。肯定的な成果(行為の矯正)は、様々な理由から遅れるかもしれない。あなたにはどうにもならない、あるいは忠告を受ける者にはどうにもならない様々な理由からである。〝私は人にナシーハを与えようと努めたが無駄であった〟と口にしてはならない。あなたが責務を精一杯誠実に果たそうとしている限り、あなたはあなたになし得ることを行っているのである。(七)もしあなたのナシーハを受ける者が前向きに応じたとしても、そこで働きかけを終えてはならない。他の者たちに対する呼びかけ《ダアワ》(ad-daʻwa)〔イスラムへの呼びかけ〕の責務を負うように彼を促しなさい。なぜならそれはあなたの、彼の、そしてすべての信者の使命であるからだ。

最後にザアイルは、聴衆に対して次の点を確認する。ナシーハの延長としてのダアワは、罪の批判を超えて、三つの中心的徳性の涵養へと向かうものである。それは、礼拝《サラート》の身体的・精神的な練達(itqān us-ṣalāt)、自制=堅忍=忍耐《サブル》(as-ṣabr)、確信=真の知識=正しい判断《ヤキーン》(al-yaqīn)の三つである。サラート、サブル、ヤキーンの三つの徳性は、訓練された情念の範囲を明らかにするものである。そのいずれもが、言説的な模範に基づく継続的修練を前提としている。ここでは、有徳なムスリムは、普遍化可能な一組の格率に合意する一個の自律的個人というふうに考えられているのではない。有徳なムスリムとは、ともに神に束縛された者たちの全員(ウンマ)が共有する道徳的空間の内部に生きる者としての個人なのである。それゆえまた、ディーン(dīn)(これは常に宗教と訳されている)は、人が何を信じるかということよりも、人がどのように生きるかということに関わるものである。ザアイルのようなムスリムにとって重要なのは、精神の状態ではなく、徳性——身体的熟達、忍耐の能力、健全な判断力——なのである。

それゆえ、ナシーハとダアワがともに依拠する概念世界が、啓蒙主義の概念世界とは極めて異なったものであることは明白である。前者と異なり、後者の世界に生きる個人は、自己決断と情念ぬきの判断とを目指す者たちである。彼らは訓練された徳性ではなく、普遍的理性を自らの道徳的基盤としている[34]。それぞれの世界の個人は、互いに異なる動機づけの構造を分節化しており、そこにおける推論《リーズニング》の地位もまた異なっている。たとえば、ザアイルが考えている世界においては、実践的推論を正しく行うためには、まずその前に個人はいくつか特定の徳性を身につけている必要がある。だが、啓蒙主義の世界においては、実践的推論は、ただそれが一般法則として普遍化され得るときにのみ、倫理的格率を生み出すのである。

ザアイルのナシーハについての論説を、理性に対するものとしての習慣的行動、近代性に対するものとしての伝統に訴えるものであると考えることは可能であろう。だが、もし伝統を、筋の通った《リーズンド》変更をいっさい受けつけないもののように考えるとすれば、それはほとんど誤解と言ってよい。実際、ザアイルは様々な変化を受け入れることができる。ただし、それがディーンの根本に一致する限りにおいてはである。学校、病院、銀行、テレビ放送網といった新たな社会制度の恩恵を歓迎するのは構わないが、その際、神の命令に背いて行われる「誤りや過ち」に対して盲目になってはいけない。ザアイルの推論はこのようにして行われる。彼が本来の批判の対象と考えているのは、ただ後者のみである。それにもかかわらず、彼の議論においては、道徳的・政治的進歩というポスト啓蒙主義的な観念のための余地がまったくないというのも事実である。そして、もしそれが近代性の概念にとって本質的なものであるならば、ザアイルは明らかに近代性に反対しているのである。事実、彼は、西洋に「追いつけ」式の発展の言説の類に対し、公然と軽蔑の意を表している。彼は明言する。その種の話は、他の文明がムスリムの模範となると考えるものである。だが、「もし自ら独立にものを考えることを確保しないのであれば、ウンマは他の者の従属物になってしまう。そしてもしそのようなことが起これば、ウンマの本質《フウィーヤ》(huwiyya)とその独立性はともに消えてしまうのだ」。

この問題に関するザアイルの言語は、文化的真正性を求めるナショナリズムのイデオローグの言語に似ている。そして彼がナショナリズムの言説に通じていることは、西洋化した敵対者たちに応酬するときの、彼の防衛的な評言からも明らかである。しかし、それにもかかわらず、彼の議論はナショナリズムとは異なる基盤に立つものである。彼の考えを圧倒的に支配しているのは、神の命令への服従という考えと、預言者の模範的慣行《スンナ》である。彼が採用している立場は「真正な文化」の唱道とも「独自の近代化路線」の提唱とも無関係である。彼が望んでいるのは、神の絶対的権威を主張することである。彼の言葉ではこうなる。「ウンマの独立の第一の礎は、それが神にしっかりと拘束されている(muta'abbid)ことを知り、それ以外のいかなる考えを拠り所とすることも拒否することである」。(ちなみにザアイルは、個々の命令が神に由来するものであるがゆえにそれらには権威があると考えているのではない。彼は、絶対的権威の拘束をすでに当然のこととしているがゆえに個々の命令を神授のものと認めるのである)。

この講義では、ムスリムは神にしっかりと拘束されているとの考えが繰り返し語られている。その際に用いられるのは、アブド('abd)とムタアッビド(muta'abbid)という古典的な語である。ムタアッビドはアブド(「奴隷」と「崇拝者」の両方の意味がある)からの派生語であり、「神への献身のために強制的に確保されたもの」というほどの意味である。クルアーンの英訳者はアブドをほとんど例外なく「僕《サーヴァント》」と訳している(Pickthall は例外である)が、私ならばこれを「奴隷《スレーヴ》」と訳す。リベラルにとって奴隷とは、まず何といっても万人のうちでもっとも軽蔑される地位にある者である。それゆえ奴隷制は完全に不道徳なものである(反対に、完全な人間とされるためには、人は自らを所有していなければならない)。だが、人間と神との関係を奴隷制度のメタファーで描くことで、イスラムの修辞的伝統は、ユダヤ＝キリスト教的言説における血縁関係の比喩(父なる神)と契約の比喩(神との契約《コヴナント》)の両方に対して、鋭い対照をなすのである。[35] 神の奴隷である人間は、自らの所有者――自らの創造者でもある[36]――といかなる本質を共有することもない。また彼は、所有者との原初の協定に訴えることもできない。この関係は、無条件の服従を要求するものである。だがこれは、個々の信者と超越的権力との抽象的結合でもない。それは基礎となるテクストと公認された実践とをもつ現存の共同体(ウンマ)のうちに具体化されているものである。共同体は常に過ちの矯正を必要としている。「現世《ドゥンヤー》と来世《アーヒラ》における(fi-ddunyā wa-l-ākhira)」神の罰の恐れがあるからである。ザアイルは聴衆に警告する。もしムスリムが神に従わないのであれば、神は彼らの共同体《ウンマ》(umma)を破壊するであろう。それは、神が昔の共同体《ウマム》(umam)〔ウンマの複数形〕を破壊した――その運命はクルアーンに記されている――のと同じくらい確実なことだ。ウンマの成員にできることは、絶えず批判を受け、改心を促されることである。彼らが、自分だけの目標を選び取る権利を持つ、自己を所有する個人となることはできない。[37]

最後に確認しておきたい。ザアイルがウンマを論じるときに指しているものが、社会学的に定義された共同体――伝統的に統合されていたが今日崩壊しかかっている共同体――であると考えてはならない。そうではないのだ。彼の講義のどこにも、共同体的社会性の意識の衰退を嘆いている箇所はない。[38] ウンマが存在するということを、彼は端的に当然のこととしている。この前提に立って、道徳的行為についての議論を展開しているのである。ウンマは宗教＝政治的空間の概念である。それは神により承認された、永遠に有効なものである。その内部において、合理的な討論、討議、批判が行われ得る。それはまた、権力と罰の空間でもある。

イスラムにおける「適正な」公共的批判についての議論

湾岸戦争が公式に終結を迎えてまもなく、ある極めて重大な事件が起きた。以上見てきたような説教と講義もまた、この事件に至る道を用意する働きがあったと言える。一九九一年五月、数百人のサウジアラビア人ウラマーの署名のある、ファハド国王宛ての公開書簡がリーフレットの形で印刷され、国中に配布された。ただし、サウジアラビア国内の新聞(民間・国営を問わず)、ラジオ、テレビは、このことをいっさい報じていない。(39)

書簡の論調は、丁重ではあるが断固としたものであった。(40) その形式的な書き出しにおいて、ファハドは「国王」とは呼ばれていない。単に「二つの貴き聖域の奉仕者、神は彼を繁栄させたまえ」と呼びかけられているだけである。これはファハドがその数年前に受けた称号である。(41) 書簡は、サウジアラビアが公式にシャリーアに基づく国家であることを指摘したのち、「ウラマーと助言者(ahl un-naṣīḥa)は、指導者にナシーハを与えるという、神に課せられた義務を遂行し続けなければならない」と、やや強い調子で宣告する。次いでそれは、いくつかの要請を書き出しているが、それは長期にわたって国内の様々な集団が行ってきた体制批判をまとめたものである。この要請の中には、国内の全政治・行政・経済組織を徹底的に検閲し、シャリーアに基づく運営を保証することを求める項目が含まれていたが、それと並んで「完全な独立性をもつ……国内・国外問題を裁定する試問議会の設立(inshā' majlis ash-shūra lil-bat fi-sh-shu'ūn id-dākhiliyya wa-l-khārijiyya... ma'a al-istiqlāl at-tām)」、「公共の富の公正な分配(iqāmat ul-'adl fi tawzī'il-māl il-'ām)」、「個人と社会の諸権利の保証(kafālat ḥuqūq al-fard wa-l-mujtami')」、そして正統的(shar'iyya)で公認された道徳的規則(ḍawābiṭ)に従って、人間の尊厳(al-karāma al-insāniyya)を含む国民の要望と権利に対する侵害を除去することという項目も含まれていた。

国王は、この書簡に直接答えることをせず、上級ウラマー評議会に返答するように依頼したもののようである。評議会は、主要メディアを通じて返答を公表し、この自称ナシーハの公表の仕方を譴責した。[42] ムスリムが同朋(「指導者と一般民衆」)に矯正の忠告を与える義務をもつというのは間違っていないが、ナシーハには、それを律する適正な形式と条件がある――そのように評議会は主張した。ナシーハを出すにはただ誠実であればいいというものではなく、「自分がしてほしいことを彼のためにも欲する」という受け手への善意もまた必要なのである。そのゆえ、ナシーハは、受け手を傷つけ、当惑させることのないよう、個人的に内密に与えられるべきである。

国王の支持者の中には、もとの書簡を口づてに次のようにコメントした者があったと伝えられる。このようなやり方で書簡を表明したために、このナシーハ(道徳の矯正を図る言説)なるものは、むしろギーバ(ghiba)のようなものになってしまった、と。ギーバとは、本人のいないところで人の欠点を語ることである(外延として、人を誹謗・中傷することも含む)。イスラムの道徳神学においては、ギーバは強く非難されるものである。[43] それゆえ、この書簡の書き手たちがこのアナロジーを馬鹿げたものとして退けたのは、驚くにあたらない。だが、国王に対する公開の道徳的批判を、陰口をきく罪になぞらえたのは、もちろん、そこに悪意があると示唆することが狙いであった。悪意があるということになれば、ナシーハの誠実性は取り返しがつかないほどのダメージを受ける。

このように、忠告を受ける者(manṣūḥ)の側に立つ者は、この批評行為をナシーハ(naṣīḥa)と記述すること自体に異議を唱えている。なぜなら、国王(および彼の過度に裕福でしばしば露骨に堕落した親類)を批判するとき、若いウラマーが権威の拠り所としているのは、今自分たちはナシーハを与えようとしているのだという、彼ら自身の主張であるからである。彼らは、ザアイルの説教で語られているような、ナシーハを適切に遂行するための条件を、すべてにわたってよく検討したものと思われる。また、国王支持者からの、今見たような異論を予期していたものと思われる。いずれにせよ、私の知る限りでは、ナシーハのこうした公表に対しては、二つの擁護論があった。道徳的に弁護するものと、戦術的観点から弁護するものとの二つである。

第一の主張はこうである。このナシーハが取り上げているのは、君主の個人的行状ではなく、ウンマの適切な管理に影響する事柄である。それゆえこれは、広く国民に知らされなければならない。ウンマに関わる業務がどのように行われるべきか、国王も一般民衆も、同様に――違った理由からであるが――知る必要がある。イスラムの歴史には、君主の義務の不履行を敢えて――監獄送りになることも辞せずに――公然と戒めた多くのウラマーの先例がある。恐らく最も有名な例は、中世の法学者イブン・タイミーヤである。彼はサウジアラビアのウラマーが頻繁に引用する人物である。以上から分かるように、この第一の擁護論は、公表を先験的な原則としてはいないと思われる。他の場合はともかく今回はふさわしい道徳的選択であったとしているのである。

第二の(戦術レベルの)議論というのはこうである。過去において国王は、必要な改革に着手すべきことを、私的な形で促されてきた。だが、国王は、この慎み深い忠告を敢えて無視してきた。それゆえ、印刷した書簡を広範に配布するという、第二のステップに進むことになった。すなわち、道徳的に受動的な国王に対する圧力を強めて、公にナシーハに反論するなり、イスラムとして真正な改革に着手するなり、応答を引き出そうとしたのである。ナシーハの公表を行うことで、ある公共の空間が創出された。そこにおいて、国王は、道徳的人間として他者(および自分自身)に直面することを求められる。国王は、ムスリムの君主として――また支配者たる権能において――なすべきことを行ってこなかった。このことを公に告げられたことを、彼は道徳的な人間として恥じるであろう。ここではそのように考えられている。

もしサウジアラビアの王族とその支持者らが、批判を行う若いウラマーに対し、(彼らを暴力で黙らせるのではなく)その権威を覆そうとするのであれば、彼らは、公開の神学的議論という危険な領域に踏み込まなければならなくなるだろう(44)。国王が議論に負けるかもしれないとしても、最大の危険はそこにあるのではない。彼が応答の責務を負うことになる公共の議論の空間自体を認めること——これがいちばん危ないのである。

この種の公開された議論というのは、相対的に新しいものである。新設のイスラム大学の卒業生によって行われたという意味においても、しばしばイスラムの伝統的言説にとって（無縁ではないものの）新しい内容のものがそこで論じられているという意味においても、新しいと言える。だが、もし社会的批判の対象領域がいっそう広がったように思われるとしても、それは、イスラムの非伝統的な代弁者が従来無視されてきた領域にまで批判の対象を広げることに着手したからではない。むしろそれは、（行政・経済・イデオロギー上の）近代的諸制度と（とくに西洋の教育を受けた）近代的諸階級が出現して、批判的な言説と実践の対象となる新たな社会空間を生み出したからである。ここにおける宗教の言説と実践とは、新たに出来た社会的空間を前提としている——この社会的空間は、部分的に宗教の言説と空間を構成し、またそれらによって構成されるのである。この点は重要である。この意味において、宗教の言説と実践は、よく言われるような、近代性への反動なのではなく、近代性の一部をなしているのである。もちろん、近代性が何であるかを固定的な目的論によって決めると言うのならば、話は別であるが。

近代化途上のサウジアラビア国家を擁護する人々は、サウジアラビア社会(al-mujtamiʻ as-saʻūdi)を一個の総体と考えるだけではなく、決定的《クリティカル》な変容を遂げつつある総体と考えるようになってきている。今や理論的に包括的な行政の枠組が存在している。境界を定められた領土（国境の一部には問題があり、国際紛争を引き起こしている）、国家発行の旅券、予算、開発計画、外国人労働者、外交政策、段階別の教育制度（学校、専門学校、大学、海外留学のための奨学金制度）、集権的な情報収集組織（統計、記録保管制度）、情報分配制度（ラジオ、テレビ）というのがそれである。こうした様々な要素において、実際に行われていることと公式に伝えられていることは必ずしも一致していない。また、要素どうしが相互に調和しているわけでもない。だが、まさしくこのことも含めて、一切合財が

〝危機《クライシス》＝転換期にある総体〟を成しているのである。

こうした一般的状況のゆえに、西洋で教育を受けた中産階級の者たちは、国民の動員を目指す批判的言説を生み出し、それによって、約束された目標へ邁進中のこの総体の示す不均衡な動きに介入したいと思うようになる。(45)他方、イスラム大学の卒業生にとっては、こうした状況に対処するには、宗教による生活管理の原理に関する知識――すなわちフィクフ(fiqh)(通例「法学(jurisprudence)」と訳される)――に基づいて物事を判断し、批判する必要がある。それゆえ、イスラムの新たな批判的言説において、ウンマ(全ムスリムが含まれる道徳的空間)のような規範的な古典的概念が、サウジアラビアに即した現代の道徳＝政治的秩序にも適用されるようになったとしても、驚くには当たらない。あるいは、彼らが――西洋で教育を受けたリベラルと同様に、だがリベラルとはまったく異なる意図をもって――サウジアラビアを〝危機《クライシス》にある社会(azmat ul-mujtami')〟と考えたとしても、驚くには当たらない。というのは、この概念は「危機《クライシス》」という新たな目的論的な意味をもっており、アズマ(azma)という語の古い意味から離れているからである。アズマは、古典的には旱魃と飢饉の期間を意味する語であった。しかし、現代の用法では、それは単に苦難の時を意味するばかりではない。それは、危険な段階を迎え、よりよき未来に向けて事態が好転することを願って、根本的な診断と解決とを待ち望んでいる政体の病理をも意味しているのである。(46)

一八―二〇世紀における「批判理性」の概念の変化

本章で論じたウラマー〔イスラム諸学を修めた知識人。複数形〕が、二世紀前にカントが行った次の主張と同じ主張をすることは考えられない。

現代は、まことに批判の時代であり、一切のものが批判を受けねばならぬ。……宗教は……また立法は……批判を免かれようとする。だがそれでは宗教にせよ立法にせよ、自分自身に対して疑惑を招くのは当然であり、また理性がその自由率直な吟味に堪え得たところのものにのみ認める真正な尊敬を要求することができなくなるのである(『純粋理性批判』邦訳上一六頁)。[47]

カントにとって、批判とは、宗教的権威を強化する手段ではなく、それに取って代わるものである(ウラマーの考えとは対照的である)。もっとも、啓蒙の時代のヨーロッパにおいて、宗教的権威はすでに後退していた。カントとウラマーとの違いは、少なくとも部分的にはこの事実によるものであろう。政治的権威については、もちろん、後退ということはなかった。

だが、カントの主張によれば、あらゆるものを批判するこの自由は、政治的権威への服従の義務に干渉すべきものではない。彼に続く世代の論者の中には、この分離が結局政治的権威主義となると論じた者もいたが、この分離の内に法治国《レヒトシュタート》の原理的主張を見る者もいた(Reiss 1991, p. 11 を見よ)。控え目に考えても、こうした相反する反応があるということは、カントの学説がいかに曖昧なものであるかを示すものである。

フーコーは、本章の初めで引用した論文において、次のように示唆している。カントは絶対主義国家の中で暮らしていたのであるから、国王に対し、彼の権威を再保証しなければならなかったとしても、不思議ではない。「カントは、フリードリッヒ二世に対して、ほとんどあからさまに、一種の契約を提案することになる。それは、理性的な専制と自由な理性との契約と呼ぶこともできるようなものだ。自律的な理性の公的で自由な使用は、服従の最良の保証となるであろう、但し服従すべき政治的原理がそれ自身普遍的理性に適合するものであるという条件において、というのである」(Foucault 1984, p. 37)(邦訳一〇頁)。

確かにこれは、カントが批判的理性と政治的服従とを分離したことに発するパラドックスを解決するための、明快でリベラルな論法である。(48) だが――と私たちは問うことができる――啓蒙主義の「自由な理性」が帝国の「合理的専制」と契約を結んだとき、それは非ヨーロッパ圏の歴史にとって、何を意味するものとなるのであろうか？　ムスリムの世界に関して言えば、先年著名な中東学者であるレオナード・バインダーが、この問いに対する答えの一つを提出している。

少なくともナポレオンの侵略の時代以来、イェニチェリの虐殺の時代以来、セポイの反乱の時代以来、西洋はイスラムに、明け渡されるべき伝統を貨幣として、進歩に対してどれだけの代価を払わなければならないのかを説くように努めてきた。この時以降、これに応ずるムスリムの数が増えたとはいえ、そのような重い文化的代価を払わずとも進歩は可能であると断固論じ続ける者たちも、なおまだ大量に残っているのだ(Binder 1988, p. 293)。

バインダーのこうした議論は正しいかもしれない(実際私は正しいと思っている)。だが、彼の言う「説く」行為の一つ一つは――合理性と進歩の名において首尾よく伝統的権威を蹴散らすことができたときには――同時に暴力の行為でもあった。(49) これがたまたま付随した偶発の出来事でなかったことは確かである。この「説く」行為のそれぞれにおいて、西洋の政治的、経済的、イデオロギー的な権力は、非ヨーロッパ国民に対する支配を強めていったのである。(50) 啓蒙主義のヨーロッパにおいてくびきを解かれたこの権力は、非ヨーロッパ人の生を再構築し続けている。それは、非ヨーロッパ人自身のエージェンジーによって行われている。そしてもし「イスラム原理主義」がこの権力に対する応答であるとすれば、「近代主義的イスラム」(近代主義的キリスト教を模範として、神学をそれに合わせようとするもの)(51) や「ムスリム世俗主義」(神学よりも国民生活における宗教と政治の分離に専心するもの)と呼ばれる知的な流れもまた、間違いなくこの権力への応答である。むしろこちらの方が徹底していると言える。そしてムスリム社会に興った、文学や芸術における、あるいは政治や法律における、進歩主義的な種々の運動もまた、やはりこの権力への応答なのである。

近代西洋のカテゴリーを非西洋世界における行政・法律上の言説の中に転写するのは、よくある現象である。西洋化に携る人々は、古い習慣を棄てて新しい習慣を身につけることを余儀なくされている。これはこうした言説の権力のなせるわざである。おそらくこうした過程に関する、もっともよく知られた例は、財産権の大幅な再定義と組織化であろう。だが他にもいろいろあるのだ。

中東の近代化の正史には、シャリーアを西洋の社会慣行という前提に合わせて再編成するために、各国ごとに採られた種々の方策が書かれている。まず第一に、商法、刑法、訴訟法の諸分野において、のちには西洋の歴史家と西洋化された歴史家が「家族法」と呼ぶシャリーアの部門(婚姻、離婚、相続他)において――こちらはやや消極的であったが――西洋の原理が、イスラムの規則や慣行に置き換わるか、それらを制限することになった(52)。オスマン帝国とその後継諸国におけるこうした変化を概観して、ある近代イスラム法制史家は、次のように観察している。

なぜこのようにシャリーアは、主に西洋に由来する法体系に次第に場所を譲っていったのか？　こういう問いがあっても不思議ではない。まず最初に確かと思われることはこうだ。これは改革への民衆の要求の結果であったというよりは……むしろ上から押しつけられたものであった。一つには行政上の効率と国家的進歩のために、一つには外国の世論を満足させるために、そうした押しつけが行われたのである。だが、時が進むにつれて、こうした改革に反対する保守的な抵抗は、国内の進歩的分子からの種々の議論による挑戦に曝されることとなった(Anderson 1959, pp. 22, 23)。

進歩主義的な歴史家が主張するように、確かに保守派は、議論による「挑戦」を受けたと言えるかもしれない。しかし、そうだとしても、依然として次の事実が残る。西洋の法的カテゴリーの転移が行われたのは、説得の議論を通じてというよりも、むしろ西洋化する国家の名のもとに行動する者たちによる強制を通じてであった。ムスリムの住民が法制改革を歓迎したとしても、重要なのはそのことではない。一度改革が「上から押しつけられた」ならば、西洋化途上の国家は、日常の営みに否応無しに関わってくる様々な新しい条件を創出・維持することができたであろう。重要なのはこちらの方なのである。この文脈においては、保守的意見が説得されたかもしれない蓋然性などよりも、民衆が(動機は何であれ)現に適切に応答してくれた頻度のほうがものを言うのだ。

なるほどこうした改革は、西洋の諸制度を単純に複製するものではなかった(「地域的《ローカル》文化は差異をつくる」)。そしてまた多くの人々が、様々なやり方でこれに抵抗した(「民衆は操り人形ではない」)。だが、これよりのち、文化の差異は新たな条件下で構築されるようになり、抵抗の営為は新たな場において行われるようになった。一方には、新たな政治的言語、新たな社会的配置、新たな生産と消費の様式、新たな欲望と恐れ、新たな時と場の訓練がある。他方には、近代化途上の国家という枠組の内部において、論争や闘争のやり方が次第に法的な要求に合うものへと姿を変えていった(統治権力がその合法性を否定しようとした場合であっても)という決定的事実がある。こうした新たな諸条件が根を下ろすと、ムスリム社会の生命の歴史的一段階としての「危機《クライシス》」の概念が姿を現すようになる。現代世界の危機の言説は、ここムスリム社会においても、第三世界のどこにおいても、ある特殊な形態の診断(ラジカルな社会批判)に基づいて語られており、ある特殊な種類の治療(病気を生み出す過去からの解放)を提唱している。

次第に近代化が進んでいく現代世界において、ここで取り上げたサウジアラビアの例のような宗教的批判といったものの働く余地は次第になくなりつつある。このことにほとんど疑いはないであろう。だが、私は次のように問いたいのである。宗教的批判が可能性を失いつつあるのは、先験的な理性の解放の力に帰すべき事態であるのか？　それとも単にそれは破壊と再建を行う世俗の力によるものなのか？

バインダーのような知的な現代のリベラルでさえ、これがどちらであるかを決めかねているように見受けられる。一方では、西洋の批判理性には、自己の欠点を埋め合わせる力があると強固に考えられている。「イスラム文化によって意識が形成された者たちと、合理的な話し合いをもつことによって」——とバインダーは主張する——「政治的リベラリズムの伝統を欠くこうした地域においても、それが根づく可能性を高めることができるだろう」(Binder 1988, p. 2)。だが、その一方で、リベラリズムを拡大する力は、重要なところで、何か他のものに依拠しているようにも思われる。

> 西洋の精神的な優越性は、その豊かな合理的言説やその政治的活動のあり方に基づいている——と、このように西洋が確信していたときには、リベラルな西洋社会の実例が、イスラムのリベラルな解釈を鼓舞してきた。だが、西洋が自らの精神的な優越性を疑い始めたとき、西洋のリベラルな合理性の規範は、世界の政治的経験に対する妥当な説明とは受け取られなくなった。その結果として、伝統的なイスラムの慣行のうち、ある種のものを説明によって取り除くことが——あるいは単に説明をするということが——もはや絶対必要であるとは思われなくなったのである(p. 5)。

バインダーの話によれば、西洋自身がイスラム諸国に対する道徳的優越性の意識を失ってしまった。それゆえまたイスラム諸国に対するにらみが利かなくなってしまった。近代の「西洋のリベラルな合理性」の権力がどこにあるのかを——否定的な形で——明らかにしているのは、ここのところである。

この二番目の話は、批判理性についてカントが行った説明とは異なっている。カントによれば、合理性が普遍的であるのは、それが先験的主観の抽象的観念に根ざすものであるからである。バインダーのような現代のリベラルは、合理性が普遍的であるのは、それが近代西洋のグローバル化する道徳的および政治的権力と結びついているからであると――少なくともある時には――考えているように思われる。

今日人類学者と呼ばれている者を含む一九世紀の進化論者は、合理性(彼らはそれを本質的にヨーロッパ文明と同一視した)と不合理性(彼らはそれを心理学的・社会学的な様々な未開性に帰した)とを一本の線で切り分けた。そうした論者は、単一の合理性というこの概念が、権力の様相の一つであることを必ずしも十分意識していなかった。反対に彼らは、権力は文明化の遅れた世界に合理性の恩恵を施していくための手段であると信じる傾向があった。二〇世紀において、この信仰は、いっそうあからさまな政治的形態をもつようになった。それは「善い社会」のリベラルな概念と実践を、非西洋世界の隅々にまで移していくというものである。(53)

結論

本章で紹介した宗教的批判が、サウジアラビアの支配者エリート集団に対する政治的抵抗の力強い表現であることは、疑いのないところである。この批判は単なる一方向的な非難ではない。それは議論の交換を促すものでもある。だが、こうした誘いも、次第に増加しつつある西洋化されたサウジアラビア人――彼らは彼らで政府に対して不満をもっている――には、制約《リミテッド》されたものであるばかりでなく制約《リミティング》するものでもあると感じられている。そして実際そうなのである。(だが、カントの政治的批判の概念もまた、それなりの仕方でそうなのである)。制約するものであるというのは、それが許可しない選択肢があるからである。制約されたものであるというのは、それが批判しないものがあるからである。それにもかかわらず、私は次のことを説明するために議論してきた。こうした制約《リミテーション》があるのは、変化について考える能力が永遠に欠落しているからではない。まして宗教と理性との間に本質的矛盾があるからではない。(54) こうした制約は、ある特定の時間の中で、ある一個の言説の伝統が——そしてそれと結びついた訓練《ディシプリン》が——分節化される過程の一部なのである。

ナシーハが差し向けられるのは、神の永遠の命令に背いた人間である。それゆえ、その規範的理性を、(現代人の多くが黙従しようとは思わない)神が定めた規範に社会を縛りつけておくための抑圧的手法と見なすことは可能だ。だが、ナシーハを別の形で理解することも可能である。——政体が統制のとれたものであるかどうかは、その成員が有徳な個人であるかどうかにかかっている。互いの道徳的なあり方に部分的に責任を有する(それゆえまた、継続的な道徳的批判の過程に部分的に参与する)個人である——。ナシーハはこうした原理を反映したものだと考えることができるのである。

現代のリベラリズムはこの原理を認めない。リベラリズムはこう論じる。統制のとれた現代の政体は、道徳的批判に依拠するものではない。それは社会福祉と個人の自由とをほどよく供給することで維持されるものである——。政治的リベラリズムによれば、もっとも重要な課題は、個人を道徳的に訓練することではなく、行政を合理化すること、そして全国民をケアすることである。宗教的な信仰と同様、道徳は、本質的に自己決定する個人にとっての個人的な問題と考えられるようになってきた——少なくともリベラルはそう考えたがっている。それゆえ、ある人の見るところでは、十分な発展を遂げた近代社会においては、合理的政治がイデオロギーの政治に取って代わることになる(Bell 1960)。

逆に言えば、ある社会の中にイデオロギーの政治が存在しているということは、その社会が十分に近代化されていないということである。こうした考えは、「発展」について書く多くの人類学者に訴えるものをもっている。たとえば、ギアツは、イスラム系インドネシアに関するよく知られた論文（Geertz 1973）の中で、伝統から近代への移行を開始した社会において（政治の世界を道徳化する）イデオロギーが典型的に見られること、[55]そして移行の局面を創造的に乗り切るというのがイデオロギーの機能であることを論じている。[56]それゆえイデオロギーは、「問題をはらむ社会的現実を映し出すもの」および「集団意識を創出する母体」という、二つの形態の内に見出されるものである。〝イデオロギーの終焉〟学派に属するギアツの結論はこうである。――いつしか「青年期の国家」が成熟に達したとき、深刻な社会的危機が乗り越えられたとき、合理的政治の世界が可能となる。

しかしながら、現代のリベラル政治が特定の道徳的規範へのいかなる直接的コミットメントをも――そして批判に基づくイデオロギーのためのいかなる空間をも――排除するものであるという、この仮定は、まったくの誤りである。現代の政治は、（個人的・集団的な）権利の言語を用いている。そうである以上、イデオロギー的な原理は、その中核に生きている。市民権と人権（市民的自由と重要な資格を含む）は、単にニュートラルな法的事実なのではない。それは――国民国家の枠組内部とそれを越えた国際関係において――現代の政治を導き、批判するために絶えず訴えかけられる、極めて道徳的な価値観なのである。個々の市民は、政治的共同体から有徳であることを求められることはない。だが、彼ないし彼女の道徳的能力を定義するところの権利の担い手たることを求められる。さらに、この権利の道徳＝政治的イデオロギーは、ある特定の宗教の（キリスト教の）歴史を有している（Friedrich 1964 を見よ）。

だが、その起源が宗教的なものだとしても、人権は、もはや宗教的理性に基づくものではない。人権にいっそう合理的な基礎を与えるのは宗教的理性のみであると言われることがあるかもしれない。だが、そうした主張を行う者が、合理性や宗教に関するどのような概念を用いているのかは、必ずしも明らかではない。また、認識論的な基礎づけをもたらそうとするのは、それ自体が問題を孕んだ試みとなるということを（また皮肉にもそれが「理性」を「起源」に結びつける試みとなるということを）、必ずしも彼らが認識しているようには思われない。たとえば、カント派の哲学者は、合理性についての一つの概念を持っている。実用的な批判基準を強調する現代の政治的リベラルにはまた別の、精神医学者にはさらに別の概念がある。[57] 哲学者と人類学者とは、近代的でない諸々の文化における――また近代以前の諸々の時代における――非合理的と思われる信仰について、何とか説明してやろうと長らく取り組んできた。そしてこの主題に関する膨大な文献がある。[58]

この文献には三つの特徴がある。第一点。何が合理的かという点に関して、通例模範とされているのは、自然科学である。だが、この合意らしきものも、実は当てにならない。実際、論者たちは、互いに相容れない合理性の概念を押しつけあっている。なぜそうなるのかというと、一つには、様々な自然科学の長期的成功にとって何が決定的であるかということそれ自体が、哲学的・歴史的に継続されるべき討論の主題であるからである。

第二点。合理性は、世俗的文化全体の本質であると考えられている。それゆえまた、現代の医療とテクノロジーの成功は、文化全体に共有された真理を保証するものと考えられている(この根本的主張と、科学とテクノロジーが種々の社会的・経済的・政治的諸制度に様々な形で拘束されているという社会学的な観察とを、混同してはならない)。〝科学の真理〟に基礎を置く、統合された文化的総体――こうした概念でものを考えている限り、現代の政治社会がどう変わり得るのか、どう変えるのが望ましいのかをめぐって、人々の間に深刻な意見の不一致が生じるのはなぜであるのか、ここのところを理解するのは困難である。

第三点。「近代文化」が「非近代文化」に優越すると主張できることが、ひどく大事なことのように思われている。十分に説得的に主張できなかった場合には、「近代文化」から「非近代文化」への大規模な離脱が生じてしまうとでも言いたいかのようである。「相対主義」の恐ろしさが喧伝されているが、[59] その裏にあるのは、人類の生活文化は意識的な批判と客観的な選択の産物であるという大それた考えである。様々な社会の場面においてあれこれ議論をすることは、確かに重要なことである。しかしだからといって、人々がある生活をよいと思うことを――あるいは他の生活に変わろうと思うことを――科学的な理論的構造物の理想モデルに還元できるわけではない。それゆえ〝大それた考え〟なのである。

世俗的議論のほうが宗教的議論よりも合理的であると、一般に思われている。そう考えるのは、恐らく、宗教的確信の方が柔軟性を欠くと信じているからであろう。だが、そう考えなければならない決定的証拠はない。宗教的伝統は、時代から時代へと根本的な変容を経験してきた。神与のテクストは変更不能かもしれないが、人間の解釈には無限の創意がある――人間が疑ったり信じたりするための条件の中には意識的論究を阻むものがあるという悪名高い事実があることは脇に置くとしてもである。懐疑家の中からも、信者の中からも、狂信者は出現する――あらゆる姿をもって、またあらゆる規模において。寛容な性格の持ち主もまたそうである。宗教家に任せておくと、議論の説得に代わって強制が現れると言う人もいるが、近代における強制のもっとも恐ろしい実例が、世俗的な全体主義体制の内にあるということを、忘れるべきではない。すなわち、ナチズムとスターリニズムである。結局、大事なのは、(超自然的であれ、世俗的であれ)用いている正当化の論理ではなく、正当化された行動である。これは確かだ。この点において、世俗的営為の残酷さは、宗教的営為の狂暴さに決して負けてはいないのだ。

最後に強調しておきたいことがある。私はサウジアラビアの宗教的信念が真であるか否かを問題にしているのではない。私はただ、ナシーハに含まれているような種類の批判的推論《リーズニング》について論じようと思っただけである。私は、イスラムの伝統がそうした推論の行われる基盤であることを明らかにしようとしてきた(60)。そしてそれは、近代のリベラルの伝統の内部で行われている政治的・道徳的推論について言えることを越えるものではない。ただ、近代のリベラリズムが違っているのは、計り知れないほど大きな権力を配備していることである。その中には「普遍的な進歩の歴史」を構築する柔軟な権力も含まれている。他の伝統はそうしたものを持っていない。そして現代の中東における宗教的批判を制約《リミット》する主な条件となっているものは、まさにこの権力なのである。

論争

第六章　民族誌、文学、政治

——サルマン・ラシュディ作『悪魔の詩』はどう読まれ、どう利用されているか——

人類学という学科《ディシプリン》が、いわゆる世界史《ユニバーサル・ヒストリー》の記述という啓蒙主義の事業の一環として出現したものであることは、人類学の内部においてもあまり異論のないところである。だが、そうした記述を行うには西洋人の見方で非ヨーロッパ諸国民を捉えることが前提となると言ったとすれば、すべての人類学者が同意するわけではないだろう。なぜ同意できないのかと言えば、この事業を本質的に再現的《リプリゼンテーショナル》なものと捉えているからである。そう私は示唆したい。だが、啓蒙主義の事業は、ただ見て記録するだけのものではなく、記録して書き換えるものだ。つまり、その言説が行ってきたことは、啓蒙主義自らの姿に象りつつ、一個の統一を世界へと書き込むことなのである。

もちろん、民族誌や原民族誌は、個々の独自な世界についての価値ある理解を生み出すことによって、こうした強力な流れにしばしば抵抗してきた（しかし——避け難いことだが——その社会的影響力は微々たるものでしかなかった）。周知のように、民族誌という再現《リプリゼンテーション》の様式は、ヨーロッパが（そしてとりわけ英国が）大いに帝国主義的な拡大を遂げる中で、この拡大の欠かせぬ一部として発展してきたものである。それは自らが従属させた諸民族のことを理解したい——そして管理したい——という欲望の一環をなすものであった。しかし、民族誌をめぐる近年の議論が、この事実の意味するところをきちんと論じ尽くしたとは、私には思われない。とはいえ、私は、民族誌は帝国支配の政治的手段であると言ってよい、とか、人類学はヨーロッパ人による非ヨーロッパ人の政治的支配に貢献してきた――それゆえそれには道徳的な汚点がある、何か許し難いものがある――とかと言いたいのではない。私が言いたいのは、民族誌は様々な形で帝国主義支配の事業に組み込まれている(もちろんこの事業の外に立ってもいる)が、そうした事業が何であるのか、どのようにしてそれが遂行されているのか、この点について私たちが完全には理解していないということなのである。

だが、そうは言っても、帝国主義的権力は、様々な種類の著作物の中に――またそれらを通して――看取できる、ということを付け加えておく必要がある。とりわけそう言えるのは、いわゆるフィクションというジャンルにおいてである。私は、そうした作品の中からサルマン・ラシュディの『悪魔の詩』を取り上げて考察してみたいと思う(引用は五十嵐一訳(新泉社、一九九〇年)による)。その理由はいくつかある。第一に、それが人類学者が研究する事象のうちいくつかのもの(宗教、移民、ジェンダー、文化的アイデンティティ)をテクスト上に再現したものであり、私はこの再現に対して批判的・人類学的理解を施したいと考えるからである。第二に、この作品がそれ自体政治的行為であり、かつて民族誌がなし得たレベルをはるかに超えた政治的意味合いを持っていて、人類学者はみなこの意味合いについて考える必要があるからである。そして第三に、それが人類学自身を含んでいる近代西欧なるものと、人類学者がふつう理解、分析、翻訳、再現を試みている非西洋の〝他者〟――だがこの小説の場合、それはまた西洋のなかにも含まれている――との出遭いの中で生み出されるものであるからだ。

民族誌の執筆に関して近年いろいろと関心がもたれているが、いずれの場合も、民族誌を読むことやそれを利用することにまつわる問題、読書に際しての種々の動機、誰もが経験するテクストあるいはコンテクストからの誘惑といったものに、じゅうぶん注意が払われてきたとは思われない。想像を喚起するテクストを読む場合、私たちは必ず自分自身の心の諸相を再生産している。気ままな好みや先入観が入り込むというだけの話ではない。私たちはみな、すでに構成された主体として権力のネットワーク上に置かれているのであり、自分自身を再生産する過程において権力関係をも再生産しているのである。これを行わないとすれば、自らが何者であるかを教えてくれる諸権力と正面から向き合い、見知らぬ道筋に沿って自らを再構築するという危険な事業に乗り出すことになる。それゆえ、そうした権力の承認のために自らの読解を利用するほうが容易だということは、理解しやすいことだ。

以下で私は、『悪魔の詩』の読まれ方をいくつかに分かち、それらと現代ヨーロッパの複雑な政治の場との関係を簡略に述べてみたい。それはもちろん、私自身がこの小説を読むための戦略である。なぜそのようなやり方をとるのかというと、このテクストは、一つの極めて特殊な政治的・文化的な出遭いがもたらすものであり、またその出遭いについて反省するものであると――そしてポストコロニアルの状況下の英国において、そのように読まれ、利用されていると――私が確信しているからである。この作業を行ったのち、私は、作者の意図をいくつか再構築し、それらを政治の場の中に置いてみようと思う。その際、この小説の二、三の部分に対し、政治的な読みを施すことになるだろう。「文学」という近代のカテゴリーについての考察もまた、必要となる。この小説のテクスト内部においても、外部においても、このカテゴリーが機能しているからである。

私は、『悪魔の詩』の全体的意味を(全体的意味なるものが何を指しているのであれ)つかむことができたなどと言うつもりはない。ラシュディ事件を、世界各地で起きた様々な問題のすべてを視野に入れて、描き出そうなどとも考えていない。私の意図は、リベラリズムという両義的な伝統に関して、いくつかの問題提起を行うことによって、この本の出版をめぐる政治的論議の仲裁を図ることにある。この論議が現代ヨーロッパ社会に暮す、とりわけ英国に暮す移民に影響を与えているので、そうしたいと思うのである。

政治的背景

一九八九年一二月に、英国の著名な国会議員エノック・パウエルは、一九六八年に自らが行った、悪名高い「血の河」演説を再び持ち出した。それは英国内に非ヨーロッパ系移民が存在することに警告を発したものである。その中で彼はこう言明している。「私は、内戦としか表現のしようのない規模の暴力の噴出について述べているのだ。私にはそれ以外の結末は予想できない」(Roberts 1989 に引用)。二〇年前、パウエルは、非白人系移民のこれ以上の流入を完全に防ぐことと、英国内在住の非白人系移民を政府の援助によって本国に送還することの二つの方針より成る政策を提唱した。二大政党は、前者については公式に支持を表明しているが、後者については支持していない。だが、パウエルや彼の同調者にとって、情勢は平和裏に解決できるようなものではない。異国民の存在はあまりにも大きく、あまりにも保護されており、そして彼らの中にはあまりにも英国生まれの者が多すぎるのである。

『悪魔の詩』の出版の一年前、ベルギーの元内務相ジョゼフ・ミシェルは、こう述べている。「アラブ人、モロッコ人、ユーゴスラビア人、トルコ人といった夷狄の侵入を許すことで、〔ヨーロッパ人は〕ローマ人のようになる危険を冒している。彼らははるか遠方よりやって来る、我々の文明とは何ら共通するものを持たない者たちなのである」(Palmer 1988 に引用)。西欧においては、こうした感情は決して稀なものではないし、右翼政党に限られたものでもない。アジア系・アフリカ系移民に対する敵意は広範に見られる。それは異人種殺人(Gordon 1989 を見よ)から差別的身分登録(Moore and Wallace 1976; Dummett 1978 を見よ)まで、様々な形をとって現れる。だが、とくに近年顕著なのは、そうした敵意がとりわけムスリムに対して激しいものになってきたことである(Gerholm and Lithman 1988; Kepel 1988 を見よ)。

まず、大陸諸国の非ヨーロッパ系移民の圧倒的多数はムスリムである。彼らは戦後の工業化の需要をまかなうために呼び込まれた無産階級の地方出身者だ。英国では、インド亜大陸出身の過半数がこうしたムスリムである。すなわち、移民人口のうち、もっとも異質であると思われている、またそのように言及されている者たちである。ヨーロッパにおいてムスリム系住民が突出しているのは、人口が多いためばかりではなく、国内外における政治的状況にも起因している。

中東社会における、西洋を自らの敵であると公言する急進的なイスラム運動の出現は（特筆すべきはイラン・イスラム共和国の出現である）、ヨーロッパ人の積年の悪感情をさらに悪化させるものであった。だが、私の見るところ、むしろ興味深いのは国内事情の方である。次第にムスリム系移民は、モスク制度の中でまとまるようになり、自分たちは犠牲者ではなく、今や西洋に永住することとなった対等の文明の相続者であると主張するようになった。彼らは、一般の政治社会への参加を求めるだけではなく、独自の文化的様式に基づいて生活することができるように、国家に対してことこまかな要求をつきつける。彼らは、独自のやり方で死者を葬ることを、礼拝のための時間と場所を特別に用意することを、正式の儀礼規則に基づいて動物を屠ることを、子弟を独自の学校で――あるいは少なくとも規定の条件を満たすようにして――教育することを求める（Poulter 1990 を見よ）。西欧におけるムスリムの諸集団は結束とはほど遠い状態にあるが（言語、宗派、出身地の違いが彼らの組織上の不統一の一因となっている）、彼らの要求に対する周辺社会からの反応の方は、次第に結束したものになってきている。移民たちは、彼らを宗教的に独自なままで受け入れることができるように、国家が制度上の改変を行うことを期待している。このことが、ヨーロッパの多数派市民にとって、何とも許しがたく感じられるのである。

ヨーロッパ人の意識では、こうした要求は何か道理を弁えない振る舞いだということになるのであるが、概ねこの意識は、一つには近代ヨーロッパの国民国家のイデオロギー構造を反映するものであり、また一つには、ヨーロッパ人が他者と出遭う場所が入れ替わった事実を反映するものであると考えられる。

リベラルな国民国家は、一人一人が同じ法人格をもち、政体の平等な構成員であり、政体を代表する平等な権利を有する市民の集合体である。宗教的コミュニティーは、厳密には市民生活に属するものであって政治生活に属するものではない。つまりそれは私的領域に属するものであり、そこでは差異が認容される。もちろん英国には、英国国教会という例外があり、一七世紀以来、国家内における中心的な制度的・イデオロギー的役割を果たしている。近代的国民国家の成員は「中核的価値観」――つまり社会の結束が求められる限り全国民が共有しなければならない文化の本質的要素――に対するコミットメントを持たなければならないとの考えは(もちろんそれは英国では一般的な考えである)、政治社会の制限に関する言説に属するものである。英国文化の中核的価値観が何であるかを描き出す言説を展開するよりは、特定の差異を排除する言説を展開する方が容易である。それゆえ、支配的言説は次のようなものとなる。非白人系移民の中核的価値観は、英国文化の構成要素ではない。だから、もし彼らが英国に永住したいのであれば、彼ら政治的少数派は英国文化に同化しなければならない――。

だが、少数派集団がいつもこのような適応を強いられてきたわけではない。ヨーロッパ人がアジア、アフリカ、南北アメリカを植民者として、行政官として、宣教師として訪れたとき、多数派住民の只中で暮らしながらも、彼らは多数派の中核的価値観を受け入れなくてよかった。反対に、彼らは多数派を変えようと試み、大きな成果を上げた。だが、この多数派住民の中より移民となった者たちは、今や大胆にも、彼ら権力者が容認しない何らかの権利をもつものであるかのように振る舞っている――と、こう見るのは、またもう一つ別の話である。その話によれば、説明と矯正を必要としているのは、英国民の側の姿勢ではなく、移民の僭越な振る舞いの方なのである。

誤解していただきたくないが、私は何も、今日の英国にムスリムと非ムスリムとを単純に切り分ける一個の深淵があると言っているのではない。もちろん、単純な線引きにこだわりを見せる旗振り役は、両方の側にいる(両陣営とも、同じように考えて線を引いているわけではない)。だが、ここ数年の間、ヨーロッパ人に憤激を引き起こす新たな政治の次元が出現してきていることは明らかである。ヨーロッパで出版されたムスリムの信仰と習慣に関する文献の中で、政治的意味を持たないものは一つもない。フィクションの作品といえどもそうである。一九八四年にサルマン・ラシュディは、インドを扱った近年の英国のテレビシリーズに関する批評的エッセイを書いた。その中で彼はこう言っている。「芸術作品は、たとえ娯楽作品であっても、社会的・政治的真空地帯に生まれるものではない。そして……それらが社会の中でどう機能するかは、政治や歴史と切り離して考えられるものではない。あらゆるテクストにはコンテクストがある」。「私が言いたいのはこうだ。政治と文学は、スポーツと政治のように、混ざり合っている。しっかり絡み合っている。そしてこの混合物は何らかの結果をもたらすのだ」(Rushdie 1984, p. 130; p. 137)(強調点はアサド)。

ラシュディとは異なり、私はあらゆる文学が本質的に政治的であるとは思わない。ただ、文学的なエクリチュールのあらゆる断片は、政治化され得るものだと考えている。しかし、『悪魔の詩』が政治的な本であることに、疑いはまったくない。それが政治的であるというのは、政治的な問題について書いたものだと自ら主張しているからばかりではない。この本は、既存の政治的衝突に介入するものであり、従って、それを論ずる場合、どうしても非対称的な構造をもつ政治的地勢の中での議論となる。この点からもそれは政治的だと言えるのである。

一つのポストコロニアル小説の英国における読まれ方

サルマン・ラシュディは、『悪魔の詩』の作者であるだけでなく、権威をもってこれを読解することも率先して行っている。たとえば、本書がインドで発禁処分を受けて間もなく同国首相宛てに書いた公開書簡の中で、彼は次のように言っている。

> 問題となっている本のその一節は（なお、実際のところこの本は、イスラムについて書かれたものではなく、移民、変容、分裂した自己、愛、死、ロンドン、そしてボンベイについて書かれたものであることをお忘れなきようお願いします）一人の預言者を取り上げたものです。彼はムハンマドとは呼ばれていません。彼は砂でできた極めて空想的な都市の中に住む者です（水が降り注ぐと同時にそれは溶解してしまいます）。彼は架空の信者に取り巻かれていますが、その中の一人がたまたま私と同じ名を持っていることになっています。さらに、この出来事のすべてが夢の中で起きたことです。架空の人物の架空の夢です。その人物はインドの映画スターであり、さらに付け加えるならば、気がふれた人物であります。これほどまでに歴史から遠いものもないのではありませんか？（Rushdie 1988b）（強調点はアサド）

この注釈には難点がないわけではないが、言っていることは明快である。それは、歴史（あるいは民族誌）が生み出すエクリチュールは、小説が生み出すエクリチュールとは修辞上の地位が異なるというものである。半年後、ラシュディはもう一つの読み方を付け加えた。

> 今日、強大な聖職者一味がイスラムを支配するようになった。彼らは現代の思想警察である。彼らはムハンマドを完全な存在に変え、その生涯を完全な生涯に変え、その啓示を本来そうではなかった明白にして明瞭な出来事に変えた。(1) 強力なタブーが打ちたてられた。もはやムハンマドを人間らしい美徳と弱点を具えた人間であるかのように論じることは許されない。イスラムの成長を歴史的現象として、時代の中で生まれたイデオロギーとして

論じることは許されない。『悪魔の詩』が破ったのは，こうしたタブーだったのである。……この小説が禁じられ，非難され，焚書に処されているのは，このタブー破りのゆえである（Rushdie 1989a）（強調点はアサド）。

明らかに矛盾する読み方である。なぜこのようなことが起こるのか？　正しい読み方を確立しようと努めるかわりに，私たちは「この変化はどういう動機によるものか？」と問うことにしよう。そしてその答えを，作者の心を憶測することの内に求めるのではなく，コンテクストを異にするテクストの表現法の内に求めることにしよう。たとえば，二番目の文の結論部分はこうなっている。

私の小説の中では，登場人物たちが，愛，死，（神があってもなくても）魂の命という偉大な現実に立ち向かうことで，完全に人間的な者になろうとしている。小説の外では，非人間性の軍団が行軍中である。「今のインドでは，戦線が引かれている」と私の登場人物の一人は述べている。「世俗対宗教。光対闇。あなたはどちらの側につくのか選んだほうがいい」。今や戦闘は英国にまで拡大している。私は不戦敗だけはいやだと思う。私たちもまた，どちらかを選ぶべき時なのだ（強調点はアサド）。

私たちは，この変化の動機が，迫り来る圧倒的な政治的危機の意識であることを見てとることができる。『悪魔の詩』が非人間性の軍団が打ちたてたタブーに敢えて挑んだことにより，黙示録的な善と悪の戦いが英国にも飛び火した(2)。このように，ラシュディの二番目の読み方は，この本の中心的メッセージが疑いではなくて確信，議論ではなくて戦争であると主張している。なるほど私は，今，ラシュディの自著に対する見解を引用しているのであって，小説そのものから引用しているのではない。私はのちにこの本のいくつかの部分を取り上げて多少詳しく論じることにするが，今はこう強調しておきたい。私はこの本に関してラシュディが述べたことを必ずしも額面通りに受け取っているわけではないが、しかしそれが他の批評家の発言に比して不適切ということはない。一例を挙げれば、バーバが「この本は疑問、疑念、問い、困惑の精神《スピリット》で書かれている。それは移民、亡命者、少数派が抱えるジレンマを明らかにするものである」と評するとき(Bhabha 1989b)、彼は、それ自体ラシュディが述べたことの反響であるような(他の批評家と共有する)一つの判断を差し出しているのである。だが、この主張において真に興味深いのは、テクストの内部における疑問、疑念……云々の表象が、テクストを生み出した作者の意図(このエクリチュールの「精神《スピリット》」)へと遡って読み込まれていく、そうした読みのあり方である。

実際、読者は、これらの発言(記述《エクリチュール》)のすべてと、コンテクストに関するその他の発言を相互テクストとして、この小説を読み込むことになる。批評家たちが政治的世界一般について考察するためにこの小説の一部を引用するとき(そしてラシュディが世俗的作家としての自らの立場を明らかにするためにこの小説の一部を引用するとき)、テクストとコンテクストの間に一方向にだけ流れるわけではない電荷が生じる。それゆえ、作者の意図をめぐるこうした問いを、多くの批評家が言うように、小説にとって不適切なものとして受け流すわけにはいかない。それゆえ私は、ラシュディの本を読むにあたって、幾度も幾度もこの作家自身の言葉を引用することにする。この作品に関して彼が一番の権威であるからではなく、戦闘態勢にある作家ラシュディ自身の注釈が、この小説のコンテクストの――それゆえまたこの小説の意味の――決定的要素であるからである。しかし、本節においては、(最初の者を除いて)フィクション作家ではない様々な読者の見解を簡単に眺めていくことにしたい。

たとえば、ラシュディの友人にして著名な英国人フェミニスト作家であるフェイ・ウェルドンは、彼の二番目の読みに応ずる形で、『聖牛《セークレッド・カウ》』〔タブー視されている存在〕なる題名をもつ時事評論冊子《パンフレット》を著した。この冊子自体が別個に名声を勝ち得ることになるが、その中で彼女は、イスラムの中心的聖典であるクルアーンに対して激しい攻撃を加えている。彼女が読むところでは，『悪魔の詩』は新しい確信をもたらすもの，神的なものの意識を再生させるものである。ラシュディの作品が求めているのは，疑うことではなく，リベラルの真理を断固主張することであると彼女は感じている。私たちは我が英国社会にラジカルな文化的差異をもたらそうとする要求を拒否しなければならない。多少古風な趣をもって彼女は次のように書く。「合衆国の単一文化政策は機能した。あらゆる人種，あらゆる民族，あらゆる信仰よりなる国民を一つの全体へと和合させた。子供は家ではやりたいことをしていてよい。だが，ここ学校においては，一つの旗を拝し，一つの神を崇め，一つの国民を認めるのだ」(Weldon 1989, p. 32)(強調点はアサド)。虚構のアメリカを持ち出してきたのは，もちろん，不動と考えられた「純粋な」英国文化にとって脅威と目される移民の差異を糾弾するためである。差異を統一へと変えるために欠かせない政治的機能としての学校教育を強調するのは，リベラルの基本原理――個人には譲渡され得ない選択権があるが，彼(彼女)は，まず権威に従うことで，正しい道徳的・政治的選択を行う人間へと形成されなければならない――を喚起せんがためである。

ウェルドンは，この個人的および国民的な大建設事業よりイスラムを締め出すべきことをはっきりと述べている。キリスト教は締め出すべきではない。なぜなら「聖書は全体として，少なくとも思想の糧食であるからである。コーランは無思想の糧食である。それは社会が安全に，思慮をもって基礎づけられるような詩ではない」(p. 6)(3)。ラシュディの側に大急ぎでついたほとんどの英国人と同様，フェイ・ウェルドンは，キリスト教のレトリックが世俗的十字軍の大義のために利用できることを知っている(4)。だが，文学と考えられた聖書からなじみのイメージを引き出して戯れに語った箇所が，彼女の読者の大半に受けそうなものとなっていることは間違いない。

彼女は述べている。

サルマン・ラシュディは，広告代理店に勤めていたころ，私の同僚であった。彼は極めて人間的で現代的な，機知にあふれる知性的な人物だ。人類の行動規則を定めたり、(5)ましてや言うことを聞かない人間を脅しつけたりするなど、到底なしえない人物だ。だが、『悪魔の詩』は啓示的な書物である。私の読むところ、それは我々自身の聖書の末尾に置かれた聖ヨハネの作品にとてもよく似ている。我々自身の教会の長老たちが――多少の異論はあったが――残しておいたものだ。内容そのものが極めて怪しげなのである。聖サルマン・ラシュディ。言い過ぎか？　そうかもしれない。だが、もし我々のひどい社会、ひどすぎる社会、この虫に食い荒らされた食べ物と嫌な味のする水、その只中に、この良き酵母菌が蒔かれるならば、そしてそれが音を立ててふくらみ、泡を吹いて十分に沸き立つならば、いつかはすべてが良くなることだろう。そして我等が新しい神、個人の良心がいつかは立ち上がることになるだろう(p. 42)。

聖人には神に直接接する特権がある。また、確実なビジョンを見るという特権がある。ここでフェイ・ウェルドンが引き合いに出している聖人は、確かに不穏な宗教的イメージの創作者である。もっとも、この聖人と「人間的」で「現代的」で「機知にあふれ」ていて「知性的」であると言われた人物とが本質的性格を共有していると言われても、「イエス・キリストの黙示」(ヨハネの黙示録一・一)をよく知る者は、少し首をひねりたくなるかもしれない。この黙示的散文の主要テーマは「額に神の刻印を押されていない」(九・四)者たちに下される神の恐ろしい復讐である。今日の英国において、額に神の刻印を押されていない者たちとは、いったい誰のことであろう？　そう不安げに尋ねる者がいたとしてもおかしくはない。

もしかしたらその者たちとは、次に紹介するザヒーラのような人々のことのことかもしれない。ザヒーラは、ブラッドフォードの権威主義的な家庭を去って一人立ちした若いムスリムの教師である。彼女にはムスリムの生活の種々の側面を批判する理由がある。実際、彼女は、近年イスラム世界の多くの地域で女性に強いられた法的規制を痛烈に批判している。

私はサルマンが殺されるのを見たくありません。それは道徳に適わぬこと，間違ったことです。どのみちそれはこの国のほとんどのムスリム系住民が望んでいないことです。私はこの本を禁書にすべきだとも考えません。しかし，そもそも私はこう感じておりました。世間ではムスリムの抗議をまるっきり気がふれたものであるかのように考えています。この表現の自由は――しかし，なぜポルノや文書誹毀に関する法律があるのでしょうか？　なぜキリスト教にだけ適用される瀆神罪の法律があるのでしょうか？　それは公平なことでしょうか？　キリスト教徒用の法律とムスリム用の法律を使い分けておきながら，多民族国家だなどと言えるのでしょうか？　何よりもつらいのは，むしろ私たちの側に立つ，私が尊敬していたある人のことです。テレビに出て，英国の白人に向かってその人種差別ぶりを説いていたその人が，私たちをばっさり切り捨てたのです(Alibhai 1989 に引用)。

ここで大事なのは，ザヒーラが英国の多数派住民の敵対的反応に抗議するために，法の前の公平と平等に訴えるリベラルの議論を用いていることである。それはフェイ・ウェルドンの時事評論に表現されているのと同様の議論である。不公平さについての彼女の意識は，瀆神罪関連法の拡張の要求に結びつくものではない。それが問題にしているのは，近代国家における少数派集団の弱い立場という，積年の未解決の不安事項である。実際のところ，もし金持ち，著名人，多数派の意識ばかりを保護するような法律によって，公に批判する自由が制限されるようなことがあれば，その他の者たち――リベラルな社会において常に他者であり続ける者たち――には，いったい何が起こるのであろうか？

英国内に住む全てのムスリムがこの本について否定的な見解を抱いているかのように言ったとすれば，誤解を招くことになる。文化的アイデンティティのさらなる進歩を称えるものであるとして，これを無条件に支持する意見も見られる。最も西洋化した人々の一部は、そうした意見の持ち主である。ヤスミン・アリはこう述べている。

> 『悪魔の詩』の長所の一つは、それが我々インド亜大陸出身者の出自と経験の喜ばしい多様性を、愛と共感を込めて、鋭い喜劇的視点をもって表現している点にある。ここに、この本が英国のコスモポリタン社会が生み出した文化的産物として本物だと言える理由がある。今日、我が兄弟姉妹たちの中には、道徳的・政治的な画一性を私たちに規範として受け入れさせようとしている者たちがいる。しかしそれは、我々の経験を否定するものなのだ(Ali 1989)。

ヤスミン・アリにとって、この本が〝本物〟であることは、そこに描かれたイメージと個々の読者の経験とが照応することによって確証されている。「我々の経験」における所有代名詞は集団性を代表して語るものであるが、しかしどのような集団性であろうか？　この小説によって傷ついた多くのムスリム系移民の信仰、習慣、愛着は、明らかに「我々の」経験の中に含まれていない。しかし、この本が最も西洋化した読者の間に引き起こした喜ばしい反響は、「我々の経験」を規範的に定義するための条件を指し示すものとなっている。ザヒーラの経験は、この本の世俗的リベラルの文学読書法に一致するものではないので、この条件を満たさない。(6)

イングランド政治理論の教授であるビク・パレクは、ヒンドゥー教徒である。一九八九年の夏に私に語ってくれたところでは、最初この本を読んだとき、彼は無条件に感動したそうである。彼が素晴らしいと感じた理由は二つある。一つは、一人の同胞のインド人が、英国のほとんどの作家よりも巧みに英語を操れることを示したこと。二つ目は、この本の宗教の扱い方が、一人の世俗的ムスリムの無宗派的・進歩的インドへの忠誠を公然と示しているように思われたことである。だが、その後彼は、二人のムスリムの友人の助けを借りて——と彼は言う——テクストを読み直し、初めのときとは非常に異なる感想をもつようになった。それがどのようなものかは，熟考して書いた次の批評の中で明らかにされている。彼は言う。『悪魔の詩』は――

人間の条件を恐ろしく大胆に，執拗に探求したものである。それはただ，根無し草の移民のみが行うことのできた業績であろう。(だがそれは) いささか恐々とした調子で昨今の文学的・政治的流行に追従するものでもある。深く真摯な探求が突然何の前触れもなしに無意味なおちゃらかしに変わる。神聖なものが軽薄さと交錯する。聖が俗と絡み合う。人間関係と人間的感情の極めて繊細な探求が，驚かそう，痛めつけよう，嫌なことをしてやろうというほとんど子供じみた衝動によって損なわれているのである(Parekh 1989, p. 31)。

ザヒーラと同様に，パレクは，公平さというリベラルの価値観――および思いやりと人間性――をもって，ムスリム系移民の抗議を理解する必要があることを強調する。だが，彼が，他の者たちと同様に，「空虚な生活に意味と希望を与えるために宗教を頼りにした第一世代のムスリム」(p. 31)について語り出すとき，聞く者としては不安な気持ちにかられる。近代国家においては，そうした理解と寛容とが，しばしばその「問題」国民の治療という意識に基づくものであることに気づかされるからである。つまり，この場合，宗教に基づくアイデンティティは，治療的な対処法が必要な個人的あるいは集団的な病理に分類されているのである。そうでないとしたら，どうしてキリスト教以外の宗教を携えてやって来た移民を「空虚な生活」などという概念で描くのであろうか？　満ち足りた生活の適正な内容を定義するのはどういう権威なのであろうか？　もちろんこの種の分類法にも，善意のものから悪意のものまで様々なものがある。(7) だが，いずれの場合にも，宗教的対抗勢力を治療する戦略は，集権的な義務教育のやり方とともに，次のようなパラドックスをもたらすことになる。すなわち，リベラルな政治理論は，一方で個人的体験の尊厳を主張しておきながら、他方では個人的体験を構築し、治療する国家を必要とする。
　パレクが体験した変化よりもいっそう怒りのこもった変化が、次に紹介するマルクス主義者のヒンドゥー系移民、ゴータム・センの書簡の内に読み取られる。

『悪魔の詩』をめぐる危機が勃発したとき、私の反射的反応は、多くの急進的黒人《ブラック》（英国では南アジア系移民もblack と呼ばれることが原著第七章（本訳書では省略）に書かれている）や反人種差別活動家の場合と同様、怒りであった。私は、頑迷な連中をすぐさま呪って——インドとパキスタンで引き続き起きた暴動の犠牲者のことで困惑を覚えたことも確かだが——ラシュディ支持の新聞広告に署名した。だが、その後現在に至る数ヵ月に起きたことは、私をはっきりと『悪魔の詩』への抗議者に近づけた。ありとあらゆる種類の人種差別主義者がぞろぞろと這い出てきて、白人社会内部のあらゆる意見の相違を超えて、白人社会と黒人との間に重大な基本的境界線があることを明らかにしつつある。悪魔的な、黒人の男《マスキュリン》の軍団を前にして、ヘビー級のインテリフェミニストたち（フェイ・ウェルドンを含む）がやらかした初歩的論理からの驚くべき飛躍については、ホミ・バーバがすでに指摘している（"Down among the Writers," *New Statesman and Society*, 28 July）。私はムスリムに生まれたわけではない。しかし私は、我々黒人はみなムスリムであると言わなければならない。ただカナダに到着しただけで、完全同化派のアジア系女性作家バラティ・ムケルジーに「肉体的・感情的な責め苦を」味わわせたという「臭い浅黒い異国人たち」に、私は本当に感情的な一体感を覚えるのだ（七月一九日付『ガーディアン』紙）（Gautam Sen 1989, p.6）。

ゴータム・センの場合、読み直しのきっかけとなったものは、英国の政治的コンテクスト上の展開である。ムスリムと非ムスリムとを問わず、すべての移民に対する脅威が増してきたと感じられたことがきっかけとなっている。彼にとって何よりも警告的であったのは、英国中産階級が、父性主義《パターナリズム》と同化主義という二つの姿勢の組み合わせを、そのもっとも独善的で傲慢な形で顕示したことである。

同化政策の強化は、著書の中でラシュディ事件を情熱的に論じたブラッドフォードの若き主張するムスリム、シャビル・アクタルの主要な関心事でもある。アクタルの意見によれば、『悪魔の詩』はフィクション作品としてはレベルが劣る。マハウンドの物語の章は、故意にムスリムを侮辱したものである。預言者ムハンマドは、信者にとって徳性のパラダイムを表すものであると彼は指摘する。それゆえムハンマドに対する攻撃は、ムスリムには、自らの最高度の道徳的および宗教的理想に対する攻撃と映じる。彼は言う。ラシュディには、イスラムのいかなる聖なる教えをも信じない権利がある。ムスリムの誤った信仰を非難する権利すらある。だが、それは挑発的なやり方で非難する権利ではない。アクタルはこの本を発禁にすることを求め、そのための抗議運動を支持している。ザヒーラと同じく、彼は西洋の世論の二重基準という言い方をしている。この二重規準に対する彼の意見は辛辣である。しかし、それにもかかわらず、彼は完全に悲観的な見方をしているわけではない。

> ラシュディ論争は解決困難なものだとは思わない。合理的解決が不可能であることを示したところで、ムスリムの立場に事実上致命的であるような作用をもつばかりだ。ラシュディの本に関するイスラムの要求が西洋の民主主義の精神にとって異質で受容不能なものだと言いたてることが、非ムスリム系のリベラルな有権者の利害に一致するのは間違いない。だが、適正に見積もるならば、果たしてそうしたイスラムの要求は、適えることのできないものだと言えるのであろうか？（Akhtar 1989b, p. 123)

英国の政治家と時事解説者が自らの「偏見と不公平な態度」を認めさえすれば、この要求は適えられる――これがこの修辞的疑問に対するアクタルの答えである(p. 124)。彼が求めているのは、瀆神法の拡大そのものではなく、ムスリム系移民の基本的アイデンティティは――あらゆる英国市民の基本的アイデンティティと同様に――無謀な攻撃から法的に保護されるべきだという合意が得られることである。

こうした要求が「西洋の民主主義の精神にとって異質で受容不能なもの」でないというのは、たぶん本当であろう。しかし、この要求の推進力となっている前提そのものが、ブルジョワ市民社会から時代遅れと見なされると論じることもできる。宗教的アイデンティティに対する侮辱は、個人や集団の名誉に対する侮辱と同様に、近代法が対処しがたいと見なしている概念である。信仰は私事であるとされているという事情もあるが、むしろそれは、侮辱という特異な概念のせいである。たとえば、この件に関して幾度も引き合いに出される文書誹毀に関する法律は、物質的損害が立証できるかどうかに焦点を当てた法律である。それゆえ、同法が適用された場合、法的罰則は、名誉を毀損された側に対する金銭的賠償という形をとる。言論の自由を制限することができるのは、その結果として原告が物質的に損害を被ったことが立証できる場合である。近代法は、道徳的あるいは精神的な侮辱につながる悪意の言述という概念に対処することができない。なぜなら、損害を金銭的に特定し数量化することができないからである。これらはすべて、資本主義社会においては十分に理解できることであろう。

だが、ムスリムの少数派住民の要求をめぐる真の問題は、形式上法律的に処理することができないという点にあるのではない(政治的意志のあるところ法的手段あり――このアクタルの主張はまったく正しい)。また、これが、単にムスリムに対する偏見の問題に尽きるものでもない(偏見は確かに存在する)。真に困難な点は、リベラルの政治の英国的なスタイルの内にある。すなわち英国においては、支配をめぐる政略は「狡猾にもキリスト教的でありかつ世俗的でもある、保守的でもありリベラルでもある、抑圧的でもあり寛容でもあるような、白いカメレオンの測り難い流儀とコード」と闘うことをその移民系市民に求めるものだからである(8)(Caute 1989)。

ポストコロニアル文学と西洋的主体の自己再認

多くの評論家は、抗議するムスリムの大多数はこの本を読んではいないと主張してきた。確かに彼らのほとんどは読んでいない。しかし、寄せ集め作品《パスティーシュ》である『悪魔の詩』は、種々雑多な文学的テクストを利用しており、半ダースもの言語から単語や成句を借りてきており、やはり半ダースもの民族的ないし宗教的舞台に対するほのめかしを行っている。では、厳密に言って、こうした多元的な言及にほとんど馴染みのない西洋の読者は、いかなる意味においてこの本を読んだと言えるのであろうか？　これに答えて、読書が読書の資格をもつためには、ア・プリオリな規範と知識のセットに合致する必要はないと論じるのは、間違ったことではない。いずれにせよ、英国において特定の政治的立場を奨めたり反対したりするのにこの本を用いている人々のほとんどは、いかなる通常の文学的意味においても、この本を読んでいない。しかしここで、このテクストが実に多種多様な政治の中に持ち込まれてきたそのあり方自体は、読書の一部をなしている、と私は論じたい。『悪魔の詩』が、すでに緊張の高まっている政治の世界において、意図的な挑発を行おうとするレトリカルなパフォーマンスであることは疑いない。こうしたコンテクストがテクストの構成要素をなすことは、不可避的である。コンテクストは管理されたものではない。それゆえ、読書の中に多かれ少なかれコンテクストを持ち込もうとするとき、そうした試みは政治闘争の一部となる。

奇妙なことに、ここでは、「ファンダメンタリスト」の立場——この立場はテクストの意味に到達するにはテクストだけがあればよいとする——を、宗教的狂信者のみならず、リベラルな批評家もまた採用している。たとえば、小説家のペネロピー・ライヴリーは、最近書いたラシュディについての評論の中でこう書いている。「残念なことに、明らかになったのは基本的な対立があるということなのだ。ここにいるのは、フィクションとは何であるのか、あるいはそれが何を行うのかを理解できない、あるいは理解する気のないファンダメンタリストに向かって、自らの意図を説明しようと努めている一人の小説家である」(Hinds and O'Sullivan 1990 に引用)。この評論によれば、ラシュディは、古典的な小説の教義を説明したことになる。――フィクションは(事実と異なって)本質的に自己充足的なものである。もし小説の意味を明かす権威が外部にあるとしても、権威となるべきものは、政治的状況下にある読者が頭の中でどう感得したかではなく、作者が頭の中でどう意図したかということ以外では有り得ない。そういう教義である。「フィクション(の著者)は、事実を出発点として用いる。それからフィクション自身の関心の対象を追求するために螺旋状に上昇していく。そしてこの対象はほとんど歴史と関係するところがない。このことを理解することなく、フィクションをあたかも事実であるかのように扱うのは、カテゴリー上の深刻な取り違えである。『悪魔の詩』の事例は、文学史上最大のカテゴリーミスの一つだと言えるかもしれない」(Rushdie 1990a)。だが、ラシュディのこの議論は――この事件を論じた無数の作家や文学評論家も同じ意見を述べているが――見掛けほど決定的なものではない。というのは、ひとたびテクストの完全自足の原理が、作者の脳中の意図に言及することで破られてしまうと、ここには明確に分離できる事象系列があるとの主張はひっくり返ってしまうからである。それだからこそ、現実の政治的世界においては、文書誹毀をめぐる近代的法規がこの「カテゴリーミス」を犯すことを要求して止まないのである。(9)

適切なコンテクストが何かという問題を離れても、文学的寄せ集め作品《パスティーシュ》の技法というものは、様々な読者のそれぞれがテクスト全体のうちの、ほとんどどこであれ自分の好きな部分に目をとめ、好きに用いることを可能にする。『悪魔の詩』を不快に感じた人々は、そういう意味でこのテクストの断片的な性格に反応しているのである。だが、登場人物、行為、出来事、雰囲気をあれこれと再認させることで、このテクストは、喜ばしい承認の意識をも生み出す。(10)たとえばバングラデシュ人の両親をもつ英国化したある女性はこう告白している。「どの登場人物にも思い当たるところがあって、私はいちいち声を上げました。まるでこの本のページの間から私の過去や現在が顔を覗かせて、私のことを見つめているような感じでした」(Ali 1989)。

再認というものそれ自体は、記憶の中にあるイメージを再現するものであるから、どちらかと言えば保守的な行為である。この再認がただ保守的な企画の中でのみ生じると言っているのではない。また、私は保守的な企画自体にもともと不都合なところがあると考えているわけでもない。私が言いたいのは、この本による自己再認の行為が、新しい世界に自らを置いて考えるようにと読者を招くかわりに、自己満足的な読者の既存の傾向や先入観を強める働きをするということである。こう述べると、多くの人が移民の世界の新たなアイデンティティの可能性を探求したものであると評した作品に対してこきおろしをしていると思われるかもしれない。だが、私が論じているのはまさにそれなのだ。この本は、リベラルの(とくに文学の)世界において使用可能でありかつ公認済みの諸々のカテゴリーを活用している。戯れ、風刺、両義性があることは確かだが、それでもこれが喚起するのは、再認に向かおうとする反応(怒りの反応であれ、喜びの反応であれ)である。

英国人ジャーナリストのマリズ・リヴェンは「この……小説は、多くのムスリム組織に激しい怒りをもって迎えられたが、このことはラシュディが何かひどく痛い所に触れてしまったことを示している」と述べたが(Ruthven 1989, pp. 22, 23)、この意見はもちろん正しい。だが、同じ論法で、この小説が西洋の読者からやたらと熱狂的な歓迎を受けたのは、彼らの側においても、まるで異なるどこかの何かに触れてしまったのだと論じることはできないだろうか？　彼らの側においてイメージの再認が喜ばしく行われたのは、そうしたイメージが、みなが当たり前のように暮らす歴史的世界における多層的な言説の中にすでに形成されていたからであると論じることはできないだろうか？

こうした現象に部分的に触れたものとして、マルクス主義者のウルドゥー語詩人にして文学評論家であるアイジャーズ・アハメドが数年前に述べた次のような見解がある。

> たまたま英語で著作を行っているわずかな数の作家たちが、法外に高い評価を受けている。たとえばラシュディの『真夜中の子供たち』を『ニューヨーク・タイムズ』紙が評して言った言葉、「一つの大陸が自分の声を見つけた」はどうであろう。まるで英語を話さなければ人は声を持たないかのようではないか。[11] ……アジアの、アフリカの、アラブの知識人が何かをものし、かつ英語作家であったならば、一発お見舞いを食らうことになる。ただちに民族の、大陸の、文明の、さらには「第三世界」全体の「代表者」たる孤独な栄誉へと持ち上げられるのだ(Ahmed 1986, p. 5)。

さらにここに、現代性を表す修辞として「故郷なき移民」「神なき宇宙に生きる一人の英雄」「自己成型した作家」などを加えることができるかもしれない。

私がこうしたなじみの比喩に触れたのは、アハメドが語る「代表者」たる地位は、加入許可を求める外国人作家にのみ与えられるものではないということを示したかったからだ。その作家のテクストは、そもそもはじめから、文学的修辞を越えて現代政治の世界に広がる現代の読解・著述の場の只中で構築されているのである。そのテクストは、他ではなくてこの場においてこそ利用可能となるイメージと権力のネットワークを活用することで、自らの代表者たる権威を獲得するのだ。それらの中には、もちろん、カトリックや低教会派《ロー・チャーチ》〔英国国教会の福音主義的な派〕の家庭の抑圧的な躾のことを覚えている戦闘的に無神論的な読者の自己成型の物語も含まれている。[12] さらにまたそこには、啓蒙主義後のヨーロッパにおける、教会の制度的・道徳的支配との闘いについての、そしてつい最近になって実現した世俗的自由の獲得についてのテクスト化された記憶——メタ物語——も含まれている。[13] それゆえ私は、ヨーロッパの読者はみなイスラムに対する不合理な憎悪に満ち満ちているから『悪魔の詩』を賞賛するのだ、というふうには論じない。むしろ賞賛の理由は、この小説が、英国のムスリム系移民が自らを定義するために用いようとしているイスラムのテクスト性とは相容れない、西洋の近代性についてのメタ物語を利用しているという点にあるのだ。西洋の進歩の物語の前に立ちはだかるかのように、クルアーンが屹立する。進歩の物語を期待する西洋の読者は困惑してしまう。(聖書に親しんだ者にとって)宗教的テクストの意味についての議論の余地なき物差しとなっているのは、この期待なのである。

文学——ブルジョワ的レトリックの諸相

ラシュディは多くの注釈を書いているが、その一つの中で次のように言っている。「私の小説『真夜中の子供たち』に登場する家長、アーダム・アジズ博士は、信仰を失い、〝彼自身の内部に穴を、生きた内面の部屋に空いた隙間を〟かかえたままでいる。私もまた、同じ神の形をした穴をもっている。宗教の議論の余地なき絶対性を受け入れることができずに、私は文学《リテラチャー》でその穴を埋めようと努めてきた」。小説の各章と自伝とを交錯させて語るラシュディの談話は、文学を生み出し消費する世界において、自己があまりにしばしば小説的《フィクショナル》な形で構築されるものであることを気づかせてくれる。[14] 政治活動に従事している読者にとって、この意図的な融合は、小説内部に作者の意図を復元しようという気を起こさせるものだろう——たとえ小説そのものからの拒絶に遭おうとも。

明らかに、ラシュディの告白における文学《リテラチャー》＝文献という言葉は、世界を扱うエクリチュールのすべてを指しているわけではない。ラシュディに政治経済、哲学、神学の文献を調べたと言っているのではなく、精神的な栄養のためにフィクション、文学批評、詩を読んで書いたと言っているのである。そしてもちろん、あらゆるフィクションを指しているのでもない。教養ある読書人が耳にしたこともない作家たちによって書かれた、スーパー、空港、鉄道の駅で百万部単位で売られている無数のペーパーバックを指しているのでもない。ラシュディが「文学《リテラチャー》」と言うとき、彼が意味しているのは、極めて限られた一部のエクリチュールである。彼の言明は、それと似た他の言明と同様、明らかに近代ブルジョワ文化に属するものである。不信は近代のもの、あるいはブルジョワのものだからというのではない。理由は他にある。すなわち、文学と呼ばれる言説は、以前には宗教的テクスト性が演じていた役割を満たし得るものであると、ここでは考えられているからである。[15] 文学が、現代人の最も深い体験に対する反省を生み出すための本質的な空間であるとの考えは、私たちには極めて馴染み深いものとなっている。[16] この考えの系譜は、聖書の高等批評とルター派的ファンダメンタリズムを含むものであるが、そうした系譜的な認識は、もっと一般に共有されて然るべきだ。なぜなら、この系譜は、解釈学的方法に起きた大きな変移を明らかにするものだからである。以前には予め与えられた聖なるテクストに本質的に寄生していたものが、出版されたテクストの無限の多様性の中から文学を生産するものへと大きく変化したのである。教化啓発的なエクリチュールという近代のカテゴリーとしての文学の出現は、世俗化の進行する社会において、一つの新たな言説が宗教的テクストの規範的機能を模倣することを可能にした。

　ある特定のタイプの個人的読書・著述を通じて自己成型すること。ここに高い価値を置くのは、西洋の中産階級の小説の読者にはまったく馴染みのことである。しかし、英国とインド亜大陸の大多数のムスリムにとっては、そうではない。そして『悪魔の詩』は全体としてテクスト性に対するポスト啓蒙主義的アプローチを再現したものなので、その魅惑の力が前者には作用するが後者には作用しないというのはありそうなことだ。

　たとえば、ラシュディにイスラムを精神病として(ジブリールの体験[17])、迷信として(ティトリプールでの出来事)、ごまかしとして(マハウンドの物語[18])表象する気にさせたものは、イスラムに対する単なる個人的偏見ではない。ここでいっそう興味深い形で作用しているのは、文学を精神性《スピリチュアリティー》の正統な源泉とする馴染みのポスト啓蒙主義的な文学概念である。雪を戴くヒマラヤにおけるアレルヤ・コーンの神秘体験を共感をもって描写するには十分な理由がある

(pp. 108, 109を見よ)(邦訳上一二一―一二三頁)。崇高なものについての圧倒的な意識が、まず、神との霊交の一時的な幻覚の形をとって彼女に現れる。真実が明らかになるのは、学校の生徒たちを前にした講演の中で、彼女の体験が物語化されるときである。このように、宗教を文学に変える可能性が、山での体験についてのアレルヤの物語を、作者の代用宗教性にとって受容可能な形にし、また、西洋人の読者および西洋化した読者の多くにとって認識可能な形にするのである。

スフヤーン――「元学校教師、多くの文明の古典の独学者」(p. 243)(下四頁)――に極めて共感を込めた性格付けを行っているのも、作者の側の同じ理由に基づく。なぜなら、「世俗的なスフヤーンはインド亜大陸の多様な文化を」飲み込んだ(p. 246)(下七頁)とか、彼は「聖コーランはもとよりリグ・ヴェーダからでも」「聖ヨハネの啓示はもとよりジュリアス・シーザーの戦記からも」「苦もなく引用が」できた(p. 245)(六、七頁)というくだりを読むとき、私たちが賛嘆するように求められているのは、文学に対するこの人生の奉献であるからである。人生そのものではなく、文明の名著(タゴールの、シェークスピアの、ルクレティウスの、ウェルギリウスの、オウィディウスの、その他大勢の名著)が、洗練された超俗的なスフヤーンを成型し、彼に人生の悲哀の知恵を教えたのである。[19] それゆえまた、話し言葉(宗教にだらしない彼に対する信心深い妻のきつい不平)は彼に、実際の儀礼行為(彼が一度行ったメッカ巡礼)より現れた悪のことを教える。「ほとんどのイスラーム教徒にとってメッカへの巡礼は大きな祝福のはずであったが、彼の場合では呪わしい出来事の始まりとなった」(p. 290)(下五六頁)。宗教の実践は悪意の発言に変わり、言語の真理は儀礼の反俗的生に対立する。

文学が人生の真理であるとの教理は、ラジュディの講演でも繰り返されている。「どこの社会においても、文学というものは、自分自身の脳髄の秘密の中において、あらゆる可能な形であらゆることについて語る声を聞くことができる場所の一つであります。この特権的な舞台を確実に保護しておこう、というその理由は何でしょうか。作家は何でも好きなことを言う自由が欲しいのだ、ということではありません。それは、私たちみなが、読者が、作家が、市民が、凡人が、神人が、一見つまらなく見えるこの小さな空間を必要としているからなのです」[20](1990b)。

この教理がかくもイデオロギー的な権勢を誇るようになったがゆえに、人類学的な文化の概念が、今や再び文学の様式で考えられるようになってきている。たとえば、ジェームズ・クリフォードはこう書く。「二〇世紀のアイデンティティは、もはや継続的な文化と伝統を前提とするものではない。どこを見ても、個人や集団が、外国の媒体、象徴、言語に頼りながら、掻き集め《コレクテッド》の／回想《リコレクテッド》の過去を用いてローカルなパフォーマンスを間に合わせに演じている」[21](Clifford 1988, p.14)。だが、日常生活というものは、架空の芸術作品についてのポストモダン流の考えをモデルとするこの文化の概念が提唱するように、それほど簡単につくって棄ててまた拾ってきて住み直すようなものではない。また、現代世界に暮らすすべての人間が、何かを考案したり他の人間の発明品の押しつけに抵抗したりするための平等な権力を持っているわけではない。ここで私は、階級、人種、ジェンダーをめぐる今なお存在する巨大な不正のことばかりを言っているのではない。もちろん、個人の才能に対立するものとしての伝統を称揚しようとしているのでもない(いずれにせよ、個人の才能と伝統は相互排除の関係にはない)。私はただ、社会生活を芸術作品になぞらえるのを有益とするような議論に反論したいのである。なぜなら、社会生活は全体として、芸術作品のように観念的に先在する事物の中から組み立てられるものではないからである。生の本質は生である。ただその物語化して語ることのできる一部分だけが、芸術家が物語を作るように「作り上げる」などと言うことができるのである。

もっと具体的に言おう。近代西洋国家において、宗教の役割は厳格に私事化されている。そのため、英国の信者と非信者にとって、宗教を文学のカテゴリーに引き込んで考えるのは容易なことである。しかし、英国のムスリム系移民の大多数の者にとって、彼らの実践的な宗教的伝統をこのカテゴリーに同化させるのは困難なのである。

文学こそが、単なる人生そのものを差し置いて、まさしく人生の真実であるというブルジョワの教義は、帝国の文化と密接な関係をもっている。ここでインドの英国式教育の設計者ロード・マコーレー卿の、文学普及の利点に関する次の勧告を思い起こしてもよい。「文学の光を受けて、不信仰で残酷な迷信はガンジス川の堤防からすたすた逃げ出すであろう。……そして英文学の広がるところ、英国の美徳と英国の自由もまた広がらんことを！」(Baldick 1983, p. 197に引用)。この事業が歴史的にいかに成功を収めたかは、ここでの論点ではない。強調しておくべきは、英文学がいつもインドにおける英国の使命――「進歩的ならざる」住民を近代化する使命――の不可欠の要素だったことである。それはまたサルマン・ラシュディの使命の不可欠の要素でもあるだろうか？――異種混成を称え、整然とした世界の確実性を拒絶する一人の反帝国主義者をつかまえて、ずいぶんとひどい問いを投げかけたものだと思われるかもしれない。だが、この本は、帝国主義的世界のカテゴリーをそのまま受け継いでいるのである。それは文学を通じての救済を提案している。それは(ムスリムの／移民の)インド人にいっそう進歩的な道徳性を促している。それは諸伝統の転覆を図り、それらが現代の(すなわち文明化した)世界にふさわしいアイデンティティへと転身することを望んでいる――。まさにこうした点において――他の点においてでないとしても――ラシュディはマコーレーと肩を並べて立っているのである。[22] いちばんの違いは、後者が制度改革を進める法制上の行政官として著述したのに対し、前者がイデオロギー改革を進める特権的な作家として著述したという点にあるように思われる。

部分的テクストの政治学

先に私は、この小説についてのラシュディ自身の説明を引用したが、そのとき指摘したように、小説中のイスラムに触れた部分がレトリック的にどのような性格のものであるかは、じゅうぶんに明らかにされていない。それは「歴史的な探求」なのであろうか？　そうではないのであろうか？　ここで私は手短に作者の意図について検討してみたい。ここから『悪魔の詩』の形式・内容とポストコロニアル時代の英国の政治的環境とのつながりがどのようなものであるかが見えてくるかもしれない。私が関心をもっているのは、ラシュディがこの小説を書こうと思った本来の動機ではなく、文学的テクストとその政治的コンテクストの中で構築されたものとしての作者の動機である。この点を強調しておかなければならない。

もしこの本が、結局、歴史的現象としてのイスラムの成長について書いたものであるならば、この目的を一人のインド人の映画スター、付け加えて言えば気の狂った人間とされている一人の架空の人物が見た架空の夢という道筋で追求するのが最善のやり方であるかどうか、疑う者もあるかもしれない。他方また、この本の主要な目的が英国におけるムスリム系移民の信仰と習慣を揶揄することにあるのだとすれば、『悪魔の詩』で用いられた文学上の工夫は、まったく適切なものである。こうした信仰と習慣はムスリム系移民の現代の社会的実存の一部をなすものであるから、それらを破壊するためには、武器となるようなテクストが必要である。そしてその武器を操るに際して、目前に控えているのはポスト＝キリスト教時代の読者である。実際、この読者層を魅了するのが、第一の条件である。それゆえ、キリスト教徒の反イスラム論争の長い伝統を抜かり無く利用することになる。この伝統においては、何といってもキリスト教徒の大好きな預言者ムハンマドの生涯における性の問題がある。ノーマン・ダニエルはこう言っている。「ムハンマドの女性に対する振る舞いだけを見ても、彼が預言者だなどということはありえない――中世のキリスト教徒はこんなふうに考えていたように思われる」(Norman Daniel 1960, p. 102)。

注釈者の幾人かは、小説中の預言者のくだりにおける性にまつわるエピソードが、彼を人間化するのに役立っていると示唆した。それは実際そうかもしれない。だが、そうした人間性なるものを構成する思考の前提それ自体は、ある一個の歴史の産物なのである。たとえば、キリスト教の伝統において、人物を性化するのは、彼を神的な真理から締め出すこと、彼をただの(罪深い)人間だと言明することである。近代のポスト＝キリスト教的伝統においては、人物を「人間化する」のは、彼の性的欲望を強調すること、被り続ける仮面を言説的に剝いで、中に潜む彼の本質的な人間的真実を暴くことである[23]。帝国主義的な正統派的信念はどれでもそうであるが、この教理は私たちに「人間たること」の普遍的なあり方を要求する。実際にはこの普遍的あり方は、欲望、言説、身体の経済学における身振りを分節化するある特異なやり方であるにすぎないのだが(この意味で、聖人伝的に表されたムハンマドの姿は、ラシュディの小説中で「人間化」されているが、まさしく現実の同時代人であるホメイニ――「イマーム」――は、ずっしりと神話化されている。もっとも、この二つの対極的なレトリックの戦略は、同じ論難の目的に資するべく手を取り合っている)。

だが、ラシュディの武器庫にあるのは、キリスト教のものばかりではない。規則の制定は自由の制限であると自明のことのように考える近代の傾向からも、武器を調達している。たとえば、

> オアシスのヤシの木の間で、ジブリールは預言者として現れ、規則、規則、規則、規則が口からほとばしり出るのを自ら認め、それは、信仰深い者がほとんどこれ以上の啓示を期待できないほどであり、……それは、あらゆる忌ま忌ましいことがらについての規則で、屁をしたら顔を風に向けさせろとか、尻を清潔にするためにはどちらの手を使うべきかの規則であった。人間存在のどんな側面も規制されぬまま自由のまま放任されるべきではないかのようであった。啓示は――朗唱は――信仰深い者に、どれだけ食べるべきか、どれほど深く眠るべきか、どのような体位が神の許可を受けたものかを語り、男色《ソドミー》と正常位とは、大天使によって認められたことを彼らは学んだ。しかしそこで禁じられた体位とは、女性上位のすべてのヴァリエーションを含むものであった。ジブリールはさらに、会話のうち許されたものの禁じられたものを並べ上げ、どんなに耐えられないほどかゆくてもかくことのできぬ体の部所に目印を付けた。信者の誰も見たことのない、奇怪な別世界の生物である海老を用いることを禁じ、

動物は血を採ることによって時間をかけて殺すべきだと要求し、というのは、精一杯死を経験させることで、生きていることの意味を理解するに至るからで、生きとし生ける物が、生とは現実のもので、夢の一種ではないと理解するのは、ひたすら死の瞬間だけだからである。大天使ジブリールは、一人の人間が埋葬され、財産が分割される方法を明確に規定し……（pp. 363, 364）（下一四〇、一四一頁。強調点はアサド）。

もちろん、このくだりはふざけた文体で書かれたものであり、それ自体はその文学的な意図および達成の一部をなすものである。だがそうだとしても、正確なところこれが何をどのように茶化したものであるかを考察しておくことは、文学上の判断を下すにあたっても意義のあることだ。私は、単にこのくだりが人々の信仰を弄んでいると苦情を述べているのではない。私が言いたいのは、ふざけに対してももっと分析的な理解が必要だろうということである。ふざけ（陽気さ？　深刻ぶらないこと？　愉快さ？　ゲーム仕立て？　だまくらかし？）について明晰に考察を行うためには、西洋の読者の大半がふつう心得てはいない知識を必要とする。

　イスラムの規則の大部分は、ムスリムがガブリエル〔大天使。アラビア語で「ジブリール」〕を通じて神により啓示されたと信じるクルアーン（「朗唱」〔誦まれるもの〕）には含まれていない。むしろそれは、ムハンマドとその教友の模範的な言行を記したハディース（ḥadīth　複数形はaḥādīth）と呼ばれる集成に含まれている。ムスリムはハディースを神の啓示によるものとは考えないので、ガブリエルはハディースと何も関係がない。私が引用した部分にある規則のうち、相続に関するもののみがクルアーンに見出される。

　ムスリムにとって、ハディースは、徳のある生活の基本原則を記録したものである。逆に言えば、ムスリムの有徳な習慣のどの原則も、それを公認するハディースを持っている。何世紀にもわたって、幾度も権威ある全集の集成とハディースの分類が試みられた。種々ある宗派のそれぞれが真正と認めたハディースの間には、多くの重要な違いがある。たとえば、スンナ派の集成で、海老の消費を禁じるハディースを含むものは一つもない。これはシーア派のみが守る禁令である。またスンナ派のいかなる正統的文献にも『悪魔の詩』に引用された性交の規則は含まれていない。正しい情報を得た読者は、ハディースの規則がガブリエルにより啓示されたものとして描かれているのはどうしてなのかと尋ねたく思うかもしれない。さらに、宗派の規則が全ムスリムに受け入れられているように描かれているのはどうしてなのかと。疑いもなくその答えは「狂気のインド人俳優の夢は学者の論文ではない。それは風刺なのだ」というものであろう。だが、この答えは不十分だ。

一編の書き物を風刺と呼ぶとき、もちろん私たちは、それが風刺に値するものであることを要求している。風刺とは人々の間に広まっている悪徳を扱うものである。だが、その悪徳なるものは、風刺が向けられる当事者たちによって悪徳と認識されているのでなければならない。この意味において、風刺家の試みは保守的なものである。風刺家自身は信奉者である必要はない。しかし、風刺家は、自らが風刺している者たちの道徳的構造をしっかりと理解していなければならない。すなわち、彼らが公言する高い理想と、彼らが現実に行っている利害がらみの行動とのズレについて理解していなければならない。さもなくば、彼の書く物はただの嘲笑へと堕落してしまう。他者が信じているもの、習慣としているものを悪徳として描くだけでは、風刺とは言えない(だから効果を持ち得ないと言っているのではない)。実のところ、軽蔑的な描写は、ヨーロッパの一九世紀を通じて、帝国支配の宣伝の不可欠の要素であり、その「文明開化の使命」を自国の聴衆に対して正当化する本質的手段だったのである。だが、道徳的参与の様式である風刺とは異なり[24]、原地民の信仰と習慣に対するそうした侮蔑の表現(マコーレーの言う「残酷な迷信」)は、口達者な弱い物いじめに威力を借りるものである。

イスラムの規則に関するジブリールの夢に出てくるものの中で間違いなく最もぎょっとさせる演目は、食肉をハラール(halāl)(合法な食品)とするために食用獣を屠るムスリムのやり方に対する不快な説明である。こうした説明がクルアーンにもいかなる正統的ハディースにも含まれていないことは、もちろん自称風刺家たちの関心を引くところではない。だが、さらに重要なのは、この演目を見た英国の大半の読者が、ただちに数年前の悪名高きキャンペーンを連想したであろうことである。そのときメディアは「残酷で野蛮な」イスラムの習慣なるものに対する反対運動を起こしたのであった。世論の圧力は、「儀礼的屠殺」の違法化を勧告する政府委員会を生み出した。だが、ムスリムにとって幸いなことに、ユダヤ人の宗教機関が、この勧告に従わないように政府を説得した。以上より、ラシュディの嘲笑がとくに英国のムスリム系移民に向けられたものではないかとの疑いが濃厚となる。英国のムスリム系移民は、小さな、政治的に弱い立場のコミュニティーである。宗教的伝統に愛着することにすでに困難を覚えている集団である。十字軍にあっては、学究的な良心の疑念など入り込む余地はない。光が闇に勝つべし。この決意あるのみなのだ。[25]

もちろん、ラシュディには、自らが拒絶する信仰と習慣にまじめに取り組むべき義務など一切ない。さらに言うならば、そうした信仰や習慣をからかうのを慎むべき義務もない。だが、それらを笑いものにすることを選ぶとき、彼がすでに力強く存在しているまったく別の伝統を足場にしていることは極めて明白である。すなわち彼は、ポストコロニアル時代の西洋国家のリベラル中産階級の基盤を自らの足場としている。『悪魔の詩』が英国の人種差別への告発を含んでいるからといって、この小説が根本的にリベラルの伝統に反目するものだと考える誤りを、読者は犯すべきではない。そうした告発は、今日の英国における人種的偏見を嘆くリベラルの立場と完全に調和するものである。[26]

さらに重要だと私が考えることがある。行為の規則という考えそのものを嘲笑するとき(「あらゆる忌ま忌ましいことがらについての規則……。人間存在のどんな側面も規制されぬまま自由のまま放任されるべきではないかのようであった」)、ラシュディは、サッチャーの英国において絶頂に達したリベラル個人主義に呼びかけているのである。だが、規制を受けないのが真の自由、これぞ議論の余地なき真理だなどということは、政治的にも道徳的にも有り得ないのだ。[27]

繰り返して言おう。私は、ラシュディの立場がイスラムの伝統から外れるものであるがゆえに彼の批判は無効だ、と言っているのではない。私が論じているのはこうだ。彼の批判が力を得ているのは、彼が西洋のリベラルの伝統に立っているという事実、この同じ伝統を共有する聴衆に向けて語っていると感づいてもらえるという事実によりかかっているからである。さらに私はこう考えている。人々が大事にしている信仰と習慣を中傷することは、彼らにそうした信仰や習慣を棄てる気を起こさせるかもしれないが、そうした変化は(恥や恐怖などの感情を生み出す)優越的な権力によってもたらされるものであって、道徳をめぐる議論によってもたらされるものではない。西洋のリベラリズム(私はこの言葉に狭義の政治的リベラリズム以上のものを含ませている)は、自分ばかりが理性的議論の使用と残酷さの回避に基礎をもつものであると自慢する伝統でありながら、それにもかかわらず、やたらと脅迫的レトリックを用いる癖のある一冊の小説を歓呼して迎えたのである。ここに私は皮肉なものを見るのだ。

ポストコロニアルの生における政治的痕跡

『悪魔の詩』をもっぱら作者の意識的意図という観点から読解すべきものと私が考えているような印象を与えたとしたら、それは私の本意ではない。私はそういう読解が概ねよいと考えてもない。この小説のテクストを管理するのは、テクスト自身ではない。このテクストが暴露する緊張と矛盾は、物語の表面に起こるどんな事象よりもはるかに興味深いものである。そしてこうした緊張と矛盾があるために、(前節で論じた)小説の政治学に対するものとしての、この小説の諸々の断片の政治的な読解を行うことが可能になる。

一例を挙げよう。シェークスピアの栄光を称える文章の途中で、ラシュディの作中人物チャムチャが印象的な評言を述べる。「パミラはむろんのこと、自分の所属する階級や人種に叛旗を翻す試みを続けていた……」(p. 398)(下一七七頁)。だがよく考えながら読んでいる読者であれば、パミラが叛旗を翻している(betray)のは彼女の人種や階級に対してではなく、彼女のインド人の夫に対してであることは明らかである。夫が真正な英国人《イングリッシュマン》に完全かつ確実に変身するのを助ける代わりに、移民たちの居場所に出入りすることで、夫を裏切っているのである。実際、パミラは、彼女が拒絶しているまさしく当のものをチャムチャが絶望的に求めていることを知っている。

だが、なぜ自らの階級に対する彼女の態度が叛旗を翻すものと描かれるのであろう? 中流の上の階級の両親は、娘の政治的過激ぶりを叛旗を翻すものとは考えない(ただの「若者らしい理想主義」と見るものである)が、彼女がインド人と結婚するのはまさしくそれだと考えるだろう。ラシュディのチャムチャのように、英国のパブリックスクールで教育を受けた者は、誰でもこのことを知っているはずである。チャムチャがこのことを知らないとは考えられない。実際、彼はそれを知っている。だが、それを彼自身に当てはめることができない。だからそれは抑制され、転置されなければならない。

チャムチャは、パミラが自分を真の英国紳士と認めようとしないことに腹を立てている。そしてこの反抗が直接彼女の政治的過激主義に関係するものであることを知っている。彼が英国人になろうとするのをパミラが繰り返しぶち壊すので、彼はうんざりしており、また彼女の左翼政治活動を嫌悪している。だがこれは、彼が背信という強い非難に打って出たことの十分な説明にはならない。彼の英国流儀の猿真似ぶりをからかうインド人の過激主義者ズィーニーに対して、彼がこの非難を向けることはないのである。また、彼がなぜ叛旗を翻す対象となるのが、彼自身ではなく、彼女の人種と階級であると感じたのか、この点も説明されない。ラシュディのチャムチャから発せられると、この非難はまったく適切なものとなる。だがそれは、変貌願望と遺伝的純粋性の観念との間に繰り広げられる複合的な作用を、この非難が押し隠している——そしてそれはこの小説では完全に分析されてはいない——からであるにすぎない。

意識的に「真正な」英国紳士になるということは、人種主義のイデオロギーを成立させるということである。つまり、「生成的な本質」についての言説、インド人には別の場所をあてがう言説、に関与することである。英領インドにおいてこのイデオロギーは、概念としても、習慣としても、もっとも精密な発展を遂げることができた。ラシュディのチャムチャは、そのような種類の英国人に変身することを望んでおり、解決不能のイデオロギー上のジレンマと闘っている。それはこういうジレンマである。英国人になるためには、彼は自らのインド人性を拒絶しなければならない。英国人女性との結婚は、彼のこうした願望を確実に実現に近づけるに違いない。だが、パミラが彼と結婚したのは、彼がインド人であるからであって、このことは、彼が彼女を通じて獲得することを望んでいる真正な英国性を不純なものにする(彼女がチャムチャのインド人の友人であるジョーシと不倫をしたのは、人種的不倫である自らの結婚を演じきったものであるにすぎない)。そして彼女は半英国人である子供を生もうとしている。このように、チャムチャへの真の裏切りを構成するものは、パミラの政治活動ではなくて性の物語である。それというのも、それが本質的な(すなわち人種的に純粋な)英国性に対する裏切りであるからである。だが、結局、彼女の裏切りは、異なる種族、真正な英国紳士になろうとするチャムチャ自身の不可能な試みの意図的な象徴であるにすぎない。ここには二重の転位が働いている。というのは、チャムチャは裏切りの対象であると同時に、究極の裏切り手——自己憎悪する植民地人——でもあるからだ。[28]

この最終的解決法は、チャムチャが自らの本質の場所であるインドに帰り、自らの本質の種族であるズィーニーに帰ることである。

> 少年時代は過ぎたのだ。そしてこの窓から臨む景色は昔の感傷的な反響《エコー》などではなかった。悪魔にでもくれてやる！　ブルドーザーでやっちまえ。旧いものが死を拒むのならば、新しいものは生まれてこない。「ついていら

っしゃい」とズィーナト・ヴァキルの声が肩越しにした。彼の悪行、弱み、罪のすべてにもかかわらず、――彼の人間性にもかかわらず、――彼はもう一度チャンスをつかもうとしていた。人の幸運など説明のつかぬこと、それは明らかだ。それはそこにただあるだけ、彼の肘をつかんでいる。「私のところよ、」ズィーニーが提案した。「ここはもうお仕舞いにしましょう」「僕も行くよ」と彼は彼女に答えて、その景色から背を向けた[29](p. 547)(下三三五、三三六頁。強調点はアサド)。

だが、この楽天的な解決は、ただ、彼の父親が死んでインドに十分な遺産を遺したがゆえに可能となっているにすぎない。この遺産は、皮肉にも、〝聖なる朗唱文〟〔クルアーン〕の規則に従ったものである[30]。もうひとつこの解決に役立っているのは、彼の英国人の妻――彼の自己顕示＝自己への裏切り(self-betrayal)が化身したもの――が、都合よく処分されていることである。彼女は焼死し、半インド人の胎児を宿した身元不明の女性の遺体として発見されたことが、平常の警察の会見の形で述べられている(pp. 464, 465)(下二五一、二五二頁)。

旧いものが死を拒むのならば、新しいものは生まれてこない。経験に基づく一般化としては、これはもちろん馬鹿げている。だが、旧いものを破壊しながら絶えず目新しさを求めることに対する正当化としてなら、これは消費者資本主義の古典的道徳である。ラシュディのチャムチャは、彼自身の過去を――彼の母を[31]、父を、妻を、友を、分身としてのジブリールを、ロンドンの承認できる部分を、イングランドに対する彼の愛着さえをも[32]――破壊する。そのあと、破壊した自分に赦しを与える。こうした道徳性においては、循環する破壊、自己赦免、そして新たなアイデンティティの創造の過程に終りが来るものと想像すべき理由は何もない。過去に対する義務がないのであれば、あらゆる破壊はただ新たな始まりであるだけであり、そして新たな始まりは、人が手にすることのできる一切なのである。

自らの本当の場所への帰還という、アイデンティティの衝突の問題に対するチャムチャの解決法は、多くの移民にはほとんど不可能なものである。有色人種の移民を故国に強制送還するという考えは、エノック・パウエルを含む英国の右翼たちがいつも好んでいるものではあるが。現代英国のインド系・パキスタン系移民の政治的問題の源泉となっているものは、七世紀のアラビアにおけるイスラムの神話化された起源ではなく、英国のインド支配がもたらした社会的・経済的・文化的結果である。実際、この本の時間の分節化は、意図的に神話的なものとなっている——この小説を高く評価しているある批評家は、その「円環的なところはヒンドゥー、二元論的なところはムスリム」であるとしている(33)(Mukherji 1989, p. 9)——が、他方、この本の主調をなすジレンマとその解法とは、歴史的に特殊な階級的状況に深く根ざすものである。

チャムチャのインド帰還が、移民が抱える困難に対する、この小説における唯一の解決法であったわけではないと論じることもできよう。何といっても、バングラデシュ人の喫茶店主スフヤーンの娘ミスハルがいる。彼女は人種差別なきイングランドを目指して闘うために居残る。だが、イングランドで生まれ育ったミスハルは、すでに決定的な意味で——話し方、母に対する態度、性行動、服装、そして過激な政治行動において——英国人であった。たしかにここは人種差別的な社会であり、英国人種差別主義者から彼女が英国人であると認められることはないであろうことを理解しておかなければならないが(彼女の小市民的英国人性は、もちろん、チャムチャが憧れる紳士の英国人性とは区別を要するものである)。それにもかかわらず、移民である両親が焼死する——まるでこの小説の症状のようだ——一方で、生きているのはミスハルである。ドクター・ウフル・シンバことシルヴェルター・ロバーツが法廷でしたとされる人心を鼓舞する演説は、奇妙なものに感じられる。「われわれがここにいるのは事態を変化させようというつもりでだ。……われわれは再び蘇ったのだ。しかし私は言いたい。われわれはこの社会を改変していく一員にも成り得るのだ。その底から頂上までを作り変える要員に。われわれは枯れ木を伐り、新しい木を育てる庭師なのだ。それこそわれわれの仕事(今やわれわれの出番だ)」(p. 414)(下一九六頁)。この本の中で(肌の色とカレーの風味は別として）移民の差異がほとんど体系的な破壊を被っていることを思うとき、この演説文のくだりは自嘲的な性格を帯びたものとして見えてくるのである。

以上述べてきた事柄に鑑みるならば、『悪魔の詩』の注目すべき点は、この小説がそもそも移民の大半が抱えている苦境をめぐるものではないということである。それはまた、私たちの時代を普遍的に代表する者としての移民に関する深い言明をなすものでもない――批評家の中にはそのように考える者もあるが。実際、スファヤーン一家、失業中の過激派ジョーシ、そしてチャムチャ自身のことを別にすると、この本には実質的に移民は一人も出て来ないのである。確かにここにはコーン一家がいる。ポーランドから逃れてきた中産階級のユダヤ人難民である。父親の老オットーは、喜劇的に同化を求めた末に自殺する。未亡人アリシアは信心深くなり、カリフォルニアに移住し、良き人と一緒になる。二人の娘アレルヤとエレナは、それぞれに不快な暴力的死に遭遇する。移民一家コーン一族の終末。これもまた同じパターンの繰り返しではあるまいか？

英国のムスリム系移民の大半は無産階級に属する。その多くは北イングランドの工業都市にコミュニティーを作って暮らしている。彼らは退職後に出身国に戻ることもなく、英国文化の「中核的価値」に完全に同化しようと願っているようにも見えない。『悪魔の詩』に含まれる諸々の物語は、この人々の政治経済的な体験、文化的な体験に関わるところをもたない。それらは、帝国的英国の支配階級を見つめる一人の英国化したインド人の凝視が生み出した高度に両義的な感情に、強い関係をもっている。ラシュディのチャムチャは、この階級に入ることを拒まれているが、それは単に人種差別のためばかりではない。（彼自身が徐々に気づいていくように）旧き良きイングランド、本物の紳士の国イングランドがもはや存在しないということにもよる。サッチャーの階級革命に対するヴァランスの軽薄な称賛に応えて、チャムチャは悲しい結論に達する。「でもそれはチャムチャのやり方ではなかった。また彼が偶像視してきた、そしてそれを征服しようと乗り込んできた英国風のやり方でもない」(p. 270)（下三四頁）。だが、植民地化されたブルジョワのみが、かつて一度も存在したことのない紳士の国イングランドを崇拝することができたのである。チャムチャが偶像視してきた、そしてその中に暮らすことを望んできた礼儀正しいイングランドは、その支配階級が国内の組織された労働者階級に対し、アイルランドの農民階級に対し、その巨大な帝国に飲み込まれた多様な民族に対し、絶えざる戦争を仕掛けている国でもあるのだ。彼が目覚めたといっても、紳士の国イングランドに対する自らの憧れが幻想に基づくものであったと気づいたわけではない。もはや存在しない、彼を受け入れることのないイングランドに対して郷愁を覚えているのである。これは重要なことだ。ムスリム系移民の大半は、ラシュディのチャムチャとはまるで異なる階級的出自と宗教的伝統をもつ者たちである。何を願って英国へ移住したのか、その動機もまったく異なっており、今や困窮した生活条件の中で暮らしている。彼らはチャムチャがイングランドに対して抱いた幻想を抱くことなどなかったし、抱くこともできないのだ。

最後に一言。たとえこの小説に関して私が述べた意見に説得力があったとしても、それは、芸術作品としてのこの小説の究極的価値に関して、何か決着をつけるようなものではない。この問題に関しては、私たちの文学の規準の守護者である批評家たちの判断に任せざるを得ない。私の関心は、この小説が表現し、精通している想像上の空間についての記述を試みることにあったのである。

一つのポストコロニアル小説の英国における利用のされ方

これまで私は、サルマン・ラシュディの『悪魔の詩』の読解について述べてきたが、英国の政治のコンテクストにおけるその利用の仕方については何も述べていない。ある意味で、この本をもっとも派手に利用したものは、もちろん、ブラッドフォードにおける公共の場での焚書であろう。これはメディアの関心を引くためにこの町のムスリムが意図的に行ったものだ。彼らは、復讐心をもってこれを実行した。一方、様々な政治集団の評論家が、恐怖心をもってこの行為を糾弾した。彼らはそれを三〇年代の悪名高きナチスの焚書と比較した。こうした反応には、人類学者もまた関心を示して然るべきである。小説の登場人物が焼死する(あるいは中傷を受ける)としても、私たちは、要するにそれは「お話の中の出来事にすぎない」と思い直す。だが、この本が焼かれたと耳にしても、同様の直解主義的反応をもって、要するにそれは「紙とインクの問題にすぎない」と納得することはできないようだ。この象徴的行為に対し、リベラルが示した怒りの反応――それはこの本の出版に対する南アジア系ムスリムの怒りに比べて決して小さなものではない――について、これまで以上の(あるいは私が今行うことができる以上の)徹底した解明を行うことが必要である。そして、近代世俗文化の聖なる地理を、よりいっそう理解できるようにすることが必要である。

リベラルの世論が出版禁止の要求を拒否するというのと、リベラルの世論がここで起きた象徴的な焚書行動に対して恐怖をもって反応するというのとは、まったく別のことである。数年前に移民法の写しを議会の反対派が公共の場で燃やすという行動があったが、なぜこのときはリベラルの憤激が生じなかったのであろうか？　恐らくもっと適切と思われる例を挙げよう。ラビ・モーデカイ・カプランは、古典的ユダヤ教を近代の諸観念に合わせて、宗教的信条としてではなく、言語と慣習を含む文明として再定義した。「ラビ・カプランが一九四五年にこうした観念を具体化した祈禱書を出版したとき、それは、合衆国およびカナダの正統派ラビ連合会の会議の席という公共の場において、焚書に付されたのである」(Goldman 1989)。この象徴的焚書行動に対して、なぜ世俗の側は怒りを爆発させなかったのか？　私は、これが二重規準を暴露するものだと論じたいのではない。私たちは何かを捉えそこなっていると論じたいのである。

恐らく、ブラッドフォードの事件の決定的な違いは、(西洋では一般に否定的な報道をされがちなムスリムが引き起こした事件だという点を別にするならば)それが有名な文学作家が書いた小説を燃やすものであった点であろう。

燃やされたのは、単なる印刷文書ではなく、「文学」であった。[34] そして燃やしたのは、現代文化において文学が演ずる聖なる役割を理解しない者たちであった。

焚書行為の象徴性を徹底分析することでどのような結論が得られるのであれ、二つの怒りの表出が同等のものではないということを強調しておかなければならない。というのは、ムスリム系移民は(南アジア系移民の全てがそうであるが)英国政府が持ち得るような権力と暴力の手段のようなものを一切持っていないからである。この二重の憤激に加えて、ホメイニによる一人の英国市民に対する衝撃的な死の威嚇の問題が絡むようになったことは、確かに事実である。しかし、英国のムスリム系著名人らがイランの宣告との絶縁を公言したというのも、また彼らが仲間の信徒の一部が過激な声明を発表しようとするのを制止したというのも、これまた事実である。[35] さらに、サルマン・ラシュディが悲劇的な苦境に追い込まれた——彼は殺害を防ぐために英国の警察の警護を受けた——ことは、確かに物語の一部をなすものである。しかし、幾年にもわたり絶え間無く続いている白人系の人種差別主義者による黒人系英国市民の殺害が、政府によっても、リベラルの世論によっても、白人系英国市民に対する非難を引き起こすことはなかったということもまた、物語の一部なのである。常に白人人種差別主義者の脅しを受けている普通の黒人系英国市民は、警察による保護を受けたくてもいつも受けられるわけではない。リベラルな社会は、国際的に有名な作家の身の安全に対して顧慮することがあっても、それと同じだけの実践的・イデオロギー的な顧慮を、普通の黒人系市民の身の安全のために振り向けることはない。[36] それゆえ、普通の英国市民が白人人種差別主義者から殺害の脅迫を受け、そして殺害されるとき、リベラルが〝西洋文明の基礎が攻撃されている〟と言って騒ぎ立てることはないとしても不思議はない。リベラルとしては、その下層階級が不寛容のあまり暴力に及ぶことに対して狼狽の表明をするというのが関の山である。[37] 私は別に、黒人系移民の窮状に対する白人の同情が不十分であることの例証をしているのではない。ただ、暴力に関するリベラルの考えの一つの側面を指摘したいのである。暴力がリベラルの真剣な関心事となるのは、彼らが本当に価値を置いているものが脅威を受けていると思われる場合に限るのである。

移民と支配階級との権力の不平等の結果として、今やこの本は、教育、地方政府、議会の選挙区など、様々な政治的舞台で、移民を叩く鞭として用いられている。これまで言われてきた多文化主義なる混乱した考えは、今や、全政治的信条を横断する文化の中核的価値観の名において、激しい攻撃にさらされている。

ブラッドフォードの焚書とムスリムがラシュディに対して表した激しい怒りは、労働党のショーン・フレンチにとって、多文化主義の美徳についての考えを大きく変えさせるものであった。「英国では、移民を文化のるつぼ式の態度で迎えることはほとんどなかった。とりわけ左翼においてはそうであった。多文化式の母語教育がほとんど自明の善のように見なされていた。それによって多文化社会の富がもたらされると思われていた。その結果がこれだ」(French 1989)。フレンチも、左翼・右翼の多くの者たちも、[38] 多文化主義を破壊的な原理と見なしている。だが、文化のるつぼ政策にしたところで同じことなのだ。英語を母語とし、キリスト教を信じるカリブ海地域からの移民(彼らは最初からいつでも同化できる状態だったのである)と主流の白人社会との人種関係史が不幸なものであったことを考えれば、それはすぐに分かることだ。私見によれば、この問題を理解する鍵は、誰が、また何が破壊されるのかについて、リベラルな英国民の大多数が抱えている不安の中にある。誰かが徹底的に変わらなければならないとしても、それは英国民自身であってはならないのである。

たとえば、英国の著名なリベラル系コラムニストであるヒューゴ・ヤングは、次のように書いている。

> 今やムスリムの指導者の中には、英国の自由を破壊することを、あるいはイングランドとスコットランドの法の制約を逃れることを要求している者がいる。これについては彼らに、いささかの同情の余地もない。法は我々のすべてを保護している。彼らもまたその保護を受けている。彼らはこのことを理解していないようであるし、突

きつけられている（ことについての）理解力も持ち合わせていないようだ。そうであるなら，ただもうそれだけでも，こう言ってやって構わないことになる。——気にいらないのなら，自分の要求を満たす国を見つけ出すのがよかろう。グレーヴゼンドが駄目なら，テヘランにでも行きたまえ，と（Young 1989）（強調点はアサド）。

帝国的尊大さをもって述べられた（構文上の奇妙なミスが傷となっているが）この文章の脅迫的な調子は，英国のラシュディ事件報道の概ね典型をなすものとなっている。小説の出版を法的に禁止することを平和的に請願しようとする移民の指導者たちの試みは，単に拒否されるだけでは済まなかった。それは「英国の自由を破壊する」要求であると，ヒステリックな言葉で伝えられた。アジア系少数派住民の法を変えたいという願いは，そして近代民主主義の手続きを離れることのなかった彼らの手法（議会への請願，公共のデモ——怒りのシュプレヒコールも含む[39]——，メディアを通じての激しい議論）は，実質的に犯罪行為と見なされたのである。だが，実際のところ，ヤングのこの文のような言明は，厳密な意味で不法行為をめぐって発されたものではない。この時点において不法行為での逮捕者が一人も出ていないことはよく知られていたのであるから，なおさらのことである。こうした文の働きは，移民に次のようなメッセージをはっきりと伝えるところにある。英国の中核的価値の一部をなす取り決めが気に食わないのであれば，それを変えようなどとせずに，黙ってこの国を出て行け——。

これは極めて理にかなった言い分のように——民主的にさえ——聞こえる。しかし，裏にどのような考えがあるものか，批判的検証に値するものでもある。英国の中核的価値観なるものは，英国の多数派市民の歴史的価値観を意味するもののように思われる。しかし，そうした価値を覇権的な利害と翻訳することは簡単である。それゆえ，この要請——もし移民系少数派市民が政治的共同体の正会員として受け入れられることを望むのであれば，彼らは既存の中核的価値観を疑うことなく受容するべきであるとする要請——は，有名なブルジョワ的策略であることが見えてくる。

もしこうした原理が認容されるのならば、人種であれ、ジェンダーであれ、近代国家において正当な政治問題となることはできない。

よく知られてはいるが、しばしば好都合に隠蔽される事実がある。過去二世紀にわたって、英国の生活様式が根本的に変化したという事実、かつまた、文化の概念そのものが深刻な歴史的闘争の政治的産物として出現したという事実である。英国の労働者階級の価値観と願望とが――それから非国教会系のキリスト教徒の信仰と習慣とが――世俗的で人間主義《ヒューマニズム》的な文化の概念の中に含まれない時代もあった[40]。英国なるものの特性が包括的文化という観点から定義されることはなかったのである。「英国《ブリティッシュ》文化」――もとは「イングランド文化」――が今日におけるような包括的意味と正当性を獲得したのは、成人男子の普通選挙権、適法な労働組合運動、大衆教育、都市行政の制度的改良といった近年における発展をまってのことである。ラシュディ事件をめぐる英国リベラルの論評を読む際には、この継続的営為としての歴史的な論争と再構築のことを頭に置いておくべきである。この問題は、英国文化が――他の文化でもそうだが――「混成的」であるか「純粋」であるかということとは何の関係もないということを強調しておきたい。ここに関係があるのは、むしろ次の点である。何が(どのように、誰によって)包含され、また排除されることで、正当的政治活動――所与の伝統とアイデンティティを弁護し、発展させ、修正し、再定義する政治活動――が営まれるべき場が構築されるのか。問題はここにあるのだ。

結　論

私はこの論文を、近年人類学の関心の焦点となってきた民族誌の問題について論じるところから始めた。今再びこの問題を取り上げることにしたい。

ラシュディの小説に関する私の議論の裏にある考えを述べてみよう。人類学の営みにとっての決定的問題は、民族誌がフィクションか事実かということではない。あるいは現実主義的な形をとった文化の表現の仕方を、どこまで他の形態に置き替えられるかということでもない。文化的記述は何らかの政治的事業の只中で行われるものだが、では、それはどういう種類の政治的事業であるのか――人類学の営みにとっていっそう重要な問題はこれである。私たちが第一に関心を振り向けるべきものは、民族誌の表現方法についての実験のための実験ではなく、政治的介入の様式がどのようなものであるかである。もっと正確に言おう。西洋の中にいる西洋の他者に関心を振り向ける人類学者にとって、主たる問いとなるべきものはこうである。人類学者が言説的に介入することによって、近代国家が定義する空間における差異をめぐる政治の問題が明らかにされるとしたら、それはどのような形においてであろうか？

現代世界のあちこちにおいて、啓蒙主義の両義的な遺産に関する意識が高まってきている。二〇年ほど前に、アーサー・ハーツバーグは、反ユダヤ主義《アンティセミティズム》の近代の淵源が「解放」を目指す啓蒙主義以降の均質化の推力にあることを、説得的な事例を挙げながら論じた。完全な同化か[41]、然らずんば軽蔑的な差異か――他のもっと恐ろしい選択肢があることはもちろんだが[42]――というのが、近代の国民国家が国内の少数派に対して供給できる唯一の選択肢であるかに見える[43]。近代の国民国家の内部における他者の諸伝統に関して批判考察を行う私たちの民族誌は、リベラルの理論が提供するカテゴリーを採用しなければならないのであろうか？　それともそれは、これとは大いに異なる政治的未来、他者の諸伝統もまた栄えることのできる未来の形成に寄与することができるのであろうか？

今日の西洋において、ヨーロッパの他者についての不寛容が再び激しいものになってきている。集団的な形で現れる残虐性は、もちろん近年に始まるものではないし、西洋に限られたものでもない。ムスリム、ユダヤ人、ヒンドゥー、仏教徒、そしてキリスト教徒は、私たちの時代においてなお、暴力行為、残虐行為を犯し続けている。だが、市民として、また近代を扱う人類学者として、私たちが注意を払い続けるに値するのは、世俗的近代国家の残虐性と破壊の恐るべき潜在能力なのである(Bauman 1989 を見よ)。

原注

序章

(1) コマロフは、一九世紀の南アフリカの宣教師とコロニアリズムについて非常に興味深い記述を行っているが、その序論には次のようなくだりがある。「そしてこの植民地化の遭遇における双方において、シニフィアンが流通を始め、争いとなり、奪還される過程が始まった。さらに重要なことに、この遭遇は、被植民者の「文化」の——白人文化に対置された形の——形象化をもたらしたのである……。記号、社会関係、身体的実践は常に変容に曝されている。実際、意味は不確定なものとなり、抵抗を呼び、再構築されるようになるかもしれない。しかし、すべての場面において、歴史は、秩序と無秩序、合意と闘争の弁証法の中で能動的に創られているのだ」(J. and J. Comaroff 1991, p. 18)(強調点はコマロフ)。

(2) この講義は『歴史の島々』(Sahlins 1985) の議論をさらに展開させたものである。

(3) 商品の売買は有史以来行われていることだとマルクスもまた言うであろう。近代資本主義の特徴とすべきものは、むしろ、国内外における絶えざる利潤追求の圧力のもとでの労働力の売買と、その結果起こる生産過程への資本の浸透である。国内においては、法の改革、工場労働の新たな規律《ディシプリン》＝訓練、技術革新が求められるようになり、国外においては貿易、植民地化、帝国への再編成が進展するようになる。これがマルクスの考えである。産業資本主義に関するマルクスの考えに耳を貸さないのは構わないが、その一方でマルクスの権威を持ち出すのは——サーリンズはそうしている——一貫性を欠くことだ。ちなみに、世界経済へのオスマントルコ帝国の編入について新マルクス主義の立場から展望したイスラモール＝イナンの論集に興味深い議論がある(Islamoglu-Inan 1987)。序論において彼女が描いた図式によれば、ヨーロッパの経済と文化が浸透することで、地方レベルでの行為者の選択肢が変わって行ったが、帝国の構造的変化はこうした過程を追っていくことで理解できるという。オスマン帝国の住民が自らの歴史において受動的な客体でしかなかったとの考えは退けているものの、かといって彼女は「文化の論理」なる概念を持ち出してくる必要も感じていない。

（4）ウルフ(Wolf 1982)に関する私の議論はAsad 1987を見よ。

（5）これはハッキングの「推論《リーズニング》のスタイル」という概念を敷衍したものである(ハッキング自身はそれを近年の科学史家の概念を借りてきて発展させたものだという)。ハッキングの説明によれば、それは「真と偽の可能性」を創造する。たとえば、統計学的な推論の出現は、真偽判断の可能的選択肢として新たな諸命題を生み出している。Hacking 1982を見よ。

（6）エヴァンズ＝プリチャードは、人類学のフィールドワークの歴史を簡単に振りかえりながら、次のように書いている(Evans-Pritchard 1951, p. 74)。「こうして私たちは発展の最後の――そして自然な――段階に行き着いた。観察したものとその評価とを同じ一人の人間が行うようになったのだ。学者は自らが研究しているものと直接的なやりとりを持つようになった。それまで人類学者は、歴史家と同様に、書かれた記録《ドキュメント》が研究の原資料であると考えていた。だが、今や社会生活それ自体が原資料となった」。今日、ほとんどの人類学者は、フィールドワークとは「社会生活それ自体」に直接に接することだと考えるようになっている。目で見ることが認識論上の支配的な地位を占めるようになった。「書かれた記録」は、社会生活それ自体に含まれるものではなくて、その(あてにならない)間接証拠だと考えられている。社会の中で何かを起こし、あるいは起こさないようにし、あるいは起きたことを覆すような社会の要素としてではなく、ただそうした出来事を記録に(不完全な形で)とどめただけのものとされるようになったのである。

（7）トーマスもまたこれと似た指摘を行っている(Thomas 1991)が、彼の議論はクリフォードと全く一致するわけではない。彼は民族誌的な言説を攻撃する。この言説は「異国性」に固執し、「観察する側の文化と観察される側の文化とが互いにもつれあい、世界像的に、また政治的に断片化しているという事実を見ないようにしている」。クリフォードと同じく、文化的差異の実在を否定することはないが、「固定的で単一的な文化という民族誌的な表象」を非難する(p. 309)。だが、トーマスがとろうとしている立場にも曖昧なところがある。彼は「人類学はまとまった一個の文化の中に内在すると考えることのできる諸々の暗黙的な意味を効果的に取り上げてきた」と譲歩する一方で、「世界規模で文化が流通し、具体物となって現れている現代においては、明示的で派生的な意味にも目を向けなければならない」とも論じる。これを解釈するに、単一文化を扱う論文は、あるものの表象にはうまくいくが、別のあるものの表象にはうまくいかないということであろうか。だが、一方で、そうした論文はみな失敗であったとも言いたげである。「単一的な社会システムという捉え方がそもそも人類学の理論にとって有効なモデルであったかどうかは定かではない。だが、近年その短所が次第に目立つようになってきている」。文化的な借用と付加とはどこにでも見られるものであるから、研究方法を変えることが必要である。クレオールの研究がその好例である。「派生的な混成言語《リングア・フランカ》は、境界線と真正性に囚われた見方とは反りが合わなかった。だが、転移がどんどんと進み、意味が文化を越境するという事態を扱わなければならない今日の文化研究のためには、感度のよいモデルを提供することができる」(p. 317)。トーマスが指摘しているのは、人類学を長い間悩ませてきたある曖昧な問題である。――社会的アイデンティティが移り変わっているような世界において、歴史的な差異とつながりとはどのように捉えたらよいか？ ここでリーチの有名な議論が思い出されてよい。彼は、新カント派の哲学者ファイヒンガーの議論を頼りに「科学的虚構」について語ることで、この問題の解決を試みたのであった。

(8) それでもサバルタン・スタディーズ歴史学者の中には、(インド以外の土地における)構造機能主義的な民族誌を拠り所として自らの比較概念を開発している者たちもある。(例えばGuha and Spivak 1988におけるPandeyとChatterjeeの研究は興味深い)。これが意味するのは、いかなる民族誌も本質的に本質主義的なわけではないということだ。いかなる言語表現とも同様、民族誌もまた、異なる意図に合わせて分解され、流用され、再提出されうるということである。

(9) この点については以前に論じた。民族誌の資料を用いての議論はAsad 1970と1972に、一般的な議論はAsad 1987にある。

(10) プラカシュの名は、とくにオハンロンの論文において取り上げられている(O'Hanlon 1988)。これはもちろん影響関係を証明するものではない。ただある程度の同意があるということだろう。Prakash 1990, note 34からもこのことは確かめられる。もっともこの同意は長くは続かなかった。その後オハンロンはプラカシュに対する反論をD・ウォッシュブルックと共同で書いている(O'Hanlon and Washbrook 1992)。ここでオハンロンはいっそう伝統的なマルクス主義に後退しているが、これに返答するプラカシュの方はいっそう挑発的なデリダ主義に傾いている(Prakash 1992)。

(11) 目的論的に歴史を書くことに対する批判のうち、初期のものはButterfield 1931にある。

(12) こうした概念に関する人類学者が行った批判的研究の中では、Steiner 1956とSchneider 1984の二つが傑出している。

(13) Hodgen 1964の興味深い研究がある。参照のこと。

(14) バークハートの古典の第四部は、それゆえ「世界と人間の発見」と題されている(Burckhardt 1950)。

(15) 探検家が持ちかえったのは言葉の記録ばかりではなかった。「クリストファー・コロンブスが旧世界に帰り、リスボンのテージョ川に錨を下したその運命の日、彼はアラワク語族のいわゆるタイノ文化に属する七人のインディオをも捕虜として連れて来たのである。……それから何年もの間、インディオたちは他の探検家たちに捕らえられ、ヨーロッパの他の首都において見世物にされた。……フランスに現れた最初のインディオは一五〇六年にトマ・オーベールが連れ帰った者たちである。ルーアンに連れて来られた彼らは、パリ市誌に、すすのような色、黒髪、言語をもつが宗教はもたない者として記載された。……一五六五年には、ボルドーの祝祭において、三〇〇人の重騎兵がギリシャ、トルコ、アラビア、エジプト、アメリカ、タプロバネー〔セイロンあるいはスマトラ〕、カナリア諸島、エチオピアを含む一二の民族の捕虜たちの見世物の護送にあたった。市の城壁の外では作り物のブラジルの景色の中で、数百人の居住者のある本物の未開人村が建てられた。その住民の多くは南米から拉致されてきたばかりであった」(Hodgen 1964, pp. 111, 112)。

(16) とはいえ、完全に世俗的であったわけではない。生物学的また社会的な「進化」の思想が一九世紀後半のキリスト教徒の感性に及ぼした影響についてはBowler 1989を参照のこと。

(17) E・B・タイラーは、東洋学者《オリエンタリスト》と人類学者が主として扱うべき領域を描いている(Tylor 1893, p. 805)。「当会議にて採用された大きな線引きによれば、東洋世界の範囲は最大限度に達している。それはアジア大陸の全域に及ぶものであり、エジプトを通ってアフリカを覆い、トルコとギリシャを通ってヨーロッパに達し、他方、極東では大洋諸島の島嶼群から島嶼群へと、すなわち、インドネシア、メラネシア、ミクロネシア、ポリネシアへと広がり、オーストラリア大陸およびその離島であるタスマニアにまで及ぶものである。そして、この東洋地域の文化・歴史が延々と、だがぼんやりと跡づけられる時間の広がりというのもまた広大なものだ」。

(18) 例えばカクリックの優れた研究を参照のこと(Kuklick 1991)。ただし、この幻滅は植民地民の統治に当る者たちにはそれほど影響を与えなかった。そこでは非ヨーロッパ系臣民の物質的・精神的改良へ向けての努力が全速力で進行中であった。

(19) 社会の変動過程における原因と結果の相互関係の例証として、グラックマンはまったくさりげなくこう述べることができた。「進歩的で知的な者たちは、教育とキリスト教とに自らの才能の場を見出す傾向がある。そしてキリスト教徒となった者は、知的に停滞した信仰と白人に対する疑念から開放され、さらに進んで白人文化を受容する傾向がある」(Gluckman 1958, p. 75)。諸社会の全体に関しても、グラックマンの展望は進歩主義的である。「この点ではロージー族の法律は、もっとも単純な社会の法として、メインの極めて広範に受容されている一般則――〝今日に至るまで、進歩的な諸社会が向かう流れの方向は、身分から契約へというものであった。すなわち、初期の法は主として身分の法である〟――を確証するものである」(Gluckman 1955, p. 28)。

(20) 「この政策を実行に移している者たち(ヨーロッパ人)は、困難な業務、激しい抵抗のさなか、文明《シビリゼーション》は祝福であり、その所有者はその拡大の使命があるとのドグマを自らの支えとしている。それはちょうど彼らが、嫌がるものを強いたり、時には厳しく罰したりして、自分の子供をしつける《シビライズ》の同じである。そして今日では、彼らは文明を広めるべきではなかったと言う者はいない。今日ある不満とは、彼らが文明をじゅうぶん広めなかった、あるいは文明のよい部分を広めなかったというものである」(Mair 1962, p. 253)。

(21) 「比較の正しい基礎は人間経験の統一性を主張することであり、同時にその多様性を――つまり比較を価値あらしめるところの相違を――主張することである。これを行う唯一の方法は、歴史的進歩の本質を認識し、未開社会と現代社会の本質を確認することであろう。進歩とは分化の謂いである。すなわち未開とは分化せざるものであり、現代とは分化せるものなのである。科学技術の発達とは、あらゆる分野において――例えば工業技術と資源、生産的任務と政治的任務等々において――分化が進行することを意味するであろう。……思惟のパターンの分化は、社会的条件の分化とともに進行するのである」(Douglas 1966, pp. 77, 78)(邦訳一五四―一五六頁)。

(22) フロイトが未開人に大きな関心を示したことはよく知られているので、ここでは繰り返さない。

(23) 神学上の近代主義とは、厳密には、聖書解釈の方法をめぐる一九世紀後半から二〇世紀初頭にかけてのカトリックの知的動向を指して言う(Vidler 1961, chap. 16 を見よ)。しかし、ここでは私は、人類学や歴史学的方法論の発見を取り入れた手法を聖書に適用しようとするリベラルなキリスト教徒の動向一般を指して、この言葉を用いている。一九世紀以来人類学の理論を継続的に利用してきた聖書研究については、Rogerson 1978 に論評がある。

(24) 文学上のモダニズムにおけるフレーザーの重要性については、多くの文献に明らかである。例えばT・S・エリオットは、

『荒地』の注記において、フレーザーその他の人類学的著作家に言及している。「幼年時代の知覚」の鮮やかさを取り戻し、再出発を図りたいとする近代の美学者たちの試み(de Man 1983, p. 157)は、未開人概念の取り込みと伝統概念の拒否を同時に行っている。

第一章

(1) たとえば、Fustel de Coulanges 1873。原書はフランス語で一八六四年の出版。人類学、聖書学、古典学など、複数の部分的に重複する学科の歴史に影響のあった本である。

(2) 初出は一九六六年。評判の高い彼の『文化の解釈学』(一九七三年)に再録された。

(3) 表象《リプリゼンテーション》についてのパースのいっそう厳格な説明と比較されたい。「表象は、他の事物を表す事物である。それによって、後者の体験が私たちに前者の知識をもたらすのである。すべての表象が満たすべき本質的条件は三つある。第一に、表象は、他のすべての事物と同様に、その意味とは独立の性質を有していなければならない。……第二に、表象は、その対象との現実の因果的結びつきを有していなければならない。……第三に、あらゆる表象は、自らを精神へと差し向ける。この条件を満たしてはじめてそれは表象となる」(Peirce 1986, p. 62)。

(4) ヴィゴツキーは概念的思考の成長における決定的な分析的区分を堆積、複合、擬概念、真の概念とした(Vygotsky 1962)。彼によれば、これらは児童の言語使用の成長の諸段階を表すものであるが、成人後も初期の段階が存続するという。

(5) 思考と感情との統合的な関係についてはコリングウッドの議論を参照されたい(Collingwood 1938, bk. 2)。それによれば、あらゆる概念化/意思伝達に伴う普遍的な感情の機能などというものは存在しない。すべての弁別的な認識的/意思伝達的活動は、それぞれ固有の感情的傾向を有する。もしこの見解が正しいとすれば、一般化された宗教的感情(あるいはムード)の概念なるものはあやしいことになる。

(6) ヴィゴツキーの発生心理学の中核にあるのは、象徴は習慣を組織する、またその結果として認識の構造を組織するという議論である。これについては、とくに Vygotsky 1978 の「児童の成長における道具と象徴」を参照のこと。近年、Sperber 1975 が象徴についての認識的概念を復活させた。同様の見解はそれ以前にも Lienhardt 1961 に見られる。

(7)「社会的発話の内面化の過程は、児童の実践的知性の社会化の過程でもある」(Vygotsky 1978, p. 27)。Luria and Yudovich 1971 も参照のこと。

(8) ギアツよりも以前にクローバーとクラックホーンが述べた言い方ではこうなる。「文化は、象徴によって獲得・伝達される行動についての、またそうした行動のための、外在的・潜在的なパターンより構成される」(Kroeber and Kluckhohn 1952, p. 181)。

(9) ラドクリフ＝ブラウンが社会的まとまりにこだわりを見せたことはよく知られているが、このことは脇に置いておくとしても、彼もまた宗教的象徴が喚起するというある種の心理的状態を特定することに関心をもっていたことを思い起こそう。「儀礼は、ある種の感情を管理された形で象徴的に表現したものであると考えることができる(この感情は、他者との関係における個人の行動を制御する)。それゆえ儀礼は、社会構造が依存する諸感情を統制し、維持し、世代から世代へと伝達するのに効果を及ぼすとき、またそうである限り、特定の社会的機能を果たしていると言える」(Radcliffe-Brown 1952, p. 157)。

(10) 象徴化(言説)によって弁別性の欠如を隠蔽することができる。マッキンタイアが行った現代のキリスト教著作家に対する鋭い批評は、このやり方を暴露している。「キリスト教徒は他の誰とも同じように振る舞う。だが、自分の行動を特徴づけるために、かつまた自らの特徴のなさを隠すために、他の人とは違う語彙を用いる」(MacIntyre 1971, p. 24)。

(11) 近代産業社会においては、教会出席数が低下している。また、産業労働に直接参加しない階層にとって、(少なくともヨーロッパでは)教会は重要なものでなくなってきている。この領域において因果関係の説明をつけなければならないとするならば、社会経済的条件一般は独立変数であり、公式の礼拝は従属変数であると言うべきであろう。Luckman 1967 の第二章に興味深い議論がある。

(12) アウグスティヌスが結局、偽りの回心は問題ではないとの見解に同調するようになったのはこのためである(Chadwick 1967, pp. 222-224)。

(13) 現代の神学者は次のように言っている。「一方には告白したり、宣告したり、方向づけたりする話し方がある。他方には記述的な話し方がある。この二つの違いは、ときには〝について話すこと〟と〝に対して話すこと〟の違いとして定式化される。この二種類の話し方が混同されるや否や、宗教的発話の独自的な性格——と言われるもの——は損なわれてしまう。そして〝信者にとっての現実性〟は、告白の発話において〝現れ〟たときのようには、もはや彼に現れることはない」(Luijpen 1973, pp. 90, 91)。

(14)　おおよそ五世紀から一〇世紀にかけて、贖罪規定書として知られる一連の冊子の助けを借りながら、キリスト教の規律《ディシプリン》=訓練が西欧社会に強いられた。贖罪規定書には、非キリスト教的であると断罪された異教の習慣に関する資料が含まれている。たとえば、「泉、樹木、格子のそばなど、教会以外のどこであれ、誓いを立てたり、誓いを取り下げたりすること、また、民衆の神々にとって神聖であるこれらの場所において共に飲食すること、これらは非難されるべき罪である」(McNeill 1933, p. 456 に引用がある。詳細については McNeill and Gamer 1938 を見よ)。同時に、教皇グレゴリウス一世(西暦五四〇—六〇四年)は「教会が異教の神殿と祝祭とを引き継ぎ、それらにキリスト教的な意味を与えるべきことを説いた」(Chadwick 1967, p. 254)。この二つの姿勢は一見したところ矛盾したものであるが(異教の習慣の拒絶と取り込み)、それよりも重要なのは、これらが教会の権威の体系的行使による意味付与の営みであるということである。

(15)　「司教らは、公認されない、審査を受けていない驚異と奇跡に対する粗野であまりに熱烈な信仰に対し、苦言を呈した。一方、神学者らは(先の司教と同じ人物ということもあるが)この問題と折り合いをつけようと努めた。彼らは普遍的な自然法に訴えて奇跡を定義しようと試みたが、そうした定義が完全に成功することはなかった。そして個々の事例においては、中世宇宙論よりも常識が判断のよい導き役となった。一三〇七年、ロンドンとヘレフォードで起きたトーマス・キャンティループの奇跡について、その証言を得るために教皇の監督官が席に着いたとき、彼らが前にしていたものは、こうした奇跡的事件について尋問するための一覧表であった。たとえば、彼らは、証言者はどのようにしてその奇跡について知るようになったのか、奇跡を祈願した者はどのような言葉を用いたか、奇跡には薬草や石など、自然のあるいは医療用の調合剤あるいは呪文が伴ったかどうかを知ろうとした。証言者は、奇跡を体験した人物の年齢、社会的地位、出身地と家柄について答えることを求められた。また、証言者は奇跡の後においてのみならず奇跡の前においてもその事柄を知っていたのかどうか、それは何の病気であったか、証言者は治癒の前に何日間にわたって病人のようすを見ていたか、病気は完治したかどうか、完治までにどれくらいかかったか、ということも尋ねられた。もちろん証言者は、その不思議な出来事自体が起きたのは何年何月何日であったか、どこにおいて誰の面前においてのことであったかについても尋ねられたのである」(Finucane 1977, p. 53)。

(16) 権威の公認を受けることで、今度は聖堂が教会の権威の確証に役だった。「西欧の司教らは、聖人の祭儀の組織化を始めたとき、古いローマ都市の内部における自らの権力をこれらの新しい〝町の外の町〟の上に基礎づけた。だが、初期中世のヨーロッパにおいてローマ帝国の旧都市の司教が台頭するようになったのは、都市から少し離れたところにある大聖堂――ローマ郊外のバチカンの丘のサン・ピエトロ寺院、トゥールの城壁からやや離れたサン・マルタン教会――との念入りに分節化された関係を通じてであった」(Brown 1981, p. 8)。

(17) アタナシオスによる聖アントニウス伝は、中世の聖人伝のモデルであった。そしてアントニウスの前半生の出来事、危機と回心、試練と誘惑、窮乏と放棄、奇跡的な力、そして知識と権威とは、聖人伝の中で幾度となく再生された(Baker 1972, p. 41)。

(18) 一二一五年のラテラノ公会議は、全キリスト教徒に対して毎年私的告解を行うべきことを宣告した。「両性のあらゆる信徒(*fidelis*)は、分別年齢に達したのちは、少なくとも年に一回は、各人独立に自らの罪を司祭に対して厳格に告白すべきである。そして、少なくとも復活祭において秘蹟を恭しく戴いてから、自らに課せられた悔悛行を全力を尽くして果たすように努力すべきである。ある合理的な理由をもって司祭の勧告を受けて、しばしの間秘蹟にあずかることを慎むように考えるのでない限りはそうすべきである。これを行わないならば、彼は生涯にわたって教会に入ることを禁じられよう。そして死後もキリスト教徒として埋葬されることはない。このような次第であるから、この有益な規則を教会で頻繁に告知するように。無知の盲目の中で偽りの容赦を手にする者があってはいけないからである」(Watkins 1920, pp. 748, 749 に引用がある)。

(19) フランシスコ会とベギン会に対する教会当局の異なる反応についての簡単な紹介が Southern 1970 の第六、七章にある。「ベギン会」は、修道生活に献身するが、教会当局への服従の義務をもたない独身女性の集団に与えられた名前である。ドイツ西部と低地諸国の都市で栄えたが、批判・糾弾を受け、一五世紀初頭に活動を禁止された。

(20) たとえばキュプリアヌスはこう言っている。「もし人がこの教会の統一を保持しないのであれば、彼は自らが信仰を保持できると信じるであろうか? もし人が教会に逆らい、教会を受け入れないとするならば、彼は自らが教会にある者と信じるであろうか? 聖使徒パウロが〝体は一つ、霊は一つ、主人は一人、信仰は一つ、洗礼《バプテズマ》は一つ、神は唯一です〟(エフェソの信徒への手紙、四・四-六)と言うとき、これと同じ教えを宣べ、一致の秘蹟を説いているのである。この一致を私たちは堅持し、防御しなければならない。とくに教会において司教として監督するときはそうである。司教位もまた単一にして分裂せざるものであることを証するためである。兄弟たちを偽りで欺いてはならない。何人も私たちの信仰を不信仰の罪によって乱すことがあってはならない」(Bettenson 1956, p. 264 に引用がある)。

(21) 教会は常にキリスト教徒の実践をその宗教的真理へと読み替える権威を保持していた。この文脈においては、異端という語が初め、ある種の活動において「無意識に」冒した過ち(*simoniaca haeresis*)も含め、あらゆる種類の過ちを意味するものであったことは興味深い。この語が現今の意味(カトリック教会の確定済みの教理への否定あるいは疑問を言語化すること)を獲得したのは、ようやく一六世紀の原理的論争を経たのちのことである(Chenu 1968, p. 276)。

(22) 中世初期においては、宗教性の第一の基盤となるものは修道院における訓練《ディシプリン》であった。ノウルズは次のように言っている。おおよそ六世紀から一二世紀にかけて「聖ベネディクトゥスの戒律に基づく修道生活はどこでも規範となっていた。それは、西の教会の霊的・知的・典礼的・使徒的生活に対し、時に応じて至高の影響力を行使したのである。……西の諸国において可能であった唯一の宗教生活は、修道院の生活であった。そして修道の唯一の法典は、聖ベネディクトゥスの戒律であった」(Knowles 1963, p. 3)。それゆえこの時代、宗教的《レリジャス》という語そのものが修道院共同体に暮らす者のために取り分けられていたのである。のちに修道院によらない修道会《オーダー》が出現するとともに、この語は自らを通常の教会員と区別する終生の誓いを立てたすべての者を指して用いられるようになった(Southern 1970, p. 214)。一二世紀以降、社会の平信徒クラスにも宗教的訓練を施すようになり——同時に宗教的訓練が変質するようになり——(Chenu 1968)、そのため教会の権威は以前よりもいっそう普及し、いっそう複雑化し、いっそう矛盾をはらんだものとなった。平信徒の宗教の概念と実践の分節化もまた同様である。

(23) かくしてビクトリア朝の人類学者にして聖書学者であるロバートソン・スミスは、次のように言うことになる。科学的歴史記述の時代において「私たちに求められているのは、もはや神学の結果ではなく、神学に先立つ何物かなのである。私たちが弁護しなければならないのは、私たちのキリスト教の知識ではなく、私たちのキリスト教の信仰なのである」(Smith 1912, p. 110)。もはやキリスト教の信仰は、神の啓示としての聖書ではなく、「神の啓示の記録——神が自らを人間に啓示している歴史的事実の記録」としての聖書に基づくことを求められている(p. 123)。それゆえ、歴史的解釈の原理は、厳密にはもはやキリスト教のものではなく、その解釈が奉ずる信仰であるにすぎない。

(24) キリスト教の宣教師が文化的になじみのない地域に入ったとき、何をもって「宗教」とするかということが、少なからぬ理論的困難と実践的重要性をもつ問題となった。一例を挙げよう。「中国におけるイエズス会士は、祖先崇拝は社会的行為であって宗教的行為ではない、あるいは宗教的行為であるとしても、死者に対するカトリックの祈りとほとんど違いはないと主張した。彼らは中国人がキリスト教を宗教の入れ替えあるいは新しい宗教としてではなく、彼らのもっとも優れた志が最高の形で実現されたものと見なすことを望んだ。だが、対抗者たちの目には、イエズス会士は単にいい加減であるように見えた。一六三一年に、マニラのスペイン語圏より一人のフランシスコ会士と一人のドミニコ会士が北京に(ポルトガル人からすれば不法に)訪れた。彼らは、イエズス会の教理問答書がミサという語を訳すに際して、中国語で祖先崇拝の儀式を表す*tsi*という漢字を用いていることを知った。ある夜彼らは変装してそうした儀式に忍び込み、中国人のキリスト教徒が参加している様子を見て憤慨した。ここに、このの一世紀以上にわたって東方の伝道団を悩ませることになる「儀礼」をめぐる論争〔典礼問題〕が始まったのである」(Chadwick 1964, p. 338)。

(25) たとえばタイラーの『原始文化』第二部の「アニミズム」の章。

(26) 一八世紀における公共的な宗教的言説から次第に特殊性が排除されていく様相については、Gay 1973 に少し詳しい記述がある。

(27) 出来事の表象がキリスト教神学によって意味へと変容していく様子を、アウエルバッハが西洋文学における実在の表象についての彼の古典的研究の中で分析している。次の一節はその簡潔な要約となっている。「聖典の全内容が釈義的文脈の中に置かれ、語られた事柄はしばしばその知覚的基盤よりたいへん離れたところへと移動させられる。つまり、読者あるいは聞き手は、知覚的な出来事から意味へと注意の焦点を移すことを強いられる。これが意味するものは、出来事の視覚的要素が意味の部厚いテクスチャーに屈服する危険があるということである。一例をもって多くの例に替えさせてもらおう。アダムが眠っている間に、神はアダムのあばら骨よりエバ、最初の女性を創った。これは視覚的に劇的な出来事である。十字架上に死んだイエスの脇腹を兵士が刺すと血と水が流れ出たというのもそうだ。だが、この二つの出来事が、〃アダムの眠りはキリストの死＝眠りの比喩形象《フィギュア》である〃、また、〃アダムの脇腹の傷から人類の肉による始原の母、エバが生まれたように、キリストの脇腹の傷より人類の霊による母、教会が生まれた(血と水は秘蹟の象徴である)〟というふうに釈義的に関係づけられるとき、感覚的な出来事は比喩形象としての意味の威力の前に色あせてしまう。聞き手あるいは読者が感受するものは……感覚的印象として弱い。そして彼の関心はみな意味の文脈へと向けられるのである。これと比べてギリシャ・ローマの現実主義的な表象の場合は、確かにそれは深刻さにおいて劣り、問題をはらむものでもなく、歴史の動きに対する考え方においてはるかに制約を受けたものではあるが、それにもかかわらず、その感覚的な中身については完全に統合されている。そこには感覚的外貌と意味との対立はない。それは初期の、むしろ全時代の、キリスト教の実在観に充満する対立を知らないのである」(Auerbach 1953, pp. 48, 49)。アウエルバッハが例証を続けるように、中世後期のキリスト教の理論は、日常生活における表象に独特な比喩形象的意味を付与し、独特な種類の宗教的経験の可能性を付与する。アウエルバッハの用語法における比喩形象的解釈は、象徴体系《シンボリズム》と同義のものではない。象徴体系は寓意《アレゴリー》に近く、そこでは象徴《シンボル》は象徴されている事物の代理である。比喩形象的解釈においては、ある出来事(アダムの眠り)の表象は、その意味である他の出来事(キリストの死)の表象によって明らかにされる。後者の表象は前者の表象を完全なものにする(アウエルバッハによれば、専門的にはこれは *figuram implire* と呼ばれた)。一方は他方の中に暗黙に含まれて(implicit)いるのである。

(28) Douglas 1975, p. 76 を参照のこと。そこには、「宗教をもたない人間は、ある種の説明を持たなくても平気な人間、社会秩序の正当性の実証する単一の統一的な原理をもたずに社会の中で振る舞うことに不足を覚えない人間である」とある。

(29) オーベルニュにキリスト教を布教した五世紀のジャヴォルの司教は、農民たちが「沼地のほとりで供物を捧げる三日間の祝祭を行っている」のを見た。「彼は'Nulla est religio in stagno'と言った。沼地に宗教は決してない、という意味である」(Brown 1981, p. 125)。中世のキリスト教徒にとって、宗教は普遍的現象ではなかった。宗教は普遍的真理が生み出される場であった。真理が普遍的に生み出されるものでないことは彼らには明らかなことであった。

(30) あるカトリック神学者はこう言う。「世俗主義からの挑戦は、たしかに生の多くの側面を宗教的世界から切り離すものではあるが、いっそう健全な解釈上の均衡をもたらす。すなわち、自然現象は、ときに理解しがたいものではあるが、自らの原因と起源とをもっており、その過程は承認可能な、また承認すべきものである。それゆえ、苦しみの意味に対してこの認識的分析を施し、それに立ち向かい、それを征服するのは、人間の仕事である。現代の人間の条件は、第三千年紀の入り口に立つ信者の条件は、疑いもなくいっそう成熟した大人のものであり、人間の苦悩の問題に対する新たな取り組みを可能にするものである」(Autiero 1987, p. 124)。

(31) 私はこの過程の一側面の記述を試みたことがある(Asad 1986b)。

(32) 哲学では科学を定義しようと試みているが、まだ確たる合意には達していない。アングロサクソン世界での近年の議論としては、ポッパー、クーン、ラカトシュ、ファイヤアーベント、ハッキングその他の研究において、またその周辺において展開されたものがある。フランスにおいては、バシュラールとカンギレムの研究がある。単一の、本質的な科学的方法の存在を仮定する、文献中で境界設定《デマーケーション》の問題として知られる問題があるが、これを解決する試みを放棄しようとの重要な傾向がある。科学者は「世界の所与性を蓋然論的な仮説の渦へと解体する」という考えは、これと相補的な、宗教には実験の余地がないという考えと同じくらい疑わしいものである。後者の点について言えば、キリスト教の修徳《アセティシズム》の歴史だけを見ても、実験の証拠は多量にある。同様に、芸術とは「見せかけと幻影の雰囲気を精妙に作り出しながら、事実性についてのあらゆる疑問から離脱するように働きかける」ものだという考えも、すべての作家、すべての芸術家にとって自明のこととは思われないであろう。たとえば、批評家ジョン・バーガーは「キュビスムの瞬間」という優れた論文において、キュビスムは「描かれたイメージと実在との関係の性質を変え、かくして人間と実在との新たな関係を表現した」(Berger 1972, p. 145)と論じているが、ここから私たちは、キュビスムが視覚的な事実性の再定義に関心をもっていることを垣間見ることができる。

(33) 私が言っているのは科学(理論)のことではなくてテクノロジー(実用的応用)のことであるが、ギアツはただ前者のことのみを言っているのだと考えたくなる読者もいるかもしれない。これに対しては、この二つを画然と区別するいかなる試みも、両者の歴史的営みをあまりにも単純化した見解に根ざすものだと強調しておきたい(Musson and Robinson 1969 参照)。私の論点は、科学とテクノロジーはともに近代の個人的・集団的生活の構造にとって基本的なものであるということ、そして、宗教はいかなる意味においてもそうではない、そうだというのは空虚だ、ということである。

(34) 一九八三年の論文集の序文で、ギアツは、このパースペクティブ論的アプローチを放棄したがっているように思われる。芸術が「〝非西洋的〟また〝前近代的〟な状況に適用可能かどうかについての論争は、〝宗教〟〝科学〟〝イデオロギー〟〝法〟についての似たような論争と比べても、奇妙に収まりのつきにくいものだった……。それはまた、奇妙に非生産的な論争でもあった。射抜かれた動物たちが折り重なる洞窟壁画、男根の形状に似せた寺院の塔、鳥の羽を植えた盾、指で描いた渦巻文様、顔面に施された入墨、これらを何と呼ぶにしても、やはり取り扱うべき現象はそこにあるのであるし、この組み合わせにクラ交換やドゥームズデイ・ブックを加えれば、やはりすべてがいっぺんに駄目になるという気もするのである。問題は芸術（あるいはどのようなものでも）が普遍的か否かではない。問題は、西アフリカの彫刻や、椰子の葉に描かれたニューギニアの絵や、イタリア一五世紀の画法や、モロッコの詩作について、それらが互いに何らかの光を投げかけ合うようなかたちで語ることができるか否かである」(Geertz 1983, p. 11)（邦訳一五、一六頁。他の箇所との調整のため訳語を一部変えてある。強調点はアサド）。この問いに対する答えがイエスであることは間違いない。もちろん人は相互に関係のある異種の事物について語るように努めるべきである。だが、教養ある西洋人によって芸術の現象の例であると容易に認められるような事物よりなる組み合わせを構築する目的は、正確なところ何なのであろうか？　もちろん、いかなる一個の事物も他の一個の事物に光を投げかけることができる。だが、（認知ではなく）照明が達成されることがあるとしても、それは、便宜主義的な比較のために因習的なパースペクティブもしくは予め設けられた組み合わせを棄てることによってではないのではないか。たとえば、ホフスタッターの素晴らしい『ゲーデル、エッシャー、バッハ』（一九七九年）のことを考えてみて欲しい。

(35)　Evans-Pritchard 1956 の最終章と Evans-Pritchard 1965 の結章を参照のこと。

(36)　このような努力が不断になされている。近年出たタンバイアの人を惹きつけるところのある研究は、第一章においてこう述べている。「この先の議論において、私はこう論じたい。一般的な人類学的視点からするならば、包括的概念としての宗教の弁別的特徴は、信仰および宇宙の働きについての信仰による〝合理的説明〟の領域にあるのではなく、超越的なものについての特殊な自覚、およびこの自覚を実現し、その鼓舞のもとに生きることを試みる象徴的コミュニケーションの行為のうちにあるのだ」(Tambiah 1990, p. 6)。

第二章

(1)　そして人類学者が通例 rite と ritual を相互に入れ替え可能な形で用いている理由についても説明してくれるかもしれない。近年の事例については、J. S. La Fontaine 1985 を参照のこと。

(2) フランツ・シュタイナーが指摘しているところによると、近代人類学に儀礼の最初の包括的理論をもたらしたのは、ロバートソン・スミスの聖書釈義学への関心であった(Steiner 1956)。

(3) この区別はイスラム思想に特徴的なものであると、近代の中東学者によって時に誤って考えられている。

(4) ここで述べているのは、残存としての「俗信的な」信仰と習慣の「真の意味」を解読するというタイラーの議論のことである。

(5) メラネシアの儀礼をめぐる人類学的研究を概観して、R・ワグナーは次のように書いている(Wagner 1984, pp. 143-155, at p. 143)。「もし儀礼が、通例そう定義されているように、メアリー・ダグラスの言う〝限定《レストリクテッド》コード〟であるとするならば、……人類学者の仕事はそれを解読することである。だが、何が、何のためにコード化されているのであろうか？　そしてコードの本性は何であり、なぜそれはそのような形で定式化されているのであろうか？　こう問うとなると、当該の文化の内部において儀礼がどういう関係的役割をもっているかが問題となる。それはコミュニケーションとして、規制として、あるいは何としてであれ、いったい何を行うのか？」このようにして、儀礼の概念は、茫漠たる多様性に富む、文化的構成をもつ事象の全体を統一せんと目論むことになる。しかし、「精密《エラボレーテッド》コード」と「限定コード」というのは、あらゆるコミュニケーション的事象において相互依存的な関係にある。そして、どういう種類のコミュニケーション的事象であれ、それぞれごとの意味、感触ないし調子、様式、実効性の組み合わせというものを必要としており、同時にまた、記号を用いて話し、聞き、何かを行う歴史的に構成された自己というものを必要としている。そうであるならば、コード化された行動としての儀礼の概念は、極めて狭いものだということにも、極めて無差別的なものだということにもなる。

(6) かくして、中世のキリスト教徒にとって、聖書は四つの異なる仕方で解釈することができる。これの例示としてよく引き合いに出されたのは、旧約聖書中のエルサレムという記号によって示される四種の意味である。「これらの四つの意味は、もし望むならば、相互に組み合わせることができ、同じエルサレムが四つの異なる仕方で理解できる。歴史的(historical)にはユダヤ人の都市、寓意的(allegorical)にはキリストの教会、神秘的(anagogical)には私たちの母である天における神の都市であり、比喩的(tropological)にはこの名のもとに聖書においてしばしば咎められ称えられる個々の人間の魂である」(Piltz 1981, p. 30)。

(7)　A・ジェルはニューギニアのウメダ族のイダ儀礼を分析して、こう述べている(A. Gell 1975, p. 211)。「ウメダ族のインフォーマントの中には、彼らの象徴の意味について論じようとする者は一人もいなかった。具体的な事物そのものとしてそれを論じるというのではなくて、何か異なるものや観念を〝表す〟象徴としてそれを論じる者がいなかったのである。実のところ、ウメダ語で意味についての問いを発するということからして不可能なのであった。〝意味《ミーン》する〟〝表す《スタンド・フォー》〟といった英語に相当するウメダ語を見つけ出すことができなかったからである。象徴についての問いは、ウメダ族の人々からは象徴の意味《ミーニング》についての問いではなく、象徴の正体《アイデンティティ》についての問いであると――〝それは何を意味するか?〟ではなく〝それは何か?〟であると――受けとめられた」。ジェルにとって、こうした事態は、意味の鏡像理論に基づく象徴分析を実施するのに何の障害ともならないようである。なぜなら、彼は、内面的ではなく「外面的」な正当性をもつ「観察者の構成物」を提出するのだと主張することができるからである。しかし、彼が慎重にほのめかす精神分析的手法なるものは、次のような疑問を呼び寄せてしまう。民族誌家が、同時に二つの立場を――視覚的イメージを言葉にすることで被分析者の立場を、また、これらの記述的な言葉をある事物が他の事物を表すところの一貫した「象徴的な」物語の内に組織することで分析者の立場を――とるような状況においては、「意味」の正当性とはいったい何であろうか? 精神分析における象徴解釈を確保する際の難点については、啓発的な議論がD. P. Spence 1982にある。

(8)　D・スペルベルは、象徴体系はコミュニケーションの観点からではなく認識的《コグニティブ》な観点から定義されるべきだと論じることで、ここで述べたような差異を乗り越えようと試みている(Sperber 1975, p. 112)。「それゆえ象徴性は、事物、行為、発言のいずれの属性でもなく、それらを記述あるいは解釈する概念的表象の属性である。事物、行為、発言の中に象徴体系より成る属性を探そうとする理論研究は、必ずや失敗するであろう。反対に、適切な象徴体系の理論は、概念的な表象が引用符に入れられたり象徴的な扱いを受けたりするために備えるべき属性とは何かを記述するだろう」。彼の議論全般にわたって、知識のタイプ分けが行われている。たとえば、「意味論的な」知識と「百科事典的な」知識――これは分析的言明と総合的言明という(W・O・クワインによって退けられた(Quine 1961(1953))古い区分を思わせるものだ――といったふうである。彼は告げる。「象徴的知識」は「百科事典的知識」が組織されるやり方と関係がある。それゆえ、ある言明(たとえば黙劇についての言明)は隠喩的な意味で解釈されるであろうし、別の言明(たとえば犠牲についての言明)は形而上学的な意味で解釈されるであろう。現代の他の理論家と同様、スペルベルは、初めから命題的知識(「……である」という知識)のことを考えており、実践的知識(「どのように……」という知識)のことは考えていない。そして命題的知識(たとえば神学、科学、法律におけるもの)はいつも変わらず権威ある解釈についての疑問を提起する。この区別の重要性については、このあとモースの「身体の技法」を読むところで再び取り上げる。

(9) シュタイナーが、儀礼の「意味」は行為や事物そのものの属性ではなく、彼が呼ぶところの「テクスト」(言葉で言い表したもの)の属性であるとはっきり認識していたことは注目に値する(Steiner 1956, p. 79)。

(10) ここでイメージについて述べていることを、言葉と象徴に関して身体的動作が経験的に優位にあるという M. Jackson 1983, pp. 327-345 にある議論と混同してはならない。注目してほしいのは学んで能力を身につけるということの目的論的性格である。(身体的なものであれ言語的なものであれ)熟練した実演の概念に対して精神的表象をあてはめるのが論理的に的外れであることについては、J. Searle 1985 に徹底的な議論がある。

(11) 一六世紀のスペインに関して、これと比べられる現象の記述がある。W. A. Christian 1982 を見よ。

(12) たとえば、サン・ヴィクトルのフーゴーがこのことを観察している。「ただ可視のもののみを見る不信仰者の目は、救済の秘蹟をあがめることを軽蔑する。なぜなら、彼らは、これのうちに外部の可視的形象の内にある軽蔑すべきもののみを見て、内部の不可視の徳と服従の成果とを認知しないからである」(Hugh of St. Victor 1951, p. 156)。

(13) グリーンブラットはこう記している。「ほとんどすべての宮廷での振る舞いの手引きにおいて、振り(dissimulation)と偽装(feigning)が、授けられる指南の重要な一部をなしている」(Greenblatt 1980, p. 263)(邦訳二一一頁)。

(14) S. Orgel 1975, pp. 59, 60. 仮面劇の象徴体系について、オーグルは「今日と同様に当時においても、象徴が意味を持つのは、それが説明されたあとにおいてのみである」と指摘する。「象徴は総括と確定の機能を果たす。それらが我々に教えるものは、すでに我々が知っている事柄のみである。今日の我々と違って、ルネサンス期の聴衆は教えられなくても知っていたと考えるのは間違いである。見るからに明らかな図像《エンブレム》でさえ、あるいは象徴的イメージの標準的手引書から引き出してきた図像でさえ、執拗に説明が繰り返されている」(p. 24)。こうした説明を経て、ただ権威ある意味が教えられたばかりでなく、事物が象徴として定義づけられたのである。

(15)『大英百科事典』一七九七年、第三版、'emotion' の項。

(16) かくして『大英百科事典』の第一版(一七七一年)は、'passions, in painting' の見出しのもとに、情念を視覚的表象とする別個の項目を立ててあるのである。後のいくつかの版には、「賛嘆」「軽蔑と憎しみ」「謙遜」「欲望」等々といった多数の情念を描いた線画の図版が添えられている。それらは今や、字義通りタイプとなっている。なお、'type' の語源は、'character' の語源と重なり合う。

(17) 例えば S. Heald 1986。この変化は、感情の言葉遣いが感情の形成にとって本質的なものであることが次第に認識されてきたことと関係がある。これについては、R. Harré 1986 を見よ。

(18) Hocart 1952, p. 65. この論文において、ホカートが、イスラム(エジプトのスーフィー儀礼)を感情が儀礼を壊す例として、バラモン教を儀礼が階層構造を構築する典型として引き合いに出したことは興味深い。

(19) エヴァンズ＝プリチャードの経験主義的心理学を、コリングウッドの議論(Collingwood 1938)と対照させるとよいかもしれない。コリングウッドによれば、感覚が思考(すなわち言語)に捉われるとき、それははかなく、私的で、方向の定まらないものであることをやめる。彼の著作はエヴァンズ＝プリチャードによって高く評価され、ときおり引用されているので、彼もオックスフォード大学の彼の後継者たちもコリングウッドの感情と思考についての見解を採用することがなかったのは驚くべきことである。

(20) のちにブルデューが *habitus* の語を広めた(Bourdieu 1977)が、この捉え方を始めたのはモースであると断っていないのは奇妙である。

(21) これらはみな、モースの論文に関するメアリー・ダグラスのよく知られた解釈の中にある文句である(Douglas 1970)。

(22) スタロビンスキはこう記している(Starobinski 1982, p. 23)。「デカルトは『情念論』において、知覚の三つの異なる範疇を立て、その間に明確な線を引いた。〝我々の外部にある対象に関係づけられるもの〟(第二三項)、〝我々の身体に関係づけられるもの〟(第二四項)、〝我々の魂に関係づけられるもの〟(第二五項)である」。一九世紀と二〇世紀初期における精神医学的思索の対象となるのは——スタロビンスキの魅力的な歴史的概観のテーマとなるのも——このうち二番目のものである。

(23) たとえば Blacking 1977 および Polhemus 1978 において、そういうものとして引用されている。

第三章

（1） 一二世紀の批判者の一人は、ペトルス・カントルである。彼の見解については Baldwin 1970 に詳しい資料がある。

（2） エヴァンズ＝プリチャードよりも以前にモースがこの点を論じているが、こちらのほうはあまり知られていない。「呪術には権威があり、これに反する経験をしたとしても、概ね個人の信念を崩すことはない。実際、それはあらゆる統制を逃れてしまう。最も不都合な事実といえども、呪術にとって都合よく解釈されうる。なぜなら、そうした事実はいつでも対抗呪術のしわざと考えることができるし、あるいは儀礼遂行上の手違いのせいにすることもできるからである。通例は、儀礼に必要な条件が満足されなかったから起きたことだと見なされる」(Mauss 1972, pp. 92, 93)。

（3） 法制史家ポール・ハイアムズの優れた論文(Paul Hyams 1981)は、私の知る限りでは、唯一、中世ヨーロッパにおける神判の衰退について納得のゆく説明をしている。

（4） バンヴェニストは superstition の語源について興味深い復元を行っている(Benveniste 1973, pp. 516-528)。

（5） この点に関しては、中世のキリスト教徒が信じていたとされるもの(「世界の超自然的な諸力」「神の審判」など)に、関心が寄せられすぎていたと言える。私が言いたいことはこうだ。神判の働きを見るにあたっては、当事者たちが(この意味で)信じていたとされるものよりも、逸脱に関する特定の真実を決定した権力構造のほうが重要である。一度は神判に訴えることができたが、のちには糾問型の裁判所に服さねばならなかった諸々の個人が本当は何を考え、何を感じていたのかは、結局のところ分からない。しかし、彼らがまったく異なる政治的・法制度的・道徳的構造によって取り調べられたこと、まったく異なる権力に服したことは分かる。彼らの選択肢、振る舞い方、有罪・無罪を決定するのに必要な人員への関わり方――これらのすべてが、まったく異なっていたのだ。

（6） これがとくに当てはまるのは当事者が女性、病人、聖職者である場合である。Gaudemet 1965, p. 118 を見よ。

（7） この制度に関する人類学の説明としては、エヴァンズ＝プリチャードのヌアー族に関する論文におけるものがもっとも有名である(Evans-Pritchard 1940)。彼によれば、ヌアー族の場合、調停と「有罪側」の補償によってしばしの間事態は収まっているが、紛争状態はそのままに維持され、公然たる戦闘はいつでも起こり得たし、またしばしば起こった。関係の遠い父系親族どうしの場合ほど、戦闘は繰り返された。

（8）「ひとたび審理が始まると、裁判官は被告の有罪を決めるためにどの証人を召喚するか、どの証拠を提出させるか、他の証拠としては何が必要であるか、まったく自由に自分の裁量で決めることができた。裁判官は真実の公正な探究者であると考えられ、それゆえ、彼が真実を発見するためには、いかなる法尊重主義的なあるいは手続き的な障害があってもいけなかった」(Ullmann 1947, p. 22)。もちろんここには誇張がある。中世の法理論において、明らかに裁判官は規則と制限に服していたことは、ウルマン自身が書いている。中世の司法的規則に関するいっそう体系的な議論は Godding 1973, pp. 17-23 にある。

（9）Gaudemet 1965, p. 105 によれば、九世紀には(「あまりにもしばしば偽証になった」)聖なる宣誓よりも司法的決闘が好まれるようになり、後者は自由民の審判として通常のものとなった。言葉はうそをつくことができるので、虚偽の宣誓によって不正が行われるばかりでなく、冒瀆、すなわち神への侮蔑もまたなされることになる。決闘であれば——この点に関しては片務的神判でもそうだが——こうした危険を避けることができた。

（10）一三世紀の中頃にはじめて、狩猟の手引きという特徴的なタイプの文献が現れ始める。これはまったく無関係の事象であろうか？ Thiébaux 1974, p. 26 にはこう書かれている。「それらは装備の種類について記述し、様々な種類の獲物の判断・追跡・捕獲・馴致をめぐる正しい用語と手順とを書きとめ、種々の狩猟期を記し、犬と鷹の世話のしかたを論じている」。

（11）ある種の神判と同様、正当な理由があって苦痛や剝奪を受けることのできない悔悛者は、(罪のない)代理人を頼むことができた。Oakley 1937, p. 496 を見よ。

（12）キリスト教以前の苦行の諸形態については、Olphe-Galliard 1957, pp. 941-960 を、初期キリスト教における諸形態については、Viller and Olphe-Galliard 1957, pp. 960-977 を見よ。

（13）この問題に関しては、Bloomfield 1952 が標準的研究である。しかし、残念なことにそれは、この相関性についてのスコラ学的分析に対する考察を意図的に避けている。この欠落を埋めるための予備的スケッチとしては、Wenzel 1968 がある。

（14）一一世紀の教会改革の指導者の一人、聖ペトルス・ダミアヌスについて、カトリックの伝記作家は次のように書いている。「ダミアヌスが克己の生活を提唱したのは、明らかに神への愛からであった。キリストの受難と死とは、我らの生の模範となるべく意図されたものであると確信する彼は、キリストの忠実な模倣を手本とせよと主張した。〃主が我らのためになされたことを、主は我らにもなさしめる。〟我らの贖いのために、主は金や銀を差し出しはしなかった。我らの請け金の額を数えることもなかった。主は御自らを差し出し、尊い血を流されたのである。ダミアヌスはそれゆえ、この世において主キリストの歩みに従うことを弟子たちに勧めた。もし旅の終りに主とともにありたいと願うのであれば、そうするようにと。〝なぜなら、我らはこの世をもって悦ぶことはできないし、キリストをもって権勢を振るうことはできないからである。〟このような考えから、ダミアヌスは悔悛の概念も発展させた。彼がとくに価値を置いたのは、キリストの受難の参加者となるということである。身体の精進をもって自らに暴力を科す者たちは、贖い主の苦難のうちにある真理を授かる。かくして彼らは、主の復活の栄光の一部を自らのものとする。なぜなら、キリストが十字架に架けられたように、彼らもまた、自己否定の行を通じて自らを十字架に架けるからである」(Blum 1947, p. 106)(強調点はアサド)。

(15) カッシアヌスの著作の標準英語訳は一九〇〇年に公刊されたギブソン司教によるものである。この翻訳においては、次の部分が省略されている。『修道院制度』からは六巻(「姦淫の悪霊について」)、『教父との談話』からは一二節(「貞潔について」)と二二節(「夜の幻覚について」)。明らかにギブソン司教は、カッシアヌス自身とは異なって、キリスト教徒がそのような事柄について反省するのは礼儀正しいことでも必要なことでもないと感じていた。しかし残念なことに、フーコーが彼の分析の土台として用いたのは、まさしくこれらの章節であった。

(16) 中世学者ジャン・ルクレールは、フロイト派の心理学に基づく考え方に異議を唱えている(Jean Leclercq 1979, p. 35)。その考え方とは、彼によれば次のようなものだ。「最も重要なのは、語られないものである。なぜなら、それは抑圧されているが、強迫観念となるからである――。この考えを極端に推し進めると、これらの中世の文献が貞潔なのは、その著者が貞潔でないからだということになる」。ルクレールはこの考えを断固拒否する。「こうした見方は、〝二重の意味〟と〝隠れた意味〟との違いを無視している。宣伝などあらゆる手段を通じて成長してきた、しばしば経済・商業的な目的のもとに搾取されている〝高度性欲化社会〟、消費者社会、つまるところ生産者社会は、二重の意味をもてはやす。だが、隠れた意味というのは、象徴によって伝えられるものである。象徴は解釈されなければならないし、文化の全構成によって事実解釈されている。ここにおいて、象徴体系は――とくに聖書的象徴体系は――最重要の要素なのである」。ルクレールのテーゼは、こうした象徴体系を詳細に言語化することは、修道士が自らの肉欲を神への欲へと変容させ、装塡しなおすのを助ける言説の一部であったというものである。先に私は禁欲行者が(自己の意志から神の意志へと)意志の向きを変えるということを指摘したが、これと並んで、ここでもう一つ、フーコーが扱っていない問題があることが分かる。すなわち、欲望の再構築——単に欲望を切り離すことではなく——である。

(17) 「一一世紀から一三世紀にかけて、献身的修行(鞭打ち)が広まったが、その実践には二つの様式があった。一つは自ら行うもの、もう一つは他者の助けを借りるものである。第一のものはフォンテ・アヴェラナ〔イタリア、アペニン山脈中の隠修士の共同体。一〇三五年に聖ロムアルドゥスによって創設される〕でとくに行われたが、ここでのみというわけではない。それは聖ペトルス・ダミアヌス、スタヴェロットのポッポ、聖アンテルム(一一七八年)、オワニーのマリー(一二一三年)にもよく知られていた。それはまたザクセンのヨルダン(一二二二—一二三七年)の時代にドミニコ会士によっても採用され、次の世紀にはいくつかのドミニコ会修道院で用いられた。他方、ゲレの聖パルドゥルフス、オーバジンの福者ステファヌスは、この苦行は他者によって施されるのがよいと考えた。ハンガリーの聖エリザベトはこの目的のために侍者の助けを借りた。シレジアの公爵夫人、のちのシトー会修道女である聖ヘドヴィヒおよびドミニコ会修道女クリスティナ・エブナーは、他の修道女らの助けを借りて行った」(Gougaud 1927, p. 191)。さらにこの著者は、宗教者と平信徒がこの苦行をどのように行ったかを、詳しく具体例をあげて描写しているが、鞭打苦行者《フレジェラント》についての軽蔑的な所見をもって章を終えている(「鞭打苦行者の病的熱狂」)。鞭打苦行者というのは、中世末期のイタリア諸都市を鞭打ちながら行列して歩いた統制不能の熱狂者集団であるが、この苦行運動の歴史的意義については、Henderson 1978 に、より真剣な議論がある。

(18) 一三、一四世紀における西欧・中欧諸国における司法的拷問の普及については、Caenegem 1965, pp. 735-740 で跡付けられている。

(19) 中世の大学の教授形態として最重要のものは、神学においても、他の学問においても、教師が法廷における裁判長の役割を演じる「質問」方式であった。Gilson 1955, p. 247 を見よ。

(20) Poschmann 1964, pp. 157, 158 には次のように書かれている。「教父とカロリング朝の神学者よりスコラ学者に遺された未決の問題の一つは、悔悛における主観的すなわち個人的要因と客観的すなわち教会的要因の関係をめぐるものであった。今やこれは新たな角度から論じられることになった。というのは、個人的要因としては、もはや悔悛の行為(*paenitentia*,

satisfactio)ではなく悲嘆(*contritio*)が強調されるようになったからである。……この時代以前には、そうした悲嘆はあらゆる真摯な悔悛に当然含まれているものとされていたので、罪の償《サティスファクション》い(*paenitentia*)とは独立に特別に取り上げられることはほとんどなかった。以上のようなわけで、今や問題となるのは、最初から、悲嘆と罪の赦し《アブソルーション》との関係である。あるいは悲嘆と告白との関係である――というのは、通常の言い方では、罪の赦しと告白は同じものを表しているからである。この時(一二世紀)以来、悲嘆が悔悛の教理の中心に置かれるようになったのである」。

(21) この問題に関する標準的典拠は、今日でもLea 1896である。中世の宗教裁判における司法的拷問の使用については、一巻九章に'The Inquisitorial Process'の標題のもとに取り上げられている。

(22) だが、技術的な実現可能な手段の範囲内で、容認できない被害を与える武器(たとえば化学ミサイル)と容認できる武器(たとえばナパーム弾、クラスター爆弾など)との法的区別がなされる。こうした区別は明らかに一九一四年以来のヨーロッパの戦争体験に根ざすものである。

(23) ラングバインは彼の優れた研究のなかでこう論じている(Langbein 1977)。一八世紀における司法的拷問の放棄は、(進歩主義的歴史学が主張するように)合理的・ヒューマニスト的批判の勝利によるものではなく、ローマ法・教会法式立証法の転覆によるものであった。中世の法が(自白による)完全な立証あるいは放免を要求したのに対し、近代初期の国家における裁判所は状況証拠で十分であるとした。新たな司法手続きは容易かつ迅速に犯罪の有罪判決をくだすことができたが、この容易性と迅速性こそ、絶対専制君主の臣民の訓練《ディシプリニング》にとって重要なのであった。司法的拷問を廃棄させたものは、それを必須の要素とする古い法制度の非効率性だったのである。

(24) 一八四〇年に、ドイツの政治家フォン・シェーンはこう書いている。「到来した時をつかまえ、時のなかの良きものをとらえ、時とともにそれを成長させてゆくこと。これを怠る者を、時が罰する」(Koselleck 1985, p. 296に引用)。また一九〇八年に、英国のエジプト行政官クローマー卿は、熟考の末にこう書いている。「(歴史的な過程としての)文明は、不幸なことではあるが、犠牲者なしではありえないのだ」(Cromer 1913, p. 44)。

第四章

(1) ここで「中世キリスト教」というのは、中世中期——西欧の経済的・政治的・イデオロギー的構成上の決定的変革期——におけるラテンキリスト教世界のことである(大まかに言って、イタリア北部および中部、スペイン北部、フランス、ラインラント、低地帯《ロー・カントリー》(現在のオランダ・ベルギー地域)、イングランドを含む地域)。

(2) リーチは次のように言う。「個人にとって儀礼への参加はまたべつの機能をもっている。たとえば、カタルシスをもたらす心理的機能である。だが私の考えではこれは社会人類学者の視野の外にあるものである」(Leach 1954, p. 16, n. 27)(邦訳二一頁注二七)。

(3) ちなみにこれは、統計学的推論においても見出される手続きである。

(4) ここでスミスは、人類学の二つの古い説に復帰しているように思われる。一つはタイラーやフレーザーを思わせるもの(儀礼は宗教呪術的信念を表現し、再生する)、もう一つはファン・ヘネップを思わせるもの(儀礼は時、場所、役割を指し示し、それぞれどうしの転換を規制する)である。人類学者のなかには、儀礼を「呪術的信念」の観点から定義することに対して事実上反論している者もある。ある文化に関してこの点を精緻に論じたものとしてはLienhardt 1961を参照されたい。スミスはまた、儀礼を幻影を生み出すために設ける特別の機会とも見ているが、この新タイラー主義的な概念にも問題がある。儀礼は他の状況では見えないものを明らかに見せ、幻影を成り立たせるものを隠しながら、観者に「儀礼を真剣に——だが真剣すぎずに——受け取るように」と要求するとスミスは言う(Smith 1982, p. 106)。これは近代西欧の演劇を描いたものに不都合なほどに似ていないだろうか。

(5) Toren 1983にスペルベルに対する批判がある。

(6) コリングウッドは、この相互関係について彼の言語論と関係づけて論じている(Collingwood 1938)。彼は言う。もっとも広義の言語とは、単純な「感情の身体的表現」である。それは「意識として(論理的に)原始的な形態をもつ思考に支配され」ている(Collingwood 1938, p. 235)。口で話す言語は、唯一の言語でも、「もっとも発達した」言語でもない。概念の対象ごとに、それぞれに適した言語というものがある(聴覚的なもの、視覚的なもの、身振りによるものがあり、それぞれのなかにもいくつかの種類のものがある)。「感情の表現とは、すでにある感情に合わせた着物のようなものではない。それなしには感情体験そのものがあり得ないような、一つの活動なのである。言語を取り去るならば、表現されるもの自体がなくなってしまう」(p. 244)。表現はもちろん口頭の言語である必要はない。コリングウッドによれば、言語なしのフィーリング(知覚)はありうるが、フィーリング(感情)なしの言語というものはない。感じたものを言語内思考が組織化し、対象化する――「修正」し「支配」する――からこそ、感じたものを「意のまま」に「永続化」することが可能なのである(pp. 206-211)。結局――と彼は論じる――、特定の感情が存在するためには、特定の感情の語彙がまず存在していなければならない。そしてこの感情は、言説を通じて学習し、育成しうるものなのである。

(7) レヴィットは、彼の周到な議論のなかで、人類学者がこれまで提出した他文化における感情表現を理解するためのモデルは、極めて狭い、一方的なものであったと論じた。彼は論じる。「主要な理論のすべてが、人間の集団性に根ざす特殊なパターンとして理解された文化のレベルと、個人のからだに根ざす普遍的パターンとして理解された生物学的レベルとの二分法を前提としているように思われる。ある一連の見解は、感情を本質的に個人的、身体的、生物学的、それゆえ私的にして普遍的なものと定義している。他の見解は、それを本質的に文化的なもの、それゆえ共同の、公共的な、文化ごとに変化するものと見ている」(Leavitt 1986, p. 4)。適切な行動と発話の産出が、自己の内部における感情の様々な組織化にいかに依拠しているかという点については、どちらの立場も体系的吟味を欠いている。

(8) テクストと作品とを区別して、バルトは次のように書く(Barthes 1977)。「テクストは、ただ著述の活動においてのみ経験される」(p. 157)。「テクストは、書くことと読むこととの距離をなくする(あるいはせめて減少させる)ように努めることを要求する。それは決して、作品に対する読者の投影を強化することを求めることはない。ただ、読者を単一の意味作用の営みに参加させるばかりである」(p. 162)。意味作用の営みに関するこうした分析は、解釈の過程を明らかにするものであるが、解釈の過程がどの程度社会的訓練に影響されているのかについては曖昧にするものであるかもしれない。修道のプログラムのうちに規定された儀礼を読解し銘記することを、儀礼の遂行者は学ぶ。学んだ内容に対しては、権威ある善き模範を参照しつつ、絶えずチェックが行われる。この読み＝書きの過程が、観察者のためのシミュレーションのレベルにどの程度まで留まるのか、そして、遂行者自身の思考と感情の組織化にどの程度まで影響を与えるのかは、経験的な問題である。

(9) グラックマンの「反抗の儀礼」の概念に対する批判は、Norbeck 1963, Beidelman 1966, Rigby 1968, Smith 1982 にあ

る。グラックマンは自らが分析したいくつかの儀礼の象徴的意味を解釈しているが、これらの批判は、彼のこの解釈に異議を唱えたものである。

(10) ブロックの議論に対しては、Burling 1977, Werbner 1977, Irvine 1979 からの批判がある。彼らによれば、ブロックが伝統的雄弁術に帰した固定的性格には疑問がある。ある次元においては、もちろんそれは経験的な問題である。つまり、実際に行われる演説が「公式的」なものか「非公式」のものか、「創造的」なものか「模倣的」なものか、聴衆に「意味を押しつける」ものか聴衆と「意味を取り引きする」ものかによって話が変わる。私の知る限り、(音楽、舞踏、儀礼、演説という)様々な「形式」を、あたかも何かを伝達する手法として相互に入れ替えがきくものであるかのように、単一の「分節化」の線に沿って並べることが理論的に妥当なことであるかを疑った批判者はいない。人類学は、様々に異なる社会的実践形態を単一の本質的カテゴリーにまとめてしまおう、同一の尺度で測ってみようという誘惑に絶えず付きまとわれている。そして多くの者がこの誘惑に屈している。政治経済学に本拠をおくブロックも、象徴人類学に本拠をおくギアツも、あたかも同じ企てを試みているかのようである。

(11) 「行為遂行的発言(*performatory speech*)」と「命題的発言(*propositional speech*)」というのは、オースティン(ペインの脚注の一つに引用がある)の言う行為遂行的発言(*performatives*)と事実確認的発言(*constatives*)に対応するものである。しかし、オースティン自身は、この区別を長い、細心の議論の末に取り崩している(Austin 1962, p. 91 の要約を見よ)。オースティンの後期の全業績は、発言には基礎的な二種類のものがあるというこの仮定の拒否のうえに築かれたものである。ペインは、ブロック(ペインの考えによれば彼もまた政治的レトリックを行為遂行的なものと見なしている)に対して根本的に同意できないところがあると言う。ブロックとの不一致は、「社会的世界に対する認識論的な立場にも及ぶものである。すなわち、〝所与〟的なものと交渉されるものとの違いである。ブロックは形式化のうちに演者と聴衆との取り引きの欠如を見ているが、この見方には基本的な難点が含まれている。……私たちが説得を見てとるところにブロックは強制を見ている。彼は形式化を演者を拘束する〝所与〟と見ているのに対し、私たちはそれを聴衆を拘束するレトリカルな技巧と政治的洞察力の結果と見る。つまり、演説をする政治家は、聴衆が彼の解釈を通じて世界を見るようになるべく尽力するのである」(Paine 1981, pp. 2, 3)。もちろんこれは認識論的な不一致ではない(認識論は知の基礎に関するものであり、政治的世界の基礎が拘束か交渉かということに関わるものではない)し、根本的な不一致であるとも言えない。〝拘束〟されているのは演者であるのか(ブロック)、聴衆であるのか(ペイン)というのは、ある意味で、経験的な問題である。だが、ここで拘束と言っているのは何のことであるのか？　演者が〝彼の解釈を通じて世界を見るよう〟にと聴衆を説得する威嚇の婉曲化をもって拘束とは別のものとしなければならないのか？　それは取り引きとは両立しえないものなのか？　こうした概念上の疑問にペインが取り組むことはない。

(12)　ここでルネサンスの政治演劇が思い起こされるかもしれない。ある宮廷仮面劇の歴史の研究者は、ルネサンスの演劇は単なる演技ではなく雄弁術の一形態であったと言っている(Orgel 1975)。仮面劇の役者は、俳優でも物まね芸人でもなく、貴族的世界観を理想化し、肯定しながら演技する淑女と紳士である。オーゲルは言う。「仮面劇は、貴族共同体の勝利を演劇化する。その中心にあるものは、階級制に対する信念であり、理想化の力に対する信仰である。哲学的には、それはプラトン的でもマキアヴェリ的でもある。プラトン的というのは、参加者が心に思い、自らそこへと上昇するかもしれない善の表象を描き出すからである。マキアヴェリ的というのは、その理想化が、彼らが称える権力を正当化するように作られているからである。ジャンルとしては、それは風刺とは反対のものである。それは、社会の指導者が満たすべき英雄的役割を称え、創出することによって教育する。民主的想像力は、この種のものにはただへつらいのみを見るが、しかしこうした非難は当っていないし、ルネサンスのあらゆる芸術において決定的であるような重要なものを見えなくしてしまう。この時代は芸術の力を――説得し、変容させ、保護する権力を――信じていた。仮面劇をへつらいとして片付けるわけにはいかないのは、肖像画の場合と同様である」(p. 40)。しかし、オーゲルは、仮面劇が演じたものと君主制が保障したものとは(チャールズ一世の悲劇からも確かめられるように)別であるとはっきり考えている。

(13)　近年の人類学では戦略(*strategy*)という語をよく用いるが、ここで私が言っているような軍事的な意味においてでは必ずしもない。たとえば、この語のもっとも洗練された提唱者の一人であるブルデューでさえ、この語を単に「実践的目的」と「理論的目的」とを、すなわち運用と規則とを対照するために用いているにすぎない。彼は言う。「私が親族の規則ではなく、親族の結婚の戦術あるいは社会的使用について語るようになった」のは「理論的理解の理論的目的と実践的理解の実践的な、直接に関与する目的とのギャップ」があるためであった。「……つまり、社会的行為者の実践を、その説明のために構築せざるを得ない理論に基礎づけはしないということである」(Lamaison 1986, p. 111)。これは軍事的な意味での戦略ではない。軍事的意味の最も有名な提唱者は、クラウゼヴィッツ（『戦争論』を著したプロイセンの将軍）である（Clausewitz 1968）。クラウゼヴィッツにとって、単に実践的目的があれば「戦略」となるのではない（実践的目的ということであれば、私の言う「プログラム」もまたそれを前提としている）。「戦略」となるためには、ある特別な種類の実践的目的があるのでなければならない。すなわち、敵対的意志どうしが、必ずしも限定されない領域の覇権を求めて、必ずしも一定しない戦力をもって、必ずしも意味を予想できない状況において闘うのでなければならない。そのような目的は、規則の理論的理解と知識を必要とする――もちろん必要なのはそれのみではない。

(14) アリストテレスの徳の概念を参照しつつ、アンスコムはこう書いている。「'*duty*'や'*obligation*'の概念、また今日'*ought*'の"道徳的な(*moral*)"意味と呼ばれている概念が、倫理の法的な概念の残存物であることは注目に値する。'*moral*'の近代的な意味そのものが、こうした残存物からの後発の派生物なのである。こうした概念のどれ一つとしてアリストテレスには見出されない。正義やその他の徳にかなうために必要とされるような行為をなすことが、神の法の要請であるという考えは、ストア派に見られるものであり、律法《トーラー》より倫理概念を受け継いだキリスト教を通じて広く通用するようになったものである」(Anscombe 1957, p. 78)。マッキンタイアはその優れた西洋倫理史のなかで、キリスト教以前の時代からキリスト教時代にかけての徳の概念の変容について書いている(MacIntyre 1981)。

(15) 中世における修道志願者の主たる受け入れ基準は、*utilitas*、有用性すなわち適合性であった。これは通常、隷属農民、奴隷、小作人など社会的地位の低い人間を、また若すぎる者や虚弱すぎる者を排除することと理解されていた。後者の点に関しては、シトー会などの新しい修道会が原則事項として採用したが、一三世紀以降は全修道会に対して教皇庁がこれを規定するようになった(Lynch 1975, pp. 428-431)。なお、新入の修道士の出身階級に触れたものとしては、他にWeinstein and Bell 1982における中世の聖性の研究がある(その第七章を見よ)。

(16) 中世の非シトー会系修道院における子供の養育の習慣については、Riché 1975とMcLaughlin 1975を見よ。

(17) ヨハネス・カッシアヌス(その著作は修道士の必読書であった)は、聖書の言説における四つの意味を区別した。歴史的(*historical*)、寓意的(*allegorical*)、神秘的(*anagogical*)、比喩的(*tropological*)の四種である。スモーリーはこう書く。「彼が上げた例は、中世に愛好され、古典となったものである。エルサレムは、歴史によればユダヤ人の都市である。寓意によればキリストの教会である。神秘的意味によればわたしたちの母(「ガラテヤの信徒への手紙」四・二六)である天における神の都市である。比喩によればこの名のもとに主がしばしば脅しまた称える人間の魂である」(Smalley 1964, p. 28)。スモーリーは、歴史、寓意、比喩的解釈が「聖書の内容とその解釈の方法との両方を指す」中世の「混乱した」用語法を批判している(p. 88)。だが、これは、必ずしも混乱ではなく、テクストの意味と意味を確定する言説とは一続きのものであるという原理に従ったものである。それゆえ、ベルナールが説教において雅歌を解釈したとき、修道士たちはその聖書的意味を聞いたのであって、聖書的意味のベルナールによる表現を聞いたのではない。「真の」内容と「寓意的な」解釈法との区別は、ある特定の意味理論の産物であって、ア・プリオリな実在の様相ではない。

(18) Evans 1983 に、ベルナールの説教についての詳細な議論がある(とくにベルナールの雅歌に関する説教を論じている)(pp. 107-137)。中世の修辞法の一部門としての説教術に関するいっそう一般的な説明は、Murphy 1974, pp. 269-355 にある。

(19) 記憶の形成に関して精神分析的視点から論じた議論のうち、ここで有用なものとしては、Spence 1982 を見よ。私は、中世の修道士の精神状態を現代の患者のそれと等しいと見ているわけではない(この見方を最初に示唆したのは、宗教的行為を強迫的行為と等しいものと見たフロイト(Freud 1907)である)。しかし、言語、記憶、欲望のそれぞれのあいだの動的な関係を理解しようとするときには、まず、精神分析の文献でそれがどう論じられているかを批判的に調べてみなければならない。スペンスはこれを巧みに行っている。

(20) この理論的概念がとりわけてキリスト教的な起源をもつことに注目すべきである。一九二一年にE・ベヴァンは、汚物の道徳的神学とその「場違いのもの」としての意味を論じている。この句を最初に用いたのは、詩人のサウジーか、ことによるとパーマストン卿である(Bevan 1921 を見よ)。ダグラスはベヴァンの研究を引用していない。もっともベヴァンの議論はダグラスと同じではない。

(21) ヒースは、クリュニー会の延々と続く凝った典礼と、死者にミサをあげるたびに贈られる大修道院への寄付との関係について論じている(Heath 1976, pp. 87-111)。クリュニー会が典礼に深く熱意を投入したのは、このように、その財産獲得の様式によるものであった。

(22) サザンは、これらの資金源が一二世紀までに概ね旧型の修道院に帰したことを指摘している(Southern 1970, p. 255)。

「これらの収入を拒否しながら、シトー会士は、自分たちは世界を棄てたのだと考えた。しかし、実のところ、彼らが棄てたのは世界の影だけであった。彼らは自らの規範ゆえにヨーロッパの定住地の縁辺に向かうことを余儀なくされた。だが、もっとも遠くまで見通せる経済的思慮もまた、同じ方向を向いていたことであろう。拡大中の社会にあっては、ここに未来があったのだ」。

(23)『プロテスタンティズムの倫理と資本主義の精神』において、ウェーバーは、西欧の修道士生活から「ピュウリタニズムの実践生活における……理想」まで、(「聖ベネディクトゥスの規律において」「クリュニー派では……一層」「シトー派ではさらに」というふうに)成長する合理性の一本の直線が走っていると考えて、これを東洋の禁欲僧生活の「無方針な現世逃避と達人的な域の苦行」と対比した(Weber 1930, pp. 118, 119)(邦訳二〇一頁)。ストックは、労働、計画、経験についてのベルナールの見解を詳述したもののなかで、ウェーバーの考えを裏付ける証拠をそこに探っている(Stock 1975)。ホールズワースは、手労働の価値についてのシトー会士の考え方に焦点を当てながら、次のように結論している。「いっそう広い視野より見るとき、彼らの理解は、従来、少なくともウェーバー以来、後の時代の都市共同体に結びつけられてきた態度や感情の出現に一役買ったもののように思われる」(Holdsworth 1973, p. 76)。

(24) 一二、一三世紀中の *conversi* の霊性については、Mikkers 1962 と Dijk 1964 に議論がある。後者は、*conversi* が農作業を徳を得る手段と見なしていたという一般的な見解に反論している。

(25) もちろんフーゴーのテクストは、一層広い共同体に関わりのあるものであった。

(26) 教皇ウルバヌス二世(一〇九九年死去)によれば、「原初の教会には、宗教生活の二つの形態があった。*monastic*(修道士の生活)と *canonical*(修道参事会員の生活)である。前者においては、人はこの世の事柄を棄てて、観想に専心する。後者においては、人はこの世の事柄を用い、この世とは切り離せない日々の罪を涙と施しをもって贖う。それゆえ、教会において *monk* はマリアの役を演じ、*canon* はマルタの役を演じたのである」(Southern 1970, pp. 243, 244)。だが、一二世紀に書かれた *Libellus de diversis ordinibus*『諸修道会に関する小冊子』の無名の著者は、これとは異なる分類を行っている。彼は「*hermit, monk, canon* の修道会」を「町や村の近くで生活したか、それとも辺地で生活したかに従って」整理している。「彼は、たとえばサン・ヴィクトル会士が模範を示そうとした世俗の人々に近接した生活や、人々から遠く離れて暮したプレモントレ会士の試みについて、その評価を行っている〔どちらも*canon*〕。*monk* では、シトー会士は人々から離れて、クリュニー会のベネディクト会士は人々の近くで生活した」(Evans 1983, p. 7)。*canon* は聖アウグスティヌスの戒律〔聖職者に向けた共住生活規則〕に従っていたが、サン・ヴィクトルのように籠った *canon* らの生活は、多くの *monk* の場合と同様に禁欲的なものであった。この問題に関する歴史的議論を取り上げた近年の研究のなかで、Brooke 1985 のものは、一二世紀における *monk* と *canon* とのいかなる鋭い区分にもはっきりと反対している。

(27) ミサは、その構造と内容において、手の込んだ寓意の用い方をしていた。中世のキリスト教徒は、この寓意について、アマラリウス〔八、九世紀の典礼学者〕の *Liber officialis* のような解説書を通じて学んだ(Hardison 1965, pp. 36-79 を見よ)。

(28) ここでフーゴーが依拠しているのは、*De dictrina christiana*(『キリスト教の教え』)で展開されたアウグスティヌスの記号理論である。それは、中世を通じて非常に影響力のあった記号理論である。(*De sacramentis* では、聖書以外の権威としては聖アウグスティヌスがもっとも多く引用されている)。アウグスティヌスによれば、記号とは他のものについての知識を与えるものである。記号は次のように分類される。(一)自然的な記号(*signa naturalia*〔物事の痕跡や自然な表情のように、示す意志はないが解読されうる記号〕)。(二)意志的な記号(*signa data*〔意図的に与えられた記号〕)。後者を生み出すものは(ア)動物、(イ)人間、(ウ)人間すなわち権威者を介して神、である(Chydenius 1960, pp. 5-8 を見よ)。記号は、それが意図的な記号である――つまり人間の意志によって支配される――とき、あるいはそのようになり得るときにのみ、キリスト教の教えの質料となる。

(29) 適切な記憶を生み出す条件を支配するという考えは、フーゴーの秘蹟の理論やベルナールの教育論の場合と同様、アウグスティヌスの記号理論の重要な要素である。アウグスティヌスの認識論を研究したコリッシュは、発言を通じて真実の理解と認識を学ぶという考えが、アウグスティヌスの全著作の枢要であると強調する(Colish 1968)。キリスト教徒にとって、これは、「贖われた」すなわち権威ある発言を意味する。祈り、説教、聖書の読書はみな贖われた発言である。この考え方に、中世の修道のプログラムにおいても中心的なものであり続けた(Leclercq 1977 を見よ)。

(30) Evans 1931, pp. 85-87 に、クリュニーの修道士会議における懲罰の手順の劇的で詳細な記述がある。

(31) エイルウィンは、専門の心理学者の著作に見出される、いくつかのしばしば相矛盾する感情の概念を数え上げ、それらは多面的な現象の異なる諸相を反映したものであろうと述べている(Aylwin 1985, pp. 130-133)。

(32) 一二世紀の修道院文献における魂の諸力について研究したMichaud-Quantin 1949を見よ。

(33) シラは、ある魅力的な論文において、聖体についてのアクィナス(一二七四年死去)とオッカム(一三四九年死去)の対照的な説明法を論じている(Sylla 1975)。彼女は言う。「重要な事例のほとんどすべてにおいて、アクィナスは、聖体を説明するために自然哲学を修正あるいは〝昇華〟している。これに対し、オッカムは、自然哲学が自律性を保つことを認める。オッカムは、自然哲学が適用できないところでは、修正された自然学を想定するよりも、神の直接的な介入に委ねる。このように、オッカムにおいては、自然哲学は神学的文脈においてさえ、固有の自律性を保っている。しかし、アクィナスにおいてはそうではない」(p. 363)。オッカムの見解(一四世紀に教会によって糾弾された)に含意されているものは、一七世紀の科学的概念の成長に適合するものであったと、シラは論じている。

第五章

(1) これはほとんど致し方ないことである。啓蒙主義に関する記念碑的な研究を行ったピーター・ゲイは、その序文にこう書いている。「啓蒙主義者らは、学説、気質、環境、世代によって分けられてきた。事実、彼らの思考は実に多様であって、ときに苛烈な論争を含むものなので、歴史家の多くは単一の啓蒙主義を突きとめることを諦めた」。また、「啓蒙主義は哲学者《フィロソフ》の一族である一方で、何かそれ以上のものでもあった。それは一つの文化的な風潮、一個の世界であった。哲学者はその中で活動し、喧しく挑戦してはそこからこっそりと思想を引き出し、自らの綱領をそこへと押しつけようと努めていたのだ」(Gay 1973, p. xii)。

(2) ここで、六〇年も以前にヴォロシノフが行った、古典哲学の方法に対する批判を思い起こしてもよい。「いかなる発話も——完成された書き言葉も含めて——何かへの応答であり、他の者からの応答を計算してなされたものである。それは次々と続く発話の鎖の一個の環に他ならない。個々の業績は、その先行者の業績を引き継ぐものである。彼らを論駁し、手応えのある好意的な理解をそこに探し、さらにそのような理解が将来得られることを期待しているのである」(Vološinov 1973, p. 72)。

(3) 私は Kant 1991 の Reiss の翻訳を用いている。

(4) 同じ伝統に属するものに、一八世紀英国・フランス・オランダのフリーメーソンに関するM・ジェーコブの研究がある(Jacob 1991)。魅力的で詳細な事例に富むこの研究によれば、リバタリアニズムと世俗主義の諸観念の出現に関して、フリーメーソンの儀式と習慣が重要な役割を果たした。彼女の議論は、啓蒙主義を知的運動と捉える因習的な見方を意識的に排しながら、それを主として社会的・政治的運動と捉えるべきことを論じている。この運動から、新たな西洋のアイデンティティの基本的要素がもたらされたのである。

(5) 自律的個人についてのフーコーの考えは、また、ヤーコプ・ブルクハルトの『イタリア・ルネサンスの文化』(一八六〇年)における「芸術作品」としての近代的自己の出現に関する議論にまで遡って跡付けることができる。

(6) アーレントはこう述べている。「カントが考える公衆とはもちろん読者としての公衆である。またカントが訴えるのも、彼らの意見がもつ重みに対してであって、彼らの投票がもつ重みに対してではない。一八世紀後半のプロイセン——それは、専制君主が支配し、かなり啓蒙の進んだ文民官僚(彼らもまた、君主同様「臣民」から完全に分離していた)が補佐する国家であったが——そこにはそうした読み手書き手としての公衆以外に公共領域はありえなかった。元来、秘密下の近づきえない領域とは、まさしくこうした統治と行政の領域であった」(Arendt 1982, p. 60)(邦訳九一頁)。

(7) 『政治についての断章』(一七七六年)(Gay 1973, p. 142 から引用。強調点はベンサム)。

(8) ここで〝初期の敬虔主義〟と述べたのは、一九世紀の敬虔主義はドイツのナショナリズムの発展に重要な知的・感情的要素を供給したと論じる歴史家もいるからである。Pinson 1968 を参照のこと。

(9) 「すなわち、僧正が国王に冠をさずけなければ、国王はかれの権威をキリストからえられないと信じられることが、だれに利益《ベニフィト》をあたえるかを、さとらぬ者があるだろうか。国王《キング》が僧侶であれば結婚できぬこと、王子《プリンス》が合法的結婚によってうまれたか否かは、ローマの権威によって判定されねばならぬこと、……僧職者と修道士は、どこの国においても、罪をおかしたばあいに、かれらの国王の司法権から除外されること、これらについても同様である。あるいはまた、個人的ミサや煉獄の谷 Vales of Purgatory の料金が、その他の個人的利益のしるしとともに、だれに利得《プロフィト》をあたえるかを、さとらぬものがあろうか。それらの個人的利益のしるしは、もし、わたくしがいったように、為政者 civil Magistrate や慣習が、人々がかれらの教師の神聖、賢明、誠実についてもつ意見以上に、ささえとならなかったならば、もっともいきいきとした信仰をきずつけるのに、十分なのである。したがってわたくしは、この世における宗教のすべての変化を、同一の原因に帰してよいであろう。それはすなわち、不快な僧侶たちであり、かれらはカトリック教徒のなかだけでなく、宗教改革にもっとも積極的な教会のなかにも、存在するのである」(Hobbes 1943, p. 62)（水田洋訳『リヴァイアサン』㈠岩波文庫、一九五頁。ただし引用に際して旧漢字を新漢字に改めた）。

(10) Tuck 1988を参照のこと。それによれば、近代初期のヨーロッパにおいて、宗教的懐疑論者が信者よりも寛容であったわけではない。彼らはあらゆる情念に不信を抱いていたので不寛容に傾いていた、とTuckは示唆する。この点については、Levi 1964も参照せよ（とくにモンテーニュとリプシウスの章）。

(11) このリベラルの伝統は「責任倫理」と「究極的目的の倫理」というウェーバーの有名な対立概念にも反映されている(Weber 1948)。

(12) J・S・ミルの道徳的功利主義は、このリベラルの伝統にとって中心的なものである。ミルの世俗的な「人間性の宗教」の概念に対する痛烈な批判については、Cowling 1990を見よ。

(13) しかし、ヨーロッパの外部では、一九世紀と二〇世紀初期において、福音主義的キリスト教がしばしば重要な政治的役割を演じた（たとえばStokes 1959; Comaroff and Comaroff 1991を見よ）。このことはときに忘れられている。中東の中等および高等教育の近代化に関しても、伝道団の働きは極めて重要なものであった。ヨーロッパの宣教師に教育され、ときには改宗を施された地域の少数派キリスト教徒は、歴史学、考古学、政治学等々についての西洋の考え方の普及に、顕著な役割を果たした。西洋のナショナリズムのイデオロギーを地域の状況に適用することに関しても、彼らが果たした役割は傑出していた。

(14) 産業資本主義社会のカテゴリーとしての「暇な時間《スペア・タイム》=余暇」という考え方に関する議論がDumazedier 1968にある。

(15) 例を挙げよう。㋐「主要なアラブ国家の中で……サウジアラビアは原理主義の規範にかなり近いところにある唯一の国家である」(Humphreys 1979, p. 8)。㋑「ハンバル学派が、サウジアラビア王国のイデオロギーであるワッハーブ派の原理主義の基礎を構成している」(Dekmejian 1985, p. 15)。㋒「西洋では、サウジアラビアは〝原理主義的〟イスラムの典型と見られている。実際多くの点でそれは事実である。行政は明白にイスラム法に基づいて行われる。そしてこの法に対する違反は、原則的に厳しく罰せられる」(Munson 1988, p. 74)。この原理主義的イスラムという概念は、いいかげんな思考の産物であると私は思う。そしてそれは、たまたま西洋諸国の政府の政策立案者(と自称政策アドバイザー)にとって都合のよいものとなっているのだ。

(16) 近代世界に生きる(あるいは生きようと思う)私たちが妥当にして魅力的なものだと考える諸々の変化を、戦闘的ムスリムが拒絶するのを、西洋の解説記事はしばしば不合理で不快なことのように描き出す。例を挙げよう。「増大し続ける西洋の商品の流入から、しばしば伝統主義的な男たちを憤慨させる女性の服装と振る舞いの変化に至るまで、また西洋製の映画やテレビに至るまで、ありとあらゆるものが、地域の生活様式や生産品を害する、そして第三世界の男たち女たちを西洋の輸入品と習慣のいちばん出来が悪くていちばん低俗なものの消費者にする、紛れもない策謀の一環をなすものと見られている」(Keddie 1982, p. 276)。「憤慨」のような印象主義的な言葉を用いたり、複雑な社会的現象の説明に妄想のイメージを安易に使ったり(「紛れもない策謀の一環をなすものと見られている」)するのがなぜ問題であるかと言うと、これでは心理学的な、また政治学的な常態について書き手がどう考えているかは分かるけれども、ここに参加している者たちの実際の動機や彼らの言説の説得性についてはそれほどよく分からないからである。

(17) もちろん、こうした文脈で近代化を語る論者たちは、近代テクノロジーの採用以上のものを条件とする旧式の社会発展モデルに訴えているのである。しかし、工業生産が個々の政治的・法的諸制度や個々の社交の形態や消費の様式と協力しあうものとして描かれるこの統合的社会のモデルが、規範的モデルと記述的モデルを混同するものであるとの批判を受けるようになってから、だいぶ経っている。だが、今日の中東について論じるにあたって過度に単純な近代化の概念を用い続けている者たちは、こうした事実に少しもひるむところがないようだ。

(18) 後で私はイスラムの言説で採用されているこれとは非常に異なるメタファー(ムスリムを神の奴隷とする比喩)を紹介するが、リベラルな読者がそうしたメタファーに不快なものを感じるというのはありそうなことだ。だが、そうしたメタファーを直接用いることを避けたりするのは――今日のリベラルの多くはそうしているが――誤訳をするに等しいと私は思う。翻訳に携る人類学者は、概念的要素を馴染みのない――さらには不快な――形で結びつけるような比喩を保持することに努めるべきである。これが(イスラムについて書いたり読んだりしている多くのヨーロッパ人の場合のように)読者の伝来の偏見の単なる強化に終るかどうかは、もちろん何とも言えない。いずれにせよ、もし私たちが他の文明における潜在的に不穏な概念をリベラルな世界観に受け入れられる言葉に翻訳するならば、偏見が強化されることだけは間違いない。

(19) 民事の領域において起こったいくつかの変化について、Coulson 1964, chap. 10 に記載がある。さらに近年のものとしては Johansen 1988 がある。それによれば、耕作地の所有権、賃貸、課税に関するハナフィー学派の概念体系は、オスマン帝国治下において徹底的な変化を被った。メッカとメディナの聖モスクを領域内に含む、今日サウジアラビアとなっている地域の西部地方は、第一次世界大戦まではオスマン帝国領であった。帝国の支配的学派(ハナフィー学派)は、サウジアラビアにおいてもなお公認されている。

(20) Qutb 1991 を見よ。とくに第三章「ムスリム社会の形成とその特徴」を参照のこと。

(21) 権威あるテクストの解釈を求める、そしてそれをめぐる闘争は、イスラムの伝統はじまって以来本質的なものであり続けている。これについて私は Asad 1980 で論じている。

(22) ナシーハ(naṣīḥa)という概念については以下で詳述するが、ここで、古典アラビア語において naṣaḥa(語根形動詞「忠告する」)という動詞形が常に個人と個人の直接的関係を指しているということを述べておいてもよいだろう。これに対して naqada(「批判する」)(あるいは intaqada)は、しばしば個人と事物との直接的関係を意味している。たとえば intaqada ash-sh'ra 'ala qā' ilihi「彼は詩の欠陥を選り出して、それが作者に反対するように促した」のように(Lane 1863-1893 を見よ)。

(23) とくにアル＝ハワーリの aḥkām ahl idh-dhimma(「ムスリムの君主の非ムスリムの臣下に関する諸規則」)と題された講義。サファル・アル＝ハワーリはしばしばジェッダの大モスクで説教を行い、メッカのイスラム大学で教えている。

(24) これは同じ表題 Ad-dīnu an-naṣīḥatu をもつ両サイドの録音テープで入手可能である。このテープは、サウジアラビアにおいても西欧と北米のサウジアラビア人学生の間でも広く出まわっており、容易に聞くことができる。

(25) 完了形動詞 naṣaḥa とその派生形はクルアーンの数ヵ所に現れる(Kassis 1983, p. 857 を参照のこと)。

(26) カントはこの権利に関する議論を部分的に功利主義的な論拠に基づいて行っている。「主権者のとった処置によって公共体に不法が加えられたと思いなすような事柄に関して意見を公表する権能が、しかも主権者の恩寵をもって、国民に帰属せねばならない。主権者は決して誤謬を犯すものではないし、またいかなる事柄についても無知であり得ないと想定するのは、主権者は天の霊感を授かった人間以上の存在であると想像することになるからである。……この自由をも国民に拒否しようとするのは、およそ国民が最高命令者(ホッブズに従えば)に関して要求するところのいっさいの権利を奪うにひとしいばかりでなく、もし主権者が知っていさえしたらみずから進んで変更したであろうと思われる事柄についても、彼に何ごとをも知らしめないばかりに、みすみす彼を自己矛盾に陥しいれることになるからである」(「理論と実践(理論では正しいかも知れないが、しかし実践には役に立たないという通説について)」(Kant 1991, pp. 84, 85)より。強調点はアサド。邦訳一六八、一六九頁)。

(27) たとえば近代初期におけるオスマン帝国の歴史に関する最近の研究において、アブー＝エル＝ハッジは、幾組かの興味深い法令に注意を喚起している。それは「婉曲にしか言及されていないいくつかの横行する行為を正すために公布された」法令であるが、「その矯正をほのめかすものは〝正しい信仰は善き忠告である〟(ad-din ul-naṣiha)との表現である。……公式見解としては、教義の遵守の弛緩は不道徳行為(mekruh)に等しいものであった。だが、明らかにこれらの法令は、それよりももっと具体的な何かを非難するために出されたものである。すなわち、呪術的行為と迷信的な異教の習慣にふけることである。しかしながら、これらの法令の根底にある意味は、歴史的文脈から推論される。それらは、バルカン地方とクリミア地方で反乱が起きている時に布告された。……国家の視点において……、抵抗は……正しい教化と適応の失敗として、法令中に表現されている。それゆえ、勧告、ad-din ul-naṣiha――直訳的には〝正しい信仰は(忠告を受け入れて)正しく指導されることのうちにある〟――は、権威当局への絶対的服従を命じることを狙ったものなのである」(Abou-El-Haj 1992, pp. 51, 52)。

(28) シャリーアにおいてこれはファルド・アイン(fard ʿayn)〔個人義務〕に分類される。その反対は、最小限の集団によって共同体のために実行される義務――専門的にファルド・キファーヤ(fard kifāya)〔連帯義務〕と呼ばれる――である(例えば金曜の集団礼拝の遂行)。

(29) このような義務は、政治的状況の認識によって手加減される。よく知られたハディースにこうある。「あなたたちのうちで誰が悪しき行為を目にしたにせよ、彼には彼の手でそれを変えるようにさせなさい。彼がそれを成し得ないときには、彼の舌でそれを変えるようにさせなさい。彼がそれを成し得ないときには、彼の心でそれを変えるようにさせなさい。そしてこれが信仰の最も弱い部分である(aḍʿafu-l-īmān)」。

(30) 同じ文中で「現代的・世俗的な」用語(たとえば thuwār)と「古典的・神学的な」用語(たとえば khawārij)とを用いているのが、このテクストの特徴である。しかしこれを、伝統的な用語と近代的な用語との単純な混合物と考えるべきではない。イスラムの政治的言説の伝統を理解するには、語彙の多様な起源ではなくて、その特異な共振を見ていくべきである。

(31) ここでザアイルは有名なハディースを引用する。「何事かを思いやりと穏やかさをもってなすならば、それは美しいものとなる。もし強制と暴力をもってなすならば、それは醜いものとなる」。

(32) 「感情」を表す現代のアラビア語——ʻāṭifa——は、誰かへと「心を向けさせるもの」という意味をもつ古典的な語に由来している。この意味とこの文脈を考慮に入れれば、感情と健全な判断とは、必ずしも相互に排除するものではない。啓蒙主義的傾向の強い思考は、両者を背反するものと捉えているが。

(33) ナシーハ遂行の最後の手段としての強制力の正統的使用をめぐって、中世の古典に議論がある。たとえばイマーム・ガザーリー〔アブー・ハーミド・ガザーリー〕は Iḥyā ʻulūm-id-dīn〔『宗教諸学の再興』〕において、イブン・タイミーヤは Siyāsa sharʻiyya〔『シャリーアによる統治』〕においてこれを論じている。

(34) カントはこう述べている。「道徳的教化は訓練ではなくて、格率に基づかなくてはならない。訓練は無作法を防ぎ、格率〔英訳は「道徳的教化」となっている〕は心術を陶冶する。われわれは子どもが格率に従って行為し、なんらかの動機に従っては行為しない習慣をつけるように留意しなければならない。訓練により習慣だけが残るが、これはまた年とともに消えうせる。子どもは自分で正しいと認める格率に従って行為するようにならなくてはいけない。……道徳性はきわめて神聖かつ崇高なものであるから、これを投げ捨てて訓練と同列に置いてはいけない。道徳的教育における第一の努力は、品性を樹立することである。品性とは格率に従って行為することに熟達していることである。はじめに学校の格率があり、後に人間性の格率がある。はじめ子どもは法則に服従する。格率もまた法則であるが、主観的である。それは人間固有の悟性〔英訳では「理性」〕に起因する」(Kant 1904, pp. 185-187)(邦訳六九、七〇頁)。

(35) クルアーンには何度か神との契約の概念——ʻahd allāh——への言及があるが、直接ムスリムに向けて語られている箇所でないことはほぼ間違いない。ユダヤ＝キリスト教的伝統にも、イスラムにも、もちろん神に対する人間の関係を記述するための複数のメタファーがある。そのうちいくつかのものは共通している。だが、ここでの私の目的は、とりわけザアイルの言説において明らかにされているような、神の奴隷としてのムスリムの概念が、ユダヤ＝キリスト教の概念とは対照的なものであり、またイスラムに固有のものであることを強調することにある。イスラムの神秘主義的伝統は、人間の神への融合という到達可能な状態についての概念を現すために、これとは非常に異なる比喩を用いている(Baldick 1989を見よ)。そのような概念は、ザアイルが属する伝統においては忌み嫌われている。

(36) 人間と神との絶対的差異は、クルアーンの有名なスーラ(al-ikhlāṣ〔第一一二章・純正章〕)の中で言明されている。「告げよ、〝彼は唯一の神、神にして永遠なる者、万物の原因なき原因である。彼は生まず、生まれない。そして彼に並ぶべきものは何もない〟と」(原書ではMuhammad Asadの英訳を用いており、ここではそれを逐語訳した)。'ibāda('abd〔奴隷〕と同じ語根を持ち、英語では通例'worship'と訳されている)は、人間が正しく神と、そして神のみとの間に有する関係を定義している。それゆえ、聖者の廟での祈願の儀礼を非難しようとする者——ワッハーブ派のザアイルも間違いなくこれに含まれている——は、それを'ibādaとして記述する。そうした習慣を擁護するためには(ワッハーブ派自身、預言者ムハンマドの廟で捧げる祈りの文脈においては擁護に回っているように)、この呼称を退けて、この習慣は訪問《ジャーラ》(ziyāra)であると主張しなければならない。もちろんこれは単に言葉の上だけの問題ではない。それは、内面の態度と外面の振る舞いを含む徳性の構造をめぐる議論を特徴づけるものなのである。

(37) これは、アイザイア・バーリンが個人の自由の本質についての彼の著名な論文の中で明確に描き出したようなリベラリズムの意識とは、鋭い対照をなすものである。彼は書く。「〝自由《リバティー》〟という語の〝積極的な〟意味は、自分自身の主人でありたいと願う個人の願望に由来するものである。私は、私の人生と決断とが、私自身を拠り所とするものであって欲しいと思う。いかなる種類のものであれ、外的な力を頼みとするものであって欲しくない。私は、他人の意志ではなく、私自身の意志の道具でありたいと思う。私は、客体ではなく、主体でありたいと思う。私は、私自身のものである理性によって、意識的な目的によって動かされたいと思う。外部から私に影響を与えるかのような諸々の原因によって動かされたいとは思わない」(Berlin 1958, p. 16)。もちろんこれは、単純なエゴイズムの言明ではなく、普遍的権利の問題である。C・B・マクファーソンによれば、こうした概念は一七世紀に基礎づけられたものであり、次のような仮定を含んでいる。「㈠人を人間たらしめるものは、他人の意志に対する依存からの自由である。㈡他人への依存からの自由とは、個人が自分の利益を期待して自発的に参入するような関係を除いて、他人との一切の関係から自由であることを意味する。㈢個人は、本質的に、自己の人格と能力の所有者である。自己の人格と能力に関しては、彼は社会に(あるいはいかなる外的な力にも)負うところが何もない」(Macpherson 1962, p. 263)。

(38) これは、サウジアラビアにおいて――第三世界のあらゆる国においてと同様――多くの人がまさにこうした不満をしばしば漏らしているということを否定するものではない。

(39) だが、海外のアラビア語新聞はこれを報道した。たとえば、一九九一年五月二一日付のエジプトの *ash-Sha'b* 紙は、署名の複写写真を添えて全文を掲載している。

(40) この少し後で、西洋で教育を受けた多数の著名なサウジアラビア人が、国王に宛ててもう一つの書簡を送った。それもまた、政治、教育、社会の各方面にわたって様々な改革を求めるものであった。ウラマーによる書簡とは対照的に、この書簡の口調は極めて丁重であり、近代化(tahdīth)にもっとも重点を置くものであった。

(41) これと対照的に、「リベラルな」手紙の方は、「二つの貴き聖域の奉仕者、国王ファハド＝ビン＝アブドゥルアジーズ、神は彼を支えたまえ」となっている。このようにこの書簡は、他方の書簡と異なり、受取人を国王、そして王国の創立者の息子と呼んでいる。

(42) 一九九一年六月四日付のサウジアラビアの日刊紙 *ash-Sharq al-Awsat* を見よ。

(43) この論題に関してサウジアラビアで一般に用いられている教科書は *'Uwaysha* (出版年不詳)。

(44) この議論の次の段階は、ハワーリによって最も高名な体制派ウラマーの一人であるシャイフ・アブドゥルアジーズ・ビン・バーズ(Shaikh 'Abdul-'Azīz bin Bāz)に公式に宛てられた、本一冊分の長さのある反論であった(出版年不詳)。

(45) 西洋で教育を受けた中産階級は拡大しつつあるが、彼らによるいっそう抑制された批判は、ポスト啓蒙主義のヨーロッパから借用された道徳＝政治的語彙で表現されている。ほとんどの場合、それは私的な討論集団の内部で行われるものであり、個人的接触によって王族の誰彼に伝えられる。そうしたリベラルな批判者の多くは、いっそう率直なイスラム系の批判者と、内容と戦術の両面にわたって意見を交換するようになってきている。だが、彼らが自らの批判をナシーハというイスラム的概念で特徴づけることはない。

(46) ドワイヤーは、中東における人権論争に関する極めて興味深い本の序章で、今日のアラブの知識人が一般に共有している危機意識について触れている(Dwyer 1991)。だが、この地域において、危機をめぐる議論は今に始まったものではない。少なくともそれは四半世紀は遡るものであり、いくつかの事例についてはさらに遡る。

(47) 『純粋理性批判』(Arendt 1982, p. 32 に引用されている)。

(48) フーコーの示唆によれば、カントは、支配者が普遍理性を尊重することを条件として国民の服従の義務を認めたということである。しかし、私の考えでは、カントはこれを肯わないであろう。なぜなら、カントは「いわゆる暴君の暴虐な権力を打倒するために人民が使用する正当な手段(としての)反逆」を認めていないからである(Kant 1991, p. 126)。この点において、カントの立場は、今日立憲主義と呼ぶものに近い。

(49) 中東の人類学者の中には、ナポレオンのエジプト侵略によって、この地域における「科学的フィールドワーク」の端緒が開けたと見る者がある。合理的知識と軍事力との融合を示す見事な一例である(Eickelman 1989 を見よ)。

(50) もちろん、自己の政治的意志を強制力をもって他国民に押しつけるというのは、今も昔も近代西洋に限る話ではない。問題は次の点にある。リベラリズムは、外的強制からの自由を絶対の目標として喧伝しておきながら、自らの社会的取り決めを強制的手段を通じて世界に拡大することに手を染めている。このことは近代リベラル思想にとって特有の道徳的問題を提起することになろう。一九世紀にJ・S・ミルが、「進歩的ならざる」非ヨーロッパ国民との関係において合理的(すなわちヨーロッパによる)専制が果たす創造的な役割に触れることで、この矛盾に折り合いをつけようと試みたことは有名である(Mill 1975, chap. 8 を参照のこと)。

(51) バインダーのような西洋の学者の判定によれば、これは不成功に終っている。初期の批判については、Gibb 1947, Kerr 1966, Kedourie 1966 を見よ。ケドゥリーは、ムスリムを動物——野生動物と家畜——として描く鮮烈なイメージで著書を締めくくっている。「その一年後、より包括的に、また痛烈に(ブラントがこう書いている)。〝信仰をもつ今日のムスリムは、シワの男たちのように単なる野獣である。残りは信仰を失っている〟。もちろん彼の時代以降、この野獣のうち大部分が、疑いもなく近代主義者たちのおかげで、文明化され、家畜化された。生き残ったごく少数の野獣は、保護区にしっかりと閉じ込められている」(Kedourie 1966, p. 65)。無礼なメタファーであるが(ちなみにこれに対する西洋の学術的批評者からの論評はない）、この無礼さの裏に潜む思考法は、さらに興味深い。すなわち、ムスリムは二種の動物よりなるというのである。家畜化された（人間の意図に合わせて調教された、あるいは何らかの方法で服従させられた）動物と、野生の（自由だがそれゆえ危険でもあり無用でもある）動物の二種である。

(52) この過程は、シャリーアの支配領域の単なる縮小ではない。というのは、地域によっては、最近まで各種の慣習に従っていたムスリム住民にも、シャリーアが適用されるようになったからである。どの地域においても、西洋の原理に基づいてシャリーアの構造と適用を再定義することが行われている。その際、国家が傑出した役割を果たしていることが、決定的に新しい特徴となっている。

(53) たとえばリプセットはこう述べている。「民主主義は、様々な集団にとって自らの目標を達成することができる、あるいは善い社会を求めることができる手段であるというばかりではない。またそうした手段であることが民主主義の要諦なのでもない。民主主義は、それ自体が機能しつつある善い社会なのである」(Lipset 1963, p. 439)（強調点はアサド）。言いかえれば、民主主義は、人民が選挙の多数派によって自らの政府を自由に選ぶ、単なる習慣なのではない。それは生の様式であり、一組の価値観でもあるのだ。

(54) 政治的に勇敢な（しかし知的には古風な）世俗主義者アル・アズムによる有名な宗教批判は、この矛盾と称されるものに取り組んでいる(Al-'Azm 1969)。

(55) 「イデオロギー的活動の最も直接的な契機となるのは、一種の方向感覚の喪失、すなわち、自らがその内にある公共的権利義務の世界が、利用可能なモデルを欠くために理解不能となることである。分化した政体が発展することは（あるいはそうした政体内部での分化が進むことは）、それとともに激しい社会的分裂や心理的緊張をもたらし得るし、もたらすのが通例である。しかしそれとともにもたらされるのは、政治秩序の確立されたイメージが無意味となって消えて行く、ないしは汚名を着せられる際の概念的混乱である」(Geertz 1973, p. 219)（邦訳Ⅱ四三頁）。

(56) 「インドネシアが（あるいはどの新興国も同じかと思われる）、何のイデオロギーの導きもなしにこの難問の森から抜け出る道を見出すことは不可能のようである。専門的技術や知識を得ようという（あるいはそれより重要なことであるが、それを利用しようという）意欲や、必要とされる忍耐や決断を可能とする情緒的活力や、自己犠牲や良心を支える精神的強靭さは、ともかく何らかのところから、社会的現実の強力なイメージに根ざす何らかの公共目的の展望から、生まれなくてはならない。右のような資質は全ては揃わないかもしれない。現在の復古主義的な非合理主義と抑制のない幻想への傾斜は続くかもしれない。次代のイデオロギーにおいては、革命が表向きはそのために戦った理想から、現在よりもさらに遠ざかるかもしれない。インドネシアは、バジョットがフランスについてそう呼んだように、他国は多くを得るがそれ自身はほとんど得るところのない政治実験の場であり続けるのかもしれない。究極的に行き着くところは、悪質な全体主義や野蛮な熱狂に近いかもしれない。こうしたことはみなまったくそのとおりである」(Geertz 1973, p. 229)(同上Ⅱ五七、五八頁)。

(57) 認識論における理性の概念は、一七世紀以来いくつかの歴史的変更を被った。これについてはBlanché 1968を見よ。倫理の領域において合理性を継続的に再定義している、主要な西洋の緒伝統の歴史を長期にわたって展望したものとしては、マッキンタイアのすばらしい『誰の正義? いかなる合理性?』がある(MacIntyre 1988)。

(58) 合理性に関して近年刊行された選集(Hollis and Lukes 1982)に、この問題をめぐる人類学者と哲学者の討論がある。人類学者はみな(ゲルナー、ホートン、スパーバー)、非西洋文化における非合理的信仰と見えるものは、実際、世界に対する理論的説明に対する失敗した試みなのであるとの見解を示している。(スパーバーは、命題的な信仰と半命題的な信仰とを区別することで、議論を複雑にしている。後者は、厳密な意味では「非合理的信仰」ではなくて、「私たちが理解できるだけの量を記憶して整理することを可能にする表象」なのであると、彼は主張する(Sperber 1982, p. 170))。

(59) ホリスとルークスは、『合理性と相対主義』の明快な序章を次のような言葉で始めている。「相対主義の誘惑は、常にあり、またいずこにもある。多くの思考の分野において、それは公然と受け入れられている。社会人類学においても、部分的な——強固ではあるが——抵抗を受けているとはいえ、それは常にある」。これではまるで、哲学の立場をめぐる話ではなくて、何か社会的に危険な性的倒錯の話でも始まったかのようである。

(60) もちろんイスラムの伝統にもいくつかのものがある(それゆえ、「複数のイスラム(Islams)」が存在するという不器用な人類学の主張を、人によってはもっともなことと受け取るのである——これについての批判は、Asad 1986aを参照のこと)。だが、複数のイスラムの伝統は、(共通の基礎的テクストを通じて)形式的に、(様々に分岐した権威的解釈者を通じて)時間的に、相互に関係しあっているのである。

第六章

（1） ここで「強力な……一味」に管理された一枚岩的な「イスラム」に触れているのは、西洋の支持を取りつけるための日和見主義的な試みである、と言ったとしたら、それは不当なことであろうか？ ラシュディ自身、『悪魔の詩』を出版する以前であれば、そのようなことを言っていたかもしれない。「もはやイスラムは一枚岩的に過酷なものでもないし、キリスト教、資本主義、あるいは共産主義以上に〝悪の帝国〟であるということもない。西洋においては繰り返しこのことを述べておく必要がある」(Rushdie 1988a)。今日のイスラム世界に統一された教理があるかのように述べるのは、不正確であるし、無責任である。いわゆる原理主義的な政権や運動に関してさえそうである。ムハンマドの独自性や啓示としてのクルアーンの曖昧なところなき性格に対する信仰が、近年の聖職者一味がもたらしたものであるかのように示唆するのは馬鹿げている。どちらの原則もイスラムの民衆的信仰と神学的言説にとっての枢要であり続けてきたのだ。

（2） 一貫性がラシュディの長所だとは言い難い。出版記念インタビューで彼はこう述べている。「人々が善悪を画然と分かつことで世界を説明しようと考えるとき、私たちが抱えるほとんどの問題が生じることになるのです」(初出は *Waterston's Selection Catalogue* の一九八八年秋・冬号。要約したものが Rushdie 1989b に再録されている)。だが、恐らく一貫性のなさは「興味をひく」作家の特権なのであろう。

（3） ちなみにこの判断は、西洋キリスト教世界において長い血脈を誇っている。たとえばカーライルはこう書いている。「それはこれまでの私の読書の中でも骨の折れるものであったと言わなければならない。退屈でごたついており、生であり、推敲もされていない。際限のない繰り返し、冗長さ、混乱。要するに我慢ならぬほど愚かしいのだ！ 義務ででもなければコーランを読み通せるヨーロッパ人はいないだろう。読みようのないがらくたの山といったところで、政府関係書類のようなものだが、ひょっとして結局、我々は一人の注目すべき男の姿をそこに垣間見ることになるのかもしれない」(Carlyle 1897, pp. 64, 65)。ここには、教養あるヨーロッパ人は非ヨーロッパ文化のテクストの読み方を学ぶ必要はないという傲慢な考えが潜んでいる。

（4） 学校における義務的集団礼拝が「大まかにキリスト教的な性格のもの」でなければならないとの法案が議会を通ったのは、

いずれにせよ一九八八年という、ほんのつい最近のことである(一九八八年教育改革法第六・七節を参照のこと。強調点はアサド)。キリスト教への教化に反対する親は、我が子が集団礼拝から除外されるように個別に申請しなければならない(同、第九節第三項)。

(5) あらゆる善き者、誠実なる者は進み出て十字軍に参加しなければならぬとの尊大な要求(「世俗対宗教。光対闇。……私たちもまた、どちらかを選ぶべき時なのだ」)が、暗黙の行動規則に基づくものであることは間違いない。

(6) 経験だけに基づいて近代国家に一貫した政治を構築するのが困難であることを、左翼はしばらく前から認識していた。たとえばウィリアムズの議論を参照のこと(Williams 1979, pp. 168-172)。そこでのウィリアムズの主たる関心は、アルチュセールの攻撃を受けた経験の概念を再建することにあるが、他方また彼は、近代社会の政治的理解のためにはそれには限界があるということを強調している。それにもかかわらず、彼は、経験とその表現との必須の区別を行っていない。うまく表現できない経験と、表現は可能だがうまく経験できないものとの間には、しばしばギャップがある。それゆえ、(ヤスミン・アリがやったように)「文化的産物」と「本物の経験」とを性急にイコールで結ぶことには常に危険性が潜んでいる。

(7) 残忍なものとしては、ロシアの政治精神医学で用いられたようなものがある。だが、著名なリベラルのジャーナリスト、コナー・クルーズ・オブライエンの「アラブとイスラムの社会は病気だ。昔からずっと病気だ」という発言などの中にもそれは現れている。彼の発言は、事実上、ある政治的・行政的対策を推奨している。

(8) この記事の中で、コートは、労働党の議事録に対してブラッドフォードの移民コミュニティが抱いた不満に関する有益な報告を行っている。

(9) 実際サルマン・ラシュディと彼の法律顧問もこれを行っている。たとえば、英国人脚本家のブライアン・クラークが、ラシュディの悲劇的苦境を暗に描いた演劇を書いたとき、彼は訴訟をほのめかす脅迫を受けることになった。「ラシュディ氏からの応答があった。彼は私の留守番電話に、〝どんな形においてであれ、私が自分の死を仮定する演劇を受け入れるであろうとあなたが考えたとは驚きである、上演には反対する〟、という内容のメッセージを残した。ラシュディ氏を描いた場面はどこにもないし、名前も出て来ないので、題名を『誰が作家を殺した?』に替えるのは容易であった(この演劇が彼の境遇を暗示するものではないかのように装うのは不誠実なことであろうけれども)。しかし、ラシュディ氏の代理人が寄越した手紙に驚かされることになった。もし私たちが制作を続ける気であるのなら、この代理人に公式の通達を送り、彼が〃サルマンの法的権利を確立する〃ことができるようにするべきである――手紙にはそうあったのだ。自分の気に沿わないからといって上演を止めさせようとするラシュディ氏の態度は、あまりにも皮肉なものであった。彼はちゃんと物が考えられないのだということが私にははっきりした」(Clark 1990, p. 21)。それよりも大きな皮肉は、クラークのテクスト中に現れる「作家」がテクストの外部の何かに言及したものだとするラシュディの断言である。――ここでラシュディのファンは「だから何だというのだ?」と言うかもしれない。「ラシュディがいつも完璧な判断をするわけではない。そんな人間がいるとでもいうのか?」だが、私が言いたいのは逆である。これは彼の側に過失があったという話ではないのだ。一人の人間が特定の、利害関係のある立場から解釈を行っているという話なのである。明らかに自らの不幸な境遇を反映している一個の芸術作品に対して利害のある、一人の追い詰められた人物――これはそういう立場からの解釈なのだ。そしてこうした問題をめぐっては、誰しもが特定の、利害関係のある立場から解釈を行っているのである。

(10) 再認への誘惑は極めて大きい。再認することで、読者は自らの同意を述べることができる。たとえばピーター・フラーはジョージ・スタイナーの『リアル・プレゼンス』を批評して「ページを繰るにつれて、私は確証の喜びに引き込まれていった。あれこれの事柄がかくも強烈に確認できることに興奮を覚えた」と述べている(Fuller 1989)。このような読書においては、新たな事柄の発見の喜びのための場はほとんど残されていない。まして自分の独り合点に疑問を投げかけるなどといった居心地の悪い過程を経験することなど、とてもできない。

(11) ここでサルマン・ラシュディは『ニューヨーク・タイムズ』紙に同意すると思われる。彼は「かつて植民地化を被り、なお不利益を被っている人々の体験が十分に表現されるような文学言語と文学形式とを創造すること」を生涯の仕事としていると述べている(Rushdie 1990a)。創造者ラシュディが適切な(英文学の)言語を拵え上げて賦与するまでは、かつて植民地化を被った人々の世界全体は、自らの多種多様な経験を十全に表現することができないままでいるというわけである。

(12) フロイト以来、私たちは、近代の自伝的物語が純粋な真実を保持するものであるか、利害のある主体にとっての真実を提示するものであるかを問うことを学んでいる(Spence 1982 を見よ)。そうした記憶(当の体験とは別のものとしての記憶)は、どの程度まで直接の宗教的抑圧の結果なのであろうか? またどの程度まで反宗教的主体の統合原理なのであろうか? こうした問いを立てたからといって、記憶が虚偽のものだと言うのではない。宗教的規則を用いる抑圧的な両親をめぐる幼年期体験の記憶を、成人の主体が「宗教的抑圧」へと翻訳するとき、彼は、リベラルな世俗文化に高い価値を置く言説に参入している。このことを頭に置いて、右のような問いを立てるわけである。

(13) しばしばこのメタ物語は、革命後のフランスにおける反教権主義の歴史を範型とするものになっている。この場合、英国において宗教が演じたいっそう複雑な役割は抑圧されることになる。英国においては、国教会に対する非国教徒の宗教的闘いが、社会的・政治的権利の極めて重要な源泉だったのである。

(14) この近代的現象についての興味深い分析については Gutman 1988 を参照のこと。

(15) イスラムの伝統においては、クルアーンは、近代の批判的な意味での文学(adab)とは見なされていない。近年のアラビア文学専門家の中には、クルアーンを文学的テクストとして研究する者もいるが(たとえば'Abdurrahmān 1969, pp. 13–19を見よ)、その目的はクルアーンの神授の——それゆえ奇跡的な——言説としての地位を高めることにある。

(16) この考えは、ボードレールを近代性《モダニティ》の範型的な人物像としたフーコーの有名な議論の内にも現れている(官僚でもなく、企業家でも技術者でも、さらにはジャーナリストでもなく、文学者であることに注意されたい)(Foucault 1984)。

(17) 預言者ムハンマドの宗教体験を精神錯乱によるものとする見解は、彼を扱った一九世紀の議論の中に一再ならず登場するテーマである。ただし、キリスト教徒の宗教性に関する合理主義者の説明もまた、同様の見解を示すものとなっている。フロイトは「強迫行為と宗教的礼拝」という論文の中で宗教を神経症に類似したものとしているが、これはこの一九世紀の合理主義的伝統に属している。

(18) 作者が自らを架空の詩人バアルに同一化していることに注意されたい。「〝マハウンド、あんたには娼婦も作家も同じなんだ。どちらも許せない存在なんだ。〟マハウンドは答えた。〝作家と娼婦と、どこが違うのというのかね。〟」(p. 392)(下一七一頁)いやむしろ、バアルが作者に同一化していることに注意されたい、と言うべきかもしれない。すなわち、テクストの内部からその創作者を指差しているのである。ちなみに預言者ムハンマドがあらゆる詩人を敵視しているとの示唆は、歴史的に不正確である。彼の信者の中には詩人もいた。よく知られているのはハッサン・イブン・サービットである。(だが誰が気にとめよう? これは歴史の本ではない。これは文学的創作である)。なお、ここにはさらに驚くべきことがある。それは、作家は必然的に権威を打倒する者であるとするロマン主義的な見解である。

(19)「元一教師のスフヤーンだったら、〝物ごとには涙あり〟(*sunt lacrimae rerum*)と言ったはずである」(p. 404)(下一八五頁)。スフヤーンはいつも(ウェルギリウスの『アエネーイス』を含む)西洋古典から引用しているらしい。そしてクルアーンを除いて(語り手の言を信ずればのことであるが。だが信じるべき理由はあるのか?)イスラムのテクストから引用することはない。彼の文学に関するカトリック風の趣味の奇妙な特徴である。

(20) 文学はあらゆる可能な表現のための特権的な場であるとするラシュディの主張(この主張自体は不正確である。文学としての文学について述べたものとしては過大にして過小なものである)は、なお、人生を表現することについての主張であって、人生を生きることについての主張ではない。

(21) 文学は人生であるとするラシュディの自惚れは、近年驚くべき表現を獲得した。「私がこれまでの人生で出会うことのできた普通の、まっとうな、偏見なき大勢のムスリムの皆様、私の作品に多くのインスピレーションを与えてくれたムスリムの皆様に対して、私は次のように述べたいと思います。自分自身の登場人物とも言えるような人々から拒絶され、罵倒されるのは、あらゆる作家にとってショッキングな、つらい体験なのです」(Rushdie 1990a, p. 53)(強調点はアサド)。このように、世界中のムスリムは、ラシュディの小説が取材する対象ではなく、彼ら自身がラシュディの小説なのである。登場人物たちは恩知らずにも自分の創作者にはむかっているのだ。ということはつまり、この作者は自分の登場人物のことを理解していないというわけか?

(22) ただし次の点を付け加えておくべきかもしれない。功利主義者にしてリベラルであるマコーレーは、英国の人種差別に立ち向かうラシュディの立場に反対することはなかったであろう。ともあれ、インドにおけるヨーロッパ系住民が、彼らをインド人判事の権威に服させる布告に反対する運動を起こしたとき、マコーレーは彼らが「排他的カーストの精神」に染まっているとして激しく攻撃した――その攻撃は成功した――のである(Stokes 1959, p. 215)。

(23) Rodinson 1971には、預言者ムハンマドについての「人間主義的な《ヒューマニスト》」人物描写がある。それは長所と短所を併せ持った人物像であり、注目すべきことに、ラシュディの小説が書き表しているものに類似している。そして彼の人間的な(それゆえ道徳的には欠点のある)地位を確立するにあたって、性が役割を果たしている点でも共通するところがある。

(24) ウォルツァーは『解釈と社会批判』において、ユダヤ教の伝統に言及しつつ、内的批判という古代のテーマを巧みに論じている(Walzer 1987)。では、なぜ、「サルマンの罪」(1989)においてイスラムの伝統を扱った際に、彼はこのテーマに触れようとしなかったのであろうか？　後者が取り上げた(冒瀆と言論の自由に関する)問題は、予測可能な形で論じられている。それゆえ、定めしそれが多くの良識ある読者から歓迎されるであろうこともまた、予測可能である。後者が取り上げなかった問題とは、この小説の批判的姿勢がどのようにして内的批判の概念に関わってくるかという問題である。

(25) 『汚穢と禁忌』(1966)のかなり成功した章の一つにおいて、ダグラスはレビ記における食物規定についての魅力的な説明を行っている。それは読者をして一貫した説明であると思わしめるものである。だが、ここでの彼女の目的は、サルマン・ラシュディの目的と異なって、嘲笑にあるのではない。

(26) なおまた、ラシュディがロンドンにおける英語のインタビューに答えて述べたところでは、そうした問題はインドではさらにひどい状態なのだそうである。「ロンドンを社会学的な見せしめにすることはありません。近頃のインドときたら、ここで起きているよりも十倍もひどいことが起きています。インド人がインド人に対してやっているんですよ。それもしばしば人種的な理由でです」(Rushdie 1989b, p. 1155)。このコメントは、『悪魔の詩』の批判的立場についての私の議論に一致している。リベラルな観点からするならば、実際、たいていいつも西洋よりもインドにおいて物事は十倍ひどいのである。

(27) テイラーはこう指摘している。消極的自由――障害がないという自由――に関するリベラルの理論とは対照的に、積極的自由の原則は「自己の生を管理することを本質として含むような自由の捉え方」に関わるものである。自由についてのこの見解によれば、人は効果的に自己決定をなし、自己の人生を形成することができる限りにおいて自由である。ここでの自由の概念は〝行使概念〟である」(Taylor 1979, p. 177)。ここで私はこう示唆しておきたい。標準的な場合、行動の規則は、テイラーが「行使概念」としての自由と呼んでいるものには欠かせないものである。「機会概念」としての自由(消極的自由)の観点からするならば、してはいけないことを定義する規則は、まさしくそれゆえに障害以外の何ものでもない。

(28) カナダの作家ムケルジーは(「預言者と損失」(Mukherji 1989)において)これに近い議論をしているが、この裏切りの意識に含まれる階級的性格に――それがこの意識を複雑で破壊的なものにしているのだが――気づいていない。こうした文脈においては、彼女や他の批評家が行っているように、一般化された「植民地人」について語ってみても――あるいは、この問題について言えば、一般化された「移民」について語ってみても——有効な議論となりえないのである。

(29) スピヴァックは、『悪魔の詩』は男性主人公サラディンに対する性的な申し出とともに終ると指摘している(Spivak 1989)。実際、この本にはあからさまなフェミニズムぶり(スピヴァックが「女性を歴史の物語の中に書き込みたいとする熱望」と描写するもの)がある一方で、しばしば女性を残酷で尊大な形で扱っており(しかしこれはスピヴァックが不満に感じているものではない)、この二つの関係は不穏で不調和なものとなっている。恐らくラシュディの女性の描き方で最も驚くべきものは、『恥辱』に登場する女性に与えられた名前「鉄のパンツの処女」であろう。これに対して、彼のフェミニストのファンの中で一人として苦情を申し立てた者がいないのは驚くべきことだ。鋭敏な批評家であるスピヴァックでさえ、『恥辱』においては、女性たちはただあれこれの怪物としてのみ強靭であるように見える」と述べるに留まっている。私は何も、ラシュディが男性のように女性を印象深く描くことが出来ないでいることにこだわっているわけではない(スピヴァックは「女性預言者アイーシャは〝実業家預言者〟のもつ実存的深みを欠いている」と述べているが、私はそういう心配をしているわけではない)。私が心配しているのは、テクストが示す奇妙な両面感情のことである。女性差別に対する進歩的見解が、女性に対して繰り返し発せられる叙述上の暴力と結びついているのである。なぜ著名なフェミニスト批評家たちがこのことに対して何も言わないでいるのか、何とも不思議な感じがする。もっとはっきりと言おう。なぜ時おり読者は、ある作家に対して我慢ならないと感じた当のものを、他の作家の場合には大目に見てやろうと構えていられるのであろうか?

(30) インドとパキスタンでは、動産に関する法規は、宗教上の籍に従って運用される。

(31) 奇妙にも彼の母の最期は、彼の父の最期とまるで異なり、ほとんど喜劇のようなものである。裕福な宴客らがパキスタン軍の空襲を恐れてテーブルの下に潜っている間に、魚の骨を喉に詰まらせて死ぬ女性というのは、この男性主人公に対して世俗的死の堂々たる模範をもたらすもののようには思われない。いったいどのような決定因子が働くと、性によって死の様相が変わるのかと不思議に思わずにはいられない。

(32) 「彼(チャムチャ)は失われた英国人の妻の形で英国を愛していた」(p. 425)(下二〇七頁)。

(33) 円環的か二元論的かというのは、近代の歴史家が論じる時間性とはまた少し違う話である。それゆえ、この小説において、世俗的歴史の直線的進行を止めようとしているとの告発を受けているのは、イマーム的人物(ホメイニ)なのである。

(34) この事件がラシュディ事件全体の中心的象徴となったことは、焚書の複製画像の用い方からも明らかである。たとえばAppignanesi and Maitland 1989 およびRuthven 1990 の表紙を参照のこと。この事件を一般論的に論評した新聞や雑誌の無数の記事のことは言うまでもない。

(35) Pallister, Morris, and Dunn 1989. また内務省の人種問題担当大臣ジョン・パッテンは次のように述べている。「喜ばしいことに、我が国のムスリム系市民の大多数は、『悪魔の詩』がもたらした特殊な問題に対して、ほとんどの場合、責任ある形で取り組んでおります。……暴力的無秩序に対する言い訳に平和的デモを行ってみせているごく一握りの者たちの行動に対し、ムスリムの指導者たちは遺憾の意を公に表明しておりますが、これもまた喜ばしいことであります」(Patten 1989a)。

(36) 同じことがレバノンの人質の悲惨な状態に対しても言える。無垢の民が無慈悲な男たちに捕らえられ、凄惨な状況のもとで日々殺害の脅威にさらされているのである。こうした犠牲者たちの非人道的状態に対し、多くの著名作家が名を連ねて抗議の論陣を張る有料新聞広告を、私たちはいったいどれほど目にしてきたというのであろう?

(37) リベラル系共産主義者のイアン・エイトケンの最近の記事はまさしくその好例である。若い白人集団が黒人を襲った——彼らはそれぞれ四年の刑に服することになった——一九五八年のノッティング・ヒル・ゲート暴動に言及しながら、彼はこう書く。「だが、この事件はリベラル寄り、左寄りの者たちに苦悩をもたらした。その事件の内容ばかりがその苦悩の原因ではない。問題は次の点にあった。〝暴動〟とその余波によって、リベラルがとってきた二つの姿勢——人種にまつわるいじめに反対するということと、恵まれない若い犯罪者(この事例では人種差別主義者の白人)に同情すべきだという信念と——がじかに衝突し、困惑するような事態を招来したのである」。記事の中でエイトケンは、白人社会における残虐な白人に襲われた黒人移民の恐怖については何も触れようとせず、ただ、二つの〝姿勢〟の衝突についてリベラルが感じた困惑を述べるばかりである。ラシュディ事件については、「我々の西洋民主主義は、先祖がキリスト教の神権政治家たちからもぎ取ってまだ間もないまさにこの自由を、好戦的なイスラムに譲るつもりなどない。このことを早急に表明する必要がある」(Aitken 1990)。

(38) 保守党政府の内務省人種問題担当大臣ジョン・パッテンの手になる「英国民であることについて」と題された文書に関して、『サンデー・タイムズ』政治欄編集長が記事を書いている。その熱狂的議論を参照されたい(Jones 1989)。

(39) ある有名なデモにおいて、公衆の見守る中、環境大臣ニコラス・リッドレーの人形が焼かれた。実行したのは、政府の住宅開発計画がある素晴らしい田園地帯に住む、怒れる中産階級の住民である。そしてもちろん、彼ら抗議者たちが勝利を納めた。

(40) Williams 1961 を見よ。この問題を考えるために今なお不可欠なテクストであるが、今となってはある驚くべき欠落のあることが明白である。そこには帝国主義についての議論がまったく欠けているのである。

(41) 一九世紀から二〇世紀にかけて完全に同化したユダヤ人については、ハーツバーグが次のように書いている。「彼らの状況にはある困難が内在していた。それは多くの者たちの魂に苦痛をもたらした。自分はこの社会に帰属するに値する者であるということを絶えず証明しなければならない。この〝新ユダヤ人〟が生れ落ちるのはそんな社会である。不幸なことに、この〝新ユダヤ人〟に対して、何をどの裁きの前で証明しなければならないのかが正確に告げられることは、決してないのである」(Herzberg 1968, pp. 365, 366)。

(42) これは、英国のラシュディ危機の最中にアクタルが言った恐ろしい言葉について説明してくれる。「次にヨーロッパにガス室が設けられるとき、中に誰が入れられるのかははっきりしている」(Akhtar 1989a)。

(43) (アクタルが言う)ガス室の復活はまだ起きていないが、ヨーロッパのムスリムに向けられた「民族浄化」の実行については、多くのリベラルたちが正当なものとして受け入れているように見える。たとえば、著名な英国人ジャーナリストのエドワード・ピアスが近年のボスニア危機に関する記事の中で示した見解は、決して珍しいものではない。「〝民族浄化〟という表現は恐ろしいものだが、ユーゴスラビアのスラブ人の間に民族的な区分は存在しない。クロアチア人、ボスニアのムスリム人、セルビア人は同じ民族なのだ」。この混乱した前提に立って、非の打ち所なく論理的な(だが不気味な)結論が導き出される。「拡大セルビアというのは、完全に合理的なものである。ムスリム人なきサラエボというのもそうだ。寛大に引きぬくのであれば」(Pearce 1993)。

謝　辞

第六章〔当邦訳では第五章〕を除くすべての章は、すでに論文の形で発表されたものである（第六章にあたる短い論文は、ハイデルベルク大学南アジア研究所で一九九一年一一月に開かれた「批判の政治文化」と題された会議において発表している）。第一章は *Man*（1983）に書いた論文の改訂版である。第二章は W. James, D. H. Johnson 編 *Vernacular Christianity: Essays in the Social Anthropology of Religion Presented to Godfrey Lienhardt*（JASO, Oxford, 1988）への寄稿論文を拡張したものである。他の章については、初出の論文との変更はあまりない（主に文体上の修正のみである）。第三章、第四章は *Economy and Society*（1983, 1987）に、第五章〔当邦訳では省略〕は J. Clifford と G. Marcus 編の *Writing Culture*（University of California Press, 1986）〔春日直樹他訳『文化を書く』紀伊國屋書店、一九九六年〕に、第七章〔省略〕は *Politics and Society*（1990）に、第八章〔第六章〕は *Cultural Anthropology*（1990）に含まれている。本書のための転載を快諾された編者・出版社の方々に感謝したい。

これらの論文のそれぞれに目を通し批判を寄せられた多くの方々――Ismail Abdallah, Rifaat Aboul-Haj, Meena Alexander, Tanya Baker, José Casanova, John and Molly Dixon, Michael Herzfeld, Charles Hirschkind, U. Kalpagam, Rodney Needham, Keith Nield, Bhikhu Parekh, Rayna Rapp, David Schneider, David Scott, Sam Wheeler III――にもお礼を申し上げる。

訳者あとがき

本書は次に記す書物の部分訳である。

Talal Asad, *Genealogies of Religion: Discipline and Reasons of Power in Christianity and Islam*, The Johns Hopkins University Press, 1993.

「部分訳」というのは、序章と本文の八つの章よりなる原書のうち、本文の二つの章、'The Concept of Cultural Translation in British Social Anthropology' および 'Multiculturalism and British Identity in the Wake of the Rushdie Affair' を省いたからである。このうち前者については、わずかに古いバージョンが春日直樹他訳『文化を書く』(紀伊國屋書店、一九九六年)に春日訳「イギリス社会人類学における文化の翻訳という概念」として収録されている。訳した章については、原注も含めて省略は行っていない。

著者タラル・アサドはサウジアラビア生まれの社会人類学者である。一九三三年生まれ、幼少時にインドに移住し、その後英国で勉強し、エディンバラ大学を卒業する。一九六〇年代の前半に、スーダンのハルツーム大学で教えるかたわら、現地のカバビシュと呼ばれるアラブ系部族のフィールドワークと文献研究を行い、一九六八年にオックスフォード大学で博士号を得ている。このときの研究内容は *The Kababish Arabs: Power, Authority and Consent in a*

Nomadic Tribe (C. Hurst & Company, London, 1970)として出版されている。その後英国で研究を続け、*The Sociology of Developing Societies: The Middle East*(共編)、*Anthropology and the Colonial Encounter*(編)などを出版したのち、八〇年代から九〇年代初めにかけての主要な論文を集めた本書をジョンズ・ホプキンズ大学より刊行する。現在はニューヨーク・シティー大学の大学院で教えている。最新作は、本書のテーマ「宗教の系譜」と対をなす「世俗の構成」を扱った *Formations of the Secular: Christianity, Islam, Modernity* (Stanford University Press, 2003)である。この本には植民地時代のエジプトにおける法をめぐる構造的推移を扱った章があるが、これは著者の長年の研究テーマである。近年、イスラム社会と西洋との「衝突」あるいは少なくともずれとも言うべきものが深刻さを増してきた。常に中東地域の近代化や、世俗文化、宗教、宗教復興の問題を考えてきた著者には、その文化的・構造的問題を近代の状況下に暮らす我々の足元まで掘り下げて論じることのできる学者として、大きな期待が寄せられている。

本書の内容はまことに多面的であるが、その骨格は「宗教の系譜」というタイトルのうちに現れている。「系譜(学)」というニーチェやフーコーに由来する言葉からは、著者が、「宗教」をめぐる今日の概念の普遍性に疑問をつきつけていること、その成立の歴史を普遍へ向けての進化史とは異なる形で追究していること、「宗教」をめぐる知の営みに権力の過程がどのような形で関わるのか、その査定を試みていることが読み取れるだろう。

もちろんアサドの直接の関心は、イスラム世界と西洋世界との関係にある。宗教を社会規範の根幹に据えるイスラムの解釈学的世界は、宗教を個人の内面の問題とし、公共社会の問題を世俗的議論に委ねる近代西洋の論理とは緊張関係にある。近年の「イスラム復興」のうちに西洋が「原理主義」を見るというのもこの緊張関係の表れである。本書でアサドが問題にしているのは、今日の西洋の宗教観、宗教を権力から分離して捉え、その本質を独自的な象徴の領域をなすものとする宗教観は、近代西洋の規範的理解ではないかということである。では、この規範が生まれ出てきた歴史的経緯を問うべきであろう？　それを普遍的なものとして他世界に当てはめようとするよりも、その特殊的制約条件を反省する必要があるだろう。ここから本書の議論はスタートする。

アサドの「系譜」は一個の伝統の連続と断絶をともに見るものである。西洋の伝統は常に宗教と宗教でないものの切り分けの努力を行ってきた。しかしその内容は中世と今日とでは大きく変わっている。中世には宗教は権力の――訓練《ディシプリン》の――過程と考えられており、身体的苦痛や服従が積極的な意味をもっていた。それが中世後期に起きた真理生産の構造転換を経て、主体性へ向けての諸々の営為が始まると同時に、宗教を具体的権力構造から切り離して「信仰」化、「象徴」化することが規範となる。（アサドの注目点が、清教徒倫理（ウェーバー）や近代の規律《ディシプリン》（フーコー）よりもいっそう古い時期の、おそらくいっそう身体的な位相にあることに注意したい）。

このように、宗教、政治、公共的議論を分節化する歴史的営為の全体を視野におさめることによって、啓蒙主義や今日のリベラリズムを含む西洋の伝統と、サウジアラビアなどにおけるイスラムの伝統との間にある構造的なずれを論じることができるようになる。それぞれの伝統は、固有の制約、権力構造、推論形式を有しており、個々の要素を単純に結びつけて論じるのは危険だというのがアサドの考えである。しかし、今日の中東社会は（あるいはイスラム系移民の社会は）西洋の権力に対する様々な応答が交錯する場であり、伝統的な推論が追究できる空間はますます狭くなってきている。アサドは単純にイスラムと西洋とを対比しているのではない。むしろ西洋とイスラムなど非西洋社会の間の（「帝国主義」的な関係を含む）非対称的で不均等な権力構造の意味、西洋に由来し、世界中に広がりつつある能動主体を強調するエートスの意味を問おうとしているのである。

このようにアサドの議論は、（西洋とイスラムをめぐる）具体的問題意識から離れることがない一方で、常にその裏に、系譜、権力と訓練、身体と共同体、受動性（受苦と服従）といった、知識の文脈をなすものをめぐる慎重な思索が控えている。極めて奥行きのある議論ではないかと思う。この思考が決して抽象的なものではないことは、ラシュディ事件という時局的な問題に対するアサドの具体的な応答の仕方によく現れている。本書は、人類学の理論、西洋の中世、イスラム、移民問題と、多岐にわたる内容をもっているが、読むにつれて、それらがみな縦横に結びついていることに読者は気づくであろう。

次に、本書の各章の内容を(翻訳しなかった二つの章を含めて)簡単に見てみよう。アサドの議論は、何か単一のテーゼに向かって構築的に進んでいくような議論ではなく、むしろあらゆる早急な結論を注意深く解体し、我々の知識や理論が具体的現実に必ずしも追いついていないことを諄諄と説くようなものであるから、大事な論点がしばしば細部に現れる式の議論となっており、単純な要約は危険である。私が書くのは一種の索引であるとご理解いただきたい。

本論の最初の二つの章は、人類学の宗教論に対する系譜学的考察である。一章では、クリフォード・ギアツに代表される普遍主義的理論が批判される。ギアツの議論では、宗教固有の意味のシステムの領域があって、次いでこれを社会や心理に関係づけることになっている。だが、アサドの見るところ、宗教的な「意味」や「象徴」を生活のあり方や権威のあり方と、象徴の理解を社会的訓練と切り離すことはできない。アサドはギアツの議論に内包される矛盾を指摘すると同時に、宗教をこのように命題的に扱う習慣のうちに、宗教改革後の西洋の議論の伝統があることを示唆している。

二章で扱うのは「儀礼」概念の系譜学である。中世において権威者のもとでの身体・言語的な訓練に関わるものであった儀礼が、二〇世紀の人類学では(人類学者の解読を待つ)象徴的行為に変わっている。この背景には、近代初期における私的感情と公的行動の分離の進行がある。アサドはモースの身体的訓練による熟練の契機としてのhabitus概念のうちにこうした二分法を脱却する可能性を探っている。

続く二つの章で、アサドは「宗教」をめぐる議論の系譜的過去に遡って、中世ラテンキリスト教世界に取り組む。三章では、フーコーの議論を手掛かりとしながら、一二世紀頃に起きた神判から拷問への司法手続きの変更を詳細に分析し、身体的苦痛と真理創出をめぐるこうした構造的変化と、宗教制度上の変化(第四ラテラノ公会議における告白・悔悛の秘蹟の体系化)との関連を示唆する。身体的苦痛のもつ意味と、告白という形の真理追求の問題とは、恐らくアサドがフーコー的論題を読み替えつつ受け継いだ大きなテーマの一つであろう。

次の四章では、サン・ヴィクトルのフーゴーとクレルヴォーのベルナールのテクストを題材にして、修道院における徳性の訓練が分析される。そして権力を自他の対立のうちに捉える近代的な見方が通用しない、服従の徳性の涵養という形の権力過程が掘り起こされる。なお、この過程が知的・観念的なものを排するのではなく、むしろ訓練プログラムとして要請していること、そして徳性の涵養と法の執行との間に権力の緊張関係があることは大事な注目点であろう。

さて、原書では次に'The Concept of Cultural Translation in British Social Anthropology'(春日訳「イギリス社会人類学における文化の翻訳という概念」)が置かれており、これと当邦訳の五章とが一対をなすものとして「翻訳」というサブタイトルでくくられている。このペアにおいては、西洋の知的伝統が他社会(イスラム社会)に施す「翻訳」にまつわる問題が(両者の権力関係とともに)論じられているのである。

収録を省いた章について少し詳しく紹介しておこう。ここでは人類学者アーネスト・ゲルナーの議論が批判されている。ゲルナーは、他文化のしばしば不条理な概念を「一貫性」のあるものとして「弁護」的に読むことを退け、代わりに社会的文脈から批判的に「説明」することを推奨する。そしてその模範例として自らのベルベル人の研究を挙げている。だが、アサドによれば、彼は一貫性の追究が読解手続きの前提であることを理解していないし、弁護か説明かという抽象的対立に足を取られていて、他文化の概念の十全な理解がそこで十分に暮らすことで形成されるものであることを理解していない。そのため、彼のベルベル社会の紹介の仕方も、一々の概念にキリスト教用語を当てはめるなど不用意なものとなっており、彼の施した「説明」も、社会からテクストを抽出してそれを独断的に解釈したものとなっている。アサドは、一般に、人類学者が特権的な立場から行った読解・翻訳が、研究対象である民族(彼らは異を唱えられる立場にない)に対する、長期的権威となることを問題としている。ここに資本主義社会の制度と結びついた、文化のテクスト化をめぐる権力問題がある。また、一、二章と合わせて読めば、象徴読解という研究様式が問題であることも理解できるだろう。

さて、原書でこの次に置かれた章(当邦訳の五章)は、西洋の(カントに代表される啓蒙主義から今日のリベラリズムに至る)政治的伝統と(サウジアラビアの事例に見られる)イスラムの伝統における、政治的・倫理的な問題に対する推論のあり方と公共的批判の構造的な違い、そして双方にある制約を対比したものである。ここにある、「忠告《ナシーハ》」という信徒の義務を通じて社会生活や政治の有り方を批判する宗教・政治的な仕組みについての解説は、資料的にも貴重なものと思われる。

なお、この章の終りで、アサドは、宗教的議論がリベラリズムの議論に比べて不合理なわけでも柔軟性を欠くわけでもなく、世俗主義が「狂信」と無縁なわけでもないと述べているが、この最後の点は、続くいわゆるラシュディ事件を扱った原書の二つの章(当邦訳では最終の一章のみを訳している)を読むとき、深刻な響きを持つ。

インド系英国人のサルマン・ラシュディによる英語の小説『悪魔の詩』は、英国やイスラム各国でムスリム系住民の憤激を買い、発行禁止を求めるデモと焚書のパフォーマンスを引き起こした。一九八九年にイランのホメイニ師が著者の死刑宣告を出したことによって、英国民の危機意識が激化する。当邦訳に収めなかった章('Multiculturalism and British Identity in the Wake of the Rushdie Affair')は、このとき英国の大臣がムスリム系移民に対して出した「英国民たること」という訓戒的声明を分析したものである。さらにそこでは、一方におけるリベラル個人主義の枠組、他方におけるイングランド白人文化の規範性、また他者としての移民文化という緊張を孕む構図が分析されている。アサドによれば、英国内のムスリム系移民の運動が他の運動に比べて穏やかであり、その代表がホメイニの死刑宣言に従わないことを表明しているにもかかわらず、リベラルからの「過剰な」反応が巻き起こった。アサドは、英国のラシュディ事件のうちに、リベラルの言説空間にありながら、民族的伝統のうちに権威を見る(国民国家に同化されない)者たちがいることに対するリベラルの驚愕を見ている。

この章に続く最後の章もまたラシュディ問題を扱ったものであるが、ここで焦点を当てているのは、「文学」のテクスト読解における政治性である。「文学」の読解過程には政治的文脈が必ず関わっており、このことを文学もまた自らのレトリックのうちに採り込んでいる。『悪魔の詩』にはリベラル中産階級の伝統を足掛かりにしてイスラムへの揶揄を行うところがあり、これを称賛するリベラリズムの論理にアサドは自己矛盾を見出している。アサドは、表現の自由、焚書のパフォーマンス、文学のレトリック、リベラルの反応といったものが現実の個々の具体的な権力関係の中で機能していることを注意深く解きほぐす。

本書におけるアサドの立場を教えてくれるものとして、スタンフォード大学神学部のサバ・マフムード(Saba Mahmood)が一九九六年に行ったアサドへの比較的長いインタビューがある。これはスタンフォード大学のホームページ上で閲覧できる。ここには近年のイスラム運動への言及がある他、伝統/近代という対立図式の批判、(断絶ではなく)歴史的連続性を読み取るフーコー観、抽象的信条が身体的実践と乖離した近代宗教についての評言、(エージェンシーの強調によって)拘束的条件を見落とす昨今の風潮への疑念などが含まれている。

なお、人類学者や宗教学者は一章にある「宗教の普遍的定義はありえない」という挑戦的な断言に困惑を覚えることであろう。『現代思想』(青土社)二〇〇〇年八月号のラッセル・T・マッカチオン「〝宗教〟カテゴリーをめぐる近年の議論」や『民族学研究』二〇〇三年九月号の中川敏「〝宗教とは何か〟とは何か」は、このあたりをめぐる論考である。アサドの否定的契機をいっそう積極的なものへと止揚するための試みは、いろいろと考えられるかもしれない。翻訳者としての印象を述べれば、本書においてむしろ重みを持っているのは、序章に書かれている(西洋と非西洋の)権力の非対称的なあり方ではないかと思う。非対称性は、アサドの重要な関心事である受苦と能動性との関係にもつながっているであろうし、経験的所与と理論的定義との関係にも関わりがあるだろう。もし理論的一点における普遍の先取りが、本書全章の具体的な訴えを背景へと押しやるとしたら、読者にとってそれはあまり生産的な読み方ではない。これは決して小さなことではないはずだ。

本書の翻訳は、東京大学宗教学研究室の島薗進教授の発案で、私を含めて数名で分担して行う予定であった。だが、翻訳を生み出す関数には、時間と他の仕事の状況という変数がからんでいる。イスラムにも現代思想にも疎い非学な私が結局すべてを訳すことになったが、これには問題も多いであろう。読者諸兄の批判を待ちたい。

最後になるが、訳文に目を通してくださった秋山淑子さん、岩波書店の小島潔さんにお礼を申し述べたい。

二〇〇三年一二月

中村圭志

■岩波オンデマンドブックス■

宗教の系譜　タラル・アサド 著
――キリスト教とイスラムにおける権力の根拠と訓練

2004年1月27日　第1刷発行
2017年5月10日　オンデマンド版発行

訳 者　中村圭志《なかむらけいし》

発行者　岡本 厚

発行所　株式会社 岩波書店
〒101-8002 東京都千代田区一ツ橋 2-5-5
電話案内 03-5210-4000
http://www.iwanami.co.jp/

印刷／製本・法令印刷

ISBN 978-4-00-730608-2　Printed in Japan

索　引

ア 行

カ 行

サ行

タ 行

ナ 行

ハ 行

マ 行

ヤ・ラ・ワ 行

文献一覧

ʻAbdul-Wahhāb, M. A. H. 1376. *masāʼil ul-jāhiliyya*. Cairo: al-Matbaʼatu-salafiyya.

ʻAbdurrahmān, ʻA. 1969. *at-tafsīr al-bayāni lil-qurʼān al-karīm*. Vol. 1. Cairo: Dar al-Maʼarif.

Abou-El-Haj, R. A. 1992. *Formation of the Modern State: The Ottoman Emmpire, Sixteenth to Eighteenth Centuries*. Albany: State Univ. of New York Press.

Ahmed, A. 1986. "Jameson's Rhetoric of Otherness and the ʻNational Allegory.ʼ" *Social Text*, no. 15.

Aitken, I. 1990. "Rushdie and the Notting Hill Syndrome." *Guardian* (London Daily), 5 February.

Akhtar, S. 1989a. "Whose Light? Whose Darkness?" *Guardian* (London Daily), 27 February.

———. 1989b. *Be Careful with Muhammad!* London: Bellew.

Ali, Y. 1989. "Why I'm Outraged." *New Statesman and Society*, 17 March.

Alibhai, Y. 1989. "Satanic Betrayals." *New Statesman and Society*, 24 February.

Anderson, J. N. D. 1959. *Islamic Law in the Modern World*. London: Stevens.

Anscombe, G. E. M. 1957. *Intention*. Oxford: Basil Blackwell.

Appignanesi, L., and S. Maitland, eds. 1989. *The Rushdie File*. London: Fourth Estate.

Arendt, H. 1975. *The Origins of Totalitarianism*. New York: Harcourt Brace Jovanovich.(大久保和郎・大島かおり訳『全体主義の起原』(全3巻), みすず書房, 1972-1974.)

———. 1982. *Lectures an Kant's Political Philosophy*. Chicago: Univ. of Chicago Press.(浜田義文訳『カント政治哲学の講義』法政大学出版局, 1987.)

Asad, T. 1970. *The Kababish Arabs*. London: Hurst.

———. 1972. "Market Model, Class Structure, and Consent: A Reconsideration of Swat Political Organisation." *Man* 7, no. 2.

———. ed. 1973. *Anthropology and the Colonial Encounter*. London: Ithaca Press.

———. 1980. "Ideology, Class, and the Origin of the Islamic State." *Economy and Society* 9, no. 4.

———. 1986a. *The Idea of an Anthropology of Islam*. Occasional Papers Series.

Washington, D. C.: Georgetown Univ. Center for Contemporary Arab Studies.
———. 1986b. "Medieval Heresy: An Anthropological View." *Social History* 11, no. 3.
———. 1987. "Are There Histories of Peoples without Europe?" *Comparative Studies in Society and History* 29, no. 3.
Asad, T., and J. Dixon. 1985. "Translating Europe's Others." *In Europe and Its Others*, vol. 1, edited by F. Barker et al. Colchester: Essex Univ. Press.
Auerbach, E. 1953. *Mimesis*. Princeton: Princeton Univ. Press.（篠田一士・川村二郎訳『ミメーシス』(全2冊)，ちくま学芸文庫，1994.)
Austin, J. L. 1962. *How to Do Things with Words*. Oxford: Clarendon.
Autiero, A. 1987. "The Interpretation of Pain: The Point of View of Catholic Theology." In *Pain: A Medical and Anthropological Challenge*, edited by J. Brihaye et al. New York: Springer-Verlag.
Aylwin, S. 1985. *Structure in Thought and Feeling*. London: Methuen.
'Azm, S. al-. 1969. *naqd ul-fikr id-dīni*. Beirut: Dar ut-tali'a.
Bacon, F. 1937 [1597]. *Essays*. London: Oxford Univ. Press.（渡辺義雄訳『ベーコン随想集』岩波文庫, 1983.)
———. 1973 [1605]. *The Advancement of Learning*. Edited by G. W. Kitchen. London: Dent.（成田成寿訳「学問の発達」『世界の名著 20――ベーコン』中央公論社，1970.)
Baker, D. 1972. "Vir Dei: A Secular Sanctity in The Early Tenth Century." In *Popular Belief and Practice*, edited by C. J. Cuming and D. Baker. Cambridge: Cambridge Univ. Press.
Baldick, C. 1983. *The Social Mission of English Criticism: 1848-1932*. Oxford: Oxford Univ. Press.
Baldick, J. 1989. *Mystical Islam*. London: Tauris.
Baldwin, J. W. 1961. "The Intellectual Preparation for the Canon of 1215 against Ordeals." *Speculum* 36.
———. 1970. *Masters, Princes and Merchants: The Social Views of Peter the Chanter and His Circle*. Princeton: Princeton Univ. Press.
Barthes, R. 1977. "From Work to Text." In R. Barthes, *Music-Image-Text*, edited and translated by S. Heath. Glasgow: Fontana.
Bauman, Z. 1989. *Modernity and the Holocaust*. Ithaca: Cornell Univ. Press.
Beidelman, T. O. 1966. "Swazi Royal Ritual." *Africa* 36.
Bell, D. 1960. *The End of Ideology: On the Exhaustion of Political Ideas in the*

Fifties. Glencoe, Ill.: Free Press.

Benedict, St. *The Rule* (⇒Meisel) (古田暁訳『聖ベネディクトの戒律』すえもりブックス，2000)

Benveniste, E. 1973. *Indo-European Language and Society*. London: Faber and Faber. (前田耕作監訳『インド・ヨーロッパ諸制度語彙集』(全2冊)，言叢社，1986-1987.)

Berger, I. 1972. *Selected Essays and Articles*. Harmondsworth, Middlesex: Penguin.

Berlin, I. 1958. *Two Concepts of Liberty*. Oxford: Clarendon.

Bettenson, H., ed. 1956. *The Early Christian Fathers*. London: Oxford Univ. Press.

Bevan, E. 1921. *Hellenism and Christianity*. London: Allen and Unwin.

Bhabha, H. 1989a. "Beyond Fundamentalism and Liberalism." *New Statesman and Society*, 3 March.

———. 1989b. "Down among the Women." *New Statesman and Society*, 28 July.

Bieler, L., ed. 1963. *The Irish Penitentials*. Dublin: Instit. for Advanced Studies.

Binder, L. 1988. *Islamic Liberalism*. Chicago: Univ. of Chicago Press.

Blacking, J., ed. 1977. *The Anthropology of the Body*. London: Academic Press.

Blanché, R. 1968. *Contemporary Science and Rationalism*. Edinburgh: Oliver and Boyd.

Bligh, A. 1985. "The Saudi Religious Elite (Ulama) as Participant in the Political System of the Kingdom." *International Journal of Middle East Studies* 17.

Bloch, M. 1974. "Symbols, Song, Dance, and Features of Articulation: Is Religion an Extreme Form of Traditional Authority?" *European Journal of Sociology* 15.

———, ed. 1975. *Political Language and Oratory in Traditional Society*. London: Academic Press.

Bloomfield, M. W. 1952. *The Seven Deadly Sins*. East Lansing, Mich.: Michigan State Univ. Press.

Blum, O. J. 1947. *St. Peter Damian*. Washington, D. C.: Catholic Univ. of America Press.

Bourdieu, P. 1977. *Outline of a Theory of Practice*. Cambridge: Cambridge Univ. Press.

Bowler, P. J. 1989. *The Invention of Progress*. Oxford: Basil Blackwell.

Brihaye, J., F. Loew, and H. W. Pia, eds. 1987. *Pain: A Medical and Anthropological Challenge*. New York: Springer-Verlag.

Brooke, C. N. L. 1985. "Monk and Canon: Some Patterns in the Religious Life of the Twelfth Century." In *Monks, Hermits, and the Ascetic Tradition*, edited by W. J. Shields. Oxford: Oxford Univ. Press.

Brown, P. 1967. *Augustine of Hippo*. London: Faber and Faber.

———. 1981. *The Cult of the Saints: Its Rise and Function in Latin Christianity*. London: SCM.

Burckhardt, J. 1950 [1860]. *The Civilization of the Renaissance in Italy*. London: Phaidon. (柴田治三郎訳『イタリア・ルネサンスの文化』中央公論社, 1975.)

Burling, R. 1977. Review of *Political Language and Oratory in Traditional Society*, by Maurice Bloch. American Anthropologist 79.

Burns, E. 1990. *Character: Acting and Being on the Pre-Modern Stage*. New York: St. Martin's.

Butler, C. 1924. *Benedictine Monachism*. Cambridge: Cambridge Univ. Press.

Butterfield, H. 1931. *The Whig Interpretation of History*. London: Bell.

Bynum, C. W. 1980. "Did the Twelfth Century Discover the Individual?" *Journal of Ecclesiastical History* 31, no. 1.

Caenegem, R. C. van. 1965. "La preuve dans le droit du moyen âge occidental." *La Preuve*, Recueils de la société Jean Bodin pour l'histoire comparative des institutions, vol. 17. Brussels.

Carlyle, T. 1897 [1840]. *On Heroes and Hero-Worship and the Heroic in History*. London: N. p.

Chadwick, H. 1967. *The Early Church*. Harmondsworth, Middlesex: Penguin.

Chadwick, O. 1964. *The Reformation*. Harmondsworth, Middlesex: Pengnin.

Chenu, M-D. 1968. *Nature, Man, and Society in the Twelfth Century: Essays on Theological Perspectives in the Latin West*. Chicago: Univ. of Chicago Press.

Christian, W. A. 1982. "Provoked Religious Weeping in Early Modern Spain." In *Religious Organisation and Religious Experience*, edited by J. Davis. London: Academic Press. (A. S. A. Monographs, no. 21.)

Chydenius, J. 1960. "The Theory of Medieval Symbolism." *Societus Scientiarum Fennica. Commentationes Humanarum Litterarum* 27.

Clark, B. 1990. Letter. *Independent on Sunday*, 11 February.

Clausewitz, C. von. 1968. *On War*. Harmondsworth, Middlesex: Penguin. (清水多吉訳『戦争論』(全2冊), 中公文庫, 2001.)

Clifford, J. 1988. *The Predicament of Culture*. Cambridge, Mass.: Harvard

Univ. Press.
Colish. M. L. 1968. *The Mirror of Language: A Study in the Medieval Theory of Knowledge*. New Haven, Conn.: Yale Univ. Press.
Collingwood, R. G. 1938. *The Principles of Art*. London: Oxford Univ. Press.
Comaroff, J., and J. Comaroff. 1991. *Of Revelation and Revolution*. Chicago: Univ. of Chicago Press.
Cooper, H. 1984. "Location and Meaning in Masque, Morality, and Royal Entertainment." In *The Court Masque*, edited by D. Lindley Manchester : Manchester Univ. Press.
Cotta, S. 1985. *Why Violence? A Philosophical Interpretation*. Gainesville: Univ. of Florida Press.
Coulanges, Fustel de. 1873. *The Ancient City: A Study on the Religion, Laws, and Institutions of Greece and Rome*. Boston: Lothrop, Lee and Shepherd.
Coulson, N. J.: 1964. *A History of Islamic Law*. Edinburgh: Edinburgh Univ. Press.
Cowling, M. 1990. *Mill and Liberalism*. 2d ed. Cambridge: Cambridge Univ. Press.
Cromer, Lord. 1913. *Political and Literary Essays, 1908 - 1913*. London : Macmillan.
Cross, F. L., ed. 1974. *The Oxford Dictionary of the Christian Church*. 2d ed. London: Oxford Univ. Press.
Daniel, N. 1960. *Islam and the West*. Edinburgh: Edinburgh Univ. Press.
Dekmejian, R. H. 1985. *Islam in Revolution: Fundamentalism in the Arab World*. Syracuse: Syracuse Univ. Press.
De Man, P. 1983. *Blindness and Insight: Essays in the Rhetoric of Contemporary Criticism*. 2d ed., rev. Minneapolis: Univ. of Minnesota Press.
Denny, F. M. 1985. "Islamic Ritual: Perspectives and Theories." In *Approaches to Islam in Religious Studies*, edited by R. C. Martin. Tucson: Univ. of Arizona Press.
Dijk, C. van. 1964. "L'instruction et la culture des frères convers dans les premiers siècles de l'Ordre de Cîteaux." *Collectanea Ordinis Cisterciensium Reformatorum* 24.
Dimier, A. 1972. "Violences, rixes, et homicides chez les Cisterciens." *Revue de Sciences Religieuses* 46.
Dörries, H. 1962. "The Place of Confession in Ancient Monasticism." In *Studia Patristica: Papers Presented to the Third International Conference on Patristic*

Studies Held at Christ Church, Oxford, 1959. Vol. 5, edited by F. L. Cross. Berlin: Akademie Verlag.

Douglas, M. 1966. *Purity and Danger*. London: Routledge and Kegan Paul.（塚本利明訳『汚猥と禁忌』思潮社，1972.）

———. 1970. *Natural Symbols*. London: Barrie and Rockliff.（江河徹・塚本利明・木下卓訳『象徴としての身体——コスモロジーの探究』紀伊國屋書店，1983.）

———. 1975. *Implicit Meanings*. London: Routledge and Kegan Paul.

———. 1978. *Cultural Bias*. London: Royal Anthropological Instit. of Great Britain and Ireland.

Duby, G. 1980. *The Three Orders: Feudal Society Imagined*. Chicago: Univ. of Chicago Press.

Dumazedier, J. 1968. "Leisure." *Encyclopedia of the Social Sciences*. New York: Macmillan.

Dummett, A. 1978. *A New Immigration Policy*. London: Runnymede Trust.

Dumont, L. 1971. "Religion, Politics, and Society in the Individualistic Universe." *Proceedings of the Royal Anthropological Institute for 1970*.

Durkheim, E. 1915. *Elementary Forms of the Religious Life*. London: Allen and Unwin.（古野清人訳『宗教生活の原初形態』(全2冊)，岩波文庫，1941-1942.）

———. 1960 [1914]. "The Dualism of Human Nature and Its Social Conditions." In *Emile Durkheim, 1858-1917*, edited by K. Wolff. Columbus: Ohio State Univ. Press.

Dwyer, K. 1991. *Arab Voices*. Berkeley: Univ. of California Press.

Eickelman, D. 1989. *The Middle East*. Englewood Cliffs, N. J.: Prentice Hall.

Esmein, A. 1914. *A History of Continental Criminal Procedure*. London: John Murray.

Evans, G. R. 1983. *The Mind of St. Bernard*. Oxford: Clarendon.

Evans, J. 1931. *Monastic Life at Cluny: 910-1157*. London: Oxford Univ. Press.

Evans-Pritchard, E. E. 1937. *Witchcraft, Oracles, and Magic among the Azande*. Oxford: Clarendon.（向井元子訳『アザンデ人の世界——妖術・託宣・呪術』みすず書房，2000.）

———. 1940. *The Nuer*. Oxford: Oxford Univ. Press.（向井元子訳『ヌアー族』岩波書店，1978；同，平凡社ライブラリー，1997.）

———. 1951. *Social Anthropology*. London: Cohen and West.

———. 1956. *Nuer Religion*. Oxford: Clarendon.（向井元子訳『ヌアー族の宗教』岩波書店，1982；同，平凡社ライブラリー，1995.）

———. 1965. *Theories of Primitive Religion*. Oxford: Clarendon.（佐々木宏幹・

大森元吉訳『宗教人類学の基礎理論』世界書院，1967.）
Farag, N. 1969. "Victorian Influences on Arab Thought: A Moment of Emulation, 1876-1900." Ph. D. diss., Oxford Univ.
Fielding, H. 1967. *The Works of Henry Fielding: Miscellaneous Writings*. Vol. 1, edited by W. E. Henley. New York: Barnes and Noble.
Finucane, R. C. 1977. *Miracles and Pilgrims: Popular Beliefs in Medieval England*. London: Dent.
Foucault, M. 1979. *Discipline and Punish*. New York: Vintage.（田村俶訳『監獄の誕生――監視と処罰』新潮社，1977.）
―――. 1982. "Le combat de la chasteté." *Communications*, no. 35.（田村俶訳「純潔の闘い」『現代思想』1982. 11.）
―――. 1984. "What Is Enlightenment?" In *The Foucault Reader*, edited by P. Rabinow. New York: Pantheon.（石田英敬訳「啓蒙とは何か」，蓮實重彦・渡辺守章監修『ミシェル・フーコー思考集成』X，筑摩書房，2002.）
―――. 1988. *Technologies of the Self: A Seminar with Michel Foucault*. Amherst: Univ. of Massachusetts Press.（田村俶・雲和子訳『自己のテクノロジー――フーコー・セミナーの記録』岩波モダンクラシックス，1999.）
Frantzen, A. J. 1983. *The Literature of Penance in Anglo-Saxon England*. New Brunswick, N. J.: Rutgers Univ. Press.
French, S. 1989. "Diary." *New Statesman and Society*, 24 February.
Freud, S. 1907. "Obsessive Actions and Religious Practices." In *The Complete Works*, edited by J. Strachey Vol. 9. London: Hogarth.
Friedrich, C. J. 1964. *Transcendent Justice : The Religious Dimension of Constitutionalism*. Durham, N. C.: Duke Univ. Press.
Fry, T. 1981. "The Disciplinary Measures of the Rule of Benedict." Appendix 4 to *The Rule of St. Benedict*, edited by T. Fry: Collegeville, Minn.: Liturgical Press.
Fuller, P. 1989. Review of *Real Presences*, by George Steiner. *Guardian* (London Daily), 19 May.
Gaudemet, J. 1965. "Les ordalies au moyen âge: Doctrine, législation et pratique canoniques." *La Preuve*, Recueils de la société Jean Bodin pour l'histoire comparative des institutions, vol. 17. Brussels.
Gay, P. 1973. *The Enlightenment: An Interpretation*. 2 vols. London: Wildwood House.
Geertz, C. 1973. *The Interpretation of Cultures*. New York: Basic Books.（吉田禎吾・柳川啓一・中牧弘允・板橋作美訳『文化の解釈学』(全2冊)，岩波現代選書，

1987.)

———. 1980: *Negara: The Theatre State in Nineteenth-Century Bali*. Princeton: Princeton Univ. Press. (小泉潤二訳『ヌガラ——19世紀バリの劇場国家』みすず書房, 1990.)

———. 1983. *Local Knowledge: Further Essays in Interpretive Anthropology*. New York: Basic Books. (梶原景昭・小泉潤二・山下晋司・山下淑美訳『ローカル・ノレッジ——解釈人類学論集』岩波書店, 1991.)

Gell, A. 1975. *Metamorphosis of the Cassowaries: Umeda Society and Ritual*. London: Athlone.

Gerholm, T., and Y. G. Lithman, eds. 1988. *The New Islamic Presence in Western Europe*. London: Mansell.

Gibb, H. A. R. 1947. *Modern Trends in Islam*. Chicago: Univ, of Chicago Press.

Gilson, E. 1955. *History of Christian Philosophy in the Middle Ages*. London: Sheed and Ward.

Gluckman, M. 1954. *Rituals of Rebellion*. Manchester: Manchester Univ. Press.

———. 1955. *The Judicial Process among the Barotse of Northern Rhodesia*. Manchester: Manchester Univ. Press.

———. 1958. *Analysis of a Social Situation in Modern Zululand*. Manchester: Manchester Univ. Press.

Godding, P. 1973. *La Jurisprudence*. Typologie des sources du moyen âge occidental. Univ. of Louvain. Turnhout: Brepols.

Goffman, E. 1961. *Asylums*. Garden City, N. Y.: Anchor. (石黒毅訳『アサイラム——施設被収容者の日常世界』誠信書房, 1984.)

Goldman, A. 1989. "Reconstructionist Jews Turn to the Supernatural." *New York Times*, 19 February.

Gordon, P. 1989. "Just Another Asian Murder." *Guardian* (London Daily), 20 July.

Gougaud, L. 1927. *Devotional and Ascetic Practices in the Middle Ages*. London: Burns, Oates and Washbourne.

Greenblatt, S. 1980. *Renaissance Self-fashioning*. Chicago: Univ. of Chicago Press. (高田茂樹訳『ルネサンスの自己成型——モアからシェイクスピアまで』みすず書房, 1992.)

Grice, P. 1989. *Studies in the Way of Words*. Cambridge, Mass.: Harvard Univ. Press.

Guha, R., and G. C. Spivak, eds. 1988. *Selected Subaltern Studies*. New York: Oxford Univ. Press.

Gutman, H. 1988. "Rousseau's Confession: A Technology of the Self." In *Technologies of the Self,* edited by L. H. Martin, H. Gutman, and P. H. Hutton. Amherst: Univ. of Massachusetts Press.

Habermas, J. 1989. *The Structural Transformation of the Public Sphere.* Cambridge, Mass.: MIT Press. (細谷貞雄・山田正行訳『公共性の構造転換――市民社会の一カテゴリーについての探究』未來社, 1973.)

Hacking, I. 1982. "Language, Truth, and Reason." In *Rationality and Relativism,* edited by M. Hollis and S. Lukes. Oxford: Basil Blackwell.

———. 1990. *The Taming of Chance.* Cambridge: Cambridge Univ. Press.

Hardison, O. B. 1965. *Christian Rite and Christian Drama in the Middle Ages.* Baltimore: Johns Hopkins Press.

Harré, R. 1981. "Psychological Variety." In *Indigenous Psychologies,* edited by P. Heelas and A. Lock. London: Academic Press.

———, ed. 1986. *The Social Construction of the Emotions.* Oxford: Basil Blackwell.

Harrison, P. 1990. *"Religion" and the Religions in the English Enlightenment.* Cambridge: Cambridge University Press.

Hawali, S. al-. n.d. *kashf al-ghumma ʻan ʻulamā al-umma.* N.p.

Heald, S. 1986. "The Ritual Use of Violence." In *The Anthropology of Violence,* edited by D. Riches. Oxford: Basil Blackwell.

Heath, J. 1981: *Torture and English Law.* London: Greenwood.

Heath, R. G. 1976. *Crux Imperatorum Philosophia: Imperial Horizons of the Cluniac Confraternitas, 964-1109.* Pittsburgh: N.p.

Henderson, J. 1978. "The Flagellant Movement and Flagellant Confraternities in Central Italy, 1260-1400." In *Religious Motivation,* edited by D. Baker. Oxford: Basil Blackwell.

Hertzberg, A. 1968. *The French Enlightenment and the Jews.* New York: Columbia Univ. Press.

Hinds, D., and J. O'Sullivan. 1990. "Writers Welcome Rushdie's Defence of 'satanic Verses.'" *Independent* (London Daily), 4 February.

Hobbes, T. 1943. *Leviathan.* London: Dent. Everyman Edition. (水田洋訳『リヴァイアサン』岩波文庫, 1954-1985)

Hocart, A. M. 1952. "Ritual and Emotion." In A. M. Hocart, *The Life-giving Myth,* edited by Lord Raglan. London: Methuen.

Hodgen, M. T. 1964. *Early Anthropology in the Sixteenth and Seventeenth Century.* Philadelphia: Univ. of Pennsylvania Press.

Hofstadter, D. 1979. *Gödel, Escher, Bach: An Eterual Golden Braid*. New York: Basic Books.

Holdsworth, C. J. 1973. "The Blessings of Work: The Cistercian View." In *Sanctity and Secularity*, edited by D. Baker. Oxford: Basil Blackwell.

Hollander, J. 1959. "Versions, Interpretations, and Performances." In *On Translation*, edited by R. A. Brower. Cambridge, Mass.: Harvard Univ. Press.

Hollis, M., and S. Lukes. 1982. *Introduction to Rationality and Relativism*. Oxford: Basil Blackwell.

Hourani, A. 1962. *Arabic Thought in the Liberal Age, 1798-1939*. London: Oxford Univ. Press.

Hugh of St. Victor. 1951. *On the Sacraments of the Christian Faith*, edited by R. J. Defarrari. Cambridge, Mass.: Harvard Univ. Press.

Humphreys, R. S. 1979. "Islam and Political Values in Saudi Arabia, Egypt, and Syria." *Middle East Journal* 33, no. 1.

Hyams, P. R. 1981. "Trial by Ordeal: The Key to Proof in the Early Common Law." In *On the Laws and Customs of England*, edited by M. S. Arnold et al. Chapel Hill: Univ. of North Carolina Press.

Idung of Prüfening, 1977. *Cistercians and Cluniacs: The Case for Cîteaux*, edited by J. F. O'Sullivan et al. Kalamazoo, Mich.: Cistercian Publications.

Irvine, J. 1979. "Formality and Informality in Communicative Events." *American Anthropologist* 81.

Islamoglu-Inan, H., ed. 1987. *The Ottoman Empire and the World-Economy*. Cambridge: Cambridge Univ. Press.

Jackson, M. 1983. "Knowledge of the Body." *Man*, n. s. 17, no. 2.

Jacob, M. 1991. *Living the Enlightenment : Freemasonry and Politics in Eighteenth-Century Europe*. New York: Oxford Univ. Press.

Johansen, B. 1988. *The Islamic Law an Land Tax ard Rent*. London: Croom Helm.

Jones, M. 1989. "Ground Rules for the British Way of Life." *Sunday Times*, 23 July.

Kant, I. 1904. *The Educational Theory of Immanuel Kant*. Edited by E. F. Buchner. Philadelphia: Lippincott. (尾渡達雄訳「教育学について」, 原佑編『カント全集』第16巻, 理想社, 1975.)

———. 1991. *Kant: Political Writings*. Edited by H. Reiss. Cambridge: Cambridge Univ. Press. (篠田英雄訳『啓蒙とは何か』岩波文庫, 1950.)

Kapferer, B., ed. 1976. *Transaction and Meaning*. Philadelphia: Instit. for the Study of Human Issues.

Kassis, H. E. 1983. *A Concordance of the Qu'rān*. Berkeley: Univ. of California Press.

Keddie, N. 1982. "Islamic Revival as Third Worldism." In *Le cuisinier et le philosophe: Hommage à Maxime Rodinson*, edited by J. P. Digard. Paris: Maisonneauve et Larose.

Kedourie, E. 1966. *Afghani and ʻAbduh: An Essay on Religious Unbelief and Political Activism in Modern Islam*. London: Cass.

Kepel, G. 1988. *Les Banlieues de l'Islam: Naissance d'une religion en France*. Paris: Editions du Seuil.

Kerr, M. H. 1966. *Islamic Reform : The Political and Legal Theories of Muhammad Abduh and Rashid Rida*. Berkeley: Univ. of California Press.

Kettle, M. 1990. "Thatcher Prefers Learning by Rote." *Manchester Guardian Weekly*. 15 April.

Knowles, M. D., ed. 1951. *The Monastic Constitutions of Lanfranc*. London: Nelson.

———. 1955. *Cistercians and Cluniacs: The Controversy between St. Bernard and Peter the Venerable*. London: Oxford Univ. Press.

———. 1963. *The Monastic Order in England: 940-1216*. 2d ed. Cambridge: Cambridge Univ. Press.

Koselleck, R. 1985. *Futures Past*. Cambridge, Mass.: MIT Press.

———. 1988. *Critique and Crisis: Enlightenment and the Pathogenesis of Modern Society*. Cambridge, Mass.:MIT Press.

Kroeber, A. L., and C. Kluckhohn. 1952. *Culture: A Critical Review of Concepts and Definitions*. Papers of the Peabody Museum, vol. 47, no. 1. Cambridge, Mass.: Peabody Museum.

Kuklick. H. 1991. *The Savage Within: The Social History of British Anthropology. 1885-1945*. Cambridge: Cambridge Univ. Press.

La Fontaine, J. 1985. *Initiation, Ritual Drama, and Secret Knowledge across the World*. Harmondsworth, Middlesex: Penguin.

Lamaison, P. 1986. "From Rules to Strategies: An Interview with Pierre Bourdieu." *Cultural Anthropology* 1.

Lane, E, W. 1863-1893. *An Arabic-English Lexicon*. 8 vols. London: Williams and Norgate.

Langbein, J. H. 1977. *Torture and the Law of Proof*. Chicago: Univ. of Chicago

Press.

Lawrence, C. H. 1984. *Medieval Monasticism*. London: Longman.

Lea, H. C. 1866. *Superstition and Force*. Philadelphia: Lea Bros.

———. 1888. *A History of the Inquisition of the Middle Ages*. Philadelphia: Lea Bros.

———. 1896. *A History of Auricular Confession and Indulgences in the Latin Church*. 3 vols. Philadelphia: Lea Bros.

Leach, E. R. 1954. *Political Systems of Highland Burma*. London: Bell.（関本照夫訳『高地ビルマの政治体系』弘文堂，1987.）

Leavitt, J. 1986. "Strategies for the Interpretation of Affect." Manuscript.

Leclercq, J. 1957. "Disciplina." In *Dictionnaire de Spiritualité*, 3. Paris: Beauchesne.

———. 1966. "The Intentions of the Founders of the Cistercian Order." *Cistercian Studies* 4.

———. 1971. "Le cloître est-il une prison?" *Revue d'ascétique et de mystique* 47.

———. 1977. *The Love of Learning and the Desire for God: A Study of Monastic Culture*. 2d ed. New York: Fordham Univ. Press.

———. 1979. *Monks and Love in Twelfth-Century France*. Oxford: Oxford Univ. Press.

Leclercq, J., and G. Gärtner. 1965. "S. Bernard dans l'histoire de l'obéissance monastique." *Annuario De Estudios Médiévales* 2.

Le Goff, J. 1980. *Time, Work, and Culture in the Middle Ages*. Chicago: Univ. of Chicago Press.

Lekai, L. J. 1977. *The Cistercians: Ideals and Reality*. Kent, Ohio: Kent State Univ. Press.（朝倉文市・函館トラピスチヌ訳『シトー会修道院』平凡社，1989.）

Lerner, D. 1958. *The Passing of Traditional Society: Modernizing the Middle East*. New York: Free Press.

Levi, A. 1964. *French Moralists: The Theory of the Passions, 1585 to 1649*. Oxford: Clarendon.

Lévi-Strauss, C. 1981. *The Naked Man*. New York: Harper and Row.

Lienhardt, G. 1961. *Divinity and Experience*. Oxford: Clarendon.

Lipset, S. M. 1963. *Political Man: The Social Bases of Politics*. Garden City, N. Y.: Anchor.

Luckman, T. 1967. *The Invisible Religion*. New York: Macmillan.（赤池憲昭・ヤン　スィンゲドー訳『見えない宗教——現代宗教社会学入門』ヨルダン社，1980.）

Luijpen, W. A. 1973. *Theology as Anthropology*. Pittsburgh: Duquesne Univ.

Press.

Luria, A. R., and F. I. Yudovich. 1971. *Speech and the Development of Mental Processes in the Child*. Harmondsworth, Middlesex: Penguin.

Luscombe, D. E., ed. 1971. *Peter Abelard's Ethics*. Oxford: Clarendon.

Lynch, J. H. 1975. "Monastic Recruitment in the Eleventh and Twelfth Centuries: Some Social and Economic Aspects." *American Benedictine Review* 26.

MacIntyre, A. 1971. *Against the Self-images of the Age*. London: Duckworth.

———. 1981. *After Virtue: A Study in Moral Theory*. London: Duckworth. (篠崎榮訳『美徳なき時代』みすず書房, 1993.)

———. 1988. *Whose Justice? Which Rationality?* London: Duckworth.

McLaughlin, M. M. 1975. "Survivors and Surrogates: Children from the Ninth to the Thirteenth Centuries." In *The History of Childhood*, edited by L. de Mause. New York: Harper and Row.

McNeill, J. T. 1933. "Folk-Paganism in the Penitentials." *Journal of Religion* 13.

McNeill, J. T., and H. M. Gamer, eds. 1938. *Medieval Handbooks of Penance*. New York: Columbia Univ. Press.

Macpherson, C. B. 1962. *The Political Theory of Possessive Individualism: Hobbes to Locke*. Oxford: Oxford Univ. Press.

Mair, L. 1962. *Primitive Government*. Harmondsworth, Middlesex: Penguin.

Malinowski, B. 1938. "Introductory Essay: The Anthropology of Changing African Cultures." In *Methods of Study of Culture Contact in Africa*. International African Institute Memorandum, no. 15. London: Oxford Univ. Press.

———. 1945. *The Dynamics of Culture Change*. New Haven: Yale Univ. Press.

Mauss, M. 1972. *A General Theory of Magic*. London: Routledge and Kegan Paul.

———. 1979. "Body Techniques." In M. Mauss, *Sociology and Psychology: Essays*, edited and translated by B. Brewster. London: Routledge and Kegan Paul.

Meagher, J. C. 1962. "The Drama and the Masques of Ben Jonson." *Journal of the Warburg Institute* 25.

Meisel, J. T., and M. L. Del Mastro, eds. and trans. 1975. *The Rule of St. Benedict*. Garden City, N. Y.: Image Books. (⇒Benedict)

Melzack, R., and P. Wall. 1982. *The Challenge of Pain*. Harmondsworth, Middlesex: Penguin.

Mendus, S. 1989. *Toleration and the Limits of Liberalism*. Atlantic Highlands, N. J.: Humanities.

Michaud-Quantin, P. 1949. "La classification des puissances de l'âme au XII siècle." *Revue du moyen âge latin* 5.

———. 1962. *Somme de casuistique et manuels de confession du moyen âge. XII-XVI siècles*. Montreal: Librairie Dominicaine.

Mikkers, E. 1962. "L'idéal religieux des frères convers dans l'Ordre de Cîteaux aux XII et XIII siècles." *Collectanea Ordinis Cisterciensium Reformatorum* 24.

Mill, J. S. 1975 [1861]. "Considerations on Representative Government." In *Three Essays*. Oxford: Oxford Univ. Press.（水田洋訳『代議制統治論』岩波文庫, 1997.）

Moore, R., and T. Wallace. 1976. *Slamming the Door*. London: Martin Robertson.

Morgan, J. 1977. "Religion and Culture as Meaning Systems: A Dialogue between Geertz and Tillich." *Journal of Religion* 57.

Mukherji, B. 1989. "Prophet and Loss." *Voice Literary Supplement*. March.

Munson, H. 1988. *Islam and Revolution in the Middle East*. New Haven: Yale Univ. Press.

Murphy, J. J. 1974. *Rhetoric in the Middle Ages*. Berkeley: Univ. of California Press.

Musson, A. E., and E. Robinson. 1969. *Science and Technology in the Industrial Revolution*. Manchester: Manchester Univ. Press.

Musurillo, H. 1956. "The Problem of Ascetical Fasting in the Greek Patristic Writers." *Traditio* 22.

Needham, R. 1972. *Belief, Language, and Experience*. Oxford: Basil Blackwell.

Norbeck, E. 1963. "African Rituals of Conflict." *American Anthropologist* 65.

Oakley, T. P. 1923. *English Penitential Discipline and Anglo-Saxon Law in Their Joint Influence*. New York: Columbia Univ. Press.

———. 1932. "The Cooperation of Medieval Penance and Secular Law." *Speculum* 7.

———. 1937. "Alleviations of Penance in the Continental Penitentials." *Speculum* 12.

O'Brien, C. C. 1989. "Sick Man of the World: Conor Cruise O'Brien Reviews a Sharp Book of Disobliging Truths about the State of Islam." *Times*, 11 May.

Ochsenwald, W. 1981. "Saudi Arabia and the Islamic Revival." *International Journal of Middle East Studies* 13, no. 3.

Oestreich, G. 1982. *Neo-Stoicism and the Early Modern State.* Cambridge: Cambridge Univ. Press.

O'Hanlon, R. 1988. "Recovering the Subject: Subaltern Studies and Histories of Resistance in Colonial South Asia." *Modern Asian Studies* 22, no. 1.

O'Hanlon, R., and D. Washbrook, 1992. "After Orientalism: Culture, Criticism, and Politics in the Third World." *Comparative Studies in Society and History* 34, no. 1.

Olphe-Galliard, M. 1957. "L'Ascèse painne." In *Dictionnaire de Spiritualité.* 1. Paris: Beauchesne.

Orgel, S. 1975. *The Illusion of Power: Political Theatre in the English Renaissance.* Berkeley: Univ. of California Press.

Orsini, N. 1946. "'Policy' or the Language of Elizabethan Machiavellianism." *Journal of the Warburg Institute* 9.

Ortner, S. 1984. "Theory in Anthropology since the Sixties." *Comparative Studies in Society and History* 26, no. 1.

Paine, R., ed. 1981. *Politically Speaking: Cross-Culturul Studies of Rhetoric.* Philadelphia: Instit. for the Study of Human Issues.

Pallister, D., M. Morris, and A. Dunn. 1989. "Muslim Leaders Shun Rushdie Death Call." *Guardian* (London Daily), 21 February.

Palmer, J. 1988. "Human Rights Groups Fear Europe Will Close Its Doors to Immigrants." *Guardian* (London Daily), 27 December.

Parekh, B. 1989. "Between Holy Text and Moral Void." *New Statesman and Society,* 28 March.

Patten, J. 1989a. "The Muslim Community in Britain." *Times,* 5 July.

———. 1989b. "On Being British." *Mimeograph.* London, Home Office, 18 July.

Payer, P. J. 1984. *Sex and the Penitentials.* Toronto: Univ. of Toronto Press.

Pearce, E. 1993. "Lessons for the War Party." *Manchester Guardian Weekly,* 23 August.

Peirce, C. S. 1986. *Writings of C. S. Peirce.* Vol. 3. Bloomington: Indiana Univ. Press.

Peters, E. 1973. *Introduction to H. C. Lea, Torture.* Philadelphia: Univ. of Pennsylvania Press.

Piltz, A. 1981. *The World of Medieval Learning.* Oxford: Basil Blackwell.

Pinson, K. S. 1968. *Pietism as a Factor in the Rise of German Nationalism.* New York: Octagon.

Polhemus, T., ed. 1978. *Social Aspects of the Human Body*. Harmondsworth, Middlesex: Penguin.

Poschmann, B. 1964. *Penance and the Anointing of the Sick*. London: Burns and Oates.

Postan, M. M. 1975. *The Medieval Economy and Society*. Harmondsworth, Middlesex: Penguin.

Prakash, G. 1990. "Writing Post-Orientalist Histories of the Third World: Perspectives from Indian Historiography" *Comparative Studies in Society and History* 32, no. 2.

———. 1992. "Can the 'Subaltern' Ride? A Reply to O'Hanlon and Washbrook." *Comparative Studies in Society and History* 34, no. 1.

Quine, W. O. 1961 [1953]. "Two Dogmas of Empiricism." In *From a Logical Point of View*. Cambridge, Mass.: Harvard Univ. Press.

Qutb, S. 1991. *ma'alim fi-ttarīq*. Cairo: Dar ush-Shurūq.

Radcliffe-Brown, A. R. 1952 [1939]. "Taboo." In *Structure and Function in Primitive Society*. London: Cohen and West. (青柳まきこ訳『未開社会における構造と機能』新泉社, 1981.)

———. 1952. *Structure and Function in Primitive Society*. London: Cohen and West.

Reiss, H. 1991. Introduction to *Kant: Political Writings*. Cambridge: Cambridge Univ. Press.

Riché, P. 1975. "L'enfant dans la société monastique au XII siècle." In *Pierre Abélard et Pierre le Vénérable*. Paris: Colloques Internationaux du Centre National de la Recherche Scientifique.

Rigby, P. 1968. "Some Gogo Rituals of 'Purification': An Essay on Social and Moral Categories." In *Dialectic in Practical Religion*, edited by E. R. Leach. Cambridge: Cambridge Univ. Press.

Roberts, P. 1989. "Fertile Ground for Fascism." *Living Marxism*, May.

Rodinson, M, 1971. *Mohammad*. London: Allen Lane.

Roehl, R. 1972. "Plan and Reality in a Medieval Monastic Economy: The Cistercians." *Studies in Medieval and Renaissance History* 9.

Rogerson, J. W. 1978. *Anthropology and the Old Testament*. Oxford: Basil Blackwell.

Rosenwein, B. 1971. "Feudal War and Monastic Peace: Cluniac Liturgy as Ritual Aggression." *Viator* 2.

Roys, P. 1988. "Social Services." In *Britain's Black Population*, edited by A.

Bhat, R. Carr-Hill, and S. Ohri. Aldershot: Gower.
Rushdie, S. 1984. "Outside the Whale." *Granta* 11.
———. 1988a. "Zia Unmourned." *Nation*, 19 September.
———. 1988b. "India Bans a Book for Its Own Good." *New York Times*, 19 October.
———. 1989a. "The Book Burning." *New York Review of Books*, 2 March.
———. 1989b, "Between God and Devil." *Bookseller*, 31 Match.
———. 1990a. "In Good Faith." *Independent on Sunday*, 4 February.
———. 1990b. "Is Nothing Sacred?" Extracts from Herbert Read Memorial Lecture, *Manchester Guardian Weekly*, 18 February.
Ruthven, M. 1989. Review of *The Satanic Verses*. In The Rushdie File. See Appignanesi and Maitland.
———. 1990. *A Satanic Affair*. London: Chatto and Windus.
Sahlins, M. 1985. *Islands of History*. Chicago: Univ. of Chicago Press.（山本真鳥訳『歴史の島々』法政大学出版局，1993.）
———. 1988. "Cosmologies of Capitalism: The Trans-Pacific Sector of 'The World System.'" *Proceedings of the British Academy* 74.
Schmitt, J. C. 1978. "Le geste, la cathédrale et le roi." *L'Arc* 72.
Schneider, D. 1984. *A Critique of the Study of Kinship*. Ann Arbor: Univ. of Michigan Press.
Schroeder, H. J., ed. 1937. *Disciplinary Decrees of the General Councils*. London: Herder.
Searle, J. 1985. *Intentionality*. Cambridge: Cambridge Univ. Press.
Sen, G. 1989. Letter. *New Statesman and Society*, 4 August.
Sigler, G. J. 1967. "Ritual, Roman." In *New Catholic Encyclopaedia*, vol. 12. New York: McGraw-Hill.
Skorupski, J. 1976. *Symbol and Theory*. Cambridge: Cambridge Univ. Press.
Smalley, B. 1964. *The Study of the Bible in the Middle Ages*, Notre Dame, Ind.: Univ. of Notre Dame Press.
Smith, P. 1982. "Aspects of the Organization of Rites." In *Between Belief and Transgression*, edited by M. Izard and P. Smith. Chicago: Univ. of Chicago Press.
Smith, W. R. 1912. *Lectures of William Robertson Smith*. Edited by J. S. Black and G. Chrystal. London: A. and C. Black.
Southern, R. W. 1959. *The Making of the Middle Ages*. London: Arrow.（森岡敬一郎・池上忠弘訳『中世の形成』みすず書房，1978.）

———. 1970. *Western Society and the Church in the Middle Ages.* Harmondsworth, Middlesex: Penguin.

Southwold, M. 1979. "Religious Belief." *Man,* n. s. 14.

Spence, D. 1982. *Narrative Truth und Historical Truth: Meaning and Interpretation in Psychoanalysis.* New York: Norton.

Sperber, D. 1975. *Rethinking Symbolism.* Cambridge: Cambridge Univ. Press.

———. 1980. "Is Symbolic Thought Prerational?" In *Symbol and Sense,* edited by M. L. Foster and S. H. Brandes. London: Academic Press.

———. 1982. "Apparently Irrational Beliefs." In *Rationality and Relativism,* edited by S. Lukes and M. Hollis. Oxford: Basil Blackwell.

Spivak, G. 1989. "Reading The Satanic Verses." *Public Culture* 2, no. 1.

Starobinski, J. 1982. "A Short History of Body Consciousness." In *Humanities in Review* 1.

Steiner, F. 1956. *Taboo.* London: Cohen and West.

Stock, B. 1975. "Experience, Praxis, Work, and Planning in Bernard of Clairvaux: Observations on the Sermones in Cantica." In *The Cultural Context of Medieval Learning,* edited by J. E. Murdoch and E. D. Sylla. Dordrecht: D. Reidel.

Stocking, G. W. 1987. *Victorian Anthropology.* New York: Free Press.

Stokes, E. 1959. *The English Utilitarians and India.* Oxford: Clarendon.

Struve, T. 1984. "The Importance of the Organism in the Political Theory of John of Salisbury." In *The World of John of Salisbury,* edited by M. Wilks. Oxford: Oxford Univ. Press.

Swann, Lord. 1985. *Education for All: The Report of the Committee of Enquiry into the Education of Children from the Ethnic Minority Groups* (The Swann Report). London: HMSO.

Sykes, N. 1975. "The Religion of Protestants." In *The Cambridge History of the Bible.* Vol. 3, edited by S. L. Greenslade. Cambridge: Cambridge Univ. Press.

Sylla, E. D. 1975. "Autonomous and Handmaiden Science: St. Thomas Aquinas and William of Ockham on the Physics of the Eucharist." In *The Cultural Context of Medieval Learning,* edited by J. E. Murdoch and E. D. Sylla. Dordrecht: D. Reidel.

Symons; T., ed. and trans. 1953. *Regularis Concordia.* London: Nelson.

Tambiah, S. J. 1979. "A Performative Approach to Ritual." In *Proceedings of the British Academy* 65. London.

———. 1990. *Magic, Science, Religion, and the Scope of Rationality.* Cambridge: Cambridge Univ. Press.

Taylor, C. 1979. "What's Wrong with Negative Liberty?" In *The Idea of Freedom*, edited by A. Ryan. Oxford: Oxford Univ. Press.

Tentler, T. N. 1974. "The Summa for Confessors as an Instrument of Social Control." In *The Pursuit of Holiness in Late Medieval and Renaissance Religion*, edited by C. Trinkaus and H. Oberman. Leiden: E. J. Brill.

———. 1977. *Sin and Confession on the Eve of the Reformation.* Princeton: Princeton Univ. Press.

Thiébaux, M. 1974. *The Stag of Love: the Chase in Medieval Literature.* Ithaca: Cornell Univ. Press.

Thomas, N. 1991. "Against Ethnography." *Cultural Anthropology* 6.

Tigar, M. E., and M. R. Levy. 1977. *Law and the Rise of Capitalism.* New York: Monthly Review Press.

Toren, C. 1983. "Thinking Symbols: A Critique of Sperber (1979)." *Man* 18.

Tuck, R. 1988. "Scepticism and Toleration in the Seventeenth Century." In *Justifying Toleration: Conceptual and Historical Perspectives*, edited by S. Mendus. Cambridge: Cambridge Univ. Press.

Turner, V. 1969. *The Ritual Process.* London: Routledge and Kegan Paul.（富倉光雄訳『儀礼の過程』新思索社，1976.）

———. 1976. "Ritual, Tribal, Catholic." *Worship* 50.

Tylor, E. B. 1871. *Primitive Culture.* London: J. Murray.

———. 1893. "Inaugural Address." In *Transactions of the Ninth International Congress of Orientalists.* Vol. 2, edited by E. D. Morgan. London: Committee of the Congress.

Ullman, W. 1947. "Some Medieval Principles of Criminal Procedure." *Juridical Review* 59.

———. 1975. *Medieval Political Thought.* Harmondsworth, Middlesex : Penguin.

'Uwaysha, H. al- n. d. *al-ghība wa atharuhā as-say'u fi-l-mujtami' al-islāmi.* N. p.

Vidler, A. R. 1961. *The Church in an Age of Revolution: 1789 to the Present Day.* Harmondsworth, Middlesex: Pengnuin.

Vigne, M. 1928. "Les doctrines économiques et morales de Saint Bernard sur la richesse et le travail." *Revue d'histoire économique et sociale* 4.

Viller, M., and M. Olphe-Galliard. 1957. "L'Ascèse chrétienne." In *Dictionnaire*

de Spiritualité. 1. Paris: Beauchesne.

Vološinov, V N. 1973. *Marxism and the Philosophy of Language*. New York: Seminar.

Vygotsky. L. S. 1962 [1934]. *Thought and Language*. Cambridge, Mass.: MIT Press. (柴田義松訳『思考と言語』(全2冊), 明治図書, 1978-1979.)

———. 1978. *Mind in Society*. Cambridge, Mass.: Harvard Univ. Press.

Wagner, R. 1984. "Ritual as Communication." *Annual Review of Anthropology* 13.

Walzer, M. 1987. *Interpretation and Social Criticism*. Cambridge: Harvard Univ. Press.

———. 1989. "The Sins of Salman." *New Republic*, 10 April.

Watkins, O. D. 1920. *A History of Penance*. 2 vols. London: Longmans.

Weber, M. 1930. *The Protestant Ethic*. London: Allen and Unwin. (大塚久雄訳『プロテスタンティズムの倫理と資本主義の精神』岩波文庫, 1989.)

———. 1947. *The Theory of Social and Economic Organization*. Glencoe, Ill.: Free Press. (本書第4章で参照されている部分は『経済と社会』の巻頭論文を訳した次の書物に含まれている. 清水幾太郎訳『社会学の根本概念』岩波文庫, 1972.)

———. 1948. "Politics as a Vocation." In *From Max Weber: Essays in Sociology*, edited by H. H. Gerth and C. W. Mills. London: Routledge and Kegan Paul. (脇圭平訳『職業としての政治』岩波文庫, 1980.)

Weinstein, D., and R. M. Bell. 1982. *Saints and Society: The Two Worlds of Western Christendom. 1000-1700*. Chicago: Univ. of Chicago Press.

Weldon, F. 1989. *Sacred Cows*. London: Chatto and Windus.

Wenzel, S. 1968. "The Seven Deadly Sins: Some Problems of Research." *Speculum* 43, no. 1.

Werbner, R. 1977. "The Argument in and about Oratory." *African Studies* 36.

Willey, B. 1934. *The Seventeenth-Century Background*. London: Chatto and Windus.

Williams, R. 1961. *Culture and Society: 1780-1950*. Harmondsworth, Middlesex: Penguin.

———. 1979. *Politics and Letters*. London: New Left.

Wilson, G., and M. Wilson. 1945. *The Analysis of Social Change: Based on Observations in Central Africa*. London: Cambridge Univ. Press.

Wolf, E. 1982. *Europe and the People without History*. Berkeley: Univ. of California Press.

Wolff, K., ed. 1960. *Emile Durhheim, 1858-1917*. Columbus: Ohio State Univ.

Press.

Worgul, G. S. 1980. *From Magic to Metophor: A Validation of the Christian Sacraments*, New York: Paulist.

Young, H. 1989. “Terrorising the Guardians of Liberty.” *Guardian* (London Daily), 21 February.